普通高等教育经管类专业“十三五”规划教材

# 经济法

翁　怡　◎编著

清华大学出版社

北　京

## 内 容 简 介

本书对经济法的内容进行了全面系统的介绍，在注重理论阐述的同时，增设了学习目的与要求、案例、课后思考题及参考书目等内容，便于读者对学习内容的总体把握，增进理论与案例分析的结合，并为进一步拓展学习提供相应的线索。

本书可作为高等院校经济管理及相关专业经济法课程的教材，也可供参加司法考试的人员参考阅读。



图书在版编目(CIP)数据

经济法 / 翁怡 编著. —北京：清华大学出版社，2018
(普通高等教育经管类专业“十三五”规划教材)
ISBN 978-7-302-51746-7

Ⅰ. ①经… Ⅱ. ①翁… Ⅲ. ①经济法－中国－高等学校－教材 Ⅳ. ①D922.29

中国版本图书馆 CIP 数据核字(2018)第 271372 号

责任编辑：王 定
封面设计：周晓亮
版式设计：思创景点
责任校对：牛艳敏
责任印制：沈 露

出版发行：清华大学出版社
网 址：http://www.tup.com.cn，http://www.wqbook.com
地 址：北京清华大学学研大厦 A 座 邮 编：100084
社 总 机：010-62770175 邮 购：010-62786544
投稿与读者服务：010-62776969，c-service@tup.tsinghua.edu.cn
质 量 反 馈：010-62772015，zhiliang@tup.tsinghua.edu.cn
印 装 者：清华大学印刷厂
经 销：全国新华书店
开 本：185mm×260mm 印 张：22.75 字 数：626 千字
版 次：2018 年 12 月第 1 版 印 次：2018 年 12 月第 1 次印刷
定 价：58.00 元

产品编号：076561-01

# 前　言

市场经济就是法制经济，发展社会主义市场经济，健全社会主义法制，需要大批既懂经济又懂法律的管理人才。掌握和运用经济法知识，也是对经济管理人员的基本要求。目前，经济法课程已经成为各高校经济类和管理类专业普遍开设的基础课程之一。本书正是为经管类专业开设的经济法课程而编写的教材。

经济法体系庞大、内容繁多。经济法学是一门应用性十分强的学科，应尽量结合实务，做到学以致用。本书简洁而实用，目的在于为读者提供一个系统的架构，使读者对有关学科有一个全方位的认识。在此基础上，读者可查找相关资料进行进一步的学习与研究。同时，考虑到经济管理类人员的学习特点，本书避免了经济法学界对一些问题的争论，在编写体例上有以下特点。

第一，在内容选取上，选择经济管理类学生最应知晓和掌握的法律法规。

第二，每章均有学习要点和案例，以调动读者的学习兴趣，引导其深入学习；每章设有练习题，采用单项选择题、多项选择题、简答题和案例分析题四种题型，供读者练习和自测。本书将经济法律规定与案例结合，突出应用性和操作性。

第三，以最新的法律法规为依据，主要有：2014 年 3 月 15 日由全国人大修订的新版《中华人民共和国消费者权益保护法》，2017 年 11 月 4 日修订的《中华人民共和国反不正当竞争法》，2017 年 2 月 24 日修订的《中华人民共和国企业所得税法》，2017 年 10 月 30 日修改的《〈中华人民共和国增值税暂行条例〉的决定》，2015 年 4 月 24 日修订通过的《中华人民共和国广告法》，2015 年 12 月 9 日修订通过的《中华人民共和国证券法》，2015 年 4 月 24 日修订通过的《中华人民共和国保险法》。

本书在编写过程中参考了大量的相关图书，限于篇幅，恕不一一列出，在此对编著者表示感谢。由于受资料、作者水平及其他条件限制，书中不足之处在所难免，敬请专家、同行、读者提出宝贵意见。邮箱：hnwangd@163.com。

本书课件和案例分析及思考练习参考答案下载：

课　件

案例分析及思考
练习参考答案

编　者
2018 年 7 月

# 目　录

# 第一章 经济法概论

【学习目的与要求】

经济法的概念是经济法学的基础。本章属于经济法学总论中“本体论”的内容，通过对本章的学习，可以掌握经济法的基本概念、特征、地位及其同相邻部门法的区别。本章的学习目的是掌握经济法的概念、经济法的调整对象、经济法与相邻部门法的区别。本章的重点是经济法的概念，难点是经济法与民商法、行政法的区别。

## 第一节 经济法的概念与调整对象

经济法是在 19 世纪各主要资本主义国家完成产业革命，实现生产社会化之后才出现的。生产社会化使得社会经济的调节机制出现二元化，即原来一元化的市场调节机制不足以有效调节，而需要新的调节机制即国家调节加以辅助和配合。国家经济调节既是一种新的经济调节机制，同时也是一种新的国家职能。国家调节活动需要有相应的法律依据、法律保障和对于这种权力的法律规制。这种专门规范国家经济调节活动之法便是经济法。

### 一、经济法的概念

经济法通过对国家经济调节过程中人们行为的规范，包括各调节主体实施经济调节行为的规范，和各被调节主体有关的经济行为或经济管理行为的规范，调整在国家调节中有关人们之间的社会关系，即国家经济调节关系，确立国家经济调节中有关主体间的权利义务关系，形成国家经济调节法律关系。

因此，我们对于经济法的定义可以作如下表述：经济法是调整在国家调节社会经济过程中发生的各种社会关系，促进社会经济实现国家意志预期目标的法律规范的总称。

上述定义中“在国家调节社会经济过程中发生的各种社会关系”，即为“国家经济调节关系”，所以，定义也可以简要表述为：经济法是调整国家经济调节关系，实现国家经济调节意志的法律规范的总称。

### 二、经济法的调整对象

经济法是规范国家经济调节之法，其调整对象是在国家调节社会经济过程中发生的有关主体之间的社会关系，即国家经济调节关系，具体包括下列几种关系。

### (一) 市场监管关系

市场监管关系也可称为市场规制关系。市场监管关系既包括国家对市场主体进入和退出的管理和调控，也包括市场主体存续期间国家对市场秩序的维护。市场监管关系应该由经济法调整，这已经在经济法学界基本取得共识，只是在提法上和市场监管具体范围的认识上还有些不同。

市场主体是指在市场上从事直接或间接交易活动的组织和个人，包括公司、企业、合伙组织、个体工商户、承包经营户及政府、社会团体和中介机构等。其中，公司、企业是最为重要的主体。公司、企业、合伙组织、个体工商户对外以直接的生产者、经营者身份从事市场交易活动，对内又以管理者的身份进行内部管理活动；政府以管理者、宏观调控者的身份或者直接以商品采购者或供应者的身份参加市场活动；中介机构则以服务提供者的身份，通过沟通其他市场主体之间联系的方式参加市场活动。

在市场经济条件下，市场主体的法律地位、组织形式、权利能力和行为能力等内容一般由民商法作基础性的规定。但是，仅有这些基础性的规定是远远不够的，还必须有体现国家调控的经济法。首先，市场经济中的市场主体是经济人，他们都追求主体的私人利益，谋求私人利益的最大化。在市场中的每一个人，都各自按照自己的知识、遇到的机会和具有的能力去追求自认为最大化的私人利益，且不论为了追求私人利益最大化而铤而走险的违法犯罪行为，即就资源配置而言，由于资源配置的决定是由成千上万不同的市场主体所作出的，因而不可避免地会造成重复生产和无效率。而且经济人一般也不愿从事无利可图的事业(如公益事业)，或者不可能从事远远超出其能力的事业(如我国的西部开发、南水北调等)，因而必须有国家调控(如产业法、市场准入制度等)、国家投入(创办国有企业、国家投资等)。其次，市场主体不是一个个封闭的、单一的经济活动主体，它要和其他市场主体相互依存、相互竞争、相互发展，在各个主体活动(自由竞争)的基础上形成社会经济发展的合力。因此，千百万市场主体的有意识活动最后汇成的也许是谁也没有预料到的结果(如经济危机)。国家要调控和管理经济，就必须调控和管理市场主体；国家为了全局性的、整体性的利益，为了整个社会经济的协调发展，就必须对市场主体的组织及其活动进行必要的管理和调控，包括市场准入、市场组织如行业协会的管理、市场退出中涉及的国家调控制度等方面。

市场经济除了需要外部的支持条件(如稳定的社会秩序和社会环境等)以外，市场秩序的稳定也是至关重要的。市场秩序是各种具体经济活动有序进行的实然状态。市场秩序包括经营秩序、交易秩序、竞争秩序、管理秩序等。社会主义市场经济在本质上应是有秩序的经济。但是，由于市场经济条件下市场主体的独立性和市场活动的趋利性，市场秩序不可能自发形成。市场秩序作为一种实然状态的形成，离不开国家的管理。民商法、刑法等都有维护市场秩序的功能。经济法则以国家提供强制性规定并保证其实施的综合性形式来维护市场秩序。反不正当竞争法律制度、反垄断法律制度、产品质量法律制度、消费权益保护法律制度、价格法律制度和广告法律制度就是形成市场秩序维护法的主要内容。但是这并不等于说，除了上述法律制度外，其他经济法律制度就不具有维护市场秩序的功能。实际上，在聚焦市场秩序的时候，所有的经济法律制度(甚至所有的法律制度，如宪法、刑法、民法、行政法等)都有维护市场秩序的功能。

### (二) 宏观调控关系

宏观调控关系是国家为了保持、实现宏观经济稳定而在管理和调控经济活动中所发生的社会经济关系。

市场失灵极端的表现形式之一是几年一次经济危机。这一弊端若不克服，足以葬送市场经济本身。如果说市场经济现在呈现出经济周期延长、经济危机缓和的局面，那么很大程度上正是国家调控经济的结果，而不是市场经济本身的发展使然。

整体经济稳定是宏观经济调控的总目标。就内而言，经济稳定包括充分就业、物价稳定、减缓经济周期及经济增长。就国际而言，经济稳定还包括汇率稳定和国际收支平衡等。特别是其中的经济周期是保持整体经济稳定最难以克服的困难。经济表现为繁荣和衰退的相互交替，似乎是不可避免的现象。国家宏观经济调控的目标不是消灭这种周期性波动，而是要努力烫平周期性波动的波幅，使波动的程度减少。在经济繁荣时，国家应进行调控不使繁荣成为过热。在经济衰退时，国家应设法尽快结束衰退，促进经济增长。对于短期的经济稳定而言，充分就业和物价稳定当然是最重要的因素，即短期中决定经济状况的是总需求和总供给。因此，国家经济调控的工具应该是需求调控和供给调控。在总供给既定的条件下，且为了实现充分就业，经济状况取决于总需求，问题就归结为对于需求的调控。经济衰退时，要采取刺激需求的扩张性政策；经济繁荣时，要采取抑制需求的紧缩性政策。需求调控的工具主要是财政政策和货币政策，表现在法律领域就是财政法、金融法，而其中相关的税法、银行法、审计法、会计法等也都是重要工具。

## 三、经济法调整对象的分类

作为经济法调整对象的国家经济调节关系，按照不同标准，可划分为不同的种类。

### (一) 按照国家调节经济的基本方式分类

按照国家调节经济的基本方式分类，可分为市场规制关系(或称国家对市场障碍排除关系)、国家投资经营关系和宏观引导调控关系。

(1) 市场规制关系，是国家运用强制干预性调节方式，反对市场垄断和不正当竞争及其他不公平交易关系所发生的一种国家经济调节关系。国家以自己(它的代表机关)为一方主体，另一方主体主要是实施或可能实施垄断、不正当竞争或其他不正当交易行为的经营者。它们在关于垄断、不正当竞争和其他不公平交易行为的调查、处理和制裁等方面发生的社会关系，由市场规制法调整。

(2) 国家投资经营关系，是国家直接参与经济活动，直接投资经营国有企业或从事其他商业或金融活动过程中发生的各种社会关系。它包括国家投资决策和实行过程中各有关国家机关之间、国家机关同社会组织之间发生的关系；在国有企业设立组织与经营管理活动中国家主管部门相互之间、主管部门同企业之间和企业内部(后者主要是指在实行“国营”情况下)等方面的关系。

(3) 宏观引导调控关系，是国家运用以引导为主的经济调节方式所发生的社会关系。在国家对社会经济引导和调控中所发生的社会关系主要包括：国家计划的制订和实施过程中各国家机关、国家机关同企业、事业单位和其他社会组织之间的关系；国家各项经济政策制定和实施中有关各方之间的关系；国家在运用各种经济调节手段和政策工具(例如税率、利率、汇率等经济杠杆)过程中有关各方面之间的关系。

### (二) 按照国家调节经济目标和任务所主要侧重的方面分类

按照国家调节经济目标和任务所主要侧重的方面，可分为经济运行调节关系与经济结构调节关系。

(1) 调节宏观经济运行，主要是控制国民经济各种总量增长变化的规模和速度，保障社会总供给与总需求的平衡，防止和克服国民经济停滞、过速增长或大起大落，控制各种经济总量需要，将各种总量指标进行分解，落实到各经济部门行业、地区和有关企业、事业等社会单位。在这个过程中发生国家机关之间、国家机关同企业事业等社会单位之间的各种社会关系。

(2) 调节宏观经济结构，主要是协调各产业、各行业、各地区等之间的发展比例关系，在这个过程中发生国家机关之间和它们同社会各方的社会关系。

**(三) 按照社会经济的宏观与微观、总体与局部关系，国家各种经济调节措施引发的社会关系分类**

按照社会经济的宏观与微观、总体与局部关系，国家各种经济调节措施引发的社会关系，可以分为宏观经济调节关系与微观经济管理关系。

(1) 宏观经济调节，是指国家对国民经济总体发展及其经济总量变化进行全局性和综合性的规划、组织、引导、控制和监督。

(2) 微观经济管理，在本书是指国家对各个具体的市场和企业等基本经济活动单位实行的管理。

国家经济调节从本质上说是宏观性的，但是，微观经济单位是国民经济的基本细胞，是国民经济活动的基础。微观经济单位的生机与活力，最终决定着整个国民经济发展的效益和成果。宏观经济调节必须落实到微观经济单位的经济活动上。国家宏观经济调节是否卓有成效，不仅取决于其本身是否正确、得当，更取决于微观经济单位对于宏观调节措施是否作出积极、得当的反应。因此，国家经济调节必须包括微观管理。宏观调节与微观管理，是国家经济调节两个相辅相成的方面，两者既有矛盾，又是统一的。正确的方针应是宏观管好与微观搞活相结合。国家在微观经济管理过程中同有关方面发生的经济管理关系，也属于国家行政管理范畴，但同时具有经济法性质。

**(四) 按照国家经济调节实施过程各环节分类**

按照国家经济调节实施过程各环节，可分为经济决策管理关系、组织实施管理关系、对国家经济调节过程的监督和对于纠纷与违法的调处关系。

(1) 经济决策管理关系。国家经济决策，是指国家机关对于国家未来经济发展目标及实现目标的措施、步骤等所作的选择和决定。经济决策管理，是国家对有关国家机关和人员经济决策权限与责任的划分和监督，它包括经济信息管理、预测管理、目标管理与计划管理等。其主要形式是编制经济计划、制定经济政策、确定经济项目、拟订重要措施。各国重大经济决策权掌握在国家权力机关手中，行政机关在宪法和法律规定权限范围内也享有较广泛的经济决策权，如制定经济方面的政策性文件和行政法规、编制经济计划和国家预算等。地方权力机关和地方政府依据国家法律和中央政府授权，享有在本辖区内的经济决策权。各级国家机关应该严格按照经济决策权限分工进行决策，不得超越规定权限，不得滥用或随意放弃决策权，不得因渎职、懈怠而造成决策失误，否则，应承担相应责任。同时，对于国家各项经济决策，各有关单位和人员必须遵照执行，可以提出意见或建议，但不得违反，否则，也应承担责任。这就是因经济决策而发生的经济决策管理关系。

(2) 组织实施管理关系。国家的经济决策确定以后，要进行大量的工作，即组织实施，它涉及各级政府、政府各部门及其工作人员，以及企业事业单位、公民等社会各主体，涉及社会经济生活的各个方面，围绕国家的各种经济调节管理活动，发生各种调节与被调节、管理与被管理关系。

(3) 对国家经济调节过程的监督和对于纠纷与违法的调处关系。对于国家的经济决策，特别是其组织实施过程国家的权力机关、行政机关，特别是司法机关，要实行检查监督，并对其中发生的争议与违法行为进行调解、仲裁和诉讼，肯定和奖励模范遵守执行者，否定和制裁其违反者。在以上过程中，有关各方之间发生的关系，也是国家经济调节关系的内容，属于经济法调整对象范畴。

**(五) 按照经济成分分类**

按照经济成分，可分为国家对国有经济的调节管理和对非国有经济的调节管理。

(1) 对国有经济的调节管理，是指国家以政权和财产所有权人双重身份实施调节管理。除以政权身份实施管理同对非国有经济相同以外，作为财产所有人，首先，需要确定国有资产的投资方向、规模和经营形式；其次，它的主管机关应清查、考核国有企业的财产保值、增值情况，按照所实行的不同经营形式，确定国家与企业之间的收益分配方式、比例或定额，拟订企业财务会计制度，并对企业财务进行审查和审计监督，决定或批准企业的设立、合并、分立、终止、拍卖，批准企业兼并和破产申请，对于采取股份制经营形式的公司，国家有关主管机关需委派代表行使股东权。

(2) 对非国有经济的调节管理，是指国家以政权体现者身份实施调节管理。管理方式主要是要求它们遵守国家政策法律，照章纳税；完善市场体系，维护竞争秩序，反对垄断和不正当竞争行为，排除市场障碍；通过国家指导性计划、经济政策和各种经济杠杆等宏观引导调控手段，对其经济活动进行引导、鼓或限制。此外，通过建立各种社会保障体系、发展各种公共事业等，为其创造良好的外部环境和提供服务。国家对非国有经济一般不下达指令性计划，不干预其内部生产经营、劳动人事、工资分配等事务。

在上述对国有经济和对非国有经济的调节管理过程中，国家机关之间及其同各经济单位之间发生的社会关系，属于经济法调整对象。

**(六) 其他分类**

国家经济调节关系还可分为国内经济调节关系与涉外经济调节关系。涉外经济是国民经济的一个重要的有机组成部分。对涉外经济的调节是国家对整个国民经济调节的一个重要领域。国家对涉外经济和国内经济调节管理中所发生的社会关系，都是属于经济法调整对象范围。

此外，国家经济调节关系还可作其他多种分类，如：按照国家调节所涉及国民经济的各职能方面(如计划、财政、税收、金融等)和各行业部门(如工业、农业、商贸、运输、通信等)，可分为各种相应的国家调节关系。按照国家政治、经济和其他社会形势，可分为平常时期国家调节关系与特殊(非常)时期国家调节关系，后者如作为战争、经济危机、大自然灾害等的对策所实行的国家调节及其中发生的社会关系。

## 四、经济法的基本法律构成

经济法调整国家经济调节关系，而作为经济法调整对象的国家经济调节关系有着丰富的内容。

**(一) 基本法律构成**

国家调节经济分别采取市场规制、国家直接参与投资经营和对社会经济引导调控三种基本方式，在以上活动中分别发生国家对市场规制关系、国家投资经营关系、国家引导调控关系。因此，规范以上国家经济调节活动，调整以上国家经济调节关系的经济法，便包括以下三个方面的法律。

(1) 市场规制法，主要含反垄断法、反不正当竞争法、消费者权益保护法和产品责任法。

(2) 国家投资经营法，主要含国家投资法、国有企业法。

(3) 国家引导调控法，主要含计划法、各种经济政策法及关于各种调节手段运用的法律规定。

**(二) 相互之间的关系**

经济法体系作为一个有机整体，它所包含的各方面和各层次、各环节的法律规范都是互相关联、衔接和配合的。经济法体系中的上述三个基本方面的法律也是密切关联的。这三个方面的法律都是国家调节社会经济之法，是国家三种调节方式(调节活动)的法律规范。它们通过对各自领域的国家经济调节关系的调整，共同实现经济法的功能和任务。

(1) 在其调整领域和所担当的任务上分工有所不同。市场规制法，是保障国家以强制干预方式排除垄断和不正当竞争行为对于自由竞争的妨害，排除其他不公平交易行为对广大消费者的侵害，促进社会经济本身固有的调节机制即市场调节充分发挥作用。国家投资经营法，是国家参与直接投资经营领域，保障国家以财力直接投入运营，以调节社会经济结构和运行。国家宏观引导调控法，涉及社会经济的宏观和总体，是在其宏观和总体的某些关键和必要部位，国家实行引导控制，以调节经济结构和运行的法律。

(2) 互相配合、综合运用。国家经济调节需要综合运用多种方式，绝大多数国家都颁布实施了上述三个方面的法律，使之相辅相成。它们在立法内容上有所交叉。例如，在反垄断法中涉及某些国有企业垄断问题，应当予以禁止或限制，或者规定实行某种国家垄断，这就同时属于国家投资经营领域。无论在反垄断领域或者在国家投资经营领域，又都涉及国家计划、经济政策和各种经济杠杆及其他调节手段的运用，即涉及国家宏观引导调控问题。宏观引导调控也必然涉及其他两个领域，并往往把其他两个领域纳入其统一计划和视野予以统筹规划。

(3) 在不同国家的不同时期，立法状况和发达程度不同，在经济法立法体系中所处的地位不同。反垄断法是现代经济法最早出现的法律，在西方国家长期居于各国经济法体系的核心地位。而在社会主义国家，最为发达并长期处于核心和主导地位的则是国家投资经营法。后来，上述情况逐渐发生变化。如今无论西方国家或在中国，国家对经济的宏观引导调控体系正在日趋发达和完善；宏观引导调控方面的法律，正逐渐上升为各国经济法体系的核心和主导地位。

所谓经济法的核心，通常是指经济法体系的核心，即在一定国家一定历史时期经济法立法体系中，何种法律处于最重要和领导的地位问题。由于经济法是国家调节社会经济之法，所以经济法的核心所涉及的是国家调节的主要方式和重点问题，是在社会经济运行的全局中起关键作用而最需要国家予以调节的领域，这方面的法律便是经济法的核心。

经济法体系的核心是发展变化的。历史条件变化，特别是国家经济体制变化和国家调节经济的重点和方式变化，必然引起有关立法的相互关系和地位的变化。无论在西方资本主义国家或在中国，近一二十年来这种变化逐渐明显。各自经济法的核心正在发生转移，宏观引导调控法在经济法体系中的地位正在上升。这是两股相向的变化趋势：在西方资本主义国家，其经济法体系的核心正在由反垄断法移向宏观引导调控法；在中国，则由国家投资经营法逐渐让位于宏观引导调控法。宏观引导调控法正在成为各国经济法的核心，这是20世纪与21世纪之交世界范围内经济法体系发展变化最显著的特征之一。

在将来，各国宏观引导调控法进一步发达并稳居经济法核心地位以后，市场规制法和国家投资经营法由于作用的领域及方式的特定性，仍不失为国家调节和经济法体系中相对独立的构成部分而继续存在，继续发挥其特有的作用。

## 第二节　经济法律关系

法律关系是法律规范在调整人们的行为过程中所形成的一种特殊的社会关系，即法律上的权利与义务的关系。或者说，法律关系是指被法律规范所调整的权利义务的关系。社会关系是多种多样的，因而调整它的法律规范也是多种多样的。

## 一、经济法律关系的概念和特征

经济法律关系是法律关系的一种，是指经济法主体在国家干预和协调经济运行过程中，根据经济法律规范规定所形成的权利和义务关系。经济法律关系的主要特征有以下几点。

(1) 是经济管理关系和经济协作关系相统一的法律关系。经济法调整的经济管理关系和经济协作关系之间尽管有差别，但它们又是有机联系、相互统一的，是统一在社会经济关系中的两个不可分割的方面。

(2) 以经济权利和经济义务为内容。任何法律关系都是以当事人之间一定的权利和义务关系为内容。在经济法律关系中的两个不可分割的方面则是以经济权利和经济义务为内容，否则不是经济法律关系。这种经济权利和经济义务直接反映当事人之间的经济利益，体现了经济性。

(3) 除法律规定允许采用口头形式外，均应采用书面形式。经济法律关系的产生、变更，一般采用法定的书面形式来表示，以体现经济法律关系的稳定性和严肃性，并作为将来可能发生争议的处理依据。

## 二、经济法律关系的种类

经济法律关系可以根据不同标准进行分类。

(1) 按经济内容进行划分，可分为计划法律关系、合同法律关系、税收法律关系、信贷法律关系等。

(2) 按法律性质进行划分，可分为组织法律关系和财产法律关系。组织法律关系，是指各类主体在实行组织管理职能方面所发生的经济法律关系。财产法律关系，是指以一定的具体的财产形态为客体或与财产相关的行为为客体所发生的经济法律关系。

(3) 按结构形态进行划分，可分为经济管理法律关系和经营协调法律关系。经济管理法律关系，是一种纵向的经济管理关系。经营协调法律关系，是一种市场运行中的横向经济关系。

## 三、经济法律关系的要素

法律关系是由法律关系的主体、法律关系的内容和法律关系的客体 3 个要素构成的。缺少其中任何一个要素，都不能构成法律关系。经济法律关系同样是由主体、内容和客体 3 个要素构成的。

### (一) 经济法律关系的主体

经济法律关系的主体也称经济法的主体，是指参加经济法律关系，依法享有经济权利和承担经济义务的当事人。经济法律关系的主体是经济法律关系的参加者、当事人。在经济法律关系中，享有权利的一方称为权利人，承担义务的一方称为义务人。

什么人或者组织可以成为法律关系主体，是由国家法律规定和确认的。根据我国法律规定，经济法律关系主体包括个人(即自然人)、法人、非法人组织。

(1) 自然人。自然人是基于自然规律出生的生物人个体，具有民事权利能力和民事行为能力。

① 自然人的民事权利能力。自然人有民事权利能力的条件是自然人必须为“活”的个体，具有自然属性的生命。只有“活”个体的自然人才能被认可为是具有“法律生命”的人，也才能够有参加民事法律关系、享有民事权利、承担民事义务的资格。一般而言，自然人具有民事权利能力、属于合

格的经济法律关系主体的时间是从出生(脱离母体且能够独立地呼吸)开始直到死亡的整个期间。

② 自然人的民事行为能力。如果一个自然人有相应的民事行为能力，则该自然人可以独立地从事相应的民事活动；如果该自然人不具有相应的民事行为能力，则该自然人不得独自行事，必须由其他法定代理人辅助其从事民事活动。根据《民法通则》的规定，按照不同年龄阶段和精神状态是否正常，自然人的民事行为能力表现为三种类型：完全民事行为能力、限制民事行为能力、无民事行为能力。

完全民事行为能力是指自然人完全具有通过自己独立的行为行使民事权利、履行民事义务的能力。完全民事行为能力人包括18周岁以上、精神状态正常的自然人，以及16周岁以上不满18周岁、以自己的劳动收入为主要生活来源的自然人。完全民事行为能力人可以独立从事民法所允许的任何民事活动，并且原则上应当独立承担由于自身不法行为所引起的民事责任。

限制民事行为能力是指自然人在一定范围内具有民事行为能力，超出一定范围便不具有相应的民事行为能力。限制民事行为能力人包括10周岁以上不满18周岁的未成年人，以及不能完全辨认自己行为的精神病人。限制民事行为能力人只能进行与其年龄、智力、精神健康状况相适应的民事法律行为，其他比较复杂和重大的民事法律行为应由其法定代理人代理或征求其法定代理人的同意后进行。

无民事行为能力是指自然人不具有以自己的行为取得民事权利和承担民事义务的能力。无民事行为能力人包括不满10周岁的未成年人，以及完全不辨认和控制自己行为的精神病人。无民事行为能力人由其法定代理人代理民事活动。

(2) 法人。《民法通则》第36条规定：“法人是具有民事权利能力和民事行为能力，依法独立享有民事权利和承担民事义务的组织。”

法人应具备下列条件：①依法成立；②有必要的财产或者经费；③有自己的名称、组织机构和场所；④能够独立承担民事责任。

我国《民法通则》将法人分为企业法人、机关或事业单位法人和社会团体法人三大类。

① 企业法人是指从事生产、经营，以创造社会财富、扩大社会积累为目的，实行经济核算制的法人。它属于营利性的经济实体。

② 机关或事业单位法人是指根据国家法律的规定或主管机关的命令而设立的法人。

③ 社会团体法人是指自然人或单位依法设立的非生产经营性的社会组织法人。

法人的权利能力与法人共始终。企业法人不具备自然人独有的人身权利能力，但依法具有相应的人身权利能力和财产权利能力及其他权利能力。

法人的行为能力与权利能力一样与法人共始终，这是它与自然人的民事行为能力相区别的一个重要特点。因为，法人不存在无行为能力的问题。法人的权利能力不同决定了法人的行为能力也不尽相同。法人的行为能力是由其机关实现的。法人的机关包括集体和个人两种形式。集体形式如股东大会、职工代表大会、股东会、董事会、管理委员会等；个人形式如经理、厂长、董事长等法人的主要负责人，即法定代表人，他们在其职权范围内，代表法人从事各种行为。企业法人依法承担各种法律责任，对其法定代表人的违法行为，可给予行政处分、罚款，构成犯罪的要依法追究其刑事责任。

(3) 非法人组织。非法人组织是指不具有法人资格但可以自己的名义进行民事活动的组织，亦称非法人团体。

同为社会组织型的经济法律关系主体，非法人组织与法人最大的区别在于非法人组织不能像法人一样“独立”承担民事责任。法人在民事活动中所产生的民事责任，仅以法人自己独立拥有的财产承担，与法人的出资人、法人的成员通常没有关系。而非法人组织的民事权利能力和民事行为能力是受限制的，当非法人组织不能清偿到期债务时应由该非法人团体的出资人或开办单位承担连带责任。

在实际生活当中，非法人组织也是一种重要的经济法律关系主体。常见的非法人组织型的经济法律关系主体有合伙、个人独资企业、个体工商户、农村承包经营户等。

**(二) 经济法律关系的内容**

经济法律关系的内容是指经济法律关系主体所享有的经济权利和承担的经济义务。

(1) 经济权利是指由经济法律、法规所确认的一种资格或许可。

经济权利可分为：①原生权利，也叫固有权利，这是由经济法主体依法直接取得的权利，如所有权。②取得权利，指必须由经济义务主体实施一定行为，经济权利主体才可获得和实现的权利，如经济债权。经济权利的具体种类主要有所有权、经营管理权、经济职权、经济债权、工业产权等。

(2) 经济义务是指由经济法律、法规所确认的一种责任。

经济义务包括：①法定义务，即法律、法规规定的义务。②约定义务，即合同、协议约定的义务。就企业、公司等经济组织而言，经济义务主要有对国家的义务、对社会的义务、对内部组织和职工的义务。

**(三) 经济法律关系的客体**

(1) 经济法律关系客体的概念。

经济法律关系的客体是指经济法律关系主体的权利和义务所共同指向的对象。客体是确立权利义务关系的性质和具体内容的依据，也是确定权利行使与否和义务是否履行的客观标准。权利和义务只能通过客体才能得到体现和落实。如果没有客体，权利义务就失去了依附的目标和载体，无所指向，也就不可能发生权利义务。

(2) 经济法律关系客体的种类。

法律关系客体的内容和范围是由法律规定的。能够作为法律关系客体的东西应当具备的特征是：能为人类所控制并对人类有价值。只有这样的东西才适宜由法律调整，才能成为主体的权利义务指向和作用的对象。概括起来，经济法律关系的客体主要包括以下 3 类。

① 物，指可为人们控制的、具有一定经济价值和实物形态的生产资料和消费资料。物可以是自然物，如土地、矿藏、水流、森林；也可以是人造物，如建筑物、机器等；还可以是财产物品的一般表现形式——货币和有价证券。

② 智力成果，指人们通过脑力劳动创造的能够带来经济价值的精神财富，如著作、发现、发明、设计等，它们分别为著作权关系、发现权关系、发明权关系、商标权关系的客体。智力成果是一种精神形态的客体，是一种思想或者技术方案，不是物，但通常有物质载体，如书籍、图册、录像、录音等，即记录、承载智力成果的物质形式。它的价值不在于它的物质载体价值，而在于它的思想或技术能够创造物质财富，带来经济效益，它是一种知识财富。

③ 行为。行为作为法律关系的客体，不是指人们的一切行为，而是指法律关系的主体为达到一定目的所进行的作为(积极行为)或不作为(消极行为)，如生产经营行为、经济管理行为、完成一定工作的行为和提供一定劳务的行为等。

## 四、经济法律关系的发生、变更和消灭

经济法律关系的发生，是指根据经济法律规范在经济法律关系主体之间形成一定的经济权利和经济义务关系；经济法律关系的变更，是指经济法律关系主体、内容或客体的变化；经济法律关系

的消灭，是指经济法律关系主体之间权利和义务关系的终止。

经济法律关系的发生、变更和消灭要求具备以下 3 个条件：

(1) 有相应的法律规范的依据。

(2) 有经济法律关系主体，这是法律权利与义务的实际承担者。

(3) 有法律事实出现。

法律事实，是指由法律规范所确定的、能够产生法律后果，即能够直接引起法律关系发生、变更或者消灭的情况。法律规范和法律主体只是法律关系产生的抽象的、一般的前提，并不能直接引起法律关系的变化，法律事实则是法律关系产生的具体条件，只有当法律规范规定的法律事实发生时，才会引起法律关系的发生、变更和消灭。法律事实是法律关系发生、变更和消灭的直接原因。

## 五、代理制度

### (一) 代理的概念和特征

代理是指代理人以被代理人名义、在代理授权范围内，与第三人进行的、确立被代理人与第三人之间一定的法律关系的法律行为。

代理具有以下 4 个法律特征：

(1) 代理是代理人以被代理人名义，即代替被代理人进行的法律行为。

(2) 代理人在代理权限内有权独立自主地进行代理行为。

(3) 代理人是代理被代理人与第三人之间进行的具有法律意义、产生法律后果的法律行为。

(4) 代理人的代理后果由被代理人承受，从而在被代理人与第三人之间确立了法律关系。

### (二) 代理的种类

(1) 委托代理，指基于被代理人的委托所产生的代理。委托代理又叫授权代理。经济关系中主要采取委托代理形式。

(2) 法定代理，指根据法律规定而直接产生的代理。

(3) 指定代理，指由有关指定单位或人民法院的指定而产生的代理，如法院指定诉讼代理人。

### (三) 代理的法律责任

(1) 无代理权，又叫无权代理。超越代理权或代理权终止后仍进行代理的，为无权代理，由行为人承担民事责任；若被代理人追认，则由被代理人承担民事责任。本人知道他人以本人名义实施民事行为而不作否认表示的，视为同意。第三人知道行为人无权代理但仍与之实施民事行为、给他人造成损害的，由第三人和行为人负连带责任。

(2) 代理人不履行代理职责而给被代理人造成损害的，应当承担民事责任。代理人与第三人串通，损害被代理人利益的，由代理人和第三人负连带责任。

(3) 代理人知道被委托事项违法而仍然进行代理活动，或被代理人知道代理人违法却不表示反对，由代理人和被代理人负连带责任。

(4) 委托代理转托时，应事先取得被代理人同意，或事后及时告知取得其同意，否则，由代理人负民事责任。但在紧急情况下为保护被代理人利益而转托的不在此限。

**【案例分析 1-1】**

甲厂业务员张某被开除后，为报复甲厂，用盖有甲厂公章的空白合同书与乙厂订立一份购销合同。乙厂并不知情，并按时将货送至甲厂所在地。甲厂拒绝引起纠纷。下列说法中，正确的是(　　)。

A. 张某的行为为无权代理，合同无效　　B. 张某的行为为表见代理，合同有效

C. 张某的行为为表见代理，合同无效　　D. 张某的行为为委托代理，合同有效

**【案例分析 1-2】**

甲交6000元给乙，委托其购买计算机，乙又把钱交丙请丙代购，丙拿了钱之后不知下落。甲向乙索赔，乙拒绝，甲遂起诉，法院应当(　　)。

A. 判决由乙偿还甲6000元

B. 驳回甲的请求，乙属无偿服务，不应负责

C. 判决由乙偿还甲3000元，另3000元应向丙追偿

D. 判决由丙偿还甲6000元

**【案例分析 1-3】**

张某是某企业的销售人员，随身携带盖有该企业公章的空白合同书，便于对外签约。后张某因收取回扣被企业除名，但空白合同书未被该企业收回。张某以此合同书与他人签订购销协议，该购销协议的性质为(　　)。

A. 不成立　　B. 无效　　C. 可撤销　　D. 成立并生效

**【案例分析 1-4】**

甲建筑公司将承包工程转包于乙，乙雇用丙等担任小工，均以甲公司名义，甲公司并不在意。后乙因资金周转不畅，拒绝发付工人工资。后来，工人丙等向甲诉请支付报酬，甲拒绝。下列关于本案的说法正确的是(　　)。

A. 丙等工人不得向甲请求支付报酬　　B. 丙等工人可以向甲请求支付报酬

C. 丙等工人的工资由甲乙承担连带清偿责任　　D. 乙可拒绝支付报酬

# 第三节　经济纠纷的解决途径

在我国，解决经济纠纷的途径和方式主要有仲裁、民事诉讼、行政复议、行政诉讼。本节仅重点介绍前三种。

## 一、经济纠纷解决途径的选择

仲裁与民事诉讼都是适用于横向关系经济纠纷的解决方式。作为平等民事主体的当事人之间发生的经济纠纷，只能在仲裁或者民事诉讼两种方式中选择一种解决争议。有效的仲裁协议可排除法院的管辖权，只有在没有仲裁协议或者仲裁协议无效，或者当事人放弃仲裁协议的情况下，法院才可以行使管辖权，这在法律上称为或裁或审原则。

当公民、法人或者其他组织认为行政机关的具体行政行为侵犯其合法权益时，可采取申请行政复议或者提起行政诉讼的方式解决。行政复议与行政诉讼方式都是对纵向关系经济纠纷的解决方式，都由行政管理相对人一方提出申请。

## 二、仲裁

仲裁是指由经济纠纷的各方当事人共同选定仲裁机构，对纠纷依法定程序作出具有约束力的裁决的活动。以双方当事人自愿协商为基础；由双方当事人自愿选择的中立第三者进行裁判；裁决结果对双方当事人都具有约束力。

### (一) 仲裁的适用范围

根据《仲裁法》的规定，平等主体的公民、法人和其他组织之间发生的合同纠纷和其他财产权益纠纷，可以仲裁。下列纠纷不能提请仲裁：①婚姻、收养、监护、扶养、继承纠纷；②依法应当由行政机关处理的行政争议。

下列仲裁不适用于《仲裁法》，不属于《仲裁法》所规定的仲裁范围，由别的法律予以调整：①劳动争议的仲裁；②农业集体经济组织内部的农业承包合同纠纷的仲裁。

### (二) 仲裁的基本原则

(1) 自愿原则。当事人采用仲裁方式解决纠纷，应当双方自愿，达成仲裁协议。没有仲裁协议，一方申请仲裁的，仲裁委员会不予受理。

(2) 依据事实和法律，公平合理地解决纠纷的原则。

(3) 独立仲裁原则。仲裁机关不依附于任何机关而独立存在，仲裁依法独立进行，不受任何行政机关、社会团体和个人的干涉。

(4) 一裁终局原则。裁决作出后，当事人就同一纠纷再申请仲裁或者向人民法院起诉的，仲裁委员会或者人民法院不予受理。

### (三) 仲裁协议

(1) 仲裁协议的形式。仲裁协议应当以书面形式订立。口头达成仲裁的意思表示无效。

(2) 仲裁协议的内容。仲裁协议应当列明：请求仲裁的意思表示；仲裁事项；选定的仲裁委员会。仲裁协议对仲裁事项或者仲裁委员会没有约定或者约定不明确的，当事人可以补充协议；达不成补充协议的，仲裁协议无效。

(3) 仲裁协议的效力。

① 仲裁协议独立存在，合同的变更、解除、终止或者无效，不影响仲裁协议的效力。

② 当事人对仲裁协议的效力有异议的，可以请求仲裁委员会作出决定或者请求法院作出裁定。一方请求仲裁委员会作出决定，另一方请求法院作出裁定的，由“法院裁定”。当事人对仲裁协议的效力有异议，应当在“仲裁庭首次开庭前”提出。

③ 当事人达成仲裁协议，一方向法院起诉未声明有仲裁协议，法院受理后，另一方在首次开庭前提交仲裁协议的，法院应当驳回起诉，但仲裁协议无效的除外；另一方在首次开庭前未对法院受理该案提出异议的，视为放弃仲裁协议，法院应当“继续审理”。

**【案例分析 1-5】**

根据《仲裁法》的规定，下列情形中的仲裁协议，属于无效的有(　　)。

A. 甲、乙两公司在建设工程合同中依法约定有仲裁条款，其后，该建设工程合同被确认无效

B. 王某与李某在仲裁协议中约定，将他们之间的扶养合同纠纷交由某仲裁委员会仲裁

C. 郑某与甲企业在仲裁协议中对仲裁委员会约定不明确，且不能达成补充协议

D. 陈某在与高某发生融资租赁合同纠纷后，口头约定由某仲裁委员会仲裁

### (四) 仲裁裁决

《仲裁法》规定，仲裁不实行级别管辖和地域管辖，仲裁委员会应当由当事人协议选定。仲裁应当开庭进行。当事人协议不开庭的，仲裁庭可以根据仲裁申请书、答辩书以及其他材料作出裁决。当事人协议公开的，可以公开进行；但涉及国家秘密的除外。当事人申请仲裁后，可以自行和解。

仲裁庭可以由 3 名仲裁员或者 1 名仲裁员组成。由 3 名仲裁员组成的，设首席仲裁员。当事人约定由 3 名仲裁员组成仲裁庭的，应当各自选定或者各自委托仲裁委员会主任指定 1 名仲裁员，第 3 名仲裁员由当事人共同选定或者共同委托仲裁委员会主任指定。第 3 名仲裁员是首席仲裁员。当事人约定由 1 名仲裁员成立仲裁庭的，应当由当事人共同选定或者共同委托仲裁委员会主任指定。当事人没有在仲裁规则规定的期限内约定仲裁庭的组成方式或者选定仲裁员的，由仲裁委员会主任指定。仲裁庭组成后，仲裁委员会应当将仲裁庭的组成情况书面通知当事人。

仲裁员有下列情形之一的，必须回避，当事人也有权提出回避申请：

(1) 是本案当事人或者当事人、代理人的近亲属。

(2) 与本案有利害关系。

(3) 与本案当事人、代理人有其他关系，可能影响公正仲裁的。

(4) 私自会见当事人、代理人，或者接受当事人、代理人的请客送礼的。

仲裁庭在作出裁决前，可以先行调解。调解书与裁决书具有同等法律效力。调解书经双方当事人签收后，即发生法律效力。(不签收意味着拒绝调解)

裁决应当按照多数仲裁员的意见作出，少数仲裁员的不同意见可以记入笔录。仲裁庭不能形成多数意见时(3 个人，3 种意见)，裁决应当按照首席仲裁员的意见作出。裁决书自作出之日起发生法律效力。

当事人应当履行裁决。但仲裁庭只能调解和裁决，无权强制执行。一方当事人不履行的，另一方当事人可以依照《民事诉讼法》的有关规定向人民法院申请执行。受申请的人民法院应当执行。

## 三、民事诉讼

### (一) 适用范围

(1) 因民法、婚姻法、收养法、继承法等调整的平等主体之间的财产关系和人身关系发生的民事案件，如合同纠纷、房产纠纷、侵害名誉权纠纷等。

(2) 因经济法、劳动法调整的社会关系发生的争议，法律规定适用民事诉讼程序审理的案件，如企业破产案件、劳动合同纠纷等。

(3) 适用特别程序审理的选民资格案件和宣告公民失踪、死亡等非讼案件。

(4) 按照督促程序解决的债务案件。

(5) 按照公示催告程序解决的宣告票据和有关事项无效的案件。

### (二) 审判制度

(1) 合议制度。法院审理第一审民事案件，除适用简易程序审理的民事案件由审判员一人独任审理外，一律由审判员、陪审员共同组成合议庭或者由审判员组成合议庭。法院审理第二审民事案件，由审判员组成合议庭。合议庭的成员，应当是 3 人以上的单数。

(2) 回避制度。指参与某案件民事诉讼活动的审判人员、书记员、翻译人员、鉴定人、勘验人是案件的当事人或者当事人、诉讼代理人的近亲属，或者与案件有利害关系，或者与案件当事人有其他关系、可能影响对案件公正审理的，当事人有权用口头或者书面方式申请他们回避。

(3) 公开审判制度。法院审理民事或行政案件，除涉及国家秘密、个人隐私或者法律另有规定外，应当公开进行。不论案件是否公开审理，一律公开宣告判决。

(4) 两审终审制度。一个诉讼案件经过两级法院审判后即终结。根据《人民法院组织法》，我国法院分为四级：最高人民法院、高级人民法院、中级人民法院、基层人民法院。除最高法院外，其他各级法院都有自己的上一级法院。

对终审判决、裁定，当事人不得上诉。如果发现终审裁判确有错误，可以通过审判监督程序予以纠正。

### (三) 诉讼管辖

管辖可以按照不同标准作多种分类，其中最重要、最常用的是级别管辖和地域管辖。

#### 1. 级别管辖

级别管辖是根据案件性质、案情繁简、影响范围来确定上、下级法院受理第一审案件的分工和权限。

#### 2. 地域管辖

地域管辖分为一般地域管辖、特殊地域管辖、专属管辖、共同管辖和协议管辖。

(1) 一般地域管辖，通常实行“原告就被告”原则。

(2) 特殊地域管辖。《民事诉讼法》规定了九种属于特殊地域管辖的诉讼：

① 因合同纠纷提起的诉讼，由被告住所地或者合同履行地法院管辖。合同的双方当事人可以在书面合同中协议选择被告住所地、合同履行地、合同签订地、原告住所地、标的物所在地法院管辖，但不得违反《民事诉讼法》对级别管辖和专属管辖的规定。

② 因保险合同纠纷提起的诉讼，由被告住所地或者保险标的物所在地法院管辖。

③ 因票据纠纷提起的诉讼，由票据支付地或者被告住所地法院管辖。

④ 因铁路、公路、水上、航空运输和联合运输合同纠纷提起的诉讼，由运输始发地、目的地或者被告住所地法院管辖。

⑤ 因侵权行为提起的诉讼，由侵权行为地(包括侵权行为实施地、侵权结果发生地)或者被告住所地法院管辖。

⑥ 因铁路、公路、水上和航空事故请求损害赔偿提起的诉讼，由事故发生地或者车辆、船舶最先到达地、航空器最先降落地或者被告住所地人民法院管辖。

⑦ 因船舶碰撞或者其他海事损害事故索赔提起的诉讼，由碰撞发生地、碰撞船舶最先到达地、加害船舶被扣留地或者被告住所地人民法院管辖。

⑧ 因海难救助费用提起的诉讼，由救助地或者被救助船舶最先到达地人民法院管辖。

⑨ 因共同海损提起的诉讼，由船舶最先到达地、共同海损理算地或者航程终止地人民法院管辖。

(3) 专属管辖，是指法律强制规定某类案件必须由特定的法院管辖，其他法院无权管辖，当事人也不得协议变更的管辖。专属管辖的案件主要有以下三类：

① 因不动产纠纷提起的诉讼，由不动产所在地法院管辖。

② 因港口作业中发生纠纷提起的诉讼，由港口所在地法院管辖。

③ 因继承遗产纠纷提起的诉讼，由被继承人死亡时住所地或者主要遗产所在地法院管辖。

(4) 共同管辖和选择管辖。两个以上法院都有管辖权(共同管辖)的诉讼，原告可以向其中一个法院起诉；原告向两个以上有管辖权的法院起诉的，由“最先立案”的法院管辖。

**【案例分析 1-6】**

甲、乙因某不动产发生纠纷，甲欲通过诉讼方式解决。其选择诉讼管辖法院的下列表述中，符合法律规定的是(　　)。

A. 甲只能向甲住所地法院提起诉讼

B. 甲只能向乙住所地法院提起诉讼

C. 甲只能向该不动产所在地法院提起诉讼

D. 甲可以选择向乙住所地或该不动产所在地法院提起诉讼

**【案例分析 1-7】**

甲公司与乙保险公司发生保险合同纠纷，根据《民事诉讼法》的规定，甲公司在起诉乙公司时，可以选择的人民法院有(　　)。

A. 合同履行地人民法院

B. 合同标的物所在地人民法院

C. 被告住所地人民法院

D. 合同签订地人民法院

**(四) 诉讼时效**

诉讼时效，是指权利人在法定期间内不行使权利而失去诉讼保护的制度。诉讼时效期间届满，权利人丧失的是胜诉权，即丧失依诉讼程序强制义务人履行义务的权利；权利人的实体权利并不消灭，债务人自愿履行的，不受诉讼时效限制。

(1) 诉讼时效期间的种类。诉讼时效期间有下列 3 种：

① 普通诉讼时效期间。也称一般诉讼时效期间，除法律另有规定外，一般为 2 年。

② 特别诉讼时效期间。由民事普通法或特别法规定的，仅适用于特定民事法律关系的诉讼时效期间，下列事项的诉讼时效期间为 1 年：身体受到伤害要求赔偿的；出售质量不合格的商品未声明的；延付或者拒付租金的；寄存财物被丢失或者损毁的。

③ 最长诉讼时效期间(也称绝对时效期间)。诉讼时效期间，均从权利人知道或者应当知道权利被侵害时起计算。但是，从权利被侵害之日起超过 20 年的，法院不予保护。

**【案例分析 1-8】**

张某与房东薛某商定租其一套二居室住房 1 年，租期为 2007 年 9 月 1 日至 2008 年 8 月 31 日，先预付半年租金，第 6 个月期满时(2008 年 3 月 1 日)再支付其余租金。经履行法定程序后，张某按期搬入住房。2008 年 8 月底，张某在未支付其余租金的情况下搬出了薛某的房屋，不知去向。已知薛某从未向张某追要过其余租金。

问题：薛某为有效保护自己的权益，应在什么时间内主张自己的权利?

(2) 诉讼时效期间的中止、中断和延长。

① 诉讼时效期间的中止，是指在诉讼时效期间的最后 6 个月内，因不可抗力或者其他障碍致使权利人不能行使请求权的，诉讼时效期间暂时停止计算。

**【案例分析 1-9】**

在【案例分析 1-8】中，如果 2009 年 1 月 10 日薛某突然患病猝死，其子女和其保姆为争夺遗产继承权诉至法院。2009年5月10日，法院二审作出判决。

问题：薛某的继承人向张某主张权利的诉讼时效期间如何计算？

② 诉讼时效期间的中断，是指在诉讼时效期间：a.当事人提起诉讼；b.当事人一方提出要求；c.同意履行义务，而使已经经过的时效期间全部归于无效。从中断时起，诉讼时效期间重新计算。

**【案例分析 1-10】**

在【案例分析 1-8】中，如果2009年6月1日，在薛某多方追讨下，张某写下保证书，保证于2009年7月31日之前付清房租，但到期仍未支付。

问题：薛某主张租金权利的诉讼时效期间应如何计算？

③ 诉讼时效的延长是人民法院对已经完成的诉讼时效，根据特殊情况而予以延长。特殊情况是否延长，具体由人民法院判定。

**【案例分析 1-11】**

2001年5月5日，甲拒绝向乙支付到期租金，乙忙于事务一直未向甲主张权利。2001年8月，乙因出差遇险无法行使请求权的时间为20天。根据《民法通则》的规定，乙请求人民法院保护其权利的诉讼时效期间是(　　)。

A. 自2001年5月5日至2002年5月5日　　B. 自2001年5月5日至2002年5月25日

C. 自2001年5月5日至2003年5月5日　　D. 自2001年5月5日至2003年5月25日

**(五) 判决**

(1) 法院审理案件，除涉及国家秘密、个人隐私或者法律另有规定的以外，应当公开进行。

(2) 法院审理民事案件，可以根据当事人的意愿进行调解。

(3) 当事人不服法院第一审判决的，有权在判决书送达之日起15日内向上一级法院提起上诉。

**(六) 执行**

对于发生法律效力的判决、裁定，由第一审法院执行；对于调解书、仲裁机构的生效裁决、公证机关依法赋予强制执行效力的债权文书等，则由被执行人住所地或者被执行的财产所在地法院执行。强制执行措施包括如下方式：

(1) 查询、冻结、划拨被执行人的存款。

(2) 扣留、提取被执行人的收入。

(3) 查封、扣押、冻结、拍卖、变卖被执行人的财产。

(4) 搜查被执行人的财产。

(5) 强制被执行人交付法律文书指定的财物或票证。

(6) 强制被执行人迁出房屋或强制退出土地。

(7) 强制被执行人履行法律文书指定的行为。

(8) 要求有关单位办理财产权证照转移手续。

(9) 强制被执行人支付迟延履行期间的债务利息及迟延履行金。

## 四、行政复议

公民、法人或者其他组织认为行政机关的具体行政行为侵害其合法权益，符合《行政复议法》规定范围的，可以申请行政复议。

**(一) 行政复议范围**

(1) 可以申请行政复议的事项。有下列情形之一的，公民、法人或者其他组织可以依照本法申请行政复议：

① 对行政机关作出的警告、罚款、没收违法所得、没收非法财物、责令停产停业、暂扣或者吊销许可证、暂扣或者吊销执照、行政拘留等行政处罚决定不服的。

② 对行政机关作出的限制人身自由或者查封、扣押、冻结财产等行政强制措施决定不服的。

③ 对行政机关作出的有关许可证、执照、资质证、资格证等证书变更、中止、撤销的决定不服的。

④ 对行政机关作出的关于确认土地、矿藏、水流、森林、山岭、草原、荒地、滩涂、海域等自然资源的所有权或者使用权的决定不服的。

⑤ 认为行政机关侵犯合法的经营自主权的。

⑥ 认为行政机关变更或者废止农业承包合同，侵犯其合法权益的。

⑦ 认为行政机关违法集资、征收财物、摊派费用或者违法要求履行其他义务的。

⑧ 认为符合法定条件，申请行政机关颁发许可证、执照、资质证、资格证等证书，或者申请行政机关审批、登记有关事项，行政机关没有依法办理的。

⑨ 申请行政机关履行保护人身权利、财产权利、受教育权利的法定职责，行政机关没有依法履行的。

⑩ 申请行政机关依法发放抚恤金、社会保险金或者最低生活保障费，行政机关没有依法发放的。

⑪ 认为行政机关的其他具体行政行为侵犯其合法权益的。

(2) 行政复议的排除事项。下列事项不能申请行政复议：

① 不服行政机关作出的行政处分或者其他人事处理决定，可依照有关法律、行政法规的规定提出申诉。

② 不服行政机关对民事纠纷作出的调解或者其他处理，可依法申请仲裁或者向法院提起诉讼。

(3) 公民、法人或者其他组织认为行政机关的具体行政行为所依据的下列规定不合法，在对具体行政行为申请行政复议时，可以一并向行政复议机关提出对该规定的审查申请：

① 国务院部门的规定。

② 县级以上地方各级人民政府及其工作部门的规定。

③ 乡、镇人民政府的规定。

**(二) 行政复议申请**

(1) 公民、法人或者其他组织认为具体行政行为侵犯其合法权益的，可以自知道该具体行政行为之日起 60 日内提出行政复议申请。

(2) 申请人申请行政复议，可以书面申请，也可以口头申请。

**(三) 行政复议参加人和行政复议机关**

行政复议参加人，是指具体参加行政复议活动全过程，以保护其合法权益不受非法侵害的人。行政复议参加人包括申请人、被申请人和第三人。

对县级以上地方各级人民政府工作部门的具体行政行为不服的，由申请人选择，可以向该部门的本级人民政府申请行政复议，也可以向上一级主管部门申请行政复议。对海关、金融、国税、外汇管理等实行垂直领导的行政机关和国家安全机关的具体行政行为不服的，向上一级主管部门申请行政复议。对地方各级人民政府的具体行政行为不服的，向上一级人民政府申请行政复议。对国务院部门或者省、自治区、直辖市人民政府的具体行政行为不服的，向作出该具体行政行为的国务院部门或者省、自治区、直辖市人民政府申请行政复议。

**【案例分析 1-12】**

某企业对甲省乙市国税部门给予其行政处罚的决定不服，申请行政复议。下列各项中，应当受理该企业行政复议申请的机关是(　　)。

A. 乙市国税部门　　B. 乙市人民政府　　C. 甲省国税部门　　D. 甲省人民政府

**(四) 行政复议决定**

行政复议原则上采取书面审查的办法；行政复议的举证责任，由被申请人承担。行政复议机关应当自受理申请之日起 60 日内作出行政复议决定。

行政复议机关负责法制工作的机构应当对被申请人作出的具体行政行为进行审查，提出意见，经行政复议机关的负责人同意或者集体讨论通过后，按照下列规定作出行政复议决定：

(1) 具体行政行为认定事实清楚，证据确凿，适用依据正确，程序合法，内容适当的，决定维持；

(2) 被申请人不履行法定职责的，决定其在一定期限内履行；

(3) 具体行政行为有下列情形之一的，决定撤销、变更或者确认该具体行政行为违法；决定撤销或者确认该具体行政行为违法的，可以责令被申请人在一定期限内重新作出具体行政行为：①主要事实不清、证据不足的；②适用依据错误的；③违反法定程序的；④超越或者滥用职权的；⑤具体行政行为明显不当的。

行政复议决定书一经送达，即发生法律效力。申请人逾期不起诉又不履行行政复议决定的，或者不履行最终裁决的行政复议决定的，若是维持具体行政行为的行政复议决定，由作出具体行政行为的行政机关依法强制执行，或者申请法院强制执行；若是变更具体行政行为的行政复议决定，由行政复议机关依法强制执行，或者申请法院强制执行。

# 第四节　经济法的基本原则

法的原则是法的要素之一，是由法所确立的，在其调整一定社会关系时，在一定范围内普遍适用的基本准则。

## 一、经济法原则的基本特征

经济法的原则，指由经济法所确立，在其调整特定的社会关系时所遵循的准则。它是由经济法确立和规定的，具有法律约束力，是规范国家经济调节活动中各有关主体行为的准则，在经济法全部或一定范围内具有普遍适用性。但是，它只适用于经济法范围，不适用于其他部门法。它不同于经济法的各具体行为规范，只是为人们行为指示基本方向和模式，因而带有一定的抽象性。但它具有对行为的指导性，即具有一定的可操作性。经济法调整原则具有稳定性，即使国家的经济形势和某些经济政策发生变化，经济法的基本原则并不因此而改变。

经济法原则应为经济法所特有，它不适用于其他部门法；反之，其他部门法原则也不适用于经济法。不能将其他部门法原则作为经济法原则，更不能将其他一些根本不是法的原则或不具有法的原则基本特征的东西，作为经济法的原则。这是经济法原则的特定性。

## 二、经济法基本原则的内容

经济法是一种社会性法律，它重在从社会总体角度维护和促进社会总体效率和社会公平。经济法是关于国家经济调节之法，国家调节虽然影响社会生活的各个方面，但首先和主要涉及的毕竟是经济领域。因此，经济法是一种经济性法律。它的价值、功能和理念首先和主要是为了经济效率、经济公平(还有经济秩序、自由、安全，经济方面的正义等)。

综合起来说，经济法价值、功能和理念的特点在于社会经济效率和社会经济公平，以及建立在此基础上的社会经济秩序和社会经济正义等。这一特点决定了经济法的基本原则的基本内容是：维护与促进社会经济总体效率和社会经济公平。

由于效率归根结底是关于利益获取的效率，公平也主要是利益上的公平，其他如自由、安全、秩序等价值都可以归结为利益，因此，维护与促进社会经济利益和社会经济公平，也可以说是维护与促进社会经济利益和总体经济利益。

由于社会经济总体由全部经济个体(企业和个人)构成，维护社会总体经济效率必须注重维护而不是妨害广大个体效率；否则，维护社会总体效率便只是一句空话。但是，社会总体效率同个体效率存在着矛盾冲突，例如，垄断企业由于超额垄断利润形成的“效率”妨碍着广大中小经营者和消费者的效率。社会公平必须以广大个体间的公平为基础，实质公平也总要通过形式公平体现；但是它们间显然也并非完全一致。因此，维护社会经济总体效率和社会经济公平的关键问题在于在社会共同个体之间作出平衡，尽量找到最佳的界限、度或叫平衡点。从这个角度说，经济法的基本原则乃是一种“衡平(equity)”原则，要在社会总体经济效率同个体经济效率、社会公平同个体间公平之间进行衡平。

(1) 应当充分尊重和维护各个体(企业、个人)的经济权利和自由，维护各个体的经济效率和公平；国家调节及经济法不得随意侵害各个体正当的经济效率和他们间的公平。

(2) 经济法所规范的国家调节只是在下列情况下才可以也应当对有关个体的经济效率和有关个体间的“公平”(例如，基于民法上的如所有权、契约自由等方面的平等权利)进行必要规制和调整：某些个体经济效率妨害或可能妨害社会公众、社会总体经济效率，个体间公平(形式公平)妨害或可能妨害社会实质公平；且该种妨害和冲突单靠市场和民间社会自身无法排除和解决，必须由国家予以调节。

综上所述，贯彻经济法基本原则的核心问题，在于恰当处理个体经济(效率、公平等)同社会经济(效率、公平等)的关系，在二者间进行衡平。不过，经济法毕竟是以“社会本位”为视角的，其基本原则所强调的是维护与促进社会经济效率和社会经济公平，也就是促进和维护社会经济利益。

# 第五节 经济法的责任制度和适用机制

经济法责任是经济法义务人应当为其行为给国家经济调节和国家与社会经济利益所造成的危害付出的代价，这种代价应当同国家经济调节和国家社会或其他被侵害者的经济利益相关，并与行为人在这方面所造成的危害的性质后果和程度相当。它或者是对被侵害者的财产和经济利益进行补偿，或者是消除侵害行为可能继续产生的危害和影响，或者是限制或剥夺侵害人此后可能继续进行危害的资格和手段。

## 一、经济法的责任种类

经济法责任的种类即责任形式，主要包括财产和其他经济利益方面的责任、经济行为方面的责任、经济信誉方面的责任、经济调节管理行为方面的责任等。

(1) 经济责任(或财产责任)。这是经济法义务违反人以其财产或其他经济利益受到一定损失的方式承担的责任。为了强制实现这种责任形式，国家机关采取的制裁方式是罚款、罚交滞纳金、罚息、收缴应上交收入、没收非法所得等货币制裁，或者征购、征用、没收财产等财产制裁。

(2) 经济行为责任。这是经济法义务违反人以其经济行为受到某种限制为代价承担的责任。这决定国家机关适用的制裁方式通常为强制整顿、强制停业、吊销生产许可证或营业执照、强制解散、限制从事某些经济活动的资格等。

(3) 经济信誉责任。经济法责任形式中的经济信誉责任，是使责任人的经济信誉受到损失，国家机关适用的制裁方式通常包括通报批评、撤销荣誉称号等。

(4) 经济调节管理行为责任。以国家经济调节管理机关及其工作人员从事经济调节管理的资格和经济调节管理行为受到某种限制的方式承担责任。与此相适应的制裁方式通常包括：责令修改、调整原所下达的计划指标，责令减、免被管理主体原来规定上交的利润和收费，撤销摊派，停止、纠正或撤销不恰当的调节管理行为，撤销或调整其有关经济调节管理职权等。

## 二、经济法的法律责任形式和法律制裁方式

### (一) 对于企业、事业单位、个体经营者和其他个人等基本经济活动主体

(1) 经济(财产)责任和经济制裁。

① 货币制裁，包括：罚款，交滞纳金，罚息，减少、停止或提前收回贷款，追回被侵占挪用的资金，收缴应上交收入，没收非法所得等。

② 实物制裁，包括：强制转移财产所有权，如征购、征用、减少或停止计划物资供应、没收等；强制转移使用权，如强制许可使用等。

(2) 经济行为责任和经济行为制裁。其制裁方式包括：强制整顿，强制停业，吊销生产许可证，吊销营业执照，强制解散等。

(3) 经济信誉责任和经济信誉制裁。其制裁方式包括：通报批评，撤销荣誉称号，取消或限制从事某些经济活动资格(限制经济活动资格，也是一种经济行为责任和经济管理行为制裁方式)等。

### (二) 对于国家经济管理机关

(1) 经济调节管理行为责任和经济调节管理行为制裁。其制裁方式包括：责令调整原所下达的计划指标，责令减、免管理主体原来规定需上交的利润和收费，撤销摊派，停止、纠正或撤销错误或不当干预、管理行为，限制或剥夺经济管理资格(经济管理职权)，等等。

(2) 经济(财产)责任和经济(财产)制裁。其制裁方式有赔偿损失等。由于国家经济管理机关并无归其所有的独立财产，其财产所有权属于国家，国家经济管理机关的负责人和直接责任人员的个人财产有限，往往不能凭此完全承担其责任，因此，此种责任形式和制裁方式不能普遍适用，且往往

不能独立适用，即还需令其承担经济管理行为责任，接受经济管理行为制裁。

国家经济管理机关工作人员，在经济调节管理活动中如果同时还违反有关行政法规范，还应承担相应的行政法责任和受到行政法规定的制裁。

## 三、经济法适用机关

由于经济法是有关国家经济调节之法，国家经济调节乃现代国家一项重要职能，担负这一职能的必然涉及几乎所有国家机关，包括国家权力机关、行政机关和司法机关。从这个意义上可以说，上述所有各国家机关都有适用经济法的职权，都属于(广义的)经济法适用机关范畴。但由于职权分工不同，它们所担负的法律适用任务有所不同。其中，大量的法律适用任务是由各有关行政机关和司法机关担任的。

### (一) 国家权力机关

国家权力机关在国家经济调节方面主要的任务是负责重大决策、制定法律、决定经济和社会发展规划及各项重大经济政策；它们也需要对计划、政策和法律的实施、执行情况进行检查、监督，特别是对各行政机关及其工作人员在实施政策和法律中的情况检查监督。如果发现他们有违反法律义务情形，国家权力机关可以对其进行弹劾、罢免，或责成有关行政机关、司法机关处理，或另行设立专门机构审理。这时，国家权力机关便是在适用法律。

### (二) 国家各级行政机关

国家各级行政机关是国家经济调节任务的执行机关，也是经济法适用的主要机关——行政执法机关。行政机关及其工作人员在组织实施国家调节任务过程中，对于违反经济法规定义务的单位和个人，需要在作出认定基础上依法给予处理和法律制裁，这就是行政执法。例如，在竞争法的适用上，各国都规定有关行政机关参与，如英国的国务大臣，德国、法国的经济部长等。在国家投资经营法和宏观引导调控法的实施中，对于违反法律义务和发生有关纠纷的，更主要是由有关各行政机关负责处理，给予行政制裁。许多行政机关还设有专门行政执法机构，负责对于经济法实施中的纠纷和违法案例进行查处，例如，中国在县以上地方各级人民政府设立的行政复议机关，受理公民、法人和其他组织对《行政复议法》所规定的不服具体行政行为而申请复议的案件。

### (三) 国家各级司法机关

国家各级司法机关是各国负责法律适用的专门机关，也是经济法适用的重要机关。在依照经济法实施的国家经济调节活动中，对于违反法律义务和所发生的纠纷，有关当事人可以向司法机关请求通过诉讼程序解决。对于虽然已经通过行政机关适用法律，而当事人不服行政执法处理的，也可诉诸司法程序解决。负责经济法适用的司法机关，包括普通司法机关与特别设立专司经济法适用(或还管辖其他有关案件)的司法机关。例如，有些国家设有专门管辖竞争法案件的司法机关，如英国的“限制行为法院”及其以后的“竞争上诉法院”、德国的“卡特尔法庭”等。除竞争法以外，许多国家还设有其他一些专门法院或法庭，以适用包括某些经济法案件在内的特定范围的案件，如美国的关税和专利上诉法院，德国的财政法院、劳工法院、社会法院、行政法院，法国的行政法院、商事法院、劳资仲裁法庭。各国的普通司法机关也担负着大量的经济法案件的审理。例如，美国的司法部、联邦上诉法院和其他法院，德国的联邦上诉法院和其他法院，欧共体的欧洲法院等，在适用竞争法方面发挥着重要作用。

### (四) 特设机关

在普通行政机关与司法机关之外，还特别设立一种专司经济法实施的机关。这主要表现在各国反垄断法实施主管机关的设置上。美国根据 1914 年《联邦贸易委员会法》规定设立联邦贸易委员会，作为反垄断法实施的专门机关。此后，各国的竞争法实施大多仿效这种做法，如英国设立的公平贸易局和竞争委员会、德国的联邦卡特尔局、日本的公正交易委员会、法国的联合与支配地位委员会等。各国的这些专门机构拥有广泛的权力，有些还被赋予“准司法权”“准立法权”，它们不同于普通国家行政机关。

## 四、经济法适用程序

经济法的适用程序大致有三种情况：一是经济法特有的适用程序；二是普通行政执法程序；三是普通司法程序。目前，各国对于反垄断法的适用，大多规定了特别程序，对其他经济法规范的适用，则基本上按普通行政执法程序和普通司法程序。

各国的反垄断法在规定实体性权利义务的同时，往往同时规定程序法。例如，各国立法中都较详细地规定了对于各种垄断和限制竞争行为进行调查、登记、报告、扣押或没收财产，或发布其他禁令、起诉、审理、处罚等程序，规定了各执法机关和司法机关在查处案件中的分工、衔接和配合。欧共体还规定了由欧共体执行和由各成员国国家机关执行的分工与衔接。美国 1962 年制定了《反托拉斯民事程序法》，规定了授权司法部强制企业在反托拉斯民事调查中提供有关资料和其他方面的程序，于 1974 年通过《反托拉斯诉讼程序和惩罚法》。这些都是专门的经济法适用程序法。

各国大都规定了各种行政执法程序。例如，中国《行政复议法》，详细规定了申请复议范围、复议管辖、复议机构、复议参加人、申请与受理、审理与决定、期间与送达等行政复议程序。在国家调节管理经济中的许多争议也适用普通行政执法程序。

普通司法程序规定在各国的民事诉讼法、行政诉讼法或刑事诉讼法之中。许多经济法性质的案件，除经济法中另有特别规定以外，也分别适用这些普通司法程序的规定。

# 思考练习

### (一) 单项选择题

1. 下列关于经济法的定义比较科学的是(　　)。
   A. 经济法是调整国家在经济管理和指导经济运动中发生的经济关系的法律规范的总称
   B. 经济法是以特定经济关系为调整对象的经济法规的总称
   C. 经济法是以特定经济关系为调整对象的法律规范的总称
   D. 经济法是以特定经济关系为调整对象的规范性文件的总称
2. 下列对经济法调整对象的范围看法正确的是(　　)。
   A. 经济法的调整对象是综合的
   B. 经济法的调整对象是各种经济关系
   C. 经济法没有特定的调整对象，其调整对象随实践的发展而发展
   D. 经济法的调整对象与其他部门法的调整对象是有区别的

3. 国家对经济运行进行调控的主要手段是(　　)。

A. 宏观调节　　B. 微观调节　　C. 法律手段　　D. 行政手段

4. 研究经济法理念的意义是(　　)。

A. 有利于加深对经济法的理解，明确经济法的目标

B. 指导人们通过正确的方法实施经济法，使经济法的实施不会走偏方向

C. 提出改进措施，健全经济法制

D. 使经济法的理念符合新的实际，指导经济法的创制和实施，推动经济法的制度创新

### (二) 名词解释

1. 经济关系
2. 经济法律关系
3. 国家干预
4. 经济法

### (三) 论述题

1. 论述经济法在市场失灵中的作用。
2. 结合实际论述经济法的政策性。
3. 论述国家运用经济法干预社会经济关系的正当性。
4. 试述经济法的社会本位。
5. 简述经济法理念的内容。
6. 简述经济公平原则。
7. 论述经济法的适度干预原则。

# 第二章

# 公 司 法

**【学习目的与要求】**

公司法是公司完善法人治理结构的基础和保障，是公司章程制定的依据。本章的学习目的是掌握公司设立、变更、解散与清算的条件和程序，股东的权利与义务，公司内部各机构的职权及议事规则，公司董事、监事及公司高级管理人员的义务和法律责任，一人有限责任公司和国有独资公司的特殊性；熟悉公司的含义、特征和分类，公司法的含义和发展，2018 年《公司法》修改内容及其意义；了解公司与非公司制企业的区别和联系。

## 第一节　公司和公司法概述

公司制度是生产力发展和生产社会化的产物，欧洲中世纪就已经萌芽。在中世纪，合伙制度和法人制度得到了极大发展，而二者结合产生的经济实体就是公司制度。公司是由两个以上出资人共同出资、共同经营的法人实体。最早出现的公司是无限公司(即无限责任公司，是指由两个以上的股东组成，股东对公司债务承担无限责任的公司形式)，无限公司同合伙团体并无本质区别，但是其股东的权利义务和公司组织形式比合伙人的权利义务和合伙组织的组织形式更加明确、更加稳定、更受强制性规范约束。在无限公司之后出现的是两合公司(是指股东的一人或数人以其一定的出资财产数而对公司的债务负责任，即有限责任股东，其他股东负无限责任的公司形式)。在公司制度发展过程中起到飞跃作用的是股份有限公司。1600 年成立的英国东印度公司和 1602 年成立的荷兰东印度公司，是世界上最早的股份有限公司。从此，公司制度才真正建立起来并逐步得到普遍运用。

## 一、公司概述

### (一) 公司的定义和法律特征

公司是指依照公司法和相关法律设立，以营利为目的独立的法人实体，其具有以下特征。

(1) 合法性。为规范公司的组织与行为，保护公司、股东、债权人及其他利益相关者的利益，大多数国家都制定专门的公司法和一些相关法律。公司必须严格按照公司法和相关法律规定设立和从事经营活动。设立公司必须符合法定条件，而公司设立最基本、必备的条件是公司资本、公司章程和公司机关，我们一般又称之为公司构成的基本要素。

(2) 营利性。公司设立的目的主要是通过公司从事的经营活动以获取利润，并将利润按照股东意志和法律规定分配给股东，从而满足投资者需求。从这一点上看，公司同事业单位、国家机关等公益法人组织有本质区别。

营利并不是公司唯一的目的。对于一些提供公共产品和公共服务的公司，如公交公司、自来水公司等，在保障能够提供公共产品或公共服务的情况下，营利也是其目的之一，但并不排除公司的社会责任。

(3) 独立性。公司是适合多数人为解决个人资金不足而进行联合投资的需要而创设的。公司作为一种经济实体和生产管理模式，法律赋予其独立的法人资格。公司独立于自己的投资者股东，股东仅以自己的出资额为限对公司承担责任。公司对外独立地承担法律责任，具有权利能力和行为能力。

**(二) 公司的分类**

(1) 依信用标准可将公司划分为人合公司、资合公司和人资两合公司。人合公司是指以股东个人信用为基础的公司，无限公司是典型的人合公司；资合公司是指以资本额为信用基础的公司，股份公司是典型的资合公司；人资两合公司是指兼具人的信用和资本信用两种因素的公司，有限责任公司是典型的人资两合公司。

人合公司建立的基础是投资者之间的相互信任关系，因此要求公司股东彼此有良好的人际关系，否则公司很难设立。公司成立后，公司的经营管理权、股东股份转让及新股东的加入等都取决于股东人数，而非股东股份数，这一点同合伙企业类似。资合公司则相反，其设立基础等取决于股东的股份多少，公司的经营管理权等取决于股份数，一股一权。

另外，人合公司的信用在于股东的信用如何。股东个人信用高，公司信用也就高；反之，则公司信用低。人合公司对股东信用的依赖性很强。而资合公司的信用则取决于公司注册资本的多少，同股东个人信用无关，其强调公司资本的真实原则和维持原则。

(2) 以股东对象和股份转让是否受限制，可将公司划分为封闭式公司和开放式公司。封闭式公司，是指全部股份由设立时的所有股东持有，且其股份不能在公开的市场上自由转让，一般通常指有限责任公司。开放式公司，一般又称为公开公司，是指以法定程序公开招股，股东人数不限且对象一般不定，股份可以在公开市场进行自由转让的公司。

封闭式公司和开放式公司划分的理论基础是公司建立的信用基础。一般来说，人合公司通常为封闭式公司，资合公司通常为开放式公司。因为人合公司建立的基础是人的信用，因此公司股东对象有限，一般不能在公开场合自由转让；反之，资合公司则不受持股者信用的限制，可以自由转让。

封闭式公司相对稳定，股东流动性小，同时也无须向社会公开自己的相关信息，有利于保护公司商业秘密。但是，封闭式公司由于股份流动性小，因而其募集资金能力有限，股东退出公司较难，一般不适宜大规模的公司。

开放式公司由于股东不定性和股份转让自由性，具有很强募集资金的能力，股东可以自由退出公司，但存在公司稳定性相对较差、股东对公司控制力相对较难，以及公司因要定期公开相关信息而不易保护公司商业秘密等问题。

需要强调一点的是，对于封闭式公司，并不是股东的股份不能转让或不能退出公司，而是股东股份转让或退股受到一定限制，如我国《公司法》规定，有限责任公司的股东，如要向公司股东之外第三人转让股份需要取得其他股东的同意，否则不能转让。但是若其他股东不同意该股东，又该怎么办？为了保障股东能够转让，我国《公司法》规定，不同意的股东应购买欲转让的股份，否则视为同意转让，从而保障股东转让股份的权利，确保公司制度价值能够充分发挥。

(3) 依股东对公司责任不同，可将公司划分为有限公司和无限公司。有限公司是指股东对公司在出资范围内承担有限责任的公司；无限公司是指股东对公司不仅在出资范围内承担责任，若公司的资产不足以抵偿债务的，出资者还应在出资之外承担责任的公司(这一点同合伙企业类似，无限公司的出资者对外责任的承担为公司不能承担债务时的一种补充连带责任)。目前，我国《公司法》规定的股份公司和有限责任公司都是有限公司。

无限公司在投资者对企业责任承担方面同合伙企业是相同的，但其存在本质的区别，其中最主要的是无限公司可以采取公司制度所具备的科学、民主管理的公司治理模式，吸收了公司制度的价值精髓。

**【案例分析 2-1】**

张×、李×、赵×3 人投资设立一有限责任公司。张×出资 20 万元人民币，李×以价值 20 万元的房屋出资，赵×出资人民币 10 万元。后经营失败，公司欠甲 100 万元，公司资产价值 50 万元，甲知道张×具有偿还能力，在公司财产不足清偿债务时，要求张×偿还所欠的债务。

问题：若你是甲的法律顾问，对甲的要求如何回答?

(4) 依公司是否发行股份和参与投资人数的多少，可将公司分为股份有限公司、有限责任公司和独资公司。股份有限公司是指公司资本为股份所组成的公司，股东以其认购的股份为限对公司承担责任。有限责任公司，是指依公司法设立的，由不超过一定人数的股东出资组成，每个股东以其所认缴的出资额为限对公司承担责任，公司以其全部资产对公司的债务承担责任的企业法人。独资公司，在我国包括国有独资公司和一人有限责任公司，其中国有独资公司股东为唯一的国家法人；一人有限责任公司股东只能为一个自然人。

(5) 依公司与公司之间的控制依附关系，可将公司分为母公司和子公司。母公司是指通过持有其他公司的股份或其他方式而能实际控制其他公司经营活动的公司。子公司是指其一定比例的股份被其他公司持有，经营活动受其他公司控制的公司，子公司具有独立的法人资格。当不同公司之间存在控制与依附关系时，处于控制地位的是母公司，处于依附地位的则是子公司。母子公司之间虽然存在控制与被控制的组织关系，但它们都具有独立法人资格，在法律上是彼此独立的企业。我国《公司法》规定，公司可以设立子公司，子公司具有法人资格，依法独立承担民事责任。

要注意的是本公司与分公司。根据公司的组织系统，公司可分为本公司和分公司。分公司是公司依法设立的以分公司名义进行经营活动，其法律后果由本公司承受的分支机构。相对分公司而言，公司称为本公司或总公司。分公司没有独立的公司名称、章程，没有独立的财产，不具有法人资格，但可领取营业执照，进行经营活动，其民事责任由本公司承担。我国《公司法》规定，公司可以设立分公司，分公司不具有法人资格，其民事责任由本公司承担。分公司不是独立的公司，不具有企业法人资格，不是独立的法律主体。

如果子公司名为独立法人，但是实为母公司的公司或分支机构，以此来逃避债务，则可以对子公司的独立人格予以否认，即公司法的“公司人格否认”或称为“刺破公司面纱”制度。我国《公司法》第 20 条第 3 款规定：公司股东滥用公司法人独立地位和股东有限责任，逃避债务，严重损害公司债权人利益的，应当对公司债务承担连带责任。

**【案例分析 2-2】**

住所地在长春的四海公司在北京设立了一家分公司。该分公司以自己的名义与北京实达公司签订了一份房屋租赁合同，租赁实达公司的楼房一层，年租金为 30 万元。现分公司因拖欠租金而与实达公司发生纠纷。下列判断哪一个是正确的？(　　)

A. 房屋租赁合同有效，法律责任由合同的当事人独立承担

B. 该分公司不具有民事主体资格，又无四海公司的授权，租赁合同无效

C. 合同有效，依该合同产生的法律责任由四海公司承担

D. 合同有效，依该合同产生的法律责任由四海公司及其分公司承担连带责任

(6) 依公司是否受公司法之外的特别法调整，可将公司划分为一般法上的公司和特别法上的公司。一般大多数的公司仅受我国《公司法》调整，但是对于保险公司、银行、外资企业等，根据特别法优于普通法的原理，首先要适用特别法的规定；在特别法没有规定的情况下，则适用公司法的一般规定。

(7) 依公司国籍不同，可将公司划分为本国公司、外国公司和跨国公司。

## 二、公司法概述

我国的《公司法》在2005年10月27日由第十届全国人大常委会第十八次会议进行了较大规模的修订后重新颁布，自2006年1月1日起施行。2013年12月28日第十二届全国人民代表大会常务委员会第六次会议对公司有关注册资本等内容再次进行修订，并于2014年3月1日起正式实施。

### (一) 公司法的概念

公司法是规定各种公司的设立、组织、活动和解散及股东权利义务的法律规范的总称。公司法的概念有广义和狭义之分。狭义的公司法，仅指专门调整公司问题的法律，如我国《公司法》；广义的公司法，除包括专门的《公司法》外，还包括其他有关公司的法律、法规、规章等调整公司组织关系、规范公司组织行为的法律规范，如《公司登记管理条例》等。

### (二) 公司法的特征

(1) 公司法兼具组织法和活动法的双重属性，以组织法为主。公司法的主要内容是公司设立、变更、公司章程、股东权利和股东义务等公司组织的制度，体现了国家对公司制度的干预。而对于公司与第三人之间关系，如合同订立、合同履行、违约或侵权责任承担等，则主要由合同法、民法等加以调整，公司法也部分涉及这方面的内容，如股东对外责任的承担。

(2) 公司法兼具实体法和程序法的双重属性，以实体法为主。公司法主要规定公司的权利和义务、股东的权利和义务及法律责任等，除此之外还规定了公司设立、变更、解散程序，以及当相关主体权利受到侵害时的救济程序等，但公司法主要内容还是实体法。

(3) 公司法兼具强制法和任意法的双重属性，以强制法为主。由于公司法主要是组织法，涉及公司权利、股东权利、债权人利益保护及交易安全，因此公司法规定中多为强制性的，通过国家强制的立法，来保障社会交易安全，促进经济秩序的稳定。但是公司法作为商法的一个组成部分，也有一些规定为非强制性的，体现了私法的“意思自治”的精神。

# 第二节 公司法的基本制度

随着公司法立法的完善，各国逐步建立了一套适应市场经济要求的法律制度。《中华人民共和国公司法》(以下简称《公司法》)的颁布，使我国公司法的基本制度得以初步确立。

## 一、公司设立

公司设立与公司成立是两个不同但又存在一定关联的概念。公司成立是指通过设立行为使得公司取得了法人资格，具备了依法进行生产经营活动的权利能力和行为能力。公司设立是一个法律过程，是公司成立的前提，公司成立则是一个法律结果，是公司设立的肯定结果，公司只有在取得法人营业执照正式成立后才能以公司名义进行相关活动。

### （一）公司设立的概念和设立原则

(1) 公司设立的概念。公司设立是指为使公司成立，取得公司法人资格而依法律程序所进行的一系列行为的总称。

(2) 公司设立的原则。在公司发展中，不同时期和不同国家有关公司设立的原则存在不同，包括自由设立主义、特许主义、核准主义和准则主义四种。

自由设立主义是指在公司制度萌芽时期，各国政府多采取自由放任政策。由于不需任何手续，即可享有法人资格，因而弊端很多，不利于社会交易的正常进行。所以，目前已基本被舍弃了。

特许主义是指公司的成立是基于一国元首的命令或特种的法律而取得法人资格的。这种设立方式因要取得国家元首的特许命令或依据某一特种法律方能成为法人，所以手续极其烦琐，不利于大规模交易的发展，也被逐渐地放弃了。

核准主义也称为许可主义或审批主义，是指公司设立除具备法定的一般要件外，还必须经政府行政主管部门审查批准。其有利于国家对公司进行管理，但同样存在时间长、成本高的问题，因此现在大多数国家一般只是针对一些特殊类型的公司采取此种做法，如股份公司、金融公司等。

准则主义又称为登记主义，是指公司法事先规定公司设立要件，并将这些要件作为设立公司的指导，任何主体只要具备条件就可设立公司。这种模式使得公司设立变得灵活、简便，有利于公司的迅速发展，也适应了经济发展，多数国家普遍采取准则主义。

我国《公司法》规定，设立公司，应当依法向公司登记机关申请设立登记。符合《公司法》规定的设立条件的，由公司登记机关分别登记为有限责任公司或者股份有限公司；不符合本法规定的设立条件的，不得登记为有限责任公司或者股份有限公司。法律、行政法规规定设立公司必须报经批准的，应当在公司登记前依法办理批准手续。公众可以向公司登记机关申请查询公司登记事项，公司登记机关应当提供查询服务。由此可见，我国公司设立采用的是准则主义和核准主义相结合的原则。

### （二）公司设立方式

公司设立的方式可以分为以下两种。

(1) 发起设立。发起设立是指由发起人认购公司应发行的全部资本而设立公司的方式。此种方式设立公司成本相对较低，程序相对简单，公司成立后相对稳定，但是由于由发起人认购全部资本，因此募集资本的人数有限。在我国，有限责任公司只能采取发起设立的方式设立公司，而股份公司也可以采取此种方式设立。

(2) 募集设立。募集设立是指由发起人认购公司应发行股份的一部分，其余则向社会公开募集或向特定对象募集而设立公司的行为。为了保障公司稳定，此种设立需要由发起人认购一部分股份而后向其他主体募集。公司募集资金能力强，公司也较容易成立，但是由于募集设立直接影响到社会公众利益，法律对此规定了严格的程序和设立条件，因此此种方式设立公司成本高、时间长。我国

《公司法》规定，股份公司可以采取募集设立方式来设立公司。

## (三) 公司设立的条件

(1) 有限责任公司设立的条件。

根据我国《公司法》第23条的规定，设立有限责任公司，应具备下列条件：

① 股东符合法定人数。公司应由50个以下的股东共同出资。股东可以是自然人，可以是法人，但不能是非法人的其他经济组织。股东不能超过50人，这里主要基于有限责任公司是人合公司，若人数过多则不利于公司管理和经营决策，因此一般较适应于经营规模相对较小的经济组织。

② 有符合公司章程规定的全体股东认缴的出资额。

我国《公司法》第26条：有限责任公司的注册资本为在公司登记机关登记的全体股东认缴的出资额。法律、行政法规以及国务院决定对有限责任公司注册资本实缴、注册资本最低限额另有规定的，从其规定。

我国《公司法》第28条：股东应当按期足额缴纳公司章程中规定的各自所认缴的出资额。股东以货币出资的，应当将货币出资足额存入有限责任公司在银行开设的账户；以非货币财产出资的，应当依法办理其财产权的转移手续。股东不按照前款规定缴纳出资的，除应当向公司足额缴纳外，还应当向已按期足额缴纳出资的股东承担违约责任。

法律、行政法规对有限责任公司注册资本的最低限额有较高规定的，从其规定。如《证券法》规定，设立综合类证券公司，注册资本最低限额为人民币五亿元，经纪类证券公司注册资本最低限额为人民币五千万元。

**【案例分析2-3】**

A、B、C三人经协商，准备成立一家有限责任公司甲，主要从事家具的生产，其中A为公司提供厂房和设备，经评估作价25万元；B从银行借款20万元现金作为出资；C原为一家国有企业的家具厂厂长，具有丰富的管理经验，提出以管理能力出资，作价15万元。A、B、C签订协议后，向工商局申请注册。

问题：本案包括哪几种出资形式？并分析A、B、C的出资效力。

③ 股东共同制定公司章程。章程是公司“宪法”，是记载公司组织、活动基本准则的公开性法律文件。设立有限责任公司必须由股东共同依法制定公司章程。股东应当在公司章程上签名、盖章，并置备于公司登记行政主管机关。公司章程对公司、股东、董事、监事、高级管理人员具有约束力。

④ 有公司名称，建立符合有限责任公司要求的组织机构。公司的名称是公司独立人格的标志，一般也称为“商号”。公司设立自己的名称时，必须符合法律、法规的规定，并应当经过公司登记管理机关进行预先核准登记，其一般由下列部分依次组成：所在地区的行政区划名称、商号、行业或经营特点、企业法律形式。公司应当设立符合有限责任公司要求的组织机构，即股东会、董事会或者执行董事、监事会或者监事等。

⑤ 有公司住所。设立公司必须有住所。没有住所的公司，不得设立。公司以其主要办事机构所在地为住所，其对于确立公司登记机关和民事活动中的文书送达、地域管辖等有重要作用。

**【案例分析2-4】**

甲、乙、丙三人出资10万元设立“星光科技开发有限责任公司”，其中甲出资2万元，乙出资3万元，丙出资5万元。公司成立后，召开了第一次股东会。有关这次股东会的下列情况中，哪些

不符合公司法的规定？(　　)

A. 会议由甲召集和主持

B. 会议决定：公司不设董事会，由乙任执行董事兼总经理，任期3年

C. 会议决定：公司设监事一名，由丙担任，任期6年

D. 会议决定：同意公司以15万元购买甲的一项专利权

(2) 股份有限公司设立的条件。

根据《公司法》第76条的规定，设立股份有限公司，应具备下列条件：

① 发起人符合法定人数。设立股份有限公司的发起人应当在二人以上二百人以下，其中须有半数以上在我国境内有住所。发起人应签订发起人协议，明确各自在公司设立过程中的权利和义务。发起人可以是自然人、法人。

② 有符合公司章程规定的全体发起人认购的股本总额或者募集的实收股本总额。股份公司设立时没有最低注册资本的要求，采取认缴制度，但法律、行政法规对股份有限公司注册资本的最低限额有较高规定的，从其规定。以募集设立方式设立的，发起人认购的股份不得少于公司股份总数的35%，但法律、法规另有规定的除外。

③ 股份发行、筹办事项符合法律规定。以募集设立方式设立股份有限公司的，其股本除由发起人自己认购一部分外，还须向社会公众募集，《公司法》对公开募集股份作了较严格的限制。

④ 发起人制订公司章程，采用募集方式设立的经创立大会通过。

⑤ 有公司名称，建立符合股份有限公司要求的组织机构。公司应当设立符合股份有限公司要求的组织机构，即股东大会、董事会、监事会等。

⑥ 有公司住所。与有限责任公司相同。

**(四) 公司设立程序**

(1) 有限责任公司的设立程序。

① 确定设立公司，订立发起人协议。有限责任公司只能由发起人发起设立。经过对公司规模、公司法律形式等进行分析和选择后，发起人应该签订发起人协议，对拟设立公司的基本情况作出意向性规定，明确各方权利义务，并授权特定的人办理相关设立事务。

② 申请名称预先核准登记。相关主体向国家工商行政主管部门申请名称预先核准登记，在获得名称预先核准登记后，应当在6个月内设立公司，并且不得以预先获得的公司名称进行相关经营活动，只能在公司获得正式登记后，才能以公司名义进行相关经营活动。

③ 制订公司章程。设立公司必须先订立章程，将要设立的公司的基本情况都通过章程反映出来，这样才便于有关部门审查、批准和登记。章程应由全体股东或其委托的代表亲笔签字；法人股东要加盖公章和法定代表人亲笔签字。

④ 设立审批。国家法律、行政法规规定必须经有关部门审批的，应当在公司登记前办理审批手续。

⑤ 认缴出资。股东可以用货币出资，也可以用实物、知识产权、土地使用权等可以用货币估价并可以依法转让的非货币财产出资；但是，法律、行政法规规定的不得作为出资的财产除外，如权属不明的财产。此外，禁止以劳务出资。股东应当按照其在发起人协议和公司章程中认购的出资，股东的出资无须经国家核准登记的注册会计师验证出具证明，从而简化了公司登记程序，也节约了成本。对于非货币必须实际交付或进行转让登记。其中涉及国有资产的，应由国有资产管理部门确认产权归属。

⑥ 确立公司组织机构。股东认足公司章程规定的出资后，应依法建立公司组织机构，并选出相关负责人。股东只有确立了公司组织机构及公司高级管理人选后，才可申请设立登记。

⑦ 设立登记。股东认足公司章程规定的出资后，由全体股东指定的代表或共同委托的代理人向公司登记机关申请设立登记。在经过工商行政主管部门登记后，公司正式成立。

⑧ 签发出资证明书。公司成立后应向股东签发出资证明书。出资证明书是证明股东已缴纳出资额的文件，由公司在登记注册后签发。

(2) 股份有限公司设立的程序。股份有限公司设立有两种方式，即发起设立和募集设立。

① 确定发起人并签署发起人协议。股份有限公司发起人承担公司筹办事务。发起人应当签订发起人协议，明确各自在公司设立过程中的权利和义务。

② 认购股份和缴纳股款。以发起设立方式设立股份有限公司的，发起人应当书面认足公司章程规定其认购的股份；一次缴纳的，应立即缴纳全部出资；分期缴纳的，应立即缴纳首期出资。以非货币财产出资的，应当依法办理其财产权的转移手续。发起人不依照前款规定缴纳出资的，应当按照发起人协议承担违约责任 。

以募集设立方式设立股份有限公司的，发起人认购的股份不得少于公司股份总数的35%，但法律、行政法规另有规定的，从其规定。

发起人向社会公开募集股份，必须公告招股说明书，并制作认股书。

③ 召开创立大会。创立大会也就是首次股东大会，发起人应当在创立大会召开前 15 日将会议日期通知认股人或予以公告。创立大会应当有代表股份总额过半数的发起人、认股人出席，方可举行。

创立大会主要行使下列职权：审议发起关于公司筹办情况的报告；通过公司章程；选举董事会成员；选举监事会成员；对公司的设立费用进行审核；对发起人用于抵作股款的财产的作价进行审核；发生不可抗力或者经营条件发生重大变化直接影响公司设立的，可以作出不设立公司的决议。

创立大会对前款所列事项作出决议，必须经出席会议的认股人所持表决权过半数通过。

④ 设立登记。经过创立大会授权，董事会在创立大会结束后 30 日内，向公司登记机关申请设立登记。以募集方式设立公司公开发行股票的，还应向公司登记机关报送国务院证券监督管理机构的核准文件。

公司登记机关在接到股份有限公司设立登记申请之日起30内作出是否予以登记的决定，予以登记的公司正式成立。

**(五) 公司发起人**

公司发起人是指向公司出资或认购公司股份并发起、策划、承担公司筹办事务的公司创始人。

(1) 发起人资格。公司发起人应具备下列条件：

① 应具备完全民事行为能力。由于公司设立需要由发起人承担公司发起、筹办公司设立事务，并对设立中的行为承担相应法律责任，因此要求发起人须具备完全民事行为能力。这一点和非发起人股东不同，非发起人股东可以通过后加入、继承、接受赠与等方式成为公司股东，因此对其民事行为能力没有要求，可以是无民事行为人或限制民事行为能力人。

② 人数及住所限制。设立有限责任公司的，由于公司法对有限责任公司的股东限制在 50 人以下，因此发起人也不能超过 50 人，对发起人是否在我国有住所没有限制。

设立股份有限公司，公司法明确规定应当有 2 人以上 200 人以下，且半数以上的发起人在我国境内有住所，从而保障设立行为的顺利进行。

③ 发起人认购股份的规定。以募集方式设立股份有限公司的，发起人认购的股份不能少于公司股份总额的35%，但法律、行政法规另有规定的，从其规定。

④《公务员法》等国家法律、法规禁止的单位或人员，以及受竞业禁止的公司高级管理人员，不得充当公司发起人。

(2) 发起人的权利。我国《公司法》对发起人的权利没有具体规定，从实践中看，主要有获得报酬权、优先认股权、可入选公司董事或监事权等。

(3) 发起人的责任。发起人在发起设立公司过程中，可能会借机谋求不正当个人利益。发起人的不正当行为可能会损害未来公司的利益或其他人的利益，为此公司法对发起人的义务和责任进行了相关规定。

当公司不能成立时，发起人连带承担设立公司所产生的一些费用，对认股人认购的股款应当及时退回，并赔偿同期银行存款利息；对因违约或侵权而造成第三人的损失，由发起人连带进行赔偿。

当公司成立时，发起人对第三人造成的损害，先由公司承担，之后公司可以进行追偿；发起人对公司造成损害的，应当对公司进行赔偿。

**【案例分析 2-5】**

李某花1.5万元购买了某股份公司的股票2000股，但该公司的股票尚未上市，现李某欲退还已购股票。在下列哪些情况下李某可以要求发起人退股？(　　)

A. 发起人未按期召开创立大会　　B. 公司股东大会同意

C. 公司董事会同意　　D. 公司未按期募足股份

**(六) 公司设立登记**

公司登记机关自接到设立登记申请之日起30日内作出是否登记的决定。对符合公司法规定条件的，予以登记并颁发营业执照，公司营业执照签发之日为公司成立日期。

## 二、公司资本

公司资本与公司资产是不同的概念。公司资产是指在经营过程中拥有的所有财产，包括固定资产、流动财产、实物资产、货币资产、不动产和无形财产等。

**(一) 公司资本制度概述**

公司资本在我国《公司法》中就是指注册资本，即由公司章程确定，并在公司登记机关进行登记的全体股东认缴或实缴的出资总额。公司资本是公司成立和运营的基础，是公司对外承担债务的基础，是保护公司债权人的物质基础。

从公司制度发展来看，公司资本制度主要有以下两种类型。

(1) 法定资本制。法定资本制，是指在设立公司时，注册资本由全体股东足额认缴后，股东可以在公司登记成立前后的一定期限内一次或分次缴纳出资的制度，是由大陆法系首创的。其有利于确保公司资本的真实性，防止公司设立中存在的欺诈、投机等不正当行为产生，杜绝“皮包公司”产生，从而有效地维护公司债权人的利益和交易安全。但同时也存在不足，即会导致公司设立困难、公司设立程序复杂耗时长、公司在经营中出现资金或资产的闲置不能发挥财产的最大经济效益、阻碍公司发展壮大等。

(2) 授权资本制。授权资本制，是指公司设立时，公司章程明确了公司注册资本总额，但是发起人只需认足或缴足部分股份，其余部分授权董事会根据公司生产经营情况随时发行的公司资本制度。授权资本制多为英美法系国家采用。其可尽快设立公司、免除变更资本的复杂程序、避免社会财富的闲置浪费。但是同样存在不足，即容易导致欺诈、投机等违法行为的产生，也不利于保护公司债权人的利益。

我国的公司资本制度在2011年之前采取法定资本制，修改后则采取授权资本制。修订后的《公司法》没有注册资本的门槛，激发了广大中小投资者的创业，能够很好地创造大量就业岗位，但是也会催生大量“空壳公司”，影响到正常市场交易安全，这有待于企业诚信制度等相配套制度的尽快建立。

### (二) 公司资本的增减

(1) 公司增资。公司增资，是指公司依法增加注册资本的行为。由于其不影响公司债权人债权的实现，因此我国《公司法》对其没有特别的规定，只需经过公司的股东会和股东大会特别决议通过即可，可以通过增发新股或接纳新的股东等方式实现。

(2) 公司减资。公司减资，是指公司依法减少注册资本的行为。公司成立后，由于经营特点决定无须过高资本或亏损等原因，可以通过减少注册资本而解决问题。但是，减资将直接影响到公司债权人债权的实现，因此我国《公司法》严格规定了公司减资程序：

① 董事会制定减资方案。

② 股东会或股东大会对减资方案进行特别决议。

③ 编制资产负债表即财产清单。

④ 通知或公告债权人，即公司应当自作出减少注册资本决议之日起10日内通知债权人，并于30日内在报纸上公告。债权人自接到通知之日起30日内，未接到通知的自公告之日起45日内，有权要求公司提前清偿债务或提供相应担保，否则公司不得减资。

⑤ 办理变更登记并公告。

**【案例分析2-6】**

甲、乙、丙共同出资成立了一家有限责任公司。其中，丙的出资为房产，估价为30万元。公司成立半年后，丁加入该公司，成为股东。甲、乙、丁的出资均为现金，并已足额缴纳。后该公司经营不善，拖欠巨额债务。现查明，丙作为出资的房产仅值15万元，依照《公司法》的规定，以下正确的是(　　)。

A. 仅以公司现有财产为限清偿债务

B. 丙应当补足其出资差额，甲、乙对其承担连带责任，公司以补足后的财产清偿债务

C. 丙应当补足其出资差额，甲、乙、丁对其承担连带责任，公司以补足后的财产偿债

D. 甲、乙、丙、丁对公司债务承担无限连带清偿责任

## 三、股东与股权

### (一) 股东

(1) 股东的概念。股东，是指通过向公司出资，或继承、转让等合法途径取得公司股权，并对公司享有权利和承担义务的人。

(2) 股东资格的取得，包括以下几种：

① 原始取得，是指权利主体通过购买新股而取得股东资格，包括发起人在公司设立过程中取得

股东资格和投资者在新股发行中取得股东资格。

② 继受取得，是指权利主体通过转让、继承、接受赠与等方式取得股东资格。

(3) 股东资格的限制。下列主体不能作为有限责任公司的股东：

① 法律、法规禁止兴办经济实体的政党机关。

② 公司自身及其子公司。一个公司可以是另一公司的股东，但它不能作为自身的股东。

③ 公司章程约定不得成为股东的人。

(4) 股东资格的丧失。我国《公司法》规定，下列情况下股东资格丧失：

① 所持有的股权已合法转让。

② 不依章程约定履行股东义务而受到除名处置。

③ 因违法受政府处罚(如没收财产)或人民法院依法强制执行而被剥夺股权。

④ 自然人股东死亡或法人股东自身终止。

⑤ 股份依法被公司回购。

⑥ 其他合法理由。

**(二) 股权**

(1) 股权的概念和种类。股权是指股东对于公司而享有的权利。依照股东行使权利是直接为了自己的利益还是为了股东和公司的共同利益，可以将股权分为自益权和共益权。其中，股份转让权、利润分配请求权、剩余财产分配请求权等为自益权；表决权、知情权、质询权等为共益权。

(2) 表决权。表决权是指股东通过股东会或股东大会对重要事项通过投票的方式来表达自己意志和愿望的权利。它是股权的基础性权利。表决权的行使采取“一股一权”原则。

(3) 选举权和被选举权。选举权和被选举权是指股东通过投票选举公司董事和监事，或自己可以作为候选人参与公司董事或监事的选举的权利。

(4) 利润分配请求权。利润分配请求权是指股东基于其股东的资格和地位，可以要求公司在盈利时分配利润的权利。它是股权核心权能之一，因为股东投资的最直接的目的就是获得利润。股东分配利润的前提是公司弥补亏损和提取公积金后所余税后利润。公司分配当年税后利润时，应当提取利润的10%列入公司法定公积金。公司法定公积金累计额为公司注册资本的50%以上的，可以不再提取。有限责任公司股东按照实缴的出资比例分取红利。

(5) 股份转让权和优先购买权。股份转让权和优先购买权是指股东有权依法转让股份和优先购买本公司的股份。有限责任公司的股东之间可以相互转让其全部或者部分股权。股东向股东以外的人转让股权应当经其他股东过半数同意。经股东同意转让的股权，在同等条件下，其他股东有优先购买权。

(6) 知情权。在“两权分离”的公司治理模式和公司管理人员同股东信息不对称的背景下，股东只是以出资额为限对公司承担责任；由于其不具体参与公司经营管理，对公司事务所知甚少，公司及公司管理人员极易损害股东的利益，因此赋予股东知情权，对于保护公司和股东的利益具有重要意义。

我国《公司法》规定，股东有权查阅、复制公司章程、股东会会议记录、董事会会议决议、监事会会议决议和财务会计报告。股东可以要求查阅公司会计账簿。

为了防止股东以知情权为借口而不正当获取公司商业秘密等行为的发生，股东要求查阅公司会计账簿的，应当向公司提出书面请求，说明目的。公司有合理根据认为股东查阅会计账簿有不正当目的，可能损害公司合法利益的，可以拒绝提供查阅，并应当自股东提出书面请求之日起15日内书面答复股东并说明理由。公司拒绝提供查阅的，股东可以请求人民法院要求公司提供查阅。

(7) 有权提议召开临时股东会。代表 1/10 以上表决权的股东，提议召开临时会议的，应当召开临时会议。

(8) 股东会召集权和主持权。董事会或者执行董事不能履行或者不履行召集股东会会议职责的，由监事会或者不设监事会的公司的监事召集和主持；监事会或者监事不召集和主持的，代表 1/10 以上表决权的股东可以自行召集和主持。

(9) 异议股东股份收买请求权。有下列情形之一的，对股东会该项决议投反对票的股东可以请求公司按照合理的价格收购其股权：

① 公司连续五年不向股东分配利润，而公司五年连续盈利，并且符合《公司法》规定的分配利润条件的。

② 公司合并、分立、转让主要财产的。

③ 公司章程规定的营业期限届满或者章程规定的其他解散事由出现，股东会会议通过决议修改章程使公司存续的。

(10) 剩余财产的分配请求权。公司财产在分别支付清算费用、职工的工资、社会保险费用和法定补偿金，缴纳所欠税款，清偿公司债务后的剩余财产，有限责任公司按照股东的出资比例分配。

(11) 中小股东股权保护及股权滥用限制。股权行使采取“一股一权”原则，从形式上看是平等的，但是由于采取有表决权的“资本多数表决”，大股东或控股股东可能会利用股份多数滥用股权，利用公司谋取不正当的个人利益，或损害中小股东利益，因而在实质上是不平等的。为维护中小股东正当的利益，有必要采取一些措施来保护中小股东利益，主要有以下方面。

① 表决权回避制度。我国《公司法》第 16 条规定“公司向其他企业投资或者为他人提供担保，依照公司章程的规定，由董事会或者股东会、股东大会决议；公司章程对投资或者担保的总额及单项投资或者担保的数额有限额规定的，不得超过规定的限额。公司为公司股东或者实际控制人提供担保的，必须经股东会或者股东大会决议。前款规定的股东或者受前款规定的实际控制人支配的股东，不得参加前款规定事项的表决。该项表决由出席会议的其他股东所持表决权的过半数通过。”对于控股股东或大股东在涉及有损公司利益，且中小股东无法改变决议时，通过对控股股东或大股东的表决权进行限制或剥夺，从而达到保护中小股东的利益的目的。

② 累计投票制度。累计投票制度指公司股东大会在选举董事或监事时，有表决权的每一股可以集中使用的制度。其可以在一定程度上为中小股东的代言人进入董事会或监事会提供保障，从而达到保护中小股东的利益，避免大股东或控股股东完全控制公司的目的。

③ 利润分配请求权中的中小股东权益保护制度。由于公司的大小股东的价值和目的往往是不同的，即大股东更注重于公司的长期发展，小股东则注重于短期利润，而公司在盈利的情况下是否分配利润取决于公司决议。在资本多数表决制度下，利润的分配权掌握在大股东手中，于是有利润而不分配利润是比较普遍的。为了保护中小股东的利益，我国《公司法》规定，公司连续五年不分配利润，而该公司五年连续盈利，并且符合法定的分配条件的，对公司决议不分红的议案投反对票的股东，可以要求公司按照合理的价格收购其股权。

④ 异议股份回购请求权。该权利的目的之一就是保护中小股东的利益，避免资本多数表决损害中小股东利益。

## 四、公司董事、监事和高级管理人员的资格、义务

### (一) 公司董事、监事和高级管理人员的资格

我国《公司法》对公司董事、监事和高级管理人员的任职资格条件在第 146 条作出了消极条件的规定，即有下列情形之一的，不得担任公司董事、监事和高级管理人员：

(1) 无民事行为或者限制民事行为能力。

(2) 因贪污、贿赂、侵占财产、挪用财产或者破坏社会主义市场经济秩序，被判处刑罚，执行期满未逾五年，或者因犯罪被剥夺政治权利，执行期满未逾五年。

(3) 担任破产清算的公司、企业的董事或者厂长、经理，对该公司、企业的破产负有个人责任的，自该公司、企业破产清算完结之日起未逾三年。

(4) 担任因违法被吊销营业执照、责令关闭的公司、企业的法定代表人，并负有个人责任的，自该公司、企业被吊销营业执照之日起未逾三年。

(5) 个人所负数额较大的债务到期未清偿。

董事、监事、高级管理人员在任职期间出现上述所列情形的，公司应当解除其职务。除此，公司的董事、高级管理人员不得兼任公司的监事。

**【案例分析 2-7】**

某股份有限公司股东大会在审议董事会人选时，有下列四人的任职资格受到股东质疑。其中哪些不属于公司法规定不得担任董事的情形？(　　)

A. 张某，五年前因对一起重大工程事故负有责任，被判处有期徒刑一年

B. 李某，两年前被任命为一家长期经营不善、负债累累的国有企业的厂长，上任仅三个月，该企业被宣告破产

C. 陈某，曾独资开办一家工厂，一年前该厂因无力清偿大额债务而倒闭，债权人至今仍在追讨

D. 刘某，66 岁，曾任市政府副秘书长，现退休在家

### (二) 公司董事、监事和高级管理人员的义务

公司董事、监事和高级管理人员作为公司法人治理的议事机关工作人员，其享有依据相关法律或公司章程规定对公司进行管理并获得报酬的权利。另外，为了防止公司董事、监事和高级管理人员滥用权力而损害股东或公司的利益，有必要强化公司董事、监事和高级管理人员的义务，概括来讲主要为忠实义务和勤勉义务。

(1) 忠实义务，又称为诚信义务，是指公司董事、监事和高级管理人员，在行使职权过程中应当以维护和实现公司最大合法利益为己任；当个人的利益与公司利益发生冲突时，以公司利益为重。公司董事、监事、高级管理人员不得利用职权收受贿赂或者其他非法收入，不得侵占公司的财产，若对公司造成损害的要对公司进行赔偿，构成犯罪的可以追究其刑事责任。

(2) 勤勉义务，又称为注意义务，是指公司董事、监事和高级管理人员应把自己当作善良管理人来管理公司，理性而谨慎地处理公司事务，实现公司利益最大化。如果公司管理人员尽到了勤勉义务，即使造成了公司损失的，公司管理人员无须对公司和股东承担法律责任；否则在公司对外承担责任后，公司和股东可以向公司董事、监事和高级管理人员进行追偿。而对勤勉义务违反在实践中主要有：不遵守法律、法规和公司章程；超越权限履行职权；疏于公司经营管理，不了解公司经营和管理状况；不如实向股东会或股东大会提供公司财务账簿等有关资料；对公司股东咨询拒绝如

实回答等。

根据我国《公司法》第 148 条规定，董事、高级管理人员不得有下列行为：

① 挪用公司资金。

② 将公司资金以其个人名义或者以其他个人名义开立账户存储。

③ 违反公司章程的规定，未经股东会、股东大会或者董事会同意，将公司资金借贷给他人或者以公司财产为他人提供担保。

④ 违反公司章程的规定或者未经股东会、股东大会同意，与本公司订立合同或者进行交易。

⑤ 未经股东会或者股东大会同意，利用职务便利为自己或者他人谋取属于公司的商业机会，自营或者为他人经营与所任职公司同类的业务。

⑥ 接受他人与公司交易的佣金归为己有。

⑦ 擅自披露公司秘密。

⑧ 违反对公司忠实义务的其他行为。

董事、高级管理人员违反上述规定所得的收入应当归公司所有。董事、监事、高级管理人员执行公司职务时违反法律、行政法规或者公司章程的规定，给公司造成损失的，应当承担赔偿责任。股东可以就此请求公司监事会向人民法院起诉，也可直接向人民法院起诉。

**【案例分析 2-8】**

王某为甲有限责任公司的监事，甲公司主要经营办公家具销售业务。任职期间，王某代理乙公司从国外进口一批办公家具并将其销售给丙公司。下列有关该行为说法正确的是(　　)。

A. 王某的行为不违反公司法律制度的规定

B. 甲公司可以决定将其从事上述行为所得收入收归本公司所有

C. 如果经过董事会同意的，王某可以从事以上的活动

D. 甲公司可以决定撤销王某的行为，但是不能将其取得的收入归入本公司

**【案例分析 2-9】**

A 是甲服装公司的董事长，其弟 B 经营着乙服装公司。A 代表甲公司与丙公司就购买服装进行磋商，丙公司欲向甲公司购买价值 100 万元的服装。A 将此事告诉了其弟 B，B 向丙公司提供了更低廉的价格，并与丙公司达成了协议。其弟 B 将获益的 30 万元中的 15 万元给了 A。甲公司经理偶然得知情况，向董事会报告，该事件未被处理。后又向监事会反映。

问题：A 的行为如何界定？其法律后果是什么？

## 五、股份和公司债

### (一) 股份

(1) 股份及股票的概述。股份的书面表现形式就是股票，股份一般是指均分股份有限公司全部资本的最小单位，是股东出资后的权利表现形式，是股东行使权利和承担义务的基本依据。其具有金额性、平等性、不可分性和可转让性的特点。股票作为股份的书面载体，是一种要式证券。

(2) 股份的种类。股票分为以下几类：

① 普通股和特别股。按照股份所代表的股东权的内容的不同，可以将股份分为普通股和特别股。普通股，是指股东拥有的权利、义务相等，无差别待遇的股份。其最大特点是股息率不固定，随公司盈利的多少而定。特别股，是指股份代表的权利义务不同于普通股而有特别内容的股份。以普通

股为基准，凡在分配收益及分配剩余资产等方面比普通股东享有优先权的股份，即为优先股；而在分配收益及分配剩余资产方面逊后于普通股的股份，即为劣后股。

优先股没有表决权，虽能有权优先于普通股参与公司分配，但收益率固定且较低，故投资风险小于普通股。劣后股因参与公司分配顺序排在优先股及普通股之后，故风险更大。

② 记名股与无记名股。按照股东姓名是否记载于股票为标准，可将股份分为记名股与无记名股。记名股是将股东的姓名或名称记载于股票上的股份。记名股的最大特点为安全性，在转让时要求进行背书转让且在公司股东名册进行变更登记，否则不产生转让的法律效力，但是其具有转让程序复杂的不足。无记名股是股票上不记载股东姓名或名称的股份。其特点在于转让的简易性，无须进行背书，持有股票者享有股票上所记载的权利，但是其具有不安全性的不足。

③ 额面股和无额面股。按照股份是否记载金额为标准，可将股份分为额面股和无额面股。额面股，是指在股票票面上标明了一定金额的股份。无额面股，又叫分数股或比例股，是指股票票面上不标明金额，而只标明每股占公司资本总额的一定比例的股份。我国《公司法》和《证券法》为了保障公司资本真实性和公司债权人的利益，禁止公司发行无额面股。

(3) 股份的发行。股份的发行，是指股份有限公司为筹集资金或为其他目的而向投资者出售或分配自己股份的行为。依据我国《公司法》和《证券法》的规定，公司在发行股份中应当遵循“同股同权，同股同利”和“公开、公平、公正”的原则。

① 设立发行条件。设立股份有限公司公开发行股票，应当符合我国《公司法》规定的条件和经国务院批准的国务院证券监督管理机构规定的其他条件，并且以募集设立方式设立股份有限公司的，发起人认购的股份不得少于公司股份总数的35%；但是，法律、行政法规另有规定的，从其规定。

② 新股发行条件。新股发行，是指公司成立后为增加资本而进行的股份发行行为。我国《证券法》第13规定：“公司公开发行新股，应当符合下列条件：具备健全且运行良好的组织机构；具有持续盈利能力，财务状况良好；最近三年财务会计文件无虚假记载，无其他重大违法行为；经国务院批准的国务院证券监督管理机构规定的其他条件。”

上市公司非公开发行新股，应当符合经国务院批准的国务院证券监督管理机构规定的条件，并报国务院证券监督管理机构核准。

(4) 股份发行价格。股份的发行价格有平价发行、溢价发行和折价发行三种价格。平价发行，是指按照股票票面上所记载的金额发行；溢价发行，是指以高于股票票面所载明的金额发行；折价发行，是指按低于股票票面所载明的金额发行。

我国《证券法》允许采取平价和溢价两种方式发行股份，其中对于溢价发行的溢价款作为公司的资本公积金由公司提存，禁止折价发行，以保障公司资本的真实性。

**【案例分析2-10】**

G股份有限公司于2012年6月3日发行股票，股票种类为人民币普通股(A股)，每股面值1元，发行股数为3800万股，占发行后股本的26.01%，每股发行价格为14.49元。

G股份有限公司在2012年6月6日的《上海证券报》上发布提示性公告，指出：本公司因连续3年亏损，自2012年4月30日起公司股票被暂停上市。……上半年，公司的两诉案有一案败诉，将可能导致本公司中期亏损，从而本公司股票可能终止上市。

问题：

(1) 股票的发行与股票的转让有何不同？

(2) 股票的发行价格能否高于面值？

(3) 暂停上市和终止上市有何不同？

(5) 股份(票)转让和限制。股票的转让，是指股票所有人把自己持有的股票让与他人，从而使他人成为公司股本的行为。股票持有人有权将自己所持有的股票依照法律方式转让给他人，但是为了保障公司和股东利益，对公司股票转让作出了一些限制，主要有以下几个方面。

① 对发起人所持股份的限制：发起人持有的本公司股份，自公司成立之日起 1 年内不得转让。

② 董事、监事、高级管理人员所持有的本公司的股份转让的限制：董事、监事、高级管理人员应当向公司申报所持有的本公司的股份及其变动情况，在任职期间每年转让的股份不得超过其所持有本公司股份总数的 25%；所持本公司股份自公司股票上市交易之日起 1 年内不得转让。上述人员离职后半年内，不得转让其所持有的本公司股份。

③ 对公司收购本公司股份的限制：原则上公司不能收购本公司的股票，也不能接受本公司的股票作为抵押物，除非法律另有规定除外。

④ 为股票发行出具审计报告、资产评估报告或者法律意见书等文件的证券服务机构和人员，在该股票承销期内和期满后 6 个月内，不得买卖该种股票。为上市公司出具审计报告、资产评估报告或者法律意见书等文件的证券服务机构和人员，自接受上市公司委托之日起至上述文件公开后 5 日内，不得买卖该种股票。

**【案例分析 2-11】**

2016 年 1 月，A、B、C、D、E 发起设立了甲股份有限公司，F 被聘请为公司经理，I 为公司办公室主任。2016 年 2 月，A 与 G 签订股权转让协议，欲转让其持有的甲公司股份；2016 年 6 月，F 与 H 签订股权转让协议(此时 F 仍然担任经理)，欲转让其持有的甲公司股份；2017 年 1 月，I 与 J 签订股权转让协议，欲转让其持有的甲公司股份。

问题：这三份股权转让协议的效力如何？

**(二) 公司债**

(1) 公司债的概念。公司债，是指公司依照法定的条件及程序，并经过法定形式，以债务人身份与不特定的社会公众之间所形成的一种金钱债务。公司债券是书面凭证，是指公司依照法定程序发行的、约定在一定期限还本付息的有价证券。

(2) 公司债的特点。公司债是一种公司依法发行公司债券而形成的到期还本付息的有价证券，其具有要式性、证权性和有期限性的特点。其同公司股份一样都是公司融资方式，都体现为一种有价证券，具有流通性，但是二者存在以下区别。

① 权利主体的法律地位不同。公司债券的持有人是公司的债权人，作为一般债权人享有民事债权，不享有股东权利；公司股份的持有者是公司的股东，享有一系列的股东权利。

② 权利内容不同。公司债券持有人无权参与公司经营活动，对公司的权利只是按期收回本息，公司则负有无论经营好坏必须按时偿还公司债券持有人本息的义务；公司股份的持有人拥有股权，有权参与公司经营活动，享有表决权、利润分配请求权、知情权等一系列权利。

③ 支付的对价形式不同。公司债券的认购仅限于金钱给付；而股权的获得，其对价可以是现金，也可以是各类非货币财产。

④ 资金用途不同。公司债所募集的资金只能用于核准的用途，而股份所募集的资金责任没有严格的限制。

⑤ 权利主体的风险大小和利润多少不同。公司债到期应还本付息，利润固定且较少，即使公司

破产，公司债券的持有人也可以参与分配；而股份持有人在原则上禁止退股，且只有公司在盈利的情况下才可以分配红利，没有利润就没有分配，其风险较大且分配的红利不固定。

(3) 公司债的种类。依公司债券是否记载持券人的姓名或名称，可把公司债分为记名公司债和不记名公司债。依公司债券能否转换为公司股票为标准，可把公司债分为转换公司债与非转换公司债。

(4) 公司债发行条件。我国《证券法》第 16 条规定，公开发行公司债券，应当符合下列条件：

① 股份有限公司的净资产额不低于人民三千万元，有限责任公司的净资产额不低于人民币六千万元。

② 公司发行债券其累计债券总额不超过公司净资产的百分之四十。

③ 公司最近三年平均可分配利润足以支付公司债券一年的利息。

④ 筹集的资金投向符合国家产业政策。

⑤ 债券的利率不得超过国务院限定的利率水平。

⑥ 国务院规定的其他条件。

我国《证券法》第 18 条规定，有下列情形之一的，不得再次公开发行公司债券：

① 前一次发行的公司债券尚未募足的。

② 对已发行的公司债券或者其他债务有违约者延迟支付本息的事实，且仍处于继续状态的。

③ 违反《公司法》规定，改变公开发行公司债券所募资金的用途的。

(5) 公司债的发行程序。公司债的发行包括决议、申请、核准、公告债券募集办法、发行五个步骤。

## 六、公司合并、分立及公司形式变更

### (一) 公司合并

(1) 公司合并的定义。公司合并是指两个或两个以上的公司，依法达成合意，依照法定程序，不经过清算程序归为一个公司的法律行为。其法律特征如下：

① 公司合并双方为公司，而非各公司的股东。

② 公司合并必须依法定程序进行，由于公司合并涉及相关公司股东、债权之利益，必须依法对合并行为予以规制。对于涉及国有资产的公司合并，还要经过有关国家部门的批准。

③ 公司合并是一种协议行为，为自愿行为，而非行政行为，非管理行为。

④ 公司合并中的公司类型多受到限制。多数国家的公司法对于公司合并采取种类限制主义，要求只有同类责任形式的公司才可以合并。包括我国在内的少数国家或地区采取非限制主义，不论合并公司属何种责任形式都可以合并。

(2) 公司合并的方式。公司合并一般采取两种方式：一种是吸收合并，指两个或两个以上公司合并时，其中一个或一个以上公司吸纳其他公司后继续存在，其他公司随之消灭；另一种是新设合并，原先公司同时归于消灭，共同联合创立一个新公司，其特点是合并各方解散，主体资格均于消灭，产生一个新的公司。

(3) 公司合并的程序。

① 董事会制订合并方案，并以提案形式提股东会或股东大会决议。

② 股东会或股东大会作出合并决议。有限责任公司股东会作出合并决议，必须经代表 2/3 以上表决权的股东通过；股份有限公司股东大会作出合并决议，必须经出席会议的股东所持表决权的 2/3 以上通过；国有独资公司的合并由国有资产监督管理机构决定。

③ 合并各方订立合并协议。公司合并，应当由合并各方在平等协商的基础上签订合并协议，合并协议是公司合并的基础。合并协议缔结后，必须经过股东会议通过发生效力。股份有限公司还须经有关主管部门的批准后，始生效力。

④ 合并协议的通过、批准。公司合并事关股东权益，必须由股东大会通过，有限责任公司必须经代表2/3以上表决权的股东通过，股份有限公司必须经出席会议的股东所持表决权的2/3以上通过。此外，涉及股份有限公司合并协议，必须报请国务院授权的部门或者省级人民政府批准。

⑤ 编制资产负债表及财产清单。

⑥ 通告债权人。公司应当自作出合并决议日起10日内通知债权人，并于30日内在报纸上公告。债权人自接到通知书之日起30日内，未接到通知书的自公告之日起45日内，可以要求公司清偿债务或者提供相应的担保，否则公司不能合并。

⑦ 办理合并登记。依照合并中不同公司的生灭变化可分为三种情况办理工商登记，即设立登记、变更登记和注销登记。

(4) 公司合并后的债务承担。公司合并时，合并各方的债权、债务，应当由合并后存续的公司或者新设的公司承继。

### (二) 公司分立

(1) 公司分立的定义。公司分立，是指一个公司依照有关法律、法规规定，不经过清算程序，分成两个或两个以上公司的法律行为。

(2) 公司分立的形式。一般为存续分立和解散分立两种形式：前者是派生分立，是指一个公司分立为两个或两个以上公司的行为。原公司继续存在，原公司的债权债务可由原公司与新公司分别承担，也可按协议归原公司独立承担。后者是新设分立，指一个公司将其全部财产分割，解散原公司，并分别归入两个或两个以上新设公司中重新分配的行为。新设分立是以原有公司的法人资格消灭为前提，成立新公司。

(3) 公司分立的程序。公司分立与公司合并的程序只是在登记时有细微差别，因分立而存续的公司，其登记事项发生变化的，应当申请变更登记；因分立而解散的公司，应当申请注销登记；因分立而新设立的公司，应当申请设立登记。

**【案例分析2-12】**

某区政府工业主管部门作出决定，把所属的A公司的两个业务部分立出再设B公司和C公司，并在决定中明确该公司以前所负的债务由新设的B公司承担。A公司原欠李某贷款5万元，现李某要求偿还，你认为该债务应当如何处理？(　　)

A. 由B公司承担债务　　B. 由A、B、C三个公司分别承担债务

C. 由A公司承担债务　　D. 由A、B、C三个公司连带承担债务

### (三) 公司形式变更

(1) 公司形式变更概述。公司形式变更又称为公司的组织变更，是将某一种类公司变为其他种类公司的法律行为。其特征为：

① 公司法人资格的延续性。公司形式变更立法的重要理由是为节约交易成本，避免烦琐的清算手续。

② 变更种类的特定性及变更方向的单向性。各国公司法通常只认可性质(即股东对外承担责任)相近的公司间的变更，不允许性质完全不同的公司间的变更。

③ 变更公司形式的自主性，即由公司股东自主决定变更为何种形式公司。

④ 变更程序的法定性。为保护市场经济安全，法律要求变更具备一定的条件，并按照严格的法定程序进行。我国《公司法》第 9 条规定，有限责任公司变更为股份有限公司，应当符合本法规定的股份有限公司的条件。股份有限公司变更为有限责任公司，应当符合本法规定的有限责任公司的条件。

(2) 公司形式变更的功能和目的。

① 公司维持。公司形式变更可以使公司在不消灭并维持自身人格的同时达到变更形式。

② 营业持续。有了公司形式变更，可以使营业继续进行。

③ 程序简化。有了公司形式变更，可以避免解散和清算的复杂程序。

④ 降低成本。公司形式变更不仅可以避免新设公司时的各种费用支出，而且不动产只需办理名义变更手续，未发生产权转移，不需缴纳相应的税金。

(3) 我国《公司法》关于公司形式变更的规定。《公司法》第 95 条规定："有限责任公司变更为股份有限公司时，折合的实收股本总额不得高于公司净资产额。有限责任公司变更为股份有限公司，为增加资本公开发行股份时，应当依法办理。"

**【案例分析 2-13】**

2018 年 3 月 1 日，某有限责任公司甲经董事会 2/3 以上董事决议，分立为两个有限责任公司乙和丙。其中，甲企业的厂房、机器设备和人员等主要资源都分给了乙公司，只有一小部分资产分给了丙公司，甲公司同时终止。公司在 2018 年 3 月 13 日，通知原甲公司的债权人丁和戊，并分别于 3 月 10 日、3 月 30 日、4 月 10 日三次在报纸上公告了其分立的事项。丁于 2018 年 4 月 3 日向原甲公司发出公函，要求对其所持有的 10 万元债权提供担保。2018 年 5 月 30 日，原甲公司的债权人戊向原甲公司提出要求对其 15 万元的债权予以清偿。但原甲公司对丁和戊的要求未予理睬。乙公司和丙公司于 2018 年 6 月 1 日正式挂牌营业，未进行登记。

问题:

(1) 甲公司的分立属于哪种?

(2) 甲公司的分立行为有哪些违法之处?

(3) 是否可以认为甲方公司已经分立?

## 七、公司利润分配

利润分配是公司股东获取投资收益的渠道之一，公司利润分配需符合法律规定或章程约定。

### (一) 利润分配顺序

利润是指企业在一定时期(一年)内生产经营的财务成果，包括营业利润、投资净收益和营业外收支净额。

公司利润按下列顺序分配：①弥补以前年度亏损(在不超过税法规定的弥补期限之内)；②缴纳所得税；③弥补在税前利润弥补亏损之后仍存在的亏损；④提取法定公积金；⑤提取任意公积金；⑥支付股利。

股东会或者董事会违反规定，在弥补亏损和提取法定公积金、法定公益金之前向股东分配利润的，必须将违反规定分配的利润退还公司。

### (二) 公积金

公积金是公司为预防亏损和增加财力、扩大营业规模而依照法律和公司章程规定或股东大会决议，从公司利润或公司资本收益中提取的一种储备金。公积金分为资本公积金和盈余公积金。

资本公积金，是直接由资本原因所形成的公积金，主要来自超过票面金额发行股份所得的溢价款、法定财产重估增值、接受捐赠的资产价值等。

盈余公积金，是从公司盈余中提取的公积金。盈余公积金又分为法定盈余公积金和任意盈余公积金两种。法定盈余公积金按照税后利润(减弥补亏损)的10%提取，当盈余公积金累计金额已达注册资本 50%以上时可不再提取；任意盈余公积金按照公司章程规定或股东会决议提取和使用。

法定盈余公积金和资本公积金一般有两个用途：①弥补亏损；②转增资本。

**【案例分析 2-14】**

华声股份有限公司属于募集设立的股份有限公司，注册资本为人民币 5000 万元，在设立过程中，经有关部门批准，以超过股票票面金额 1.2 倍的发行价格发行，实际所得人民币 6000 万元。溢价款 1000 万元当年被股东作为股利分配。两年后，由于市场行情变化，华声公司开始亏损，连续亏损两年，共计亏损人民币 1200 万元。股东大会罢免了原董事长，重新选举新的董事长。经过一年的改革，公司开始盈利人民币 600 万元。公司考虑到各股东多年来经济利益一直受损，故决定将该利润分配给股东。自此以后，公司业务蒸蒸日上，不仅弥补了公司多年的亏损，而且发展越来越快。1999 年，公司财务状况良好，法定公积金占公司注册资本的 55%，法定公益金占公司注册资本的 45%，公司决定，鉴于公司良好的财务状况，法定公积金可以不再提取了，法定公益金也无须再提取。为了增大企业规模，公司股东大会决定把全部法定公积金转为公司资本。

问题：

(1) 华声公司将股票溢价发行款作为股利分配，正确与否？请说明理由。

(2) 华声公司在刚开始盈利时将盈利分配给各股东的做法对不对？正确的做法是什么？

(3) 1999 年华声公司决定不再提取法定公积金与法定公益金的理由是否充分？为什么？

(4) 公司股东会能否决定将公司的法定公积金全部转为公司资本？为什么？

### (三) 股利

股利又称红利，是公司盈利中分派给股东的部分。投资人向公司投资的目的就是获得股利。

公司弥补亏损和提取公积金后所余税后利润，有限责任公司依照股东所持出资比例或章程约定分配；股份有限公司按照股东持有的股份比例分配，但股份有限公司章程规定不按持股比例分配的除外。

## 八、公司解散、清算

### (一) 公司解散

(1) 公司解散的定义。公司解散，是公司法人资格因出现法定的或章程约定的原因而使公司法人资格消灭的法律行为。在理论上，公司解散可以分为自愿解散和强制解散。自愿解散，是指公司依据公司章程或公司股东(大)会决议而解散公司的法律行为。强制解散，是指公司因违反有关法律、行政法规，依政府有关部门或法院的强制命令而解散的法律行为。其原因有：①公司依法被吊销营业执照、责令关闭或被撤销；②司法解散(法院命令或判决)；③破产解散。

(2) 公司解散的原因。我国《公司法》规定公司解散有以下六种情形：

① 公司章程规定的营业期限届满或者公司章程规定的其他解散事由出现。

② 股东会或者股东大会决议解散。

③ 因公司合并或者分立需要解散。

④ 依法被吊销营业执照、责令关闭或者被撤销。

⑤ 公司经营管理发生严重困难，继续存续会使股东利益受到重大损失，通过其他途径不能解决的，持有公司全部股份表决权百分之十以上的股东，可以请求人民法院解散公司。

⑥ 公司被依法宣告破产。

**(二) 公司清算**

(1) 公司清算的定义。公司清算，是指公司于解散时，清理其财产和债权、债务，依法进行分配，从而结束其法人资格的法律行为。其直接原因是公司被宣布解散。公司清算必须公正。保证公正清算的前提是按照法律规定的程序进行。

(2) 公司清算的程序。

① 成立清算组。清算组或清算人，是指在普通清算中代表被解散公司依法执行清算事务的机关。公司应当在解散事由出现之日 15 日内成立清算组，开始清算。有限责任公司由股东组成，股份有限公司由公司董事或股东大会确定的人员组成。逾期不成立，债权人可以申请人民法院指定有关人员组成清算组进行清算。清算组产生后，应及时开展清算相关工作。普通清算组的职权依据我国《公司法》主要有：清理公司财产，分别编制资产负债表和财产清单；通知、公告债权人；处理与清算有关的公司未了结的业务；清缴所欠税款以及清算过程中产生的税款；清理债权、债务；处理公司清偿债务后的剩余财产；代表公司参与民事诉讼活动。

同时，《公司法》还规定：清算组成员应当忠于职守，依法履行清算义务。清算组成员不得利用职权收受贿赂或者其他非法收入，不得侵占公司财产。清算组成员因故意或者重大过失给公司或者债权人造成损失的，应当承担赔偿责任。

② 通知公告债权人。清算组在成立之日起 10 日内通知债权人，并于 60 日内在报纸上公告，从而保护公司债权人合法利益。

③ 债权人申报债权。债权人应当自接到通知书之日起 30 日内，未接到通知书的自公告之日起 45 日内，向清算组申报其债权。债权人申报债权，应当说明债权的有关事项，并提供证明材料。清算组应当对债权进行登记。在申报债权期间，清算组不得对债权人进行清偿。

④ 清理公司财产，编制资产负债表和财产清单。清算组在清理公司财产的基础上，编制公司资产负债表和财产清单。若公司财产能够清偿公司债务，则制订公司清算方案，报股东(大)会或人民法院确认后实施；若发现公司财产不足以清偿债务的，应当依法向人民法院申请宣告破产。公司经人民法院裁定宣告破产后，清算组应当将清算事务移交给人民法院，公司被依法宣告破产的，依照有关企业破产的法律实施破产清算。

⑤ 分配财产。公司财产在分别支付清算费用，如职工的工资、社会保险费用和法定补偿金，缴纳所欠税款，清偿公司债务后的剩余财产，有限责任公司按照股东的出资比例分配，股份有限公司按照股东持有的股份比例分配。

⑥ 制作清算报告，并申请注销登记。清算结束，清算组应当制作清算报告和清算期间收支报表及各种财务账簿，并报股东会、股东大会或者人民法院确认。确认后报送公司登记机关，申请注销公司登记，公告公司终止。

【案例分析 2-15】

2017 年 3 月，甲有限公司由于市场情况发生重大变化，如继续经营将导致公司惨重损失。3 月 20 日，该公司召开了股东大会，以出席会议的股东所持表决权的半数通过决议解散公司。4 月 15 日，股东大会选任公司 5 名董事组成清算组。清算组成立后于 5 月 5 日起正式启动清算工作，将公司解散及清算事项分别通知了有关的公司债权人，并于 5 月 20 日、5 月 31 日分别在报纸上进行了公告，规定自公告之日起 3 个月内未向公司申报债权者，将不负清偿义务。

问题:

(1) 该公司关于清算的决议是否合法？说明理由。

(2) 甲公司能否由股东会委托董事组成清算组？

(3) 该公司在清算中有关保护债权人的程序是否合法？

# 第三节　有限责任公司

与有着悠久历史渊源的股份有限公司不同，有限责任公司起源于 19 世纪末的德国。最早的有限责任公司立法是 1892 年德国的《有限责任公司法》，此后法国于 1919 年、日本于 1938 年分别制定了《有限责任公司法》，而美国则于 1996 年制定了《统一有限责任公司法》。作为目前为止在公司制度发展史中出现最晚的一种公司形式，有限责任公司与股份有限公司有着诸多不同之处，而这些差异又将直接或间接导致两者在“公司治理”问题上的性质与形式的不同。

## 一、有限责任公司的概述

作为立法者经验创设的有限责任公司，是在人合性强调股东信用的无限公司与资合性的股份有限公司之间，为寻求一个能综合两者优势而创设出的一种公司形式。故有学者认为：有限责任公司虽然从本质上来说是一种资本的联合，但因其股东人数有上限的规定，资本又具有封闭性的特点，故股东相互间又具有人身信任因素，具有人合的色彩。

### (一) 有限责任公司的定义

有限责任公司，是指依公司法设立的，由不超过一定人数的股东出资组成，每个股东以其所认缴的出资额为限对公司承担责任，公司以其全部资产对公司的债务承担责任的企业法人。

### (二) 有限责任公司的特征

有限责任公司有许多不同于股份有限公司的特点，包括以下几点：

(1) 人资两合性。有限责任公司兼具资合性和人合性。资金的联合和股东间的信任是有限责任公司两个不可或缺的信用基础，因此对股东向公司股东之外的第三人转让股份有严格的限制。

(2) 封闭性。公司设立时，出资总额全部由发起人认缴；发起人数一般不得超过 50 人；出资不能像股份那样自由转让；股东相对稳定。出资证明不能像股票那样上市交易，且公司的财务会计等信息资料无须向社会公开。

(3) 规模可大可小，适应性强。有限责任公司的股东人数相对较少，适应于现实经济生活开办各种规模不等的企业，尤其是中小型企业的需要。

(4) 设立程序简单。只要符合法律规定的公司设立条件，工商行政主管部门均予注册，没有烦项的审查批准程序。

(5) 组织设置灵活，内部机构比较精干，且股东一般都参与公司经营管理。因有限责任公司多数属于中小型企业，董事会、监事会等组织机构的设置往往根据需要选择。

## 二、有限责任公司的组织机构

### (一) 有限责任公司的权力机构——股东会

(1) 股东会的性质。有限责任公司的权力机构是股东会，它是由全体股东所组成的表达公司意思的常设机构，是每一个公司都必需的机构。

(2) 股东会的职权。《公司法》第 37 条规定，股东会行使下列职权：

① 决定公司的经营方针和投资计划。

② 选举和更换非由职工代表担任的董事、监事，决定有关董事、监事的报酬事项。

③ 审议批准董事会的报告。

④ 审议批准监事会或者监事的报告。

⑤ 审议批准公司的年度财务预算方案、决算方案。

⑥ 审议批准公司的利润分配方案和弥补亏损方案。

⑦ 对公司增加或者减少注册资本作出决议。

⑧ 对发行公司债券作出决议。

⑨ 对公司合并、分立、解散、清算或者变更公司形式作出决议。

⑩ 修改公司章程。

⑪ 公司章程规定的其他职权。

对上述所列事项股东以书面形式一致表示同意的，可以不召开股东会会议，直接作出决定，并由全体股东在决定文件上签名、盖章。

(3) 股东会会议的召集和主持。股东会有首次会议、定期会议和临时会议之分。首次股东会会议由出资最多的股东召集和主持。有限责任公司设立董事会的，股东会会议由董事会召集，董事长主持；董事长不能履行职务或者不履行职务的，由副董事长主持；副董事长不能履行职务或者不履行职务的，由半数以上董事共同推举一名董事主持。有限责任公司不设董事会的，股东会会议由执行董事召集和主持。董事会或者执行董事不能履行或者不履行召集股东会会议职责的，由监事会或者不设监事会的公司的监事召集和主持；监事会或者监事不召集和主持的，代表十分之一以上表决权的股东可以自行召集和主持。

定期会议应当依照公司章程的规定按时召开。代表十分之一以上表决权的股东，三分之一以上的董事，监事会或者不设监事会的公司的监事提议召开临时会议的，应当召开临时会议。

(4) 股东会的议事方式和表决。股东会会议由股东按照出资比例行使表决权，公司章程另有规定的除外。股东会行使职权，主要以决议形式定之。股东会决议可分为两种：一种是普通决议。这是对公司一般事项所作的决议，只需经代表二分之一以上表决权的股东通过。另一种是特别决议。这是对较之公司一般事项为重要的事项所作的决议。股东会会议作出修改公司章程、增加或者减少注册资本的决议，以及公司合并、分立、解散或者变更公司形式的决议，必须经代表三分之二以上表决权的股东通过。股东会会议应当对所议事项的决定作成会议记录，出席会议的股东应当在会议记录上签名。

## (二) 有限责任公司的执行机构——董事会或执行董事

(1) 董事会或执行董事的性质。董事会或执行董事是由股东选举产生的，对内执行公司业务，对外代表公司的常设性机构。

(2) 董事会的职权。《公司法》第 46 条规定，董事会对股东会负责，行使下列职权：

① 召集股东会会议，并向股东会报告工作。

② 执行股东会的决议。

③ 决定公司的经营计划和投资方案。

④ 制订公司的年度财务预算方案、决算方案。

⑤ 制订公司的利润分配方案和弥补亏损方案。

⑥ 制订公司增加或者减少注册资本以及发行公司债券的方案。

⑦ 制订公司合并、分立、解散或者变更公司形式的方案。

⑧ 决定公司内部管理机构的设置。

⑨ 决定聘任或者解聘公司经理及其报酬事项，并根据经理的提名决定聘任或者解聘公司副经理、财务负责人及其报酬事项。

⑩ 制定公司的基本管理制度。

⑪ 公司章程规定的其他职权。

(3) 董事会的组成。董事会由股东会选举的董事组成，其成员一般为 3～13 人，但股东人数较少、公司规模较小时，也可不设董事会，只设立执行董事；2 个以上的国有企业或者 2 个以上的其他国有投资主体投资设立的有限责任公司，其董事会成员中应当有公司职工代表；其他有限责任公司董事会成员中可以有公司职工代表。董事会中的职工代表由公司职工通过职工代表大会、职工大会或者其他形式民主选举产生。

董事会设董事长 1 人，可以设副董事长。董事长、副董事长的产生办法由公司章程规定。董事长可以是公司的法人代表，也可以不是公司的法人代表。股东人数较少或者规模较小的有限责任公司，可以设 1 名执行董事，不设董事会。执行董事可以兼任公司经理。执行董事的职权由公司章程规定。

(4) 董事任期和解除。董事任期由公司章程规定，但每届任期不得超过 3 年。董事任期届满，连选可以连任。董事任期届满未及时改选，或者董事在任期内辞职导致董事会成员低于法定人数的，在改选出的董事就任前，原董事仍应当依照法律、行政法规和公司章程的规定，履行董事职务。

(5) 董事会会议的召集。董事会会议由董事长召集和主持；董事长不能履行职务或者不履行职务的，由副董事长召集和主持；副董事长不能履行职务或者不履行职务的，由半数以上董事共同推举 1 名董事召集和主持。

(6) 董事会的议事方式和表决。董事会的议事方式和表决程序，除《公司法》有规定的外，由公司章程规定。董事会应当对所议事项的决定作成会议记录，出席会议的董事应当在会议记录上签名。董事会决议的表决，实行一人一票。

(7) 经理。经理是公司董事会聘任的主持日常管理工作的高级职员，对董事会负责。经理机构可称为辅助执行机构，即辅助董事会执行的工作机构。不设董事会的公司，执行董事可以兼任公司经理。有限责任公司可以设经理，由董事会决定聘任或者解聘。经理对董事会负责，经理列席董事会会议。

**【案例分析 2-16】**

爱兰有限责任公司董事会议拟增加注册资本，公司监事会全部 7 名成员坚决反对，但董事会坚持决议。于是，监事会中的3名成员联名通知全体股东召开监事股东会议。除2名股东因故未参加股东会以外，其他股东全部参加。与会股东最终以2/3人数通过了公司增加注册资本的董事会决议。监事会认为会议的表决未到法定人数，因而决议无效。董事会认为，监事越权召开股东会，会后又对会议通过的决议横加指责，纯属无理之举。

问题：

(1) 公司董事会是否有权作出增加注册资本的决议？

(2) 临时股东大会的召集程序是否合法？

(3) 临时股东大会通过的决议是否有效？

**(三) 有限责任公司的监督机构——监事会或监事**

(1) 监事会或监事的性质。监事会或监事是对公司执行机构的业务活动进行专门监督的机构。

(2) 监事会或监事的职权。《公司法》第53条规定，监事会、不设监事会的监事行使下列职权：

① 检查公司财务。

② 对董事、高级管理人员执行公司职务的行为进行监督，对违反法律、行政法规、公司章程或者股东会决议的董事、高级管理人员提出罢免的建议。

③ 当董事、高级管理人员的行为损害公司的利益时，要求董事、高级管理人员予以纠正。

④ 提议召开临时股东会会议，在董事会不履行本法规定的召集和主持股东会会议职责时召集和主持股东会会议。

⑤ 向股东会会议提出提案。

⑥ 依照本法第151条的规定，对董事、高级管理人员提起诉讼。

⑦ 公司章程规定的其他职权。

监事可以列席董事会会议，并对董事会决议事项提出质询或者建议。监事会、不设监事会的公司的监事发现公司经营情况异常，可以进行调查；必要时，可以聘请会计师事务所等协助其工作，费用由公司承担。

(3) 监事会的组成。监事会由股东和职工分别选举的监事组成。有限责任公司设监事会，其成员不得少于3人。股东人数较少或者规模较小的有限责任公司，可以设1～2名监事，不设监事会。监事会应当包括股东代表和适当比例的公司职工代表，其中职工代表的比例不得低于1/3，具体比例由公司章程规定。监事会中职工代表由公司职工通过职工代表大会、职工大会或者其他形式民主选举产生。董事、高级管理人员不得兼任监事。

(4) 监事的任期和职权。监事的任期每届为3年。监事任期届满，连选可以连任。监事任期届满未及时改选，或者监事在任期内辞职导致监事会成员低于法定人数的，在改选出的监事就任前，原监事仍应当依照法律、行政法规和公司章程的规定，履行监事职务。

监事会每年度至少召开一次会议，监事可以提议召开临时监事会会议。监事会的议事方式和表决程序，除《公司法》有规定的外，由公司章程规定。监事会决议应当经半数以上监事通过。监事会应当对所议事项的决定作成会议记录，出席会议的监事应当在会议记录上签名。监事会、不设监事会的公司的监事行使职权所必需的费用，由公司承担。

## 三、有限责任公司股东转让出资及限制

有限责任公司的股东之间可以相互转让其全部或者部分股权。股东向股东以外的人转让股权，应当经其他股东过半数同意。股东应将其股权转让事项书面通知其他股东征求同意，其他股东自接到书面通知之日起满30日未答复的，视为同意转让。其他股东半数以上不同意转让的，不同意的股东应当购买该转让的股权；不购买的，视为同意转让。

经股东同意转让的股权，在同等条件下，其他股东有优先购买权。2 个以上股东主张行使优先购买权的，协商确定各自的购买比例；协商不成的，按照转让时各自的出资比例行使优先购买权。公司章程对股权转让另有规定的，从其规定。

## 四、一人有限责任公司

一人有限责任公司，是指只有一个自然人股东或者一个法人股东的有限责任公司。一个自然人只能投资设立一个一人有限责任公司，该一人有限责任公司不能投资设立新的一人有限责任公司。

一人有限责任公司应当在公司登记中注明自然人投资或者法人独资，并在公司营业执照中载明。一人有限责任公司章程由股东制定。一人有限责任公司不设股东会。股东作出股东会所列决定时，应当采用书面形式，并由股东签名后置备于公司。

一人有限责任公司应当在每一会计年度终了时编制财务会计报告，并经会计师事务所审计。一人有限责任公司的股东不能证明公司财产独立于股东自己的财产的，应当对公司债务承担连带责任。

## 五、国有独资公司

### (一) 国有独资公司的定义

国有独资公司，是指国家单独出资、由国务院或者地方人民政府授权本级人民政府国有资产监督管理机构履行出资人职责的有限责任公司。我国《公司法》并没有把国有独资公司单列为有限责任公司的一种类型，其特有制度由法律、行政法规加以规定，而其设立、出资、公司治理等同一般有限责任公司，适用《公司法》的规定。

### (二) 国有独资公司的特征

国有独资公司同其他公司相比较，主要有以下特征。

(1) 国家责任的有限性。国有独资公司股东对公司的责任方式同其他有限责任公司的股东一样，即国家作为投资者在其国有资产投资范围内承担有限责任，从这一点上也可以避免国有资产不必要的流失。

(2) 投资主体的唯一性。国有独资公司只有唯一股东，即国家，其从实质上也是一人有限责任公司。国家作为唯一股东，其股东权的行使由国务院或地方人民政府授权本级人民政府国有资产监督管理机构代表国家行使。

(3) 公司组织机构的特殊性。国有独资公司股东仅为国家一人，国有资产授权管理机构可直接行使投资者的决策权力，无须设立股东会。同时，董事由国务院或地方人民政府国有资产监督管理机构委派或任命。

### （三）国有独资公司的组织机构

(1) 国有独资公司的权力机构。国有独资公司不设股东会，由国有资产监督管理机构行使股东会职权。国有资产监督管理机构可以授权公司董事会行使股东会的部分职权，决定公司的重大事项。但公司的合并、分立、解散、增加或者减少注册资本和发行公司债券必须由国有资产监督管理机构决定。其中重要的国有独资公司合并、分立、解散、申请破产的，应当由国有资产监督管理机构审核后，报本级人民政府批准。

(2) 国有独资公司的执行机构董事会。董事每届任期不得超过 3 年。董事会成员中应当有公司职工代表。董事会成员由国有资产监督管理机构委派。但是，董事会成员中的职工代表由公司职工代表大会选举产生。董事会设董事长一人，可以设副董事长。董事、副董事长由国有资产监督管理机构从董事会成员中指定。

国有独资公司设经理，由董事会聘任或者解聘。经理依照《公司法》第 49 条关于有限责任公司经理职权的规定行使职权。经国有资产监督管理机构同意，董事会成员可以兼任经理。

(3) 国有独资公司的监督机构。国有独资公司监事会成员不得少于 5 人，其中职工代表的比例不得低于 1/3，具体比例由公司章程规定。监事会成员由国有资产监督管理机构委派；但是，监事会成员中的职工代表由公司职工代表大会选举产生。监事会主席由国有资产监督管理机构从监事会成员中指定。此外，国有独资公司的董事长、副董事长、董事、高级管理人员，未经国有资产监督管理机构同意，不得在其他有限责任公司、股份有限公司或者其他经济组织兼职。

# 第四节　股份有限公司

在现代公司制企业产生以前，企业的代表性形态主要有业主制企业和合伙制企业。由于不能解决大规模融资及企业的持续性和长期发展等问题，随着社会经济规模的扩大，其逐步向以股份有限公司为代表的现代企业制度发展。而这种现代公司制度，本身就是一种以资本联合为核心的企业组织形式。就股份有限公司的发展来看，其经历了由少数人持股到社会公众持股，再到机构投资者持股的历史进程。

## 一、股份有限公司的定义和特征

股份有限公司，是指 2 个以上股东共同投资设立的，全部资本分为等额股份，股东以其所持股份为限对公司承担责任，公司以其全部资产对公司债务承担责任的企业法人。其特征如下：

(1) 资合性。股份有限公司建立的基础是股东出资的资本，对外信用的基础是公司资本总额的多少。

(2) 股东人数的复合性。股份有限公司的股东人数有法定最低限额，即不得低于 2 人。公司的资合性决定了须有一定人数的股东的联合，才能实现资本的集合。

(3) 公司资本的股份性。股份有限公司的资本总额划分为金额相等的股份，且每股金额均等。

(4) 股份形式的法定性。股份有限公司股份的表现形式是股票。不同种类的公司，其股份的表现形式是不同的，有限责任公司以“出资证明书”作为股份的表现形式，而在股份有限公司里公司的股份采取股票的形式，股票是公司签发的证明股东所持股份的凭证。

## 二、股份有限公司的组织机构

### (一) 股东大会

(1) 股东大会的性质与特征。股份有限公司股东大会由全体股东组成。股东大会是公司的权力机构，依照《公司法》行使职权。从性质上看，股东大会是股份有限公司行使决策权的权力机构。其特征是：①由全体股东组成；②是非常设机构；③是集中反映股东意志的机构。

(2) 股东大会的职权。股东大会的职权是指依法必须股东大会决定的事项。《公司法》第 99 条规定：本法第 37 条第 1 款关于有限责任公司股东会职权的规定，适用于股份有限公司股东大会。(详见前述有限责任公司部分)

此外，《公司法》还规定了必须或应当经股东会或股东大会作出决议、决定或同意事项：

① 公司为股东或实际控制人提供担保的。

② 上市公司在一年内购买、出售重大资产或担保金额超过公司资产总额百分之三十的。

③ 股份公司因与持有本公司股份的其他公司合并或将股份奖励给本公司职工的。

④ 董事、高级管理人员如与本公司订立合同、进行交易、利用公司的商业机会、自营或与他人经营与所任职公司同类的业务。

⑤ 公司公开发行新股、改变招股说明书所列资金用途、申请股票上市等。

(3) 股东常(年)会，是指依照法律或公司章程的规定而定期召开的股东大会。股东大会应当每年召开 1 次年会。股东年会的主要议题是讨论决定公司常规性事务。一般是每一会计年度终结后 6 个月内召开。

(4) 临时股东会，是指在两次年会之间因出现法定事由时而召开的股东大会，决定公司的特别事项，又称特别股东大会。有下列情形之一的，应当在两个月内召开临时股东大会：

① 董事人数不足《公司法》规定人数或者公司章程所规定人数的三分之二时。

② 公司未弥补的亏损达实收股本总额三分之一时。

③ 单独或者合计持有公司百分之十以上股份的股东请求时。

④ 董事会认为必要时。

⑤ 监事会提议召开时。

⑥ 公司章程规定的其他情形。

《公司法》和公司章程规定公司转让、受让重大资产或者对外提供担保等事项必须经股东大会作出决议的，董事会应及时召集股东大会，股东大会就上述事项进行表决。

(5) 股东大会的召集。

① 召集人。股东大会会议由董事会召集，董事长主持；董事长不能履行职务或者不履行职务的，由副董事长主持；副董事长不能履行职务或者不履行职务的，由半数以上董事共同推举 1 名董事主持。

董事会不能履行或者不履行召集股东大会会议职责的，监事会应当及时召集和主持；监事会不召集和主持的，连续 90 日以上单独或者合计持有公司 10%以上股份的股东可以自行召集和主持。

监事会、不设监事会的公司的监事有权提议召开临时股东会会议，在董事会不履行召集和主持股东会会议职责时召集和主持股东会会议。

② 召集程序，主要是指通知或公告股东的程序。召开股东大会会议，应当将会议召开的时间、地点和审议的事项于会议召开 20 日前通知各股东；临时股东大会应当于会议召开 15 日前通知各股东；发行无记名股票的，应于会议召开 30 日前公告会议召开的时间、地点和审议事项。

单独或者合计持有公司3%以上股份的股东可以在股东大会召开10日前提出临时提案并书面提交董事会；董事会应当在收到提案后2日内通知其他股东，并将该临时提案提交股东大会审议。临时提案的内容应当属于股东大会职权范围，并有明确议题和具体决议事项。股东大会不得对前两种通知中未列明的事项作出决议。无记名股票持有人出席股东大会会议的，应当于会议召开5日前至股东大会，闭会时将股票交存于公司。

③ 出席会议的股东人数。股东可以委托代理人出席股东大会会议，代理人应当向公司提交股东授权委托书，并在授权范围内行使表决权。

④ 股东大会的决议种类，主要分为普通决议和特别决议。普通决议，即在股东大会上以出席会议的股东所持表决权的过半数通过的决议；特别决议，即在股东大会上以出席会议的股东所持表决权的2/3以上通过的决议。股东出席股东大会会议，所持每一股份有一表决权，但是，公司持有的本公司股份没有表决权。股东大会作出决议，必须经出席会议的股东所持表决权过半数通过。但是，股东大会作出修改公司章程、增加或者减少注册资本的决议，以及公司合并、分立、解散或者变更公司形式的决议，必须经出席会议的股东所持表决权的2/3以上通过。

⑤ 股东大会决议的无效与撤销。公司股东或者股东大会、董事会的决议内容违反法律、行政法规的无效。

股东会或者股东大会、董事会的会议召集程序、表决方式违反法律、行政法规或者公司章程，或者决议内容违反公司章程的，股东可以自决议作出之日起60日内，请求人民法院撤销。股东提起诉讼的，人民法院可以应公司的请求，要求股东提供相应担保。公司根据股东会或者股东大会、董事会决议已办理变更登记的，人民法院宣告该决议无效或者撤销该决议后，公司应当向公司登记机关申请撤销变更登记。

(6) 股东大会的会议记录。股东大会应当对所议事项的决定做成会议记录，主持人、出席会议的董事应当在会议记录上签名。会议记录应当与出席股东的签名册及代理出席的委托书一并保存。

**(二) 董事会**

(1) 董事会的性质与特征。股份有限公司的董事会是由股东大会选举产生的若干名董事组成的行使经营决策权和管理权的公司执行机关。其特征是：①是常设机关；②是公司业务机关；③是公司经营决策机关；④是公司的对外代表机关。

(2) 董事会的职权和董事任期。有限责任公司董事任期的规定，适用于股份有限公司董事；有限责任公司董事会职权的规定，适用于股份有限公司董事会。

(3) 董事会的组成方式及董事的资格。董事会成员由股东大会选举产生。股份有限公司设董事会，其成员为5～19人。董事会成员中可以有公司职工代表。董事会中的职工代表由公司职工通过职工代表大会、职工大会或者其他形式民主选举产生。

(4) 董事会的议事规则。

① 董事会例会(即常会)。每年度至少召开两次会议，每次会议应当于会议召开10日前通知全体董事和监事。

② 临时会议(即特别会议)。代表1/10以上表决权的股东、1/3以上董事或者监事会，可以提议召开董事会临时会议。董事长应当自接到提议后10日内，召集和主持董事会会议。董事会召开临时会议，可以另定召集董事会的通知方式和通知时限。

董事会设董事长1人，可以设副董事长。董事长和副董事长由董事会以全体董事的过半数选举产生。董事长召集和主持董事会会议，检查董事会决议的实施情况。副董事长协助董事长工作，董事长不能履行职务或者不履行职务的，由副董事长履行职务；副董事长不能履行职务或者不履行职务的，由半数以上董事共同推举 1 名董事履行职务。

董事会会议应有过半数的董事出席方可举行。董事会作出决议，必须经全体董事的过半数通过。董事会决议的表决，实行一人一票。

董事会会议，应由董事本人出席；董事因故不能出席，可以书面委托其他董事代为出席，委托书中应载明授权范围。董事会应当对会议所议事项的决定做成会议记录，出席会议的董事应当在会议记录上签名。董事应当对董事会的决议承担责任。董事会的决议违反法律、行政法规或者公司章程、股东大会决议，致使公司遭受严重损失的，参与决议的董事对公司负赔偿责任；但经证明在表决时曾表明异议并记载于会议记录的，该董事可以免除责任。

(5) 表决权的排除。上市公司董事与董事会会议决议事项所涉及的企业有关联关系的，不得对该项决议行使表决权，也不得代理其他董事行使表决权。该董事会会议由过半数的无关联关系董事出席即可举行，董事会会议所作决议须经无关联关系董事过半数通过。出席董事会的无关联关系董事人数不足 3 人的，应将该事项提交上市公司股东大会审议。

**【案例分析 2-17】**

2017 年12 月 8 日，某建筑材料股份有限公司召开董事会临时会议，讨论召开股东大会临时会议和解决债务问题。该公司共有董事 9 人，这天出席会议的有李某、章某、王某、丁某、唐某，另有 4 名董事知悉后由于有事未出席会议。在董事会议上，章某、王某、丁某、唐某同意召开股东临时会，并作出决议。李某不同意，便在表决之前中途退席。此后，公司根据董事会临时决议召开股东大会临时会议，并在大会上通过了偿还债务的决议。李某对此表示异议，认为股东大会临时决议无效。

问题:

(1) 该董事会临时会议的召开是否合法？说出其法律依据。

(2) 作出召开股东大会临时会议的决议是否有效？说出其法律依据。

(6) 经理。股份有限公司的经理是指受聘于董事会的、负责公司日常事务的高级行政管理人员。经理对董事会负责，为公司内部法定的辅助业务执行机关。

股份有限公司设经理，由董事会决定聘任或者解聘。关于有限责任公司经理职权的规定适用于股份有限公司经理。公司董事会可以决定由董事会成员兼任经理。

### (三) 监事会

(1) 监事会的性质。监事会是股份有限公司依照《公司法》所设立的，对公司事务进行监督的专门机构。它是股份有限公司必备的常设机关。

(2) 监事会的组成。股份有限公司设监事会，其成员不得少于 3 人。监事会应当包括股东代表和适当比例的公司职工代表，其中职工代表的比例不得低于 1/2，具体比例由公司章程规定。监事会中的职工代表由公司职工通过职工代表大会、职工大会或者其他形式民主选举产生。

监事会设主席 1 人，可以设副主席。监事会主席和副主席由全体监事过半数选举产生。监事会主席召集和主持监事会会议；监事会主席不能履行职务或者不履行职务的，由监事会副主席召集和主持监事会会议；监事会副主席不能履行职务或者不履行职务的，由半数以上监事共同推举 1 名监事召集和主持监事会会议。董事、高级管理人员不得兼任监事。

(3) 监事会的职权。监事会的职权包括实体性职权和程序性职权。监事会的实体性职权包括会计监察权和业务监察权。监事会的程序性职权包括以下几种：

① 召开临时股东会的提议权和股东会的召集及主持权。

② 股东大会提案权。

③ 公司经营情况调查权。董事、高级管理人员应当如实向监事会或者不设监事会的有限责任公司的监事提供有关情况和资料，不得妨碍监事会或者监事行使职权。

④ 诉讼提起权。董事、监事、高级管理人员执行公司职务时违反法律、行政法规或者公司章程的规定，给公司造成损失的，应当承担赔偿责任。

董事、高级管理人员有《公司法》第 149 条规定的情形的，股份有限公司连续 180 日以上单独或者合计持有公司 1%以上股份的股东，可以书面请求监事会向人民法院提起诉讼。

(4) 监事会的召开。监事会每 6 个月至少召开一次会议。监事可以提议召开临时监事会会议。监事会的议事方式和表决程序，除《公司法》有规定的外，由公司章程规定。监事会决议应当经半数以上监事通过。监事会应当对所议事项的决定做成会议记录，出席会议的监事应当在会议记录上签名。

## 三、上市公司

### (一) 上市公司的定义和特征

上市公司是指其股票在证券交易所上市交易的股份有限公司。其特征是：①股票在证券交易所交易；②是受国务院证券监督管理机构和法律严格监管的股份有限公司；③是股票经国务院证券监督管理机构批准已公开发行的股份有限公司。

### (二) 公司上市的条件

股份有限公司申请股票上市，应当符合下列条件：

(1) 股票经国务院证券监督管理机构核准已公开发行。

(2) 公司股本总额不少于人民币 3000 万元。

(3) 公开发行的股份达到公司股份总数的 25%以上；公司股本总额超过人民币 4 亿元的；公开发行股份的比例为 10%以上。

(4) 公司最近 3 年无重大违法行为，财务会计报告无虚假记载。

证券交易所可以规定高于上述规定的上市条件，报国务院证券监督管理机构批准。

### (三) 公司上市的程序

(1) 公司发行新股，由股东大会作出决议。

(2) 根据《证券法》第 49 条的规定聘请有保荐资格的机构为保荐人。

(3) 报送法定文件。

(4) 公开发行文件。公司经国务院证券监督管理机构核准公开发行新股时，必须公告新股招股说明书和财务会计报告，并制作认股书。招股说明书的内容和格式须按有关规定制作。

(5) 签订承销协议。发起人向社会公开募集股份，应当向依法设立的证券公司承销，签订承销协议。发起人向社会公开募集股份，当同银行签订代收股款协议。代收股款的银行应当按照协议代收和保存股款，向缴纳股款的认股人出具收款单据，并负有向有关部门出具收款证明的义务。

(6) 变更登记和公告。公司发行新股募足股款后，必须向公司登记机关办理变更登记并公告。

### (四) 上市公司的上市暂停

上市公司有下列情形之一的，由证券交易所决定暂停其股票上市交易：

(1) 公司股本总额、股权分布等发生变化不再具备上市条件。

(2) 公司不按照规定公开其财务状况，或者对财务会计报告作虚假记载，可能误导投资者。

(3) 公司有重大违法行为。

(4) 公司最近 3 年连续亏损。

(5) 证券交易所上市规则规定的其他情形。

### (五) 上市公司的上市终止

上市公司有下列情形之一的，由证券交易所决定终止其股票上市交易：

(1) 公司股本总额、股权分布等发生变化不再具备上市条件，在证券交易所规定的期限内仍不能达到上市条件。

(2) 公司不按照规定公开其财务状况，或者对财务会计报告作虚假记载，且拒绝纠正。

(3) 公司最近 3 年连续亏损，在其后一个年度内未能恢复盈利。

(4) 公司解散或者被宣告破产。

(5) 证券交易所上市规则规定的其他情形。

### (六) 上市公司的信息公开义务

上市公司必须依照法律、行政法规的规定，公开其财务状况、经营情况及重大诉讼，在每会计年度内半年公布一次财务会计报告。发行人、上市公司依法披露的信息，必须真实、准确、完整，不得有虚假记载、误导性陈述或者重大遗漏。

发生可能对上市公司股票交易价格产生较大影响的重大事件，投资者尚未得知时，上市公司应当立即将有关该重大事件的情况向国务院证券监督管理机构和证券交易所报送临时报告，并予公告，说明事件的起因、目前的状态和可能产生的法律后果。

发行人、上市公司公告的招股说明书、公司债券募集办法、财务会计报告、上市报告文件、年度报告、中期报告、临时报告以及其他信息披露资料，有虚假记载、误导性陈述或者重大遗漏，致使投资者在证券交易中遭受损失的，发行人、上市公司应当承担赔偿责任；发行人、上市公司的董事、监事、高级管理人员和其他直接责任人员以及保荐人、承销的证券公司，应当与发行人、上市公司承担连带赔偿责任，但是能够证明自己没有过错的除外；发行人、上市公司的控股股东、实际控制人有过错的，应当与发行人、上市公司承担连带赔偿责任。

依法必须披露的信息，应当在国务院证券监督管理机构指定的媒体发布，同时将其置备于公司住所、证券交易所，供社会公众查阅。

## 思考练习

### (一) 单项选择题

1. 依据《公司法》的规定，股份有限公司董事会的人数是(　　)。

A. 3 人以上　　B. 3～13 人　　C. 5～19 人　　D. 3～19 人

2. 公司为公司股东或者实际控制人提供担保的，必须经(　　)。

A. 股东会或者股东大会决议　　B. 董事会决议
C. 董事长书面同意　　D. 法定代表人书面同意

3. 有多个发起人的股份公司不能成立时，其责任的承担是(　　)。
A. 按出资多少分别承担　　B. 承担连带责任
C. 承担按份责任　　D. 免除或者减轻

4. 一人有限责任公司在资本制度方面有下列哪项特别限制？(　　)
A. 注册资本最低限额为人民币 3 万元
B. 一个法人只能投资设立一个一人有限责任公司
C. 所有一人有限责任公司均能投资设立新的一人有限责任公司
D. 股东应当一次足额缴纳公司章程规定的出资额

5. 英国某公司经我国主管机关批准，在上海市设立分支机构，该分支机构是(　　)。
A. 中国法人　　B. 外国法人
C. 该外国公司的组成部分　　D. 该外国公司的代理商

6. 甲、乙、丙、丁分别为未来的公司取一个名称，其中可以采用的是(　　)。
A. 北京大地商贸公司
B. 北京 666 商品贸易有限责任公司
C. 中国北京商品贸易国际发展有限责任公司
D. 北京汇通商品贸易有限责任公司

7. 光华糖业股份有限公司为扩大生产规模增发新股，董事会拟定发行新股的方案，该方案中包含下列事项，请问其中不符合法律规定的是(　　)。
A. 为吸引更多的投资，拟按股票票面价值的九折发行
B. 光华糖业公司的股东有优先购买权
C. 所有新股均为无记名股票
D. 所有新股的发行均由一家证券公司包销

8. 我国《公司法》奉行的设立原则是(　　)。
A. 准则原则　　B. 核准原则　　C. 特许原则　　D. 自由原则

9. 关于代表诉讼的表述正确的是(　　)。
A. 王某，有限公司股东，自己可以提起代表诉讼
B. 李某，股份公司股东，自己可以提起代表诉讼
C. 股东的分红被大股东违反决议变相挪用，可以适用代表诉讼
D. 公司董事会召集程序违法，可以适用代表诉讼

10. 依照《公司法》，以下不属于有限责任公司法定设立条件的是(　　)。
A. 股东符合法定人数
B. 股东出资达到法定资本最低限额
C. 有公司名称
D. 有固定生产经营场所和必要的生产经营条件

11. 公司因(　　)原因而解散的，不需要清算。
A. 依法被责令关闭　　B. 公司章程规定的营业期限届满
C. 股东会会议通过解散公司的决议　　D. 公司分立

12. 公司是以营利为目的的经济组织，因此(　　)。

A. 公司只能从事营利性活动，而不能从事任何非营利性活动

B. 公司只能在公司章程和公司登记机关登记的范围内从事各种经营活动，而不能从事任何非营利性活动

C. 公司既可以从事经济活动，也可以从事政治活动

D. 公司应当在公司章程和公司登记机关登记的范围内从事各种经营活动，同时也可以从事一些与经营目的相关的非营利性活动

13. 下列有关国有独资公司的说法，错误的是(　　)。

A. 董事及高级管理人员未经国有资产监督管理机构同意，不得在其他经济组织兼职

B. 国有独资公司不设股东会

C. 董事会成员中应当有公司职工代表

D. 监事会成员不得少于 3 人

14. 资本不变原则是指(　　)。

A. 公司资本一经确定，不得改变

B. 公司资本一经确定，非依法定程序变更章程，不得改变

C. 必须在公司章程中对公司资本总额予以规定

D. 公司在存续期间，应当注意保持与其注册资本相当的财产

15. 发行股份的溢价价款应列入公司的(　　)。

A. 盈余公积金　　B. 任意公积金

C. 可分配利润　　D. 资本公积金

(二) 多项选择题

1. 以下属于公司章程绝对必要记载事项的有(　　)。

A. 公司名称和住所　　B. 公司经营范围

C. 股东的姓名或者名称　　D. 股东的出资方式

E. 公司法定代表人

2. 对公司债券的表述，下列错误的是(　　)。

A. 公司债券不能流通　　B. 公司债券均可转换为股票

C. 有限责任公司不得发行公司债券　　D. 公司债券的发行由董事会决定

3. 某外国公司驻北京办事处的以下行为中，违反我国《公司法》规定的行为有(　　)。

A. 办事处未置备该外国公司的章程

B. 办事处在与中国雇员签订的劳动合同中约定，雇员对办事处的任何请求，不得诉及该外国公司

C. 办事处在该外国公司被所在国法院宣告破产后，仍继续在中国从事经营活动

D. 该外国公司撤销该办事处时，先将其资金汇出中国境外，而后办理解散清算手续

4. 某股份有限公司股东大会在审议董事会人选时，有下列 4 人的任职资格受到股东质疑。其中不属于公司法规定不得担任董事的情形的是(　　)。

A. 张某，五年前因对一起重大工程事故负有责任，被判处有期徒刑一年

B. 李某，两年前被任命为一家长期经营不善、负债累累的国有企业的厂长，上任仅三个月，该企业被宣告破产

C. 陈某，曾独资开办一家工厂，一年前该厂因无力清偿大额债务而倒闭，债权人至今仍在

追讨

D. 刘某，66 岁，曾任市政府副秘书长，现退休在家

5. 公司章程约束的人有(　　)。

A. 股东　　B. 公司　　C. 董事、监事　　D. 高级管理人员

6. 公司自愿解散事由包括(　　)。

A. 公司营业期限届满或公司章程规定的解散事由出现

B. 股东解散公司的决议

C. 公司不能清偿到期债务被依法宣告破产

D. 公司合并、分立

7. 不能作为公司股东出资的是(　　)。

A. 劳务　　B. 土地使用权　　C. 技术秘密　　D. 商誉

8. 下列有关股份有限公司的股份转让的表述正确的是(　　)。

A. 发起人持有的本公司的股份，自公司成立之日起 5 年内不得转让

B. 通常情形下，公司不得收购本公司的股票

C. 公司董事、监事、经理所持有的本公司的股份在任职期内不得转让

D. 公司不得接受本公司的股票作为质权的标的

9. 李某花 1.5 万元购买了某股份公司的股票 2000 股，但该公司的股票尚未上市，现李某欲退还已购股票。在下列情况下李某可以要求发起人退股的是(　　)。

A. 发起人未按期召开创立大会　　B. 公司股东大会同意

C. 公司董事会同意　　D. 公司未按期募足股份

10. 下列表述中关于有限责任公司表述错误的是(　　)。

A. 股东有最多人数的限制　　B. 必须设立董事会

C. 必须设立监事会　　D. 可以发起设立，也可以募集设立

## (三) 案例题

1. A 股份有限公司 2016 年度有关事项如下。

(1) 公司召开董事会通过以下决议：

① 根据经理丙的提议解聘财务负责人甲；

② 决定发行公司债券，责成董事乙准备有关发行文件报送有关部门审批。

(2) 该公司注册资本 5000 万元人民币，2016 年度税后利润 3000 万元。公司自成立以来没有发生亏损，已提取法定公积金累积额为 2600 万元。公司决定不再提取法定公积金，只提取法定公益金 100 万元。

(3) 公司经理丙将其持有的 A 公司全部股份转让给丁；丙还以 B 公司代理人的身份从事与 A 公司业务同类的业务活动，从中获得利润 2 万元。

(4) 公司以“财政部门无权对股份有限公司进行会计检查”为由，拒绝市财政局的检查。

根据上述情况，回答下列问题：

(1) A 公司董事会通过的两项决议是否符合我国《公司法》的规定？说明理由。

(2) A 公司不提取法定公积金的做法是否符合我国《公司法》的规定？说明理由。

(3) 公司经理丙将其持有的 A 公司股份转让给丁是否符合我国《公司法》的规定？说明理由。

(4) 公司经理丙能否以 B 公司代理人的身份从事与 A 公司业务同类的营业活动？丙从该公司营

业活动中获得的收入应如何处理？

(5) A 公司拒绝市财政局对该公司会计工作检查的理由是否符合我国《会计法》的规定？为什么？

2. 甲公司、乙公司和丙公司计划共同出资成立一个有限责任公司，从事某种建筑材料的生产经营。三方的出资计划如下：公司注册资本为 400 万元人民币，其中，甲公司以土地所有权作价出资 100 万元；乙公司以非专利技术作价出资 90 万元，出资人民币 30 万元；丙公司以人民币出资 180 万元。

根据上述情况，回答下列问题：

(1) 该公司的注册资本是否符合《公司法》的规定？为什么？

(2) 甲公司以土地所有权出资是否符合《公司法》规定？为什么？

(3) 简述该公司股东的出资过程。

3. 甲、乙、丙三家企业均为国有企业，在企业改制过程中，三家企业计划进行股份制改造，共同作为股份有限公司的发起人，以募集方式设立一个股份有限公司，公司注册资本为 1000 万元人民币，计划将公司注册资本分为 1000 万股。其中，甲企业认购 300 万股，乙企业认购 150 万股，丙企业认购 100 万股；其余 450 万股依法向社会公开募集。在公司设立过程中，公司章程由甲、乙、丙三家企业共同制定；由于公司的规模较小，为了精简公司的机构，公司决定不设董事会，由甲企业的厂长李某担任公司的执行董事并兼任公司的总经理。

根据上述情况，回答下列问题：

(1) 该股份有限公司的发起人人数是否符合《公司法》的规定？为什么？

(2) 该股份有限公司的股份发行事项是否符合《公司法》的规定？为什么？

(3) 该公司的章程制定程序是否符合《公司法》的规定？为什么？

(4) 该公司决定不设董事会，只设执行董事是否符合《公司法》的规定？为什么？

4. 宏发上市公司资产总额 12000 万元，注册资本为 9000 万元。4 月 21 日，宏发公司召开的董事会会议情形如下：

(1) 该公司共有董事 10 人，有 8 人亲自出席。列席本次董事会的监事甲向会议提交另一名因故不能到会的董事出具的代为行使表决权的委托书，该委托书委托甲代为行使本次董事会的表决权。

(2) 以累积投票制的方式增选乙为董事。

(3) 董事会会议结束后，所有决议事项均载入会议记录，并由出席董事会会议的董事长和列席会议的监事签名后存档。

6 月 13 日，宏发公司召开的股东大会年会作出如下决议：

(1) 更换两名监事。一是由公司财务负责人丙代替甲出任该公司的监事；二是由公司职工代表丁代替公司职工代表戊。

(2) 决定从公司法定公积金 3500 万元中，提取 1500 万元转增公司资本。

(3) 以普通决议的方式通过了一项为与本公司具有战略合作伙伴关系的蓝科公司(无关联关系)总额 3800 万元担保的临时提案，经查，该提案因情况紧急而未在向股东发出的股东大会通知中列明。

根据上述情况，回答下列问题：

(1) 在董事会会议中，甲是否能接受委托代为行使表决权？为什么？

(2) 董事会会议记录(2)所述内容是否符合规定？说明理由。

(3) 董事会会议记录是否存在不当之处？为什么？

(4) 股东大会会议决定更换两名监事是否合法？为什么？

(5) 股东大会会议决定将法定公积金转增资本是否合法？为什么？

(6) 股东大会通过为蓝科公司提供担保的决议是否符合规定？为什么？

# 第三章

# 合 同 法

**【学习目的与要求】**

合同法是调整平等主体之间交易关系的法律，它主要规定合同的订立、合同的效力及合同的履行、变更、解除、保全、违约责任等问题。本章重点是掌握合同法的基本原则，合同的订立(要约与承诺)，合同的效力，合同的履行，合同的变更、转让和终止，违约责任；熟悉合同的概念和特征、合同的分类、合同的形式；了解合同法的概念及其适用、合同的主要条款。

## 第一节　合同和合同法概述

合同法是关于市场交易规则的法律，不仅与经营者的经营活动密切相关，也与人民群众的生活密切相关，因而是"适用频率最高"的法律之一。我国于 1999 年 3 月 15 日第九届全国人民代表大会第二次会议通过《中华人民共和国合同法》，自 1999 年 10 月 1 日起施行。

### 一、合同概述

#### (一) 合同的概念和法律特征

《中华人民共和国合同法》(以下简称《合同法》)所称"合同"，是指平等主体的自然人、法人、其他组织之间设立、变更、终止民事权利义务关系的协议。

合同具有如下法律特征：

(1) 合同是两个或两个以上当事人之间的协议。如：甲乙双方签订房屋买卖合同就是双方当事人之间的协议；甲乙丙三方之间签订的合伙合同就是多方当事人之间的协议。

(2) 合同是当事人在平等、自愿的基础上达成的协议。平等，是指当事人双方在订立合同时的法律地位是平等的，相互间不存在隶属关系。自愿是指在合同关系中，任何一方均不得将自己的意志强加给对方。

(3) 合同是当事人设立、变更、终止民事权利义务关系的协议。设立、变更、终止民事权利义务关系是当事人订立合同的目的。如：甲乙签订技术转让合同，甲订立合同是为获得技术，乙订立合同是为获得金钱。

#### (二) 合同的分类

(1) 双务合同和单务合同。以当事人一方还是双方承担义务为标准，合同可分为双务合同和单务合同。当事人双方相互享有权利，互负给付义务的合同称为双务合同，如买卖合同、租赁合同等。

当事人一方负担义务，对方仅享有权利不负担义务的称为单务合同，如借用合同。

区分双务合同与单务合同的法律意义：第一，先履行抗辩权、同时履行抗辩权和不安抗辩权仅适用于双务合同，单务合同不适用；第二，双务合同有风险负担问题，如当事人一方因不可抗力致使合同不能履行时，可以解除合同，如果对方已经履行，应将所得利益予以返回，单务合同则没有给付及返回问题。

(2) 有偿合同与无偿合同。以当事人从合同中获取利益是否需要支付相应的代价为标准，可将合同分为有偿合同和无偿合同。一方履行合同义务，对方获得利益要为此支付相应代价的为有偿合同，如买卖合同、租赁合同、保险合同等。一方给付某种利益，对方取得该利益时无须支付任何代价的称为无偿合同，如借用合同、赠与合同。

区分有偿合同与无偿合同的法律意义：第一，有偿合同债务人的注意义务较无偿合同为重，如在保管合同中，对保管物的灭失，有偿保管人负有过失赔偿责任，无偿保管人仅负重大过失责任；第二，限制行为能力人订立与之行为能力不相适应的有偿合同，须经法定代理人同意或追认才有效，而对纯粹获利的赠与等无偿合同，则可独立为之。

(3) 有名合同与无名合同。以法律是否为合同规定了一定名称为标准，可将合同分为有名合同与无名合同。法律已确定特定名称及规则的称为有名合同，如《合同法(分则)》规定的买卖合同等 15 类都属于有名合同。法律尚未确定名称与规则的称为无名合同，如物业管理合同、电子认证合同等。

区分有名合同与无名合同的法律意义：有名合同的订立、变更或解除应按照《合同法》的规定办理；根据《合同法》第 124 条的规定，无名合同可适用《合同法(总则)》并参照分则或其他法律最相类似的规定办理。无名合同只要不违反社会公德、社会公共利益和法律的禁止性规定，当事人可以自主设立，法律承认其效力。

(4) 诺成合同与实践合同。以合同成立是否需要以实际交付标的物为标准，可将合同分为诺成合同和实践合同。当事人一方的意思表示一经对方同意合同即能成立或生效的，称为诺成合同，如买卖合同、承揽合同。如果合同成立或生效除当事人双方意思表示一致以外还须交付标的物的，称为实践合同，如财产保管合同、自然人之间的借款合同。诺成合同与实践合同的区分标准，通常应根据法律的规定及交易习惯而定。

(5) 要式合同与不要式合同。以合同成立或生效是否应采取一定的形式为标准，可将合同分为要式合同与不要式合同。法律规定应当采取特定方式才能成立的称为要式合同，如房屋买卖合同、技术转让合同。而无须采用特定形式，只要当事人意思表示一致合同便可成立的称为不要式合同，如买卖合同等。区分要式合同与不要式合同的法律意义在于确定合同是否生效及何时生效。

(6) 主合同与从合同。以两个合同之间的主从关系为标准，可将合同分为主合同和从合同。无须以其他合同存在作为条件的合同称为主合同，而必须以其他合同作为存在条件的合同称为从合同。如贷款合同为主合同，为其担保设立的抵押合同就是从合同。

区分主合同与从合同的法律意义：第一，主合同是从合同的存在基础，没有主合同便没有从合同。第二，主从合同存在制约关系，如主合同无效，从合同也无效；但从合同无效，不能推定主合同无效。

## 二、合同法概述

1999 年 3 月 15 日，第九届全国人民代表大会第二次会议通过了《合同法》。《合同法》分总则、分则、附则三篇，共 23 章 428 条，是一部较为详尽、严密、具有可操作性的法律。《合同法》自 1999

年 10 月 1 日起施行。为保障《合同法》的顺利实施，最高人民法院先后通过了许多相关的司法解释。

### (一) 合同法的概念与特征

合同法是调整平等主体之间商品交换关系的法律规范的总称。合同法具有以下特征：

(1) 合同法是私法。合同法规范当事人之间因私人利益产生的合同法关系，强调主体平等、意思自治。合同作为一种法律事实，是当事人自由约定、协商一致的结果。如果当事人之间的约定合法，则在当事人之间产生相当于法律的效力，当事人就必须按照约定履行合同义务，任何一方违反合同都要依法承担违约责任。

(2) 合同法是自治法。合同法主要是通过任意性法律规范而不是强制性法律规范调整合同关系。合同法通过任意性规范或引导当事人的行为，或补充当事人意思的不完整。合同法对当事人意思自治的限制，即合同法中的强制性规范，被严格限制在合理与必要的范围之内。

(3) 合同法是财产交易法。合同法与物权法均属财产法范畴，其中物权法主要调整财产归属及利用的财产关系，是从静态角度为财产关系提供法律保护；而合同法则调整财产的流转关系，即商品交换关系，从动态角度为财产关系提供法律保护。

### (二) 合同法的基本原则

(1) 平等原则。合同当事人法律地位一律平等，一方不得将自己的意志强加给另一方，各方应在权利义务对等的基础上订立合同。

(2) 意思自治原则。意思自治是贯彻合同活动整个过程的基本原则，在不违反强制性法律规范和社会公共利益的基础上，当事人依法享有自愿订立合同的权利，任何单位和个人不得非法干预。

(3) 公平原则。当事人应当遵循公平原则确定各方的权利和义务。任何当事人不得滥用权力，不得在合同中规定显失公平的内容，要根据公平原则确定风险与违约责任的承担。

(4) 诚实信用原则。当事人行使权利、履行义务应当遵循诚实信用原则。当事人应当诚实守信，善意地行使权利、履行义务，不得有欺诈等恶意行为。在法律、合同未作规定或规定不清的情况下，要依据诚实信用原则解释法律和合同，平衡当事人之间的利益关系。

(5) 守法、不损害社会公共利益原则。当事人订立、履行合同，应当遵守法律、行政法规，尊重社会公德，不得扰乱社会经济秩序、损害社会公共利益。

**【案例分析 3-1】**

甲、乙之间的下列合同属于有效合同的是(　　)。

A. 甲与丙离婚期间，用夫妻共同存款向乙公司购买保险，指定自己为受益人

B. 甲将其宅基地抵押给同村外嫁他村的乙用于借款

C. 甲将房屋卖给精神病人乙，合同履行后房价上涨

D. 甲驾车将流浪精神病人撞死，因查找不到死者亲属，乙民政部门代其与甲达成赔偿协议

### (三) 合同法的适用范围

虽然根据《合同法》第 2 条规定，平等主体之间有关民事权利义务关系设立、变更、终止的协议均属《合同法》的调整范围，但根据《合同法》第 2 条第 2 款的规定，婚姻、收养、监护等有关身份关系的协议，适用其他法律规定，不适用《合同法》的调整。

# 第二节 合同的订立

合同的订立是指缔约当事人相互为意思表示并达成合意而成立了合同。合同的订立由“订”和“立”两个阶段组成。“订”强调缔约的行为和过程为缔约各方接触、洽商过程，包括缔约各方的接触、洽商并最终达成协议前的整个讨价还价过程。此阶段由要约邀请、要约、反要约诸制度加以规范和约束，产生先合同义务及缔约过失责任。而“立”强调缔约的结果，指的是双方合意的达成，即双方当事人就合同条款至少是合同的主要条款已经形成一致意见，各方当事人享有的权利和承担的义务得以确定，简言之，合同成立了。

## 一、合同订立的形式与一般程序

当事人订立合同应当具备相应的资格，即应具有相应的民事权利能力和民事行为能力。除依据合同性质不能代理的以外，当事人可委托代理人订立合同。

### (一) 合同订立的形式

当事人订立合同，可以采取书面形式、口头形式和其他形式。合同采用书面形式对于固定证据、警告当事人郑重其事、区分磋商与缔约两个阶段均有重要意义。采用口头形式的合同虽方便易行，但缺点是发生争议时难以举证确认责任，不够安全。当事人未以书面形式或者口头形式订立合同，但从双方从事的民事行为能够推定双方有订立合同意愿的，除法律另有规定外，人民法院可以认定是以“其他形式”订立的合同。

### (二) 订立合同的一般程序

当事人订立合同的一般程序包括要约、承诺两个阶段。

#### 1. 要约

要约是指希望和他人订立合同的意思表示。要约可以向特定人发出，也可以向非特定人发出。根据《合同法》规定，该意思表示应当符合下列规定：①内容具体确定，此项条件要求该意思表示已经具备了未来合同的必要内容；②表明经受要约人承诺，要约人即受该意思表示约束。

(1) 要约邀请。要约邀请是希望他人向自己发出要约的意思表示。寄送的价目表、拍卖公告、招标公告、招股说明书、商业广告等，性质为要约邀请。但若商业广告的内容符合要约的规定，如悬赏广告，则视为要约。

在实践中要注意要约与要约邀请的区分，其主要区别是：

① 要约相对人一般都是特定的，而要约邀请相对人是非特定的。

② 要约的内容具体确定，而要约邀请的内容一般是不确定的。

③ 要约是订立合同的行为，对要约人具有约束力；要约邀请是合同订立的预备行为，对行为人没有约束力。例如，根据《商品房买卖合同解释》规定，商品房的销售广告和宣传资料为要约邀请，但是出卖人就商品房开发规划范围内的房屋及相关设施所作的说明和允诺具体确定，并对商品房买卖合同的订立及房屋价格的确定有重大影响的，应当视为要约。该说明和允诺即使未载入商品房买卖合同，亦应当视为合同内容，当事人违反的，应当承担违约责任。

**【案例分析 3-2】**

甲公司 7 月 1 日通过报纸发布广告，称其有某型号的电脑出售，每台售价 8000 元，随到随购，数量不限，广告有效期至 7 月 30 日。乙公司委托王某携带金额 16 万元的支票于 7 月 28 日到甲公司购买电脑，但甲公司称广告所述电脑已全部售完。乙公司为此受到一定的经济损失。

问题：根据合同法律制度的规定，甲公司的广告是否构成要约？乙公司的行为是否构成承诺？甲公司是否承担违约责任？

(2) 要约的生效时间。要约到达受要约人时生效。采用数据电文形式订立合同，收件人指定特定系统接收数据电文的，该数据电文进入该特定系统的时间，视为到达时间；未指定特定系统的，该数据电文进入收件人的任何系统的首次时间，视为到达时间。

(3) 要约的撤回与撤销。要约可以撤回。撤回要约的通知应当在要约到达受要约人之前或者与要约同时到达受要约人，撤回要约是在要约尚未生效的情形下发生的。如果要约已经生效，则非要约的撤回，而是要约的撤销。

要约也可以撤销。撤销要约的通知应当在受要约人发出承诺通知之前到达受要约人，但下列情形下的要约不得撤销：

① 要约人确定了承诺期限的。

② 以其他形式明示要约不可撤销的。

③ 受要约人有理由认为要约是不可撤销，并已经为履行合同作了准备工作。

(4) 要约的失效。有下列情形之一的，要约失效：

① 拒绝要约的通知到达要约人。

② 要约人依法撤销要约。

③ 承诺期限届满，受要约人未作出承诺。

④ 受要约人对要约的内容作出实质性变更。

**2. 承诺**

承诺是受要约人同意要约的意思表示。承诺应当由受要约人向要约人作出，并在要约确定的期限内到达要约人。

(1) 承诺期限。要约确定的期限称为承诺期限。对于承诺期限的起算，《合同法》第 24 条规定：要约以信件或者电报作出的，承诺期限自信件载明的日期或者电报交发之日开始计算。信件未载明日期的，自投寄该信件的邮戳日期开始计算。要约以电话、传真等快速通讯方式作出的，承诺期限自要约到达受要约人时开始计算。

要约没有确定承诺期限的，承诺应当依照下列规定到达：①要约以对话方式作出的，应当即时作出承诺，但当事人另有约定的除外；②要约以非对话方式作出的，承诺应当在合理期限内到达。所谓合理期限，是指依通常情形可期待承诺到达的期间，一般包括要约到达受要约人的期间、受要约人作出承诺的期间、承诺通知到达要约人的期间。

(2) 承诺的生效时间。承诺自通知到达要约人时生效。承诺不需要通知的，根据交易习惯或者要约的要求作出承诺的行为时生效。采用数据电文形式订立合同，收件人指定特定系统接收数据电文的，该数据电文进入该特定系统的时间，视为承诺到达时间；未指定特定系统的，该数据电文进入收件人的任何系统的首次时间，视为承诺到达时间。承诺生效时合同成立。

(3) 承诺的撤回。承诺人发出承诺后反悔的，可以撤回承诺，其条件是撤回承诺的通知应当在承诺通知到达要约人之前或者与承诺通知同时到达要约人，即在承诺生效前到达要约人。承诺生效，合同成立。因此，承诺不存在撤销的问题。

(4) 承诺的迟延与迟到。受要约人超过承诺期限发出承诺的，为迟延承诺，除要约人及时通知受要约人该承诺有效的以外，迟延的承诺应视为新要约。受要约人在承诺期限内发出承诺，按照通常情形能够及时到达要约人，但因其他原因使承诺到达要约人时超过承诺期限的，为迟到承诺。除要约人及时通知受要约人因承诺超过期限不接受该承诺的以外，迟到的承诺为有效承诺。

(5) 承诺的内容。承诺的内容应当与要约的内容一致。在实践中，受要约人可能对要约的文字乃至内容作出某些修改，此时承诺是否具有法律效力需根据具体情况予以确认。《合同法》规定，受要约人对要约的内容作出实质性变更的，为新要约。有关合同标的、数量、质量、价款或者报酬、履行期限、履行地点和方式、违约责任和解决争议方法等的变更，是对要约内容的实质性变更。承诺对要约的内容作出非实质性变更的，除要约人及时表示反对或者要约表明承诺不得对要约的内容作出任何变更的以外，该承诺有效，合同的内容以承诺的内容为准。

**【案例分析 3-3】**

甲公司得知乙公司因业务扩张要购置一批打印机，便于当年6月1日致函乙公司，称可以每台1000元的优惠价格出售打印机。乙公司考虑到甲公司生产的产品质量可靠，便于6月2日回函订购30台打印机，但提出每套价格800元，同时要求3个月内将打印机送至乙公司，验货后7日内电汇付款。甲公司收到函件后，于6月4日又发函至乙公司，同意乙公司提出的订货数量、交货时间及方式、付款时间及方式，但同时提出其每台打印机售价1000元已属优惠价格，考虑乙公司订货数量较多，可以按每台打印机900元出售。乙公司6月6日发函表示同意。6月7日，甲公司电话告知乙公司收到6月6日函件。

问题：请分析这一过程中的每一个要约和承诺。

## 二、合同成立的时间与地点

### (一) 合同成立的时间

由于合同订立方式的不同，合同成立的时间也有不同。

(1) 承诺生效时合同成立，这是大部分合同成立的时间标准。

(2) 当事人采用合同书形式订立合同的，自双方当事人签字或者盖章时合同成立。如双方当事人未同时在合同书上签字或盖章，则以当事人中最后一方签字或盖章的时间为合同的成立时间。

(3) 当事人采用信件、数据电文等形式订立合同的，可以要求在合同成立之前签订确认书。签订确认书时合同成立。

对于第(2)(3)种情况，如果当事人未采用法律要求或者当事人约定的书面形式、合同书形式订立合同，或者当事人没有在合同书上签字盖章的，只要一方当事人履行了主要义务，对方接受的，合同仍然成立。当事人在合同书上摁手印的，具有与签字或者盖章同等的法律效力。

**【案例分析 3-4】**

甲乙准备签订一个买卖合同，双方2017年6月1日约定于2017年6月15日在北京饭店在合同书上签字的时候合同成立，但是甲由于想腾出自己的仓库，在2017年6月10日把货物运至乙处，甲和乙按照约定在北京饭店签订了合同，甲当天在合同上签字盖章，乙将合同带回总部后第二天在合同上签字并盖章。

问题：合同成立的时间是哪一天？

### (二) 合同成立的地点

合同成立的地点又称为合同的签订地。由于合同订立方式的不同，合同成立地点的确定标准也有所不同。

(1) 承诺生效地为合同成立地点，这是大部分合同成立的地点标准。

(2) 采用合同书形式订立合同的，双方当事人签字或者盖章的地点为合同成立的地点。

(3) 采用数据电文形式的，以收件人的主营业地为合同成立的地点；没有主营业地的，其经常居住地为合同成立的地点。当事人另有约定的，按照其约定。

## 三、合同的内容与格式条款

### (一) 合同的内容

合同的内容是指当事人订立合同的各项意思表示，表现为合同的条款，在不违反法律强制性规范的情况下，合同的内容由当事人约定，一般包括以下内容：①当事人的名称或者姓名和住所。②标的。标的是合同权利义务共同指向的对象。③数量。④质量。⑤价款或酬金。⑥履行的期限、地点、方式。⑦违约责任。⑧解决争议的方法。

一般而言，第②、③、⑤项是不能缺少的合同条款。

### (二) 格式条款

格式条款是指一方当事人为了与不特定多数人订立合同重复使用而单方预先拟定，并在订立合同时不允许对方协商变更的条款。

格式条款的适用可以简化签约程序，加快交易速度，减少交易成本，避免道德风险，因此，往往有利于交易双方当事人。

但是，格式条款是由一方当事人拟定，且在合同谈判中不容许对方协商修改，条款内容难免有不公平之处。因此，《合同法》对格式条款效力及解释作了特别规定，以保证合同相对人的合法权益：

(1) 采用格式条款订立合同的，提供格式条款的一方应当遵循公平原则确定当事人之间的权利和义务，并采取合理的方式提请对方注意免除或者限制其责任的条款，按照对方的要求，对该条款予以说明。提供格式条款一方对已尽合理提示及说明义务承担举证责任。

(2) 格式条款具有《合同法》规定的合同无效和免责条款无效的情形，或者提供格式条款一方免除其责任、加重对方责任、排除对方主要权利的，该条款无效。

(3) 对格式条款的理解发生争议的，应当按照通常理解予以解释。对格式条款有两种以上解释的，应当作出不利于提供格式条款一方的解释。格式条款和非格式条款不一致的，应当采用非格式条款。

**【案例分析 3-5】**

甲与乙教育培训机构就课外辅导达成协议，约定甲交费5万元，乙保证甲在接受乙的辅导后，高考分数能达到二本线。若未达到该目标，全额退费。结果甲高考成绩仅达去年二本线，与今年高考二本线尚差20分。关于乙的承诺，下列表述正确的是(　　)。

A. 属于无效格式条款　　B. 因显失公平而可变更

C. 因情势变更而可变更　　D. 虽违背教育规律但属有效

(三) 免责条款

免责条款是指合同当事人在合同中规定的排除或限制一方当事人未来责任的条款。基于合同自由原则，对双方当事人自愿订立的免责条款，尤其是事后订立的免责条款，法律原则上不加干涉。但若事先约定的免责条款明显违反诚实信用原则及社会公共利益的，则法律规定其为无效。《合同法》规定，合同中的下列免责条款无效：

(1) 造成对方人身伤害的。

(2) 因故意或者重大过失造成对方财产损失的。

# 第三节 合同的效力

合同效力是法律赋予依法成立的合同所产生的约束力。合同的效力可分为四大类，即有效合同，无效合同，效力待定合同，可变更、可撤销合同。

## 一、合同的生效

合同的生效，是指已依法成立的合同，发生相应的法律效力。合同生效不同于合同成立。合同成立是一个事实问题，考察当事人之间是否有要约和承诺。合同生效是一个价值判断，考察当事人之间的合同是否符合法律，能否发生法律所认可的效力。

《合同法》根据合同类型的不同，分别规定了不同的合同的生效时间：

(1) 依法成立的合同，原则上自成立时生效。

(2) 法律、行政法规规定应当办理批准、登记等手续生效的，在依照其规定办理批准、登记等手续后生效。依照法律、行政法规的规定经批准或者登记才能生效的合同成立后，有义务办理申请批准或者申请登记等手续的一方当事人未按照法律规定或者合同约定办理申请批准或者未申请登记的，人民法院可以根据案件的具体情况和相对人的请求，判决相对人自己办理有关手续；对方当事人对由此产生的费用和给相对人造成的实际损失，应当承担损害赔偿责任。

(3) 法律、行政法规规定合同应当办理登记手续，但未规定登记后生效的，当事人未办理登记手续不影响合同的效力，但合同标的所有权及其他物权不能转移。根据《物权法》的规定，需要办理登记的抵押合同及商品房买卖合同均属于这类合同，即未登记不影响合同的生效，只影响物权的设立或者转移。

(4) 当事人对合同的效力可以附条件或者附期限。附生效条件的合同，自条件成就时生效。附解除条件的合同，自条件成就时失效。当事人为自己的利益不正当地阻止条件成就的视为条件已成就；不正当地促成条件成就的，视为条件不成就。附生效期限的合同，自期限届至时生效。附终止期限的合同，自期限届满时失效。

**【案例分析 3-6】**

甲公司未取得商铺预售许可证，便与李某签订了《商铺认购书》，约定李某支付认购金即可取得商铺优先认购权，商铺正式认购时甲公司应优先通知李某选购。双方还约定了认购面积和房价，但对楼号、房型未作约定。李某依约支付了认购金。甲公司取得预售许可后，未通知李某前来认购，将商铺售罄。关于《商铺认购书》，下列表述正确的是(　　)。

A. 无效，因甲公司未取得预售许可证即对外销售

B. 不成立，因合同内容不完整

C. 甲公司未履行通知义务，构成根本违约

D. 甲公司须承担继续履行的违约责任

**【案例分析 3-7】**

甲公司员工魏某在公司年会抽奖活动中中奖，依据活动规则，公司资助中奖员工子女次年的教育费用，如员工离职，则资助失效。下列表述正确的是(　　)。

A. 甲公司与魏某成立附条件赠与

B. 甲公司与魏某成立附义务赠与

C. 如魏某次年离职，甲公司无给付义务

D. 如魏某次年未离职，甲公司在给付前可撤销资助

## 二、无效合同和可撤销合同

### (一) 无效合同

(1) 无效合同的概念。无效合同是指合同因欠缺生效要件而不发生当事人预期法律效力的合同。

(2) 无效合同的种类。

① 以欺诈、胁迫手段订立的损害国家利益的合同。欺诈是指一方当事人故意实施某种欺诈他人的行为，并使他人陷入错误认识而订立合同。如甲与乙订立买卖合同时，故意掩盖产品的重大瑕疵，提供产品合格的虚假证明。胁迫是指当事人一方以将来要发生的损害或者直接施加损害相威胁，使对方产生心理恐惧而被迫订立的合同。如甲与乙订立借款合同时，甲为了使乙接受其苛刻条件，以如不接受这些条件便将乙曾经受贿的事实向他的单位举报相威胁，乙被迫接受签订了合同。

② 恶意串通损害国家、集体或者第三人利益的合同。恶意串通是指当事人非法串通在一起，共同订立造成国家、集体或者第三人利益损害的合同。如甲乙串通将乙承租丙的吊车以低价卖给甲的合同。

③ 以合法形式掩盖非法目的的合同。这类合同是指当事人为了规避法律，实现违法目的而订立的以合法形式出现的合同。如当事人为了转移赃物或逃避法院强制执行，订立虚假的并不准备履行的赠与或买卖合同。

④ 损害社会公共利益的合同。这类合同是指合同履行的结果会对社会公共利益造成损害，如借腹生子合同、赌博合同等。

⑤ 违反法律、行政法规的禁止性或强制性规定合同。这类合同是指合同的内容违反了法律行政法规中的禁止或强制性规定。如我国金融法禁止非金融企业之间借贷，若企业间订立了借贷合同，则属于无效合同。

**【案例分析 3-8】**

下列情形属于无效合同的是(　　)。

A. 甲医院以国产假肢冒充进口假肢，高价卖给乙

B. 甲乙双方为了在办理房屋过户登记时避税，将实际成交价为 100 万元的房屋买卖合同价格写为 60 万元

C. 有妇之夫甲委托未婚女乙代孕，约定事成后甲补偿乙 50 万元

D. 甲父患癌症急需用钱，乙趁机以低价收购甲收藏的 1 幅名画，甲无奈与乙签订了买卖合同

### (二) 可撤销合同

(1) 可撤销合同的概念和特征。可撤销合同是指当事人订立合同时，因意思表示不真实，一方行使撤销权而使其归于无效的合同。其法律特征是：

① 这类合同是由当事人一方的意思表示不真实所致。

② 须由一方行使撤销权，请求撤销合同。

③ 合同在未被撤销以前有效，享有撤销权的一方当事人不行使撤销权的，合同仍然有效。

④ 撤销权人可以请求撤销，也可以请求变更合同。

(2) 可撤销合同的种类。

① 因重大误解订立的合同。因重大误解订立的合同是指一方当事人因自己的错误认识而对合同的内容发生误解从而使自己遭受重大损失的合同。如商店营业员看错商品价目单，错将 18000 元的貂皮大衣以 1800 元价格出售。

② 显失公平的合同。显失公平的合同是指一方在订立合同时，利用自己的优势地位或者利用对方没有经验而订立的给对方造成重大损失的合同。如甲企业利用乙企业的业务员缺乏经验，从乙企业订购了一批明显低于市场一般价格的货物。

③ 因欺诈、胁迫订立的合同。它是指一方采取欺诈、胁迫手段使对方在违背真实意思的情况下订立的合同，这种合同只要没有损害国家利益就为可撤销合同。

④ 乘人之危订立的合同。它是指一方乘对方处于某种危难境地而提出苛刻条件，使对方被迫接受订立的合同。如甲父因突发疾病住院急需一大笔押金向乙借款，乙乘机提出高额的利息为条件，甲被迫接受而订立的借款合同。

(3) 撤销权的行使。撤销权的行使，不一定必须通过诉讼的方式，可直接向对方行使撤销权。但如果双方对撤销合同有争议，则必须提起诉讼或仲裁，请求人民法院或仲裁机构予以裁决认定。当事人诉讼请求合同变更的，人民法院或者仲裁机构不得撤销。有下列情形之一的，撤销权消灭：

① 当事人自知道或者应当知道撤销事由之日起 1 年内没有行使撤销权的；

② 当事人知道撤销事由后明确表示或者以自己的行为放弃撤销权的。

### (三) 合同被确认无效或被撤销的法律后果

(1) 返还财产。所谓返还财产，是指一方当事人在合同被确认无效或者被撤销以后对其已交付给对方的财产享有返还请求权，而已经接受对方交付的财产则负有返还对方的义务。需要注意的是：

① 返还财产旨在使财产关系恢复到合同订立前的状态。

② 返还财产的对象仅限于原物及因原物所产生的孳息。

③ 行使返还财产请求权原则上不应当考虑对方是否具有过错。

(2) 赔偿损失。根据《合同法》第 58 条规定，合同无效或者撤销后，有过错的一方应当赔偿对方因此所受到的损失，双方都有过错的，应当各自承担相应的责任。

(3) 收归国库或返还集体或第三人。因当事人故意订立的损害国家利益或社会公共利益的无效合同，当事人已经取得或约定取得的财产应收归国库所有，或返还给集体或第三人。当事人一方是故意的，应采取单方返还的办法；如果双方都是故意的，应追缴财产收归国家所有。如甲与乙为了获取非法利益，签订了一个买卖走私物品的合同，由于该合同损害了国家利益，应将走私物和货款收归国库。

## 三、效力待定的合同

效力待定的合同，是指合同订立后尚未生效，须经权利人追认才能生效的合同。追认的意思表示自到达相对人时生效，合同自订立时起生效。效力待定合同主要有以下几种类型。

(1) 限制民事行为能力人独立订立的与其年龄、智力、精神状况不相适应的合同。《合同法》规定，限制民事行为能力人订立的合同，经法定代理人追认后，该合同有效，但纯获利益的合同或者与其年龄、智力、精神健康状况相适应而订立的合同，不必经法定代理人追认。

法定代理人的追认权在性质上属于形成权。仅凭其单方面意思表示就可以使得效力待定的合同转化为有效合同。

法律在保护限制民事行为能力人合法权益的同时，为避免合同相对人的利益因为合同效力待定而受损，特别规定了相对人的催告权和善意相对人的撤销权。相对人可以催告法定代理人在一个月内予以追认。法定代理人未作表示的，视为拒绝追认。合同被追认之前，善意相对人有撤销的权利。撤销应当以通知的方式作出。其中的“善意”是指相对人在订立合同时不知道与其订立合同的人欠缺相应的行为能力。

(2) 无权代理人订立的合同。行为人没有代理权、超越代理权或者代理权终止后以被代理人名义订立的合同，未经被代理人追认，对被代理人不发生效力，由行为人承担责任。相对人可以催告被代理人在一个月内予以追认。被代理人未作表示的，视为拒绝追认。被代理人已经开始履行合同义务的，视为对合同的追认。合同被追认之前，善意相对人有撤销的权利。撤销应当以通知的方式作出。

(3) 无处分权人订立的合同。无处分权的人处分他人财产，经权利人追认或者无处分权的人订立合同后取得处分权的，该合同有效。在出卖人就同一标的物订立多重买卖合同的情形中，如果合同均不具有《合同法》第 52 条规定的无效情形，买受人因不能按合同约定取得标的物所有权，可以请求追究出卖人违约责任。

**【案例分析 3-9】**

甲乙为夫妻，共有一套房屋登记在甲名下。乙瞒着甲向丙借款 100 万元供个人使用，并将房屋抵押给丙。在签订抵押合同和办理抵押登记时乙冒用甲的名字签字，现甲主张借款和抵押均无效。下列表述正确的是(　　)。

A. 抵押合同无效　　B. 借款合同无效

C. 甲对 100 万元借款应负连带还款义务　　D. 甲可请求撤销丙的抵押权

# 第四节　合同的履行

合同履行，指的是合同规定义务的执行。任何合同规定义务的执行，都是合同的履行行为；相应地，凡是不执行合同规定义务的行为，都是合同的不履行。因此，合同的履行，表现为当事人执行合同义务的行为。当合同义务执行完毕时，合同也就履行完毕。

合同履行，是指合同债务人按照合同的约定或法律的规定，全面、适当地完成合同义务，使债权人的债权得以实现。

## 一、合同的履行规则

### (一) 约定不明时合同内容的确定规则

合同生效后，合同的双方当事人应当正确、适当、全面地完成合同中规定的各项义务。在合同的履行中，当事人应当遵循诚实信用原则，根据合同的性质、目的和交易习惯履行通知、协助、保密等义务。

合同生效后，当事人就质量、价款或者报酬、履行点等内容没有约定或者约定不明确的，可以协议补充；不能达成补充协议的，按照合同有关条款或者交易习惯确定。依照上述规则仍不能确定的，依照下列规则确定：

(1) 质量要求不明确的，按照国家标准、行业标准履行；没有国家标准、行业标准的，按照通常标准或者符合合同目的的特定标准履行。

(2) 价款或者报酬不明确的，按照订立合同时履行地的市场价格履行；依法应当执行政府定价或者政府指导价的，按照规定履行。

(3) 履行地点不明确，给付货币的，在接受货币一方所在地履行：交付不动产的，在不动产所在地履行；其他标的，在履行义务一方所在地履行。

(4) 履行期限不明确的，债务人可以随时履行，债权人也可以随时要求履行，但应当给对方必要的准备时间。

(5) 履行方式不明确的，按照有利于实现合同目的的方式履行。

(6) 履行费用的负担不明确的，由履行义务一方负担。

合同生效后，当事人不得因姓名、名称的变更或者法定代表人，负责人、承办人的变动而不履行合同义务。

### (二) 向第三人履行和由第三人履行

为保障涉及第三人的合同履行中各方当事人的正当权益，《合同法》规定，当事人约定由债务人向第三人履行债务的，债务人未向第三人履行债务或者履行债务不符合约定，应当向债权人承担违约责任。当事人约定由第三人向债权人履行债务的，第三人不履行债务或者履行债务不符合约定，债务人应当向债权人承担违约责任。

**【案例分析 3-10】**

甲公司对乙公司负有交付葡萄酒的合同义务。丙公司和乙公司约定，由丙公司代甲公司履行，甲公司对此全不知情。下列表述正确的是(　　)。

A. 虽然甲公司不知情，丙公司的履行仍然有法律效力

B. 因甲公司不知情，故丙公司代为履行后对甲公司不得追偿代为履行的必要费用

C. 虽然甲公司不知情，但如丙公司履行有瑕疵的，甲公司需就此对乙公司承担违约责任

D. 虽然甲公司不知情，但如丙公司履行有瑕疵从而承担违约责任的，丙公司可就该违约赔偿金向甲公司追偿

### (三) 中止履行、提前履行与部分履行

(1) 中止履行。债权人分立、合并或者变更住所没有通知债务人，致使履行债务发生困难的，债务人可以中止履行或者将标的物提存。

(2) 提前履行。债权人可以拒绝债务人提前履行债务，但提前履行不损害债权人利益的除外。

债务人提前履行债务给债权人增加的费用，由债务人负担。需要注意的是，《合同法》第 208 条规定把提前履行作为借款人的一项权利对待，因此，属于提前履行规则的例外。

(3) 部分履行。债权人可以拒绝债务人部分履行债务，但部分履行不损害债权人利益的除外。债务人部分履行债务给债权人增加的费用，由债务人负担。

## 二、合同履行抗辩权

双务合同中的双方当事人互为债权人和债务人双方的履行给付具有牵连性，为了体现双方权利义务的对等及保护交易安全，《合同法》为双务合同的债务人规定了同时履行抗辩权、先履行抗辩权和不安抗辩权三种履行抗辩权，使得债务人可以在法律规定的情况下保留给付以对抗相对人的请求权。

(1) 同时履行抗辩权。同时履行抗辩权，是指双务合同的当事人应同时履行义务的，一方在对方未履行前，有拒绝对方请求履行合同的权利。《合同法》第 66 条规定：当事人互负债务，没有先后履行顺序的，应当同时履行。一方在对方履行之前有权拒绝其履行要求。一方在对方履行债务不符合约定时，有权拒绝其相应的履行要求。

(2) 先履行抗辩权。先履行抗辩权，是指双务合同中应当先履行义务的一方当事人未履行时，对方当事人有拒绝对方请求履行的权利。《合同法》第 67 条规定：当事人互负债务，有先后履行顺序，先履行一方未履行的，后履行一方有权拒绝其履行要求。先履行一方履行债务不符合约定的，后履行一方有权拒绝其相应的履行要求。

(3) 不安抗辩权。不安抗辩权，是指双务合同中应先履行义务的一方当事人，有确切证据证明相对人财产明显减少或欠缺信用，不能保证对等给付时，有暂时中止履行合同的权利。《合同法》第 68 条规定：应当先履行债务的当事人，有确切证据证明对方有下列情形之一的，可以中止履行：①经营状况严重恶化；②转移财产、抽逃资金，以逃避债务；③丧失商业信誉；④有丧失或者可能丧失履行债务能力的其他情形。主张不安抗辩权的当事人如果没有确切证据中止履行的，则应当承担违约责任。

当事人行使不安抗辩权中止履行的，应当及时通知对方。对方提供适当担保时，应当恢复履行。中止履行后，对方在合理期限内未恢复履行能力并且未提供适当担保的，中止履行的一方可以解除合同。

**【案例分析 3-11】**

甲有件玉器，欲转让，与乙签订合同，约好 10 日后交货付款。第二天，丙见该玉器，愿以更高的价格购买，甲遂与丙签订合同，丙当即支付了 80%的价款，约好 3 天后交货。第三天，甲又与丁订立合同，将该玉器卖给丁，并当场交付，但丁仅支付了 30%的价款。后乙、丙均要求甲履行合同，诉至法院。下列表述正确的是(　　)。

A. 应认定丁取得了玉器的所有权

B. 应支持丙要求甲交付玉器的请求

C. 应支持乙要求甲交付玉器的请求

D. 第一份合同有效，第二、三份合同均无效

**【案例分析 3-12】**

甲公司向乙公司购买小轿车，约定 7 月 1 日预付 10 万元，10 月 1 日预付 20 万元，12 月 1 日乙公司交车时付清尾款。甲公司按时预付第一笔款。乙公司于 9 月 30 日发函称因原材料价格上涨，需提高小轿车价格。甲公司于 10 月 1 日拒绝，等待乙公司答复未果后于 10 月 3 日向乙公司汇去 20 万元。乙公司当即拒收，并称甲公司迟延付款构成违约，要求解除合同，甲公司则要求乙公司继续履行。下列表述正确的是(　　)。

A. 甲公司不构成违约　　B. 乙公司有权解除合同
C. 乙公司可行使先履行抗辩权　　D. 乙公司可要求提高合同价格

## 三、代位权

代位权，是指债务人怠于行使其对第三人(次债务人)享有的到期债权，危及债权人债权实现时，债权人为保障自己的债权，可以自己的名义代位行使债务人对次债务人的债权的权利。代位权与撤销权共同构成合同的保全制度。代位权是针对债务人消极不行使自己债权的行为，撤销权则是针对债务人积极侵害债权人权利实现的行为。两者或者为了实现债务人的财产权利，或是恢复债务人的责任财产，从而确保债权人债权的实现。

### (一) 代位权行使的条件

债权人提起代位权诉讼，应当符合下列条件：

(1) 债权人对债务人的债权合法。

(2) 债务人怠于行使其到期债权，对债权人造成损害。债务人的懈怠行为必须是债务人不以诉讼方式或者仲裁方式向次债务人主张其享有的具有金钱给付内容的到期债权。

(3) 债务人的债权已到期。债权人在主张代位权时，要求债权人的债权已经到期。

(4) 债务人的债权不是专属于债务人自身的债权。所谓专属于债务人自身的债权，是指基于扶养关系、抚养关系、赡养关系、继承关系产生的给付请求权和劳动报酬、退休金、养老金、抚恤金、安置费、人寿保险、人身伤害赔偿请求权等权利。

### (二) 代位权行使的法律效果

债权人向次债务人提起的代位权诉讼经人民法院审理后认定代位权成立的，由次债务人向债权人履行清偿义务，债权人与债务人、债务人与次债务人之间相应的债权债务关系即予消灭。从此规定来看，债权人的债权就代位权行使的结果有优先受偿权利。在代位权诉讼中，次债务人对债务人的抗辩，可以向债权人主张。

## 四、撤销权

### (一) 撤销权的概念与性质

撤销权，是指债务人实施了减少财产行为，危及债权人的债权实现时，债权人为保障自己的债权请求人民法院撤销债务人处分行为的权利。

撤销权的行使必须依一定的诉讼程序进行，故又称废罢诉权。债权人行使撤销权，可请求受益人返还财产，恢复债务人责任财产的原状。合同保全中的撤销权与可撤销合同中的撤销权不同，保全撤销权是债权人请求人民法院撤销债务人与第三人之间已经生效的法律关系。此种撤销权的效力扩及第三人，目的是维护债务人清偿债权的清偿能力。而可撤销合同中的撤销权并没有扩及第三人，其目的也是消除当事人之间意思表示的瑕疵。

### (二) 撤销权的成立要件

债权人行使撤销权，应当具备以下条件：

(1) 债权人须以自己的名义行使撤销权。

(2) 债权人对债务人存在有效债权。债权人对债务人的债权可以到期，也可以不到期。

(3) 债务人实施了减少财产的处分行为。债务人减少财产的处分行为体现为：

① 放弃债权(到期、未到期均可)、放弃债权担保或者恶意延长到期债权的履行期，对债权人造成损害。

② 无偿转让财产，对债权人造成损害。

③ 以明显不合理的低价转让财产或者以明显不合理的高价收购他人财产，对债权人造成损害，并且受让人知道该情形。

其中，第③种处分行为不但要求有客观上对债权人造成损害的事实，还要求有受让人知道的主观要件。

(4) 债务人的处分行为有害于债权人债权的实现。当债务人的处分行为符合上述条件时，债权人可以请求人民法院撤销债务人的处分行为。撤销权的行使范围以债权人的债权为限。

**(三) 撤销权行使的期限**

《合同法》对撤销权的行使规定了期限限制。撤销权自债权人知道或者应当知道撤销事由之日起1年内行使。自债务人的行为发生之日起5年内没有行使撤销权的，该撤销权消灭。

**(四)撤销权行使的法律效果**

一旦人民法院确认债权人的撤销权成立，债务人的处分行为即归无效。债务人的处分行为无效的法律后果则是双方返还，即受益人应当返还从债务人处获得的财产。因此，撤销权行使的目的是恢复债务人的责任财产，债权人就撤销权行使的结果并无优先受偿权利。

**【案例分析3-13】**

杜某拖欠谢某100万元。谢某请求杜某以登记在其名下的房屋抵债时，杜某称其已把房屋作价90万元卖给赖某，房屋钥匙已交，但产权尚未过户。该房屋市值为120万元。关于谢某权利的保护，下列表述错误的是(　　)。

A. 谢某可请求法院撤销杜某、赖某的买卖合同

B. 因房屋尚未过户，杜某、赖某买卖合同无效

C. 如谢某能举证杜某、赖某构成恶意串通，则杜某、赖某买卖合同无效

D. 因房屋尚未过户，房屋仍属杜某所有，谢某有权直接取得房屋的所有权以实现其债权

# 第五节　合同的变更、解除与转让

按《合同法》规定，依法成立的合同，对当事人具有法律约束力。当事人应当按照约定履行自己的义务，不得擅自变更或者解除合同。但法律同时还规定了在一定条件下，允许合同的变更与解除。

## 一、合同的变更

**(一) 合同变更的概念**

《合同法》所称合同的变更是指合同内容的变更，不包括合同主体的变更。合同主体的变更属于合同的转让。

### (二) 合同变更的方式

(1) 协议变更。即当事人双方经协商达成变更协议的变更。当事人对合同变更的内容约定不明确，推定为未变更。变更依法应当办理批准、登记手续，办理相关手续后才发生变更的效力。

(2) 法定变更。即基于法律的直接规定事由出现，当事人一方行使变更权而导致的合同内容的变化。如合同履行中发生不可抗力事由，合同中的违约责任条款就发生变更。

(3) 裁决变更。即对于可撤销合同，当事人可要求法院或仲裁机构裁决变更。

### (三) 合同变更的效力

合同的变更，仅对变更后未履行的部分有效，对已履行的部分无溯及力。

## 二、合同的解除

合同解除，是指基于当事人一方的意思表示或双方达成的协议，使合同权利义务关系终止的行为。合同解除可以分为约定解除和法定解除两类。

### (一) 约定解除

约定解除又可分为约定解除条件的解除和协商一致解除。

(1) 约定解除条件的解除又称单方解除，是指当事人在合同中约定了解除条件，当条件成立时一方可行使解除权，通知对方便可解除合同。

(2) 协商一致解除又称协议解除，是指由于一方或双方发生影响继续履行情况，双方达成解除协议而解除合同。

### (二) 法定解除

法定解除，是指当事人一方发生了解除合同的法定事由，而行使解除权导致的合同终止。根据我国《合同法》第 94 条规定，有下列情形之一的，当事人可以解除合同：

(1) 因不可抗力致使不能实现合同目的。

(2) 当合同履行期限届满之前，当事人一方明示或以其行为表示不准备履行主要债务。

(3) 当事人一方迟延履行主要债务，经催告后合理的期限内仍未履行。

(4) 当事人一方迟延履行债务或者有其他违约行为致使不能实现合同目的。

(5) 法律规定的其他情形。

### (三) 合同解除的法律后果

合同解除的法律后果有：

(1) 尚未履行的，终止履行。

(2) 已经履行的，根据履行情况和合同性质，当事人可以要求恢复原状、采取其他补救措施。

(3) 合同解除不影响结算和清理条款的效力，不影响当事人请求赔偿的权利。

## 三、合同的转让

合同的转让，即合同主体的变更，指当事人将合同的权利和义务全部或者部分转让给第三人。合同的转让分为债权转让、债务承担及债权债务的概括移转。

### (一) 债权转让

(1) 债权转让的条件。债权转让，是指债权人将合同的权利全部或者部分转让给第三人的法律制度。其中，债权人是转让人，第三人是受让人。《合同法》第 80 条规定，债权人转让权利的，应当通知债务人。未经通知，该转让对债务人不发生效力。债权人转让权利的通知不得撤销，但经受让人同意的除外。根据此条规定，债权转让不以债务人的同意为生效条件，但是要对债务人发生效力，则必须通知债务人。

(2) 禁止债权转让的情形。《合同法》第 79 条规定，下列情形的债权不得转让：

① 根据合同性质不得转让。主要指基于当事人特定身份而订立的合同，如出版合同、赠与合同、委托合同、雇用合同等。

② 按照当事人约定不得转让。

③ 依照法律规定不得转让。

(3) 债权转让的效力。对债权人而言，当全部转让时，原债权人脱离债权债务关系，受让人取代债权人地位。在部分转让时，原债权人转让部分丧失债权。

对受让人而言，债权人转让权利的，受让人取得与债权有关的从权利，如抵押权，但该从权利专属于债权人自身的除外。

对债务人而言，债权人权利的转让，不得损害债务人的利益，不应影响债务人的权利：债务人接到债权转让通知后，债务人对让与人的抗辩，可以向受让人主张，如提出债权无效、诉讼时效已过等事由的抗辩；债务人接到债权转让通知时，若债务人对让与人享有债权，并且其债权先于转让的债权到期或者同时到期的，债务人可以向受让人主张抵销。

### (二) 债务承担

《合同法》规定，债务人将合同义务的全部或者部分转移给第三人的，应当经债权人同意，这是因为新债务人的资信情况和偿还能力须得到债权人的认可，以免债权人的利益受到不利影响。债务人转移义务的，新债务人可以主张债务人对债权人的抗辩。新债务人应当承担与主债务有关的从债务，但该从债务专属于原债务人自身的除外。

债务承担除了《合同法》规定的免责的债务承担以外，还有并存的债务承担，即第三人以担保为目的加入债的关系，与原债务人共同承担同一债务。由于并存的债务承担并不使得原债务人脱离债的关系，因此原则上不以债权人的同意为必要。

### (三) 债权债务的概括移转

合同权利义务的概括移转，是指合同一方当事人将自己在合同中的权利义务一并转让的法律制度。《合同法》规定，当事人一方经对方同意，可以将自己在合同中的权利义务一并转让给第三人。概括移转有意定的概括移转和法定的概括移转两种情形。意定的概括移转基于转让合同的方式进行，而法定的概括移转往往因为某一法定事实的发生而导致，最典型的就是合同当事人发生合并或分立时，就会有法定的概括移转的发生。《合同法》规定，当事人订立合同后合并的，由合并后的法人或者其他组织行使合同权利，履行合同义务。当事人订立合同后分立的，除债权人和债务人另有约定的以外，由分立的法人或者其他组织对合同的权利和义务享有连带债权，承担连带债务。

**【案例分析 3-14】**

甲将其对乙享有的 10 万元货款债权转让给丙，丙再转让给丁，乙均不知情。乙将债务转让给戊，得到了甲的同意。丁要求乙履行债务，乙以其不知情为由抗辩。下列表述正确的是(　　)。

A. 甲将债权转让给丙的行为无效　　B. 丙将债权转让给丁的行为无效
C. 乙将债务转让给戊的行为无效　　D. 如乙清偿10万元债务，则享有对戊的求偿权

# 第六节　合同权利义务的终止

合同为有期限的民事法律关系，不能永久存在，具备法律规定或者当事人约定的某些情形时，合同关系在客观上将不复存在，合同债权和合同债务归于消灭，此即合同权利义务的终止。

## 一、合同终止的概念

合同的终止，是指因发生法律规定或当事人约定的情况，使当事人之间的权利义务关系消灭，而使合同终止法律效力。合同消灭的效力除当事人之间的权利义务终止外，从属于主债的权利义务，也随之消灭。

合同作为一种民事法律关系，必须因一定的法律事实才能终止。引起合同终止的法律事实，根据《合同法》规定，主要有：债务已经按照约定履行；合同解除；债务相互抵销；债务人依法将标的物提存；债权人免除债务；债权债务同归于一人，即混同；法律规定或者当事人约定终止的其他情形。

合同的权利义务终止后，有时当事人还负有后合同义务，应当遵循诚实信用原则，根据交易习惯履行通知、协助、保密等义务。合同的权利义务终止，不影响合同中结算条款、清理条款及解决争议方法条款的效力。

## 二、清偿

清偿，又叫履行，是指为了实现合同目的，满足债权，合同债务人依照合同的约定圆满完成约定义务的行为和终局状态。它是合同消灭最主要和最常见的原因。

债务人直接向债权人清偿债务，当然引起债的消灭。债务人向债权人的代理人、破产企业的清算组织、收据持有人、行使代位权的债权人、债权人与债务人约定的受领清偿的第三人清偿债务的，合同权利义务也因此而消灭。清偿一般应由债务人本人为之。债务人的代理人、第三人代为清偿的，也可以发生清偿的效力，但合同约定或依合同性质不能由第三人代为清偿的除外。第三人在代为清偿后，可代位行使债权人的权利。

债务人清偿债务应当按合同标的清偿，但经债权人同意并受领替代物清偿的，也能产生清偿效果。

债务人的给付不足以清偿其对同一债权人所负的数笔相同种类的全部债务，应当优先抵充已到期的债务；几项债务均到期的，优先抵充对债权人缺乏担保或者担保数额最少的债务；担保数额相同的，优先抵充债务负担较重的债务；负担相同的，按照债务到期的先后顺序抵充；到期时间相同的，按比例抵充。但是，债权人与债务人对清偿的债务或者清偿抵充顺序有约定的除外。债务人除主债务之外还应当支付利息和费用，当其给付不足以清偿全部债务时，并且当事人没有约定的，人民法院应当按照下列顺序抵充：实现债权的有关费用、利息、主债务。

## 三、抵销

抵销是双方当事人互负债务时，一方通知对方以其债权充当债务的清偿或者双方协商以债权充当债务的清偿，使得双方的债务在对等额度内消灭的行为。抵销分为法定抵销与约定抵销。

### (一) 法定抵销

当事人互负到期债务，该债务的标的物种类、品质相同的，任何一方可以将自己的债务与对方的债务抵销，但依照法律规定或者按照合同性质不得抵销的除外。

法定抵销须具备以下条件：

(1) 须双方互负有债务，互享有债权。效力不完全的债权不能作为主动债权而主张抵销，如诉讼时效完成后的债权，债权人不得主张抵销，但作为被动债权，对方以其债权主张抵销的，应当允许。

(2) 须双方债务的给付为同一种类。抵销的债务只要求同种类，不要求数额或价值相等。

(3) 须双方的债务均届清偿期。这项要件的规定是以双方当事人均可以主张抵销为前提的，因此，如果在只是一方当事人主张抵销的情形下，并不要求双方当人的债务均届清偿期。原则上若一项债务已届清偿期，而另一项债务未届清偿期的，则未到期的债务人可以主张抵销，因为期限利益原则上属于债务人。

(4) 须双方的债务均为可抵销的债务。下列债务均不可抵销：

① 法律规定不得抵销的债务，如因故意侵权行为而产生的债务。

② 依合同性质不能抵销的债务，如提供劳务的债务、不作为的债务等。

③ 当事人约定不得抵销的债务。

法定抵销中的抵销权在性质上属于形成权，此当事人主张抵销的，应当通知对方。通知为非要式。抵销的效果自通知到达对方时生效。抵销不得附条件或附期限。

### (二) 约定抵销

当事人互负债务，标的物种、品质不相同的，经双方协商一致，也可以抵销。

**【案例分析 3-15】**

2017 年 2 月 1 日，王某以一套房屋为张某设定了抵押，办理了抵押登记。同年 3 月 1 日，王某将该房屋无偿租给李某 1 年，以此抵王某欠李某的借款。房屋交付后，李某向王某出具了借款还清的收据。同年 4 月 1 日，李某得知房屋上设有抵押后，与王某修订租赁合同，把起租日改为 2017 年 1 月 1 日。张某实现抵押权时，要求李某搬离房屋。下列表述正确的是(　　)。

A. 王某、李某的借款之债消灭　　B. 李某的租赁权可对抗张某的抵押权

C. 王某、李某修订租赁合同行为无效　　D. 李某可向王某主张违约责任

## 四、提存

提存是指非因可归责于债务人的原因，导致债务人无法履行债务或者难以履行债务的情况下，债务人将标的物交由提存机关保存，以终止合同权利义务关系的行为。《合同法》规定的提存是以清偿为目的，所以是债消灭的原因。但是《担保法》规定的提存并非以清偿为目的，而是以担保为目的。

### (一) 提存的原因

《合同法》规定，有下列情形之一，难以履行债务的，债务人可以将标的物提存：

(1) 债权人无正当理由拒绝受领。

(2) 债权人下落不明。

(3) 债权人死亡未确定继承人或者丧失民事行为能力未确定监护人。

(4) 法律规定的其他情形。

### (二) 提存的法律效果

标的物提存后，毁损、灭失的风险由债权人承担。提存期间，标的物的孳息归债权人所有，提存费用由债权人负担。标的物不适于提存或者提存费用过高的，债务人依法可以拍卖或者变卖标的物，提存所得的价款。

提存成立的，视为债务人在其提存范围内已经履行债务，但债务人还负有后合同义务。除债权人下落不明的以外，债务人应当及时通知债权人或者债权人的继承人、监护人。

## 五、免除

免除，是指债权人放弃自己部分或全部债权，免除债务人债务的单方法律行为。根据《合同法》第 105 条的规定，债权人部分或全部免除债务的，合同的权利义务部分或全部终止。

## 六、混同

混同，是指债权与债务同归于一人，致使合同权利义务消灭的法律事实。如甲乙双方订立购销合同，在履行过程中甲乙合并为一个单位，原合同义务都由一个新单位承担，合同关系终止。但是，合同关系涉及第三人的除外。

# 第七节　合同责任

合同是在诚实信用原则上建立的，从人们开始订立合同而发出要约之日起，双方便产生了相互依赖关系，认为对方会真实地进行意思表示，诚恳地进行合同磋商，会信守自己的要约和承诺，会履行自己在合同中约定的义务。在合同订立之日起，基于诚信原则履行合同义务，而合同生效后则当然履行合同约定中的义务，合同履行完毕后，也基于诚信原则，当事人之间还负有后契约义务，比如在一定时期内的免费保修义务等。因此，可以说从合同缔约之日起到履行完毕都应该属于合同范畴。基于以上认识，合同责任范围包括：缔约过失责任、预期违约责任、违约责任、后契约责任这四种形态。本节重点介绍其中的缔约过失责任和违约责任两大类。

## 一、缔约过失责任

缔约过失责任，又称缔约过错责任，是指当事人在订立合同过程中，因故意或者过失致使合同未成立、未生效、被撤销或无效，给他人造成损失而应承担的损害赔偿责任。

《合同法》规定，当事人在订立合同过程中有下列情形之一，给对方造成损失的，应当承担损害赔偿责任：假借订立合同，恶意进行磋商；故意隐瞒与订立合同有关的重要事实或者提供虚假情况；当事人泄露或者不正当地使用在订立合同过程中知悉的商业秘密；有其他违背诚实信用原则的行为。

## 二、违约责任

### (一) 违约责任的概念与特征

违约责任，是指合同当事人因违反合同义务所承担的责任。《合同法》规定，当事人一方不履行合同义务或者履行合同义务不符合约定的，应当承担继续履行、采取补救措施或者赔偿损失等违约责任。

违约责任具有以下特点：①违约责任以合同的有效为前提。违约责任是合同当事人不履行合同义务所产生的责任。如果当事人违反的不是合同义务，而是法律规定的其他义务则应负其他责任。②违约责任具有相对性。违约责任只能在特定的当事人之间即合同关系的当事人之间发生。当事人一方因第三人的原因造成违约的，应当向对方承担违约责任。当事人一方和第三人之间的纠纷，依照法律规定或者按照约定解决。

《合同法》规定的违约责任采用严格责任。因此，只要合同当事人有违约行为存在，无论导致违约的原因是什么，除了法定或者约定的免责事由以外，均不得主张免责。

### (二) 违约类型

根据合同当事人违反义务的性质、特点的不同，《合同法》将违约行为区分为预期违约和届期违约两种类型，每种类型又可以分为两类。

(1) 预期违约。预期违约是指在履行期限到来之前，一方无正当理由而明确表示其在履行期到来后将不履行合同，或者其行为表明其在履行期到来以后将不可能履行合同。预期违约分为明示的预期违约和默示的预期违约两种，两者的区别在于违约的合同当事人是否通过意思表示明确表达自己不再履行合同的意愿。

(2) 届期违约。在履行期限到来以后，当事人不履行或不完全履行合同义务的，将构成届期违约。届期违约可以分为不履行和不适当履行两种。

**【案例分析 3-16】**

甲乙约定卖方甲负责将所卖货物运送至买方乙指定的仓库。甲如约交货，乙验收收货，但甲未将产品合格证和原产地证明文件交给乙。乙已经支付 80%的货款。交货当晚，因山洪暴发，乙仓库内的货物全部毁损。下列表述正确的是(　　)。

A. 乙应当支付剩余 20%的货款

B. 甲未交付产品合格证与原产地证明，构成违约，但货物损失由乙承担

C. 乙有权要求解除合同，并要求甲返还已支付的 80%货款

D. 甲有权要求乙支付剩余的 20%货款，但应补交已经毁损的货物

### (三) 违约责任的承担方式

违约责任的承担方式主要有继续履行、补救措施、损害赔偿三种方式。

(1) 继续履行。继续履行，又称实际履行，是指债权人在债务人不履行合同义务时，可请求人民法院或者仲裁机构强制债务人实际履行合同义务。

《合同法》规定，当事人一方未支付价款或者报酬的，对方可以要求其支付价款或者报酬；当事人一方不履行非金钱债务或者履行非金钱债务不符合约定的，对方可以要求履行，但有下列情形之

一的除外：

① 法律上或者事实上不能履行。

② 债务的标的不适于强制履行或者履行费用过高。

③ 债权人在合理期限内未要求履行。

(2) 补救措施。补救措施，是指债务人履行合同义务不符合约定，债权人在请求人民法院或者仲裁机构强制债务人实际履行合同义务的同时，可根据合同履行情况要求债务人采取的补救履行措施。《合同法》规定，当事人履行合同义务，质量不符合约定的，应当按照当事人的约定承担违约责任；对违约责任没有约定或者约定不明确，受损害方根据标的的性质以及损失的大小，可以合理选择要求对方承担修理、更换、重作、退货、减少价款或者报酬等违约责任。

(3) 损害赔偿。当事人一方不履行合同义务或者履行合同义务不符合约定的，在履行义务或者采取补救措施后，对方还有其他损失的，应当承担损害赔偿责任。损害赔偿的具体方式包括赔偿损失、支付违约金和适用定金罚则等多种情况。

① 赔偿损失。损失赔偿额应当相当于因违约所造成的损失，包括合同履行后可以获得的利益，但不得超过违约方订立合同时预见到或者应当预见到的因违反合同可能造成的损失。当事人可以在合同中约定因违约产生的损失赔偿额的计算方法。

当事人一方违约后，对方应当采取适当措施防止损失扩大；没有采取适当措施致使损失扩大的，不得就扩大的损失要求赔偿。当事人因防止损失扩大而支出的合理费用由违约方承担。

② 支付违约金。违约金，是按照当事人约定或者法律规定，一方当事人违约时应当根据违约情况向对方支付的一定数额的货币。

约定的违约金低于造成的损失的，当事人可以请求人民法院或者仲裁机构予以增加；约定的违约金过分高于造成的损失的，当事人可以请求人民法院或者仲裁机构予以适当减少。

③ 定金。当事人在合同中既约定违约金，又规定定金的，一方违约时，对方可以选择适用违约金或者定金条款，但两者不可同时并用。

**【案例分析 3-17】**

甲乙签订一份买卖合同，约定违约方应向对方支付18万元违约金。后甲违约，给乙造成损失15万元。下列表述正确的是(　　)。

A. 甲应向乙支付违约金18万元，不再支付其他费用或者赔偿损失

B. 甲应向乙赔偿损失15万元，不再支付其他费用或者赔偿损失

C. 甲应向乙赔偿损失15万元并支付违约金18万元，共计33万元

D. 甲应向乙赔偿损失15万元及其利息

## 三、缔约过失责任与违约责任的区别

缔约过失责任与违约责任主要存在以下区别：

(1) 两种责任产生的时间不同。缔约过失责任发生在合同成立之前；而违约责任产生于合同生效之后。

(2) 适用的范围不同。缔约过失责任适用于合同未成立、合同未生效、合同无效等情况；违约责任适用于生效合同。

(3) 赔偿范围不同。缔约过失赔偿的是信赖利益的损失；而违约责任赔偿的是可期待利益的损失。可期待利益的损失要大于或者等于信赖利益的损失。

**【案例分析 3-18】**

甲房产开发公司在交给购房人张某的某小区平面图和项目说明书中都标明有一个健身馆。张某看中小区健身方便，决定购买一套商品房并与甲公司签订了购房合同。张某收房时发现小区没有健身馆。下列表述正确的是(　　)。

A. 甲公司不守诚信，构成根本违约，张某有权退房

B. 甲公司构成欺诈，张某有权请求甲公司承担缔约过失责任

C. 甲公司恶意误导，张某有权请求甲公司双倍返还购房款

D. 张某不能滥用权利，在退房和要求甲公司承担违约责任之间只能选择一种

## 四、免责事由

《合同法》规定的法定的免责事由仅限于不可抗力。常见的不可抗力有以下几种：

(1) 自然灾害，如地震、台风、洪水、海啸等。

(2) 政府行为。政府行为是指当事人在订立合同以后发生，且不能预见的情形。如运输合同订立后，由于政府颁布禁运的法律，使合同不能履行。

(3) 社会异常现象。一些偶发的事件阻碍合同的履行，如罢工等。

不可抗力发生后对当事人责任有所影响，要注意：不可抗力并非当然免责，要根据不可抗力对合同履行的影响决定。《合同法》规定，因不可抗力不能履行合同的，根据不可抗力的影响，部分或者全部免除责任。当事人迟延履行后发生不可抗力的，不能免除责任。不可抗力事件发生后，主张不可抗力一方要履行两个义务：①及时通报合同不能履行或者需要迟延履行、部分履行的事由；②取得有关不可抗力的证明。

# 思考练习

### (一) 单项选择题

1. 《合同法》不适用于(　　)。

A. 出版合同　　B. 收养合同　　C. 土地使用权合同　　D. 质押合同

2. 下列情形中，在当事人之间产生合同法律关系是(　　)。

A. 甲拾得乙遗失的一块手表

B. 甲邀请乙看球赛，乙因为有事没有前去赴约

C. 甲因放暑假，将一台电脑放入乙家

D. 甲鱼塘之鱼跳入乙鱼塘

3. 租赁合同是(　　)。

A. 双务合同　　B. 无偿合同

C. 无名合同　　D. 为第三人利益订立的合同

4. 下列情形中属于效力待定合同的有(　　)。

A. 10 周岁的少年出售劳力士金表给 40 岁的李某

B. 5 周岁的儿童因发明创造而接受奖金

C. 成年人甲误将本为复制品的油画当成真品购买

D. 出租车司机借抢救重病人急需租车之机将车价提高10倍

5. 甲和乙合作开办了宏都干洗店，丙将一件皮衣拿到干洗店清洗，交给正在营业中的甲，并向甲交付清洗费100元。该合同关系的主体是(　　)。

A. 甲和丙　　B. 乙和丙　　C. 甲、乙和丙　　D. 宏都干洗店和丙

6. 在以招标方式订立合同时，属于要约性质的行为是(　　)。

A. 招标　　B. 投标　　C. 开标　　D. 决标

7. 某商店橱窗内展示的衣服上标明“正在出售”，并且标示了价格，则“正在出售”的标示视为(　　)。

A. 要约　　B. 承诺　　C. 要约邀请　　D. 既是要约又是承诺

8. 合同终止以后当事人应当遵循保密和忠实等义务，此种义务在学术上称为后契约义务。此种义务的依据是(　　)。

A. 自愿原则　　B. 合法原则　　C. 诚实信用原则　　D. 协商原则

9. 某企业在其格式劳动合同中约定：员工在雇佣工作期间的伤残、患病、死亡，企业概不负责。如果员工已在该合同上签字，该合同条款(　　)。

A. 无效　　B. 是当事人真实意思的表示，对当事人双方有效

C. 不一定有效　　D. 只对一方当事人有效

10. 当事人采用合同书形式订立合同的，自(　　)。

A. 双方当事人制作合同书时合同成立　　B. 双方当事人表示受合同约束时合同成立

C. 双方当事人签字或者盖章时合同成立　　D. 双方当事人达成一致意见时合同成立

11. 无权代理中，被代理人的追认权在性质上属于(　　)。

A. 形成权　　B. 抗辩权　　C. 支配权　　D. 请求权

12. 某甲的儿子患重病住院，急需用钱又借贷无门，某乙趁机表示愿意借给2000元，但半年后须加倍偿还，否则以甲的房子代偿，甲表示同意。根据《合同法》规定，甲、乙之间的借款合同(　　)。

A. 因显失公平而无效　　B. 因显失公平而可撤销

C. 因乘人之危而无效　　D. 因乘人之危而可撤销

13. 下列附条件合同效力的描述，正确的是(　　)。

A. 附生效条件的合同，自条件成就时失效

B. 附解除条件的合同，自条件成就时生效

C. 在附生效条件的合同，当事人为自己的利益不正当地阻止条件成就时，该合同生效

D. 在附解除条件的合同，当事人为自己的利益不正当地阻止条件成就时，该合同继续有效

14. 应合同当事人的请求，由人民法院予以撤销的合同(　　)。

A. 自人民法院决定撤销之日起不发生法律效力

B. 自合同订立时起不发生法律效力

C. 自人民法院受理请求之日起不发生法律效力

D. 自合同规定的生效日起不发生法律效力

15. 某商场设有自动售报机，顾客只要按要求投入硬币，即可得到当天日报一份，此种成立买卖合同的形式为(　　)。

A. 书面形式　　B. 口头形式　　C. 推定形式　　D. 默示形式

16. 根据《合同法》第55条明确规定，撤销权人行使撤销权的期限为一年，此一年为(　　)。

A. 不变期间，不适用诉讼时效中止、中断或者延长的规定

B. 不变期间，不适用诉讼时效中止、中断的规定，但适用诉讼时效延长的规定

C. 不变期间，适用诉讼时效中止、中断的规定，但不适用诉讼时效延长的规定

D. 不变期间，适用诉讼时效中止、中断或延长的规定

17. 甲公司与乙公司签订买卖合同，合同约定甲公司先交货。交货前夕，甲公司派人调查乙公司的偿债能力，有确切材料证明乙公司负债累累，根本不能按时支付货款。甲公司遂暂时不向乙公司交货。甲公司的行为是(　　)。

A. 违约行为　　B. 行使同时履行抗辩权

C. 行使先履行抗辩权　　D. 行使不安抗辩权

18. 甲与乙订立了合同，约定由丙向甲履行债务，现丙履行的行为不符合合同的约定，甲有权请求(　　)。

A. 丙承担违约责任　　B. 乙承担违约责任

C. 乙和丙承担违约责任　　D. 乙或者丙承担违约责任

19. 上海某工厂向广州某公司购买一批物品，合同对付款地点和交货期限没有约定，发生争议时，依据《合同法》规定，(　　)。

A. 上海某工厂付款给广州某公司应在上海履行

B. 上海某工厂可以随时请求广州某公司交货，而且可以不给该厂必要的准备时间

C. 上海某工厂付款给广州某公司应在广州履行

D. 广州某公司可以随时交货给上海某工厂，而且可以不给该厂必要的准备时间

20. 甲收藏唐伯虎名画一幅，价值约 10 万元，甲的其他财产价值为 10 万元。甲因作生意失败对外欠债 60 万元。一日，甲将唐伯虎的画作价 1 万元卖给从香港回来的表弟乙，则下列表述正确的是(　　)。

A. 若乙不知甲欠巨额外债，则甲的债权人只能行使代位权

B. 只有在乙明知此买卖有害于债权人的债权的情况下，债权人才可行使代位权

C. 不管乙是否知道此买卖有害于债权人的债权，债权人均可行使撤销权

D. 若乙明知此买卖有害于债权人的债权，则债权人可行使撤销权

21. 在合同因重大误解而订立的情况下，对合同文义应采取(　　)。

A. 客观主义的解释原则　　B. 主观主义的解释原则

C. 折中主义的解释原则　　D. 主观主义与客观主义相结合，以客观主义为主的解释原则

22. 关于代位权行使的要件，不正确的表述是(　　)。

A. 债权人与债务人之间有合法的债权债务存在

B. 债务人对第三人享有到期债权

C. 债务人怠于行使其权利，并且债务人怠于行使权利的行为有害于债权人的债权

D. 债权人代位行使的范围是债务人的全部债权

23. 债务人欲将合同的义务全部或者部分转移给第三人，则(　　)。

A. 应当通知债权人　　B. 应当经债权人同意

C. 不必经债权人同意　　D. 不必通知债权人

24. 合同权利和义务的概括转移(　　)。

A. 是合同当事人一方将其合同权利和义务一并转移给第三人，由该第三人概括地继受之

B. 只能转移全部合同权利和义务

C. 只能基于当事人之间的合同行为发生

D. 不包括企业合并的情形

25. 在下列情况中，允许解除合同的是(　　)。

A. 法定代表人变更

B. 当事人一方发生合并、分立

C. 由于不可抗力致使合同不能履行

D. 作为当事人一方的公民死亡或作为当事人一方的法人终止

26. 根据《合同法》规定，技术进出口合同的诉讼时效期间为(　　)。

A. 1年　　B. 2年　　C. 3年　　D. 4年

27. 债权人吴某下落不明，债务人王某难以履行债务，遂将标的物提存，王某将标的物提存后，该标的物如果意外毁损灭失，其损失应由(　　)。

A. 吴某承担　　B. 王某承担　　C. 吴某和王某共同承担　　D. 提存机关承担

28. 根据《合同法》的规定，抵销(　　)。

A. 可以附条件　　B. 可以附期限

C. 可以附条件和期限　　D. 不得附条件或者期限

29. 合同权利义务的终止是指(　　)。

A. 合同的变更　　B. 合同的消灭　　C. 合同效力的中止　　D. 合同的解释

30. 甲要购买德国制造的照相机，2017年10月2日，甲在乙店的柜台中发现一架照相机，柜台的标签上产地一栏注明的是“德国制造”，甲向乙店售货员丙询问产地时，丙明确告知该照相机的产地是“德国制造”，甲遂购买。2017年10月7月，甲在修理该相机时请照相机检测中心检测，发现该相机系美国制造。2018年10月10日，甲持检测中心的检测证明要求乙店退货。根据《合同法》的规定，(　　)。

A. 乙店必须办理退货，因为乙店的行为构成欺诈

B. 乙店有权不退货

C. 乙店可以不退货，但必须换货

D. 乙店可以不退货，但必须折价处理

**(二) 多项选择题**

1. 无名合同的法律适用规则为(　　)。

A. 直接适用《合同法》中有名合同的规定

B. 适用《合同法(总则)》中的规定

C. 应该参照《合同法(分则)》中最相类似的规定

D. 应该参照《合同法》以外法律中最相类似的规定

E. 只能依据《合同法》的基本原则

2. 合同权利的效力有(　　)。

A. 请求力　　B. 执行力　　C. 依法自力实现

D. 处分权能　　E. 保持力

3. 下列合同中，属于无效合同的有(　　)。

A. 一方以欺诈、胁迫手段订立的合同

B. 恶意串通，损害国家、集体或者第三人利益的合同

C. 以合法形式掩盖非法目的的合同

D. 损害社会公共利益的合同

E. 违反法律、行政法规规定的合同

4. 下列有关双务合同抗辩权的陈述，正确的是(　　)。

A. 双务合同抗辩权包括同时履行抗辩权、先履行抗辩权和不安抗辩权

B. 双务合同抗辩权的行使，将导致合同的消灭

C. 双务合同抗辩权可以适用于赠与合同

D. 同时履行抗辩权可以适用于连带之债

E. 双务合同抗辩权是一时的抗辩权、延缓的抗辩权

5. 实际履行的构成条件包括(　　)。

A. 必须有违约行为存在

B. 必须由非违约方在合理的期限内提出继续履行的请求

C. 可以由违约方在合理的期限内提出继续履行的请求

D. 实际履行在事实上是可能的和在经济上是合理的

E. 必须依据法律和合同的性质能够履行

**(三) 案例分析题**

1. 甲公司与乙工厂洽商成立一个新公司，双方草签了合同，甲公司要将合同带回本部加盖公章。临行前，甲公司法定代表人提出，乙工厂须先征用土地并培训工人后甲公司方能在合同上盖章。乙工厂出资1000万元征用土地培训工人，征地和培训工人将近完成时，甲公司提出因市场行情变化，无力出资设立新公司，要求终止与乙工厂的合作。乙工厂遂起诉到法院。

问题：

(1) 甲公司与乙工厂之间的合同是否成立？为什么？

(2) 甲公司应承担什么责任？为什么？

(3) 乙工厂能否要求甲公司赔偿1000万元的损失？为什么？

2. 河北某县的马某为养牛专业户，为了引进良种乳牛，与该县的畜牧站签订了良种乳牛引进合同。合同约定，良种乳牛款共10万元，马某预付定金2万元，违约金按照合同总额的10%计算。合同没有明确约定合同的履行地点。后马某从畜牧站将良种乳牛拉回，为此支付运费1000元。马某拉回乳牛后，在饲养中发生了不可抗力，导致乳牛无法产奶，马某预计的收入落空，无法及时偿还购牛款。畜牧站遂诉至法院。

问题：

(1) 马某要求畜牧站支付运费，该请求能否得到法院支持？为什么？

(2) 针对畜牧站要求付款的请求，马某以不可抗力要求免责，能否成立？为什么？

(3) 如果马某的行为构成违约，合同中规定的定金与违约金条款能否同时适用？为什么？

# 第四章

# 反垄断法

【学习目的与要求】

在我国，反垄断法是一项新型的法律，其基本结构与西方国家的反垄断法大致相同。本章的学习目的是了解有关反垄断法律制度的基本概念、我国相关反垄断法律制度内容，重点掌握横向价格协议、滥用支配地位的认定、企业集中的判断标准、行政垄断的表现形式。

## 第一节　垄断和反垄断法概述

### 一、垄断的概念

垄断是指经营者单独或与他人结合、合谋或以其他形式，排斥、支配或限制其他经营者，在一定经营领域限制或排除竞争的行为或状态。垄断具有两个显著的特征，即违法性和危害性。

垄断行为一定是违反各国法律明文禁止的规定，并同时对市场竞争构成实质危害的行为或状态。有些限制竞争行为，虽然也对市场竞争构成一定的威胁，但是得到法律的豁免；或者有些企业处于市场优势地位，但是尚未滥用这种优势，则不能列入反垄断法规制的范围。

垄断的判断有全局和局部两个视角。发达国家从自身利益出发往往强调局部，忽略全局；我国政府从国家利益出发合并大型国企组建航母，就是全局的视角。我国政府在反垄断态度上也是内外有别。对内我们主张竞争的理念，很少进行其中的实证利弊分析；对外我们根据国家利益调整平衡竞争和垄断的尺度。

### 二、垄断的分类

(1) 根据垄断者占有市场的情况，可分为独占垄断、寡头垄断和联合垄断。

独占垄断是指一家企业对整个行业的生产、销售和价格有完全的排他性的控制能力，即在该企业所在的行业内，不存在任何竞争。这是典型意义上的垄断，也为各国法律所严格规制。寡头垄断是指市场上只有为数不多的企业生产、销售某种特定的产品或者服务的状况。每个企业都在市场上占有一定的份额，对产品或服务的价格实施排他性的控制，但它们之间又存在一定的竞争。联合垄断是指多个相互间有竞争关系并有相当经济实力的企业，通过一定的形式(如垄断协议等)，联合控制某一产业的市场或销售的状态。

(2) 依据垄断产生的原因，可分为经济性垄断、国家垄断、行政性垄断和自然垄断。

经济性垄断，又称市场垄断，是指市场主体通过自身的力量设置市场进入障碍而形成的垄断，资本主义国家的垄断大多是经济性垄断。国家垄断是由国家对某一产业的生产、销售等进行直接控制，不允许其他市场主体进入该市场领域的情况，实行计划经济体制的国家的国民经济绝大部分是国家垄断。行政性垄断是指由政府行政机构设置的市场进入障碍而形成的垄断，在计划经济向市场经济转轨过程中，地方和部门保护主义就是典型的行政性垄断。自然垄断是由于市场的自然条件原因而产生的垄断经营，这些部门如果竞争经营，则可能导致社会资源的浪费或市场秩序的混乱，如公用企业绝大多数是自然垄断企业。

除此之外，还包括其他因素形成的各种垄断，如知识产权垄断，其市场进入障碍既非由垄断者自身的力量形成的，也不是由行政力量形成的，而是由法律所赋予的权利形成的。

## 三、反垄断法概述

世界上最早的反垄断立法是美国1890年颁布的《抵制非法限制与垄断保护贸易及商业法》(简称《谢尔曼法》)。反垄断法在不同国家有不同的称谓。在美国，反垄断法以反托拉斯为主要内容，称为《反托拉斯法》；德国反垄断法以规制企业联合组织(卡特尔)之间的协议为主，称为《卡特尔法》(也称《反对限制竞争法》)；日本则以反对私人垄断和限制竞争作为反垄断法的内容，称为《禁止私人垄断及确保公平交易的法律》。

### (一) 反垄断法的概念

反垄断法是现代经济法的重要组成部分，是指国家以维护市场公平竞争、保护消费者利益、提高经济运行效率为目的，规制市场各类主体反竞争或可能带来排除、限制竞争后果的市场行为的法律规范的总称。

《中华人民共和国反垄断法》(简称《反垄断法》)于2007年8月30日第十届全国人民代表大会常务委员会通过，并于2008年8月1日起正式实施。

### (二) 我国《反垄断法》的立法目的

根据我国《反垄断法》的规定，我国制定反垄断法的目的有以下几个方面。

(1) 预防和制止垄断行为。垄断行为通常会排除、限制市场竞争，造成整体经济效率低下，破坏社会生产力的发展。《反垄断法》规定了垄断行为的种类、识别垄断行为的界限和标准，明确了对经营者违反《反垄断法》的行为所应承担的法律责任，以期达到预防和制止垄断行为的目的。

(2) 保护市场公平竞争，提高经济运行效率。公平的市场竞争可以激励经营者提高生产效率，促进市场资源得到更有效的配置，从而提高社会整体经济效益，使全社会所有成员财富总量最大化。《反垄断法》通过禁止反垄断行为，维护公平竞争环境，使社会资源得到最优化的配置，以提高整体经济效益，造福于全社会所有成员。

(3) 维护消费者利益。《反垄断法》通过保护竞争机制，遏制垄断行为，迫使经营者以最低的成本生产高质量的商品，使消费者可以购买到质优价廉的商品，提高了消费者的福利。

(4) 维护社会公共利益，促进社会主义市场经济健康发展。提高市场经济效益是《反垄断法》的主要目的，但该目的不是孤立的，它必须与其他社会公共利益取得平衡。《反垄断法》所涉及的社会公共利益目标，包括促进国民经济发展、提高国内企业的国际竞争力、保护对外贸易等国家利益、促进社会就业、保护环境与资源等。

### (三) 反垄断法的特征

(1) 规制的主体十分广泛。不仅包括经营者，还包括经营者的联合组织(行业协会)及其他社会组织(如政府机构)等。只要是对市场竞争产生影响的，都是反垄断法规制的主体。

(2) 规制的行为形式多样。包括滥用市场支配地位排除和限制竞争的行为、以企业合并的方式谋求垄断地位的行为、以各种协议和联合方式排除和限制竞争的行为，以及滥用行政权力排除、限制竞争的政府行为。

(3) 反垄断法是实体规定和程序规定紧密结合的法律制度。对垄断行为的认定需要结合该行为对市场竞争造成的影响加以判断。同时，反垄断调查大多依靠行政执法机构进行。

### (四) 反垄断法与反不正当竞争法的关系

反垄断法与反不正当竞争法同属于市场竞争规制的法律范畴，都以市场竞争关系与市场竞争管理关系为调整对象。保护市场竞争机制是二者共同的努力。但是，反垄断法与反不正当竞争法又存在很大的差异。

(1) 反垄断法作为一部竞争法，与反不正当竞争法的具体立法目的不同。反垄断法的目的是维护市场竞争机制，保护多个经营者的经济行为自由，而不是直接地保护特定的竞争者。因此，反垄断法解决的是市场中有没有竞争的问题，而反不正当竞争法则主要解决市场中的不正当竞争的问题。

(2) 二者具体规制的行为有所区别。反垄断法是从垄断行为的反竞争角度进行定性和规范的，因为垄断行为的性质是排斥竞争和限制竞争，企图达到独占或寡占的目的；而反不正当竞争法则是对存在竞争的情况下，运用违背商业道德和善良风俗的手段，打击正当经营的竞争对手的行为进行规制。

### (五) 我国《反垄断法》的适用范围及规制对象

根据我国《反垄断法》第 2 条、第 8 条的规定，我国《反垄断法》主要适用于两类垄断行为：一是经营者的经济性垄断行为；二是行政机关滥用行政权力，排除、限制竞争的行政性垄断行为。

反垄断法所规制的经济性垄断行为，不仅包括经营者在我国境内经济活动中从事的垄断行为，也包括在我国境外发生的，对国内市场竞争产生排除、限制影响的垄断行为。如在外贸活动中，外国进口商在国外达成垄断协议，向我国国内进口产品，损害国内进口企业利益，影响国内市场价格的垄断行为。为了防止和制止境外发生的垄断行为对国内市场竞争产生不利影响，我国《反垄断法》借鉴国际经验，规定了反垄断法的域外适用效力。《反垄断法》所指的经济性垄断行为包括：

(1) 经营者达成垄断协议的行为。

(2) 经营者滥用市场支配地位的行为。

(3) 具有或者可能具有排除、限制竞争效果的经营者集中。

反垄断法所规定的经营者，是指从事商品生产、经营或者提供服务的自然人、法人和其他组织。行业协会不直接从事商品生产、经营或者提供服务，不属于反垄断法意义上的经营者。但是，由于行业协会具有影响经营者的能力，可能引导企业从事垄断行为，又应当有所规制。因此，我国明确将行业协会纳入反垄断法的规范范围之内。

行政性垄断在我国经济实践中长期普遍地存在，不仅严重影响了市场竞争，妨碍了经济的健康发展，而且损害了广大消费者的利益。因此，从我国的国情出发，我国《反垄断法》对行政机关和法律、法规授权具有管理公共事务职能的组织滥用行政权力从而排除、限制竞争的行为。

### (六) 反垄断法的适用除外

反垄断法的适用除外，是指对特定行业、特定企业或特定行为不适用反垄断法的一种法律制度。适用除外的对象主要涉及对维护本国整体经济利益和社会公共利益有重大意义的行业或领域，以及对市场竞争关系影响不大，但对社会整体利益有益的限制竞争行为。基于经济发展及不同产业政策的需求，各国有关反垄断法适用除外情形的规定并不相同。我国《反垄断法》规定了两种适用除外的类型。

(1) 经营者依照有关知识产权的法律、行政法规规定行使知识产权的行为，不适用反垄断法。知识产权具有专有性的特点，行使知识产权会对竞争造成一定的限制。这是法律对各种利益关系进行权衡后所允许的。因此，因知识产权而形成的垄断地位以及因知识产权的行使而对竞争的限制，是基于法律的授权，是合法的。各国一般将依法行使知识产权的行为作为反垄断法的适用除外情形。但是，如果经营者滥用知识产权，排除、限制竞争，其行为将受到反垄断法的规制。

(2) 农业生产者及农村经济组织在农产品生产、加工、销售、运输、储存等经营活动中实施的联合或者协同行为不适用反垄断法。这里所说的农业，既包括农产品种植业，也包括林业、畜牧业和渔业。农业属于不适合过度竞争的产业，世界上很多国家和国际组织不仅允许农业生产者订立限制竞争的协议，还往往规定最低保护价格，或由国家给予补贴，或由国家直接参与购销活动，以体现对农业的保护。如欧盟范围内绝大多数农产品是由欧盟统一管辖，并由欧盟内的成员国共同商定它们的最高价和最低价，实行出口补贴。

# 第二节　垄断协议行为

各国及国际组织对垄断协议的称谓并不完全相同，如德国称之为“卡特尔”，法国称之为“非法联合行为”，日本将其称为“不正当交易限制”，欧盟称之为“限制竞争协议”。我国《反垄断法》称其为“垄断协议”。

## 一、垄断协议的概念

我国《反垄断法》第 13 条第 2 款规定：“本法所称垄断协议，是指排除、限制竞争的协议、决定或者其他协同行为。”其中，协议是指两个或两个以上的经营者通过书面协议或者口头协议的形式，就排除、限制竞争的行为达成一致意见；决议是指企业集团或者其他形式的企业联合体以决议的形式实施的、要求其成员企业共同实施的排除、限制竞争的行为；其他协同行为是指企业之间虽然没有达成书面或口头协议、决议，但相互进行了沟通，心照不宣地实施了协调的、共同的排除、限制竞争的行为。

垄断协议行为不仅包括书面协议，也包括非书面的合意行为和联合组织(行业协会等)的决定等。行业协会通过“行业自律”行为来限制竞争，以行业协会决议的形式限制价格竞争，也属于垄断协议行为的一种表现形式。我国《反垄断法》第 16 条规定：“行业协会不得组织本行业的经营者从事本章禁止的垄断行为。”在有些情况下，虽然经营者的行为都是独立的，但相互间的默契在事实上达到了限制竞争的效果，因而也被认为是“经营者间的协同行为”。

## 二、垄断协议的类型

根据参与协议的主体，我国《反垄断法》将垄断协议分为横向垄断协议与纵向垄断协议，并分别作了规范。其中，横向垄断协议是指具有竞争关系的经营者之间达成的排除、限制竞争的协议；纵向垄断协议是指两个或两个以上处于产业上下游不同环节的经营者之间达成的排除、限制竞争的协议。

### （一）横向垄断协议的表现形式

(1) 固定价格协议行为。固定价格协议行为是具有竞争关系的经营者通过协议、决议或者协同行为，确定、维持或者改变价格，从而减弱或消除竞争的行为。在这种情况下，企业不是独立地自行决定商品的价格，而是与其他同类商品的竞争者联合制定或者共同维持或变更商品的销售或购买价格。这是最为严重的限制竞争行为。串通投标就是固定价格的一种表现形式。固定价格限制了正常的价格竞争，造成资源分配扭曲，在没有替代产品的情况下，市场失去了竞争，消费者也就丧失了选择的权利，这被认为是对市场竞争机制的严重损害。美国、日本等不少国家在反垄断法中规定了固定价格协议行为的参与者，除了要承担行政责任之外还要承担刑事责任。

我国《反价格垄断规定》对固定价格协议的类型有较详细的规定，即禁止具有竞争关系的经营者达成下列价格垄断协议：

① 固定或者变更商品和服务的价格水平。

② 固定或者变更价格变动幅度。

③ 固定或者变更对价格有影响的手续费、折扣或者其他费用。

④ 使用约定的价格作为与第三方交易的基础。

⑤ 约定采用据以计算价格的标准公式。

⑥ 约定未经参加协议的其他经营者同意不得变更价格。

⑦ 通过其他方式变相固定或者变更价格。

⑧ 国务院价格主管部门认定的其他价格垄断协议。

(2) 控制数量协议行为。控制数量行为，也叫限制产量行为，又称数量卡特尔，是指具有竞争关系的经营者共谋限定商品的生产或供应数量的行为。这种联合限制竞争行为人为地制造市场紧张，有助于实施固定价格，导致价格不能随生产力提高和技术进步而下降，对消费者的危害也很大。对数量限制可以作扩大解释，包括限制产量、限制销量、限制库存、限制原材料、限制技术等。如“国际石油输出国组织”签署的协议便是一个典型的限制生产协议，它规定了一个统一的原油年开采量，各个成员国都不得随意提高产量，压低销售，以此来维护“国际石油输出国组织”各成员国的利益。我国在《工商行政管理机关禁止垄断协议行为的规定》中规定，禁止具有竞争关系的经营者就限制商品的生产数量或者销售数量达成下列垄断协议：

① 以限制产量、固定产量、停止生产等方式限制商品的生产数量或者限制商品特定品种、型号的生产数量。

② 以拒绝供货、限制商品投放量等方式限制商品的销售数量或者限制商品特定品种、型号的销售数量。

(3) 划分市场协议行为。划分市场行为是指竞争者之间分割地区、客户或者产品市场的行为。划分市场可以作为间接控制价格的一种方式，包括划分交易地区和划分交易对象。前者是两个或者两个以上的经营者，为避免竞争而达成的划定彼此交易区域或者对交易数量分配限额的协议。后者则是根据交易对象的不同来决定市场的分配方式，如甲选择大型客户作为销售对象，乙把其他客户作为自己的销售对象。市场划分协议限制了同类商品经营者之间的正常竞争，往往造成商品的单调和价格上的不合理，严重侵害了广大消费者和客户的合法权益。对这种划分市场的协议，各国法律原则上是禁止的。我国在《工商行政管理机关禁止垄断协议行为的规定》中规定，禁止具有竞争关系的经营者就分割销售市场或者原材料采购市场达成下列垄断协议：

① 划分商品销售地域、销售对象或者销售商品的种类、数量。

② 划分原料、半成品、零部件、相关设备等原材料的采购区域、种类、数量。

③ 划分原料、半成品、零部件、相关设备等原材料的供应商。

(4) 联合抵制交易协议行为。联合抵制交易行为，又称集体拒绝交易，包括设置第三人进入市场障碍协议和排挤竞争对手协议。前者是市场内的老企业为了阻止其他经营者进入市场参与竞争，通过一系列的手段设置市场进入障碍，如与客户签订长期独家购销协议；后者是一些共谋者出于一定的目的或可预见的后果，联合拒绝向市场上具有直接竞争关系的企业进行交易，以将该企业驱逐出市场的限制竞争行为。我国在《工商行政管理机关禁止垄断协议行为的规定》中规定，禁止具有竞争关系的经营者就联合抵制交易达成以下垄断协议：

① 联合拒绝向特定经营者供货或者销售商品。

② 联合拒绝采购或者销售特定经营者的商品。

③ 联合限定特定经营者不得与其具有竞争关系的经营者进行交易。

(5) 限制购买或者开发新技术、新产品行为。限制购买或者开发新技术、新产品行为，是指具有竞争关系的经营者之间通过协议、决议或者其他协同行为，限制购买新技术、新设备或者限制开发新技术、新产品的限制竞争行为。我国在《工商行政管理机关禁止垄断协议行为的规定》中规定，禁止具有竞争关系的经营者就限制购买新技术、新设备或者限制开发新技术、新产品达成下列垄断协议：

① 限制购买、使用新技术新工艺。

② 限制购买、租赁、使用新设备。

③ 限制投资、研发新技术、新工艺、新产品。

④ 拒绝使用新技术、新工艺、新设备。

⑤ 拒绝采用新的技术标准。

这种横向垄断协议行为，阻碍了社会技术的进步与新产品的开发，故意或客观上维护了技术的落后和产品的更新，损害了消费者的利益，因此，反垄断法基于发展社会生产力、提高经济效益、维护消费者利益和社会公共利益的目的，必须禁止经营者之间限制购买或者开发新技术与新产品的行为。

(6) 行业协会限制竞争协议行为。行业协会是现代经济社会有效的自治组织，在技术进步、开拓市场等方面发挥越来越重要的作用。但是如果组织成员从事垄断协议行为，进行限制竞争的活动也十分便利，如利用行业协会交换价格情报、提供行为建议、统一标准等方式来限制竞争，排挤竞争者。行业协会组织成员从事的垄断协议行为不仅存在一定的隐蔽性，而且由于这些行为是通过行业协会的决定加以实施，有一定的强制力，其对市场竞争机制造成的损害更为严重。因此，各国法律都将行业协会作出的决议视为垄断协议而加以规制。我国《反垄断法》明确规定行业协会不得组织本行业的经营者从事法律禁止的垄断行为，并对行业协会及其成员的违法行为规定了包括罚款和撤销登记的法律责任。我国在《工商行政管理机关禁止垄断协议行为的规定》中规定：禁止行业协会以下列方式组织本行业的经营者从事本规定禁止的垄断协议行为：

① 制定、发布含有排除、限制竞争内容的行业协会章程、规则、决定、通知、标准等。

② 召集、组织或者推动本行业的经营者达成含有排除、限制竞争内容的协议、决议、纪要、备忘录等。

(7) 国务院反垄断执法机构认定的其他垄断协议。如具有竞争关系的企业联合限制购买新技术或新设备、保证不竞争的承诺，以及履行共同职能的行为等。

### (二) 纵向垄断协议

我国《反垄断法》规定的纵向垄断协议，是指两个或两个以上在同一产业中处于不同环节而存在交易关系的经营者，通过契约、协议或其他方式之合意实施的排除、限制竞争的行为。其主要类型有维持转售价格和其他限制交易方营业自由的行为。

《反垄断法》第 14 条规定，禁止经营者与交易相对人达成下列垄断协议：

(1) 固定向第三人转售商品的价格。把转售价格固定在一个数额上，不允许转售商擅自改变，如生产企业向批发商、零售商提供商品时，要求他们必须按照自己所定的价格来销售商品。这种行为实际上是剥夺了下游企业本应享有的定价权，使他们无法根据各自所面临的竞争状态和成本结构，合理确定商品的销售价格。这种行为造成的后果是使同一商品的不同经销商之间的价格竞争减弱，具有明显的限制竞争的效果。

(2) 限定向第三人转售商品的最低价格。对转售价格规定最低限度，转售商只能在不低于此价格限度内有所变化。无论是固定转售价格，还是限定最低转售价，实际上都是限制了转售商对自己经销商品的定价权，结果是市场上经营同一商品的经营者不能根据各自的竞争状况和成本结构开展价格竞争。

限制转售价格的协议之所以有约束力，是因为制造商在相关市场中占有优势地位。“违反协议即中断供货”的威胁，使转售商必须执行垄断协议的规定。

维持转售价格一般由上游制造商发动，也可能是销售商主导的，还可能是双方为了共同利益协同合谋的。制造商可能因谋取规模效益，增加市场份额而限定最高转售价格；也可能因维持商品“高价位，高品质”的公众形象而限定最低转售价格。但在现实经济生活中，下游销售商要求制造商限定转售价格的情况也并不少见。因为一旦制造商对商品的转售价格进行限制，便可削弱商品在零售环节上的价格竞争，避免销售商之间的价格比拼，保证获取稳定的利润，而且一些零售商协会也采取各种措施积极配合和协助制造商控制转售价格。

(3) 国务院反垄断执法机构认定的其他垄断协议。纵向垄断协议行为不仅包括价格上的限制竞争协议行为，也包括非价格的限制竞争协议行为，如排他性交易协议行为、强制性交易协议行为，以及附加不合理交易条件的协议行为等。排他性交易协议行为是指产品供应商和销售商约定不得经销除其之外的其他同类竞争者的产品的行为。强制性交易协议行为是指经营者采取利诱、胁迫或其他不正当方法，迫使其他经营者违背自己意愿而与之进行交易的行为，包括公用企业强制性交易行为和硬性搭售安排等。附加不合理交易条件的协议行为是指拥有一定市场优势的经营者利用自己的有利地位，迫使交易对手在商品或服务交易时接受不合理的条件的行为。这些协议行为在实践中既可作为纵向垄断协议行为加以规制，也可作为滥用市场支配地位行为加以规制。

## 三、垄断协议的界定

经营者之间的协议、决议或者其他协同行为，是否构成反垄断法所禁止的垄断协议，应当以该协议是否排除、限制竞争为标准。在长期经验积累的基础上，各国针对垄断协议的性质和对竞争秩序的影响程度，在反垄断执法实践中形成了两种认定原则，即本身违法原则和合理分析原则。

所谓本身违法原则，是指只要经营者的协议、决议或者协同一致的行为被证实存在，就构成垄断协议。从各国的经验看，适用本身违法原则的一般都是横向垄断协议。当然，随着情况的变化，有些横向垄断协议也适用合理分析原则。

合理分析原则是指除适用本身违法原则的协议外，对其他协议是否会排除、限制竞争进行分析，综合考虑协议所涉及的市场具体情况、协议实施前后的市场变化情况及协议的性质和后果等因素后，确认该协议确实排除、限制了市场竞争，才能认定为垄断协议。

**(一) 垄断协议的主体认定**

垄断协议的主体应该包括反垄断法适用范围内的一切对象，其中以从事经营活动的独立经营者为主。随着参与竞争的主体增多，垄断协议的主体也日益广泛，尤其以行业协会组织的限制竞争决定更加引人注目，如牙医协会的联合定价、球类协会的联合抵制、电视演播联盟的市场分割等。此外，政府部门与经营者的合谋也在不同程度上有所发生。因此，对垄断协议主体的认定，并不必然拘泥于独立的商业企业。只要形成限制市场竞争的合意并实施这种合意，不论参与者的法律性质和形式如何，都应当认定是垄断协议的主体。但应当注意的是，有些法律地位上的独立主体，在事实上可能不具有独立的经济决策能力，这样的主体一般不能认定其为反垄断法意义上的独立主体。例如，母公司与其全资子公司虽然在法律上各自都为独立的法律主体，但子公司完全听命于母公司，没有独立的决策权，包括实施垄断协议行为的决策权，此时母公司与子公司的联合行为一般不属于反垄断法禁止的垄断协议行为。还有，被代理人与代理人订立的限制价格协议，由于协议所反映的都是被代理人的意思，因而不构成反垄断法意义上的两个独立主体。

**(二) 限制竞争主观意图的认定**

主体之间是否具有限制竞争的“合意”，是认定垄断协议的重要要件。这种合意包括有法律拘束力的意思表示和并不具有法律效力的其他合意表示。欧盟《罗马条约》第 81 条规定：所有可能影响成员国之间的贸易，并且具有阻碍、限制或妨害共同市场内部竞争的目的或后果的企业间的协议、企业联合组织的决议和共同行为，都是与共同市场相抵触的，应当予以禁止。

但是，垄断协议的主观意图不易证明。很多国家的执法实践表明，参与垄断协议的主体为逃避法律规制往往掩盖或消灭证据，因此，执法机构建立了反推规则，即如果其他事实证据(包括情景证据)能够证实限制竞争协议确实存在，就推定这种协议具有主观故意性。美国法院在认定经营者间的“共谋”行为时，企图通过一系列间接证据，组成一个严密的证据链来形成心证，其客观效果是举证责任倒置，即将本来应由反垄断执法机构或原告承担的对被告“联合”行为的证明责任转由被告在关键的 5 个要素①上负否认的举证责任。被告必须证明没有联合的动机、没有共谋的机会、没有信息往来、没有一致的行为及没有为达成经济目的而合作的必要性，才能逃脱“共谋”的指控。

**(三) 限制竞争行为的认定**

行为者是否实施了垄断协议是从客观方面认定垄断协议违法的要件。但在对垄断协议的判断中，更多的是从参与者的实际行为反证其意图的。不管有没有书面正式的协议，只要行为者通过约束和协调各自行为，共谋采取限制竞争的实际行动，就属于法律所规制的内容。所以，一旦企业实施了

---

① 这五个要素是：a.形成共谋动机之商业条件是否存在；b.可以证明产生共谋机会的证据；c.被控公司间有信息往来的证据；d.是否遭质疑的行为可以由其中一个公司独立行使而达成其经济目的；e.一致之行为。转引自种明钊. 竞争法学(第 3 版)[M]. 北京：高等教育出版社，2016：255-256.

“可觉察的相同行为”，就应被认定为是实施了垄断协议。所谓可觉察的相同行为是指：“假设没有明显的证据表明，厂商确实聚集在一起制定了串谋价格的公开协议，但是厂商又的确通过索取相同的价格而表现出来了相同的行为方式”。在有些情况下，对于已经达成垄断协议尚未实施的情况，各国反垄断法也对其进行违法性认定。如我国《反垄断法》规定，经营者达成并实施垄断协议的，由反垄断执法机构责令停止违法行为，没收违法所得，并处上一年度销售额 1%以上 10%以下的罚款；尚未实施所达成的垄断协议的，可以处 50 万元以下的罚款。我国在《工商行政管理机关禁止垄断协议行为的规定》中规定：认定其他协同行为，应当考虑下列因素：①经营者的市场行为是否具有一致性；②经营者之间是否进行过意思联络或者信息交流；③经营者能否对一致行为作出合理的解释。认定其他协同行为，还应当考虑相关市场的结构情况、竞争状况、市场变化情况、行业情况等。

**(四) 限制竞争后果的认定**

竞争者之间的协议、决议或其他安排，对于市场竞争被排除或限制的后果之间存在直接的关联性。对这种协议与实施后果间的关联性，各国法院在实践中十分注重。在考虑此项要素时，多数国家认为垄断协议对市场的影响不一定要实际发生，只要能够证明垄断协议一定程度上对市场竞争有发生影响的可能性，以及这种影响的严重性，就足以推断这种影响的存在。

## 四、垄断协议的豁免

垄断协议的豁免，是指经营者之间的协议、决议或者其他协同行为，虽然排除、限制了竞争，构成了垄断协议，但该类协议在其他方面所带来的好处要大于其对于竞争秩序的损害。因此，法律规定对其豁免，即排除适用反垄断法的规定。豁免制度是利益衡量的结果，即从经济效果和对限制竞争的影响进行利益对比，在“利大于弊”时，对该垄断协议排除适用反垄断法。

《反垄断法》第 15 条规定，经营者能够证明所达成的协议属于下列情形之一的，不适用本法禁止横向垄断协议和纵向垄断协议的规定：

(1) 为改进技术、研究开发新产品的。

(2) 为提高产品质量、降低成本、增进效率，统一产品规格、标准或者实行专业化分工的。

(3) 为提高中小经营者经营效率，增强中小经营者竞争力的。

(4) 为实现节约能源、保护环境、救灾救助等社会公共利益的。

(5) 因经济不景气，为缓解销售量严重下降或者生产明显过剩的。

(6) 为保障对外贸易和对外经济合作中的正当利益的。

(7) 法律和国务院规定的其他情形。

对于上述第(1)项至第(5)项情形予以豁免的，经营者要承担相应的举证责任，证明其所达成的协议不会严重限制相关市场的竞争，并且能够使消费者分享由此产生的利益。

**【案例分析 4-1】**

**益金达等几家食品公司限制竞争案**

由于企业必须处理掉尚未销售的月饼，这导致了某些食品企业的生产成本不断增加。在中秋即将来临之际，益金达等几家食品生产企业临时召开会议。会议的主题是“节约成本，合理减产”。根据几家企业的估算，该地区的月饼市场实际需求量大约为以前的 80%。据此，与会的食品生产企业应自觉在各自往年的生产数量上减少 20%。原告所在地的工商行政管理部门对益金达等几家食品生产企业进行了调查，认定原告的行为属于联合减产不正当竞争行为并作出了行政处罚决定书。其处罚内容有两项：一是责令原告立即停止联合减产行为；二是对原告益金达等几家食品生产企业各罚款人民币 1 万元。原告不服，依法向人民法院提起行政诉讼。

问题：益金达等几家食品生产企业的行为是属于合理的商业行为还是属于法律所禁止的联合限制减产的不正当竞争行为？

## 五、垄断协议的申报与批准

垄断协议的申报是对属于法律规定的可以豁免的垄断协议，向反垄断主管机构进行报告，请求批准的制度。日本是世界上最早在反垄断法上采用申报制度的国家。我国《反垄断法》对垄断协议的豁免未规定申报制度，完全由经营者自行判断其协议是否符合法律规定的豁免条件。如果反垄断执法机构在监管过程中发现经营者达成的垄断协议不属于反垄断法规定的豁免情形，经营者将承担达成垄断协议的法律后果。

## 六、垄断协议行为的法律责任

根据各国的立法及其实践，垄断协议的法律责任主要有以下几种。

(1) 行政责任。由于垄断协议对市场竞争的影响直接且严重，各国反垄断法通过对其规定严厉的行政责任加以直接处罚。行政责任主要包括：发布禁止协议的行政命令，对行为人处以行政罚款(课征金)等。对垄断协议行为的罚款一般较为巨大，我国采用韩国、日本等国家的做法，规定对垄断协议的违法者达成并实施垄断协议的，由反垄断执法机构责令停止违法行为，没收违法所得，并处上一年度销售额 1%以上 10%以下的罚款；尚未实施所达成的垄断协议的，可以处 50 万元以下的罚款；对于行业协会组织本行业的经营者达成垄断协议的，执法机构可以处 50 万元以下的罚款；情节严重的，社会团体登记机关可以依法撤销登记。

(2) 民事责任。多数国家规定由于垄断协议受到损害的可以提出损害赔偿的诉讼。如美国《谢尔曼法》第 7 条规定：任何因反托拉斯法所禁止的事项而遭受损失的人，不论损失大小，都可提起 3 倍损失赔偿的诉讼。我国《反垄断法》第 50 条也规定了“经营者实施垄断行为，给他人造成损失的，依法承担民事责任”。至于具体的受害者如何提起损害赔偿诉讼，民事诉讼与行政处罚在程序上如何衔接，还有待于我国反垄断诉讼制度的进一步细化规定。

(3) 刑事责任。对于价格固定协议、市场划分协议及联合抵制等明显具有严重损害市场竞争效果的行为，除了行政处罚之外，有些国家还实施刑事制裁。刑事处罚包括监禁和罚金，如美国法院可以对垄断协议的参与者处以 100 万美元以下的罚金，对个人可处以 10 万美元以下的罚金或 3 年以下监禁；日本《禁止垄断法》自 1990 年 6 月开始运用刑事制裁措施，处理恶性和重大的价格卡特尔和操纵投标案件，同时提高了针对价格卡特尔行为的罚金。我国《反垄断法》目前并未规定违法行为的刑事责任，但是在《中华人民共和国招标投标法》中规定了串通投标的刑事责任①。

① 参见《中华人民共和国招标投标法》第 53 条规定：“投标人相互串通投标或者与招标人串通投标的，投标人以向招标人或者评标委员会成员行贿的手段谋取中标的，中标无效，处中标项目金额千分之五以上千分之十以下的罚款，对单位直接负责的主管人员和其他直接责任人员处单位罚款数额百分之五以上百分之十以下的罚款；有违法所得的，并处没收违法所得；情节严重的，取消其 1 年至 2 年内参加依法必须进行招标的项目的投标资格并予以公告，直至由工商行政管理机关吊销营业执照；构成犯罪的，依法追究刑事责任。给他人造成损失的，依法承担赔偿责任。”

### (四) 宽恕制度

鉴于垄断协议的隐蔽性和查处的艰难性，美国、欧盟、日本、韩国等国家的执法机构利用协议本身的不稳定性，采用激励措施鼓励参与协议的成员背叛协议，揭发限制竞争行为来达到消除协议的目的。对那些向反垄断法机关举报并提供重要证据的成员，给予免除全部或部分法律责任处罚的宽恕处理政策。宽恕政策是反垄断执法的有效政策工具，它有利于提高对垄断协议的执法效率。我国《反垄断法》第 46 条也规定了相应的宽恕制度，“经营者主动向反垄断执法机构报告达成垄断协议的有关情况并提供重要证据的，反垄断执法机构可以酌情减轻或者免除对该经营者的处罚”。

# 第三节　滥用市场支配地位行为

处于市场支配地位的经营者所实施的行为，能够影响市场经济结构、破坏市场竞争秩序。各国对市场支配地位的判断标准主要有三种：结构标准、市场行为标准、市场结果标准。我国《反垄断法》顺应各国反垄断法律制度通行的做法，确立了综合标准进行判断。

## 一、市场支配地位的认定

市场支配地位是指经营者在相关市场内具有能够控制商品价格、数量或者其他交易条件，或者能够阻碍、影响其他经营者进入相关市场的能力的市场地位。

### (一) 认定因素

经营者具有市场支配地位是其实施滥用市场优势垄断行为的基本条件。根据我国《反垄断法》的规定，认定经营者是否具有市场支配地位，应当依据下列因素：

(1) 该经营者在相关市场的市场份额，以及相关市场的竞争状况。市场份额是指特定企业的总产量、销售量或者生产能力在相关市场中所占有的比例，又称市场占有率。市场份额是判定一个企业是否具有市场支配地位的一个重要因素。

(2) 该经营者控制销售市场或者原材料采购市场的能力。如经营者控制销售市场的价格、数量或者其他交易条件的能力等。

(3) 该经营者的财力和技术条件。

(4) 其他经营者对该经营者在交易上的依赖程度。例如，其他经营者是否只依靠该经营者提供原材料。

(5) 其他经营者进入相关市场的难易程度。

(6) 与认定该经营者市场支配地位有关的其他因素。

### (二) 推定规则

为了节约执法成本和对经营者实行有效监管，借鉴其他国家的成功经验，并结合我国的实际情况，我国《反垄断法》又规定了推定制度，即反垄断执法机构仅根据该法规定的经营者的市场份额，就可以推定该经营者具有市场支配地位：

(1) 一个经营者在相关市场的市场份额达到二分之一的。

(2) 两个经营者在相关市场的市场份额合计达到三分之二的。

(3) 三个经营者在相关市场的市场份额合计达到四分之三的。

有上述第(2)项、第(3)项规定的情形，其中有的经营者市场份额不足十分之一的，不应当推定该经营者具有市场支配地位。

被推定具有市场支配地位的经营者，有证据证明不具有市场支配地位的，不应当认定其具有市场支配地位。

## 二、滥用市场支配地位的概念

滥用市场支配地位，是指居于支配地位的企业滥用市场优势地位，对其他主体进行不公平的交易或者排除竞争对手的行为。

判断经营者的市场行为是否构成垄断，其关键在于对“相关市场”的界定。根据我国《反垄断法》的规定，相关市场是指经营者在一定时期内就特定商品或服务进行竞争的商品范围和地域。

对相关市场的界定，需要考虑它的商品、地域和时间三个因素：商品因素需要根据商品的性能、用途及其价格，从消费者的角度考虑两个或两个以上的商品或者服务是否可以相互交换或者相互替代。地域因素需要综合考虑由于政治、经济、文化等原因造成的地区之间的差异、消费者的特殊偏好及商品的运输费用等。时间因素则强调只有在足以对市场竞争状况造成影响的一定时期内持续存在的行为才可能构成垄断行为。

## 三、滥用市场支配地位的表现形式

我国《反垄断法》对禁止滥用市场支配地位行为的具体规定如下。

### (一) 垄断价格行为

垄断价格行为指具有支配地位的经营者违背平等互利原则，凭借其强势在交易活动中以不公平的价格销售或购买商品，损害交易对方利益的行为。例如，某彩电企业利用其市场优势地位，强迫A彩色显像管生产企业以超低价格将彩色显像管卖给自己。

### (二) 掠夺性定价行为

掠夺性定价行为指处于市场支配地位的企业以排挤竞争对手为目的，在一定市场和一定期限内持续地以牺牲短期利益(以低于成本的价格)的手段销售商品，从而消除或限制竞争的行为。根据我国《关于制止低价倾销行为的规定》(国家发展计划委员会1999年8月3日发布)第5条规定，低于成本是指经营者低于其所经营商品的合理的个别成本。在个别成本无法确认时，由政府价格主管部门按该商品行业平均成本及其下浮幅度认定。因此，低于成本的认定应当以个别成本为标准，只有在特殊的例外情况下参考行业平均成本。

下列合理的降价行为不属于限制竞争行为：销售鲜活商品、处理有效期限即将到期的商品或其他积压的商品、季节性降价，或因清偿债务、破产、转产、歇业降价销售商品。

### (三) 拒绝交易行为

拒绝交易行为指无正当理由，拒绝与交易相对人进行交易。例如，制造商无正当理由拒绝向批发商或零售商销售商品，以此强迫批发商或零售商按照其规定的价格条件销售商品。这种行为不仅限制了该种商品的价格竞争，也会造成其他经营者进入该市场的障碍。

我国在《工商行政管理机关禁止滥用市场支配地位行为的规定》中规定，禁止具有市场支配地位的经营者没有正当理由，通过下列方式拒绝与交易相对人进行交易：

(1) 削减与交易相对人的现有交易数量。

(2) 拖延、中断与交易相对人的现有交易。

(3) 拒绝与交易相对人进行新的交易。

(4) 设置限制性条件，使交易相对人难以继续与其进行交易。

(5) 拒绝交易相对人在生产经营活动中以合理条件使用其必需设施。

在认定第(5)种方式时，应当综合考虑另行投资建设、另行开发建造该设施的可行性、交易相对人有效开展生产经营活动对该设施的依赖程度、该经营者提供该设施的可能性及对自身生产经营活动造成的影响等因素。虽然根据合同自由原则，企业有权选择自己的交易伙伴，但如果允许具有市场支配地位的企业或者拥有关键设施的经营者随意拒绝交易，则必然扩大具有市场支配地位企业的垄断范围，使其从原始市场扩张到附属市场，有悖于维护市场竞争的宗旨。

拒绝交易行为包括拒绝供应产品或服务、拒绝提供使其他企业已经产生依赖性的必要配件、拒绝知识产权的许可使用等。但并非所有的拒绝交易行为都是违法的，必须认定该拒绝交易行为使得相关市场的竞争受到损害才能确认其违法性。

### (四) 独家交易行为

独家交易行为指处于市场支配地位的企业采取利诱、胁迫或其他不正当的方法，迫使其交易相对人违背自己的意愿只能与其进行交易或者只能与其指定的经营者进行交易。如在我国，有些跨国企业在销售旺季要求独占超市的推广权，威胁超市禁止销售其竞争对手的产品，否则将停止交易。独家交易主要是在供货方面所作的限制，包括经销商只向制造商独买，也包括制造商只向经销商独卖，表现为“专营”“专卖”“独家经销”等。

我国在《工商行政管理机关禁止滥用市场支配地位行为的规定》中规定，禁止具有市场支配地位的经营者没有正当理由，实施下列限定交易行为：

(1) 限定交易相对人只能与其进行交易。

(2) 限定交易相对人只能与其指定的经营者进行交易。

(3) 限定交易相对人不得与其竞争对手进行交易。

### (五) 搭售和附加不合理交易条件

搭售行为也称为捆绑销售行为，指在商品交易过程中，拥有某种经济优势的一方利用自己的优势地位，在提供商品或服务时，强行搭配销售购买方不要或不愿意要的另一种商品或服务，或者附加其他不合理条件的行为。搭售现象在日常生活中更多地表现为企业利用其优势地位，在销售优质、畅销产品时，搭配销售劣质、滞销产品；销售名牌产品时，搭配销售杂牌产品。如某销售者出售压模塑胶成形机时，强调“专机专胶”，要求买方必须搭配购买塑胶原材料，不然不保证产品质量，但该塑胶并无特殊成分。

我国在《工商行政管理机关禁止滥用市场支配地位行为的规定》中规定，禁止具有市场支配地位的经营者没有正当理由搭售商品，或者在交易时附加其他不合理的交易条件：

(1) 违背交易惯例、消费习惯等或者无视商品的功能，将不同商品强制捆绑销售或者组合销售。

(2) 对合同期限、支付方式、商品的运输及交付方式或者服务的提供方式等附加不合理的限制。

(3) 对商品的销售地域、销售对象、售后服务等附加不合理的限制。

(4) 附加与交易标的无关的交易条件。

### (六) 歧视待遇行为

歧视待遇行为指处于市场支配地位的企业没有正当理由，对条件相同的交易对象，提供不同的交易条件，致使有的交易对方处于不利的竞争地位。歧视待遇行为限制了交易对象之间的竞争。这里的“交易条件”包含价格、配件供给、交货速度、担保及其他交易条件。其中，价格歧视是歧视待遇中最常见的一种形式。如有些跨国公司为了攫取更高额的利润，其产品在中国的定价明显高于其他国家。

我国在《工商行政管理机关禁止滥用市场支配地位行为的规定》中规定，禁止具有市场支配地位的经营者没有正当理由，对条件相同的交易相对人在交易条件上实行下列差别待遇：

(1) 实行不同的交易数量、品种、品质等级。

(2) 实行不同的数量折扣等优惠条件。

(3) 实行不同的付款条件、交付方式。

(4) 实行不同的保修内容和期限、维修内容和时间、零配件供应、技术指导等售后服务条件。

对于占有市场支配地位的企业来说，差别待遇是一种有效的市场经营策略，可以通过亲疏不一的交易政策，排挤进入市场的潜在的竞争对手。差别待遇对市场的竞争秩序产生明显的不利影响，而且还会因其对交易者的歧视从而影响最终消费者的利益。

**【案例分析 4-2】**

**广西 A 大药房诉广东 B 药业股份有限公司垄断案**

被告 B 药业股份有限公司是一家主要从事抗癌药品开发的企业，经过多年的攻关研究，成功地开发出新一代抗癌药品。因该药功效良好，被告的新产品市场份额急剧上升。据公司自己的市场调查表明，该公司新开发的抗癌药品在市场上大概占有 53%份额。原告 A 大药房，在被告成功开发新一代抗癌药品并供不应求时，被告仍然优先按时向原告发货。为了解决以前尚未销售完的老一代抗癌药品，被告与原告口头约定被告每给原告发一次新一代抗癌药品货物，原告应从被告处进 70%的老一代抗癌药品用于原告日常销售中搭配销售给购买者；原告必须按时结清所有货款包括老一代抗癌药品的货款以支持被告开发其他药品；如果原告年终无法销售完老一代抗癌药品，原告可以按进货价格退还给被告，但原告应尽力销售老一代抗癌药品。原告按照与被告当初的口头约定，向被告提出退货返还款项。由于被告股权的变更，公司高层管理人员发生了巨大变化，公司的新任董事长拒绝了原告的要求。原告在与被告多次协商未果的情况下，向人民法院提起诉讼，要求法院判决被告违约。

问题：原告与被告就老一代抗癌药品的供销关系是属于搭售行为，还是正常的买卖行为？

### (七) 滥用知识产权限制竞争

知识产权的权利人可以在权利存续期间就某种产品的生产或者销售取得排他性地位，其本身就是一种合法的垄断，属于反垄断适用除外的范畴。但是，知识产权作为一种排他性的权利会给权利人带来一定的优势地位，这种优势地位也可能被滥用以排除或限制竞争，损害竞争者、消费者的利益和社会公共利益。

滥用知识产权不是一种独立的滥用优势地位类型，它可能表现为索取垄断高价、差别性待遇、搭售或附加不合理条件等各种形式，如限制交易相对人的产品销售地区、销售条件、排他性交易、附加回授条款等。

【案例分析 4-3】

**A 电子设备制造股份有限公司诉 B 电子有限公司供销违约纠纷案**

原告 A 电子设备制造股份有限公司原为一家国有军工企业，根据有关官方统计资料显示，其市场份额高达 69%。被告 B 电子有限公司是新成立的一家电子产品销售公司，主要从事家用智能产品的经销业务。原被告公司签订了一份供销协议，除了其他内容，双方约定：被告 B 必须按照原告指定的价格销售原告所提供的产品，否则原告 A 将有权停止向被告继续供货并依法追究被告违约责任。由于市场替代产品的出现以及原告所指定的商品价格偏高，导致了被告 B 电子有限公司产品的积压。为了解决产品(原告生产)库存积压问题以及周转公司资金，被告 B 电子有限公司利用特定的黄金假日进行降价促销。由于促销价格大大低于平时原告指定的最低价格，因此引发消费者的哄抢，产品销售一空。原告 A 在得知被告促销其产品价格低于协议所指定的价格后，拒绝向被告继续提供货物，导致被告巨大经济损失。在双方协商失败后，原告 A 向被告所在地的人民法院提起诉讼，要求被告 B 承担违约责任。被告 B 在答辩状中否认自己违约行为，认为自己的行为符合正常的商业习惯，并未实质上违反双方合同约定的内容。

问题：原告的行为属于正当的合同行为，还是属于滥用市场支配地位从事限制转售价格的行为？

## 四、滥用市场支配地位行为的法律规制

### (一) 约束性制裁

约束性制裁主要包括行政和解、签发停止令和行政劝告等几个方面的措施。行政和解是指执法机构与违法当事人可通过谈判达成和解协议，如美国司法部与当事人达成和解协议，涉嫌对象停止并修正自己的涉嫌行为，以符合执法机关的要求，经联邦法院审查后可签发“同意令”。签发停止令是指执法机构责令经营者停止违法行为，如美国联邦贸易委员会有权签发“停止令”，责令当事人停止违法行为或修正正在实施的行为。对于违反停止令的，联邦贸易委员会可以处以每日 1 万美元的程序性罚款。行政劝告是在采取行政执法手段之前的行为纠正机制，如日本公正交易委员会在认为有违反反垄断法的行为时，可以劝告涉嫌对象采取适当措施加以矫正，不直接运用行政执法程序进行制裁。

### (二) 救济性制裁

救济性制裁的实施有以下三种方法：

(1) 分拆大企业。反垄断执法机关可以根据具体情况将涉嫌具有市场支配地位的企业分拆成为若干个小企业，这一般在反垄断法早期加以应用。

(2) 没收违法所得。这是在美国司法判例中确立起来的方法。

(3) 损害赔偿。很多国家反垄断法规定，受到具有市场支配地位企业的垄断行为造成损害的当事人都可以提起损害赔偿诉讼。美国在这个方面规定为 3 倍损害赔偿。

### (三) 惩罚性制裁

惩罚性制裁的实施有以下两种方法：

(1) 行政罚款，即对于滥用市场支配地位的行为进行数额较大的罚款，如意大利竞争局可以对经营者处以上一财政年度营业额 1%～10%的罚款，日本公正交易委员会可以责令违法企业按照一定比例向国库缴纳课征金。

(2) 刑事罚金和判处徒刑。美国法律规定对实施垄断和限制贸易行为的构成犯罪的企业可处以100万美元以下的罚金，个人参与者将被处以10万美元以下罚金以及3年以下监禁。

我国《反垄断法》对滥用市场支配地位行为确立了行政责任与民事责任，即经营者违反本法规定，滥用市场支配地位的，由反垄断执法机构责令停止违法行为，没收违法所得，并处上一年度销售额1%以上10%以下的罚款。经营者实施垄断行为，给他人造成损失的，依法承担民事责任。

**【案例分析 4-4】**

××市自来水公司自2016年以来一直使用××市给水设备厂生产的2KG-B型全自动给水设备，2017年1月，市自来水公司与某电脑给水设备厂达成代销其给水设备的协议，销售利润实行3∶7分成，自来水公司每名职工集资入股300元成立了“××电脑给水设备加工厂”，经查该厂无厂房，无设备，根本不生产给水设备，只是代销某电脑给水设备厂的设备而从中获利。为了取得销售优势，市自来水公司和市给水办于2017年11月5日联合下发《关于实验二次加压给水设备统一管理规定的通知》(〔2017〕5号)并于11月19—28日在该市电视台播发。该《通知》第二条规定：“二次加压给水设备必须采用指定的定型产品，我市一律用某电脑给水设备厂生产的DWS系列定时、定压、高频调速全自动节能型微机控制给水设备，一律取消气压式给水设备，如采用气压式给水设备，自来水公司将不予供水，节水办不予办理各种用水手续。”该文件的实施，影响了该市另一给水设备厂的产品销售。

问题：该案中，自来水公司的做法是否合法？为什么？

# 第四节　经营者集中行为

经营者集中是企业对利润最大化追求的内在要求和外部竞争压力的结果。经营者集中可以形成一定的规模经济，同时也是实现市场力量集中的主要途径。经济力量过度集中造成市场竞争主体数量减少，市场结构发生变化，使这些企业有可能利用市场的优势控制市场，对市场竞争机制发挥作用而产生不利影响。正因为如此，各国反垄断法都对经营者集中保持警惕，经营者集中也成为各国反垄断法规制的重要对象。

## 一、经营者集中行为的概念

经营者集中，又称企业合并、企业集中，是指两个或两个以上相互独立的企业合并为一个企业，或者企业之间通过取得股权或资产，或通过合同等方式，使一个企业能够直接或间接控制另一个企业，包括股份持有、干部兼任、营业受让等行为。

## 二、经营者集中的形式

### (一) 经营者合并

经营者合并是指两个或两个以上的企业通过订立合并协议，根据相关法律合并为一家企业的法律行为。经营者合并其实就是公司法意义上的企业合并。

从经营者合并对市场的影响来分类，经营者合并又可以分为横向合并、纵向合并及混合合并。

横向合并是指相同产品的生产者和生产者之间的合并，例如啤酒厂与啤酒厂、纺织厂与纺织厂之间的合并。横向合并显著的经济效果是由于市场经营规模扩大而带来的规模经济，它提高了合并企业的市场占有率，市场集中度也因此提高。因此，横向合并被认为最有可能引起垄断和破坏市场竞争，一直是各国反垄断法管制较严的企业竞争行为。

纵向合并是指处于不同生产或销售环节的企业之间的合并，如生产商和销售商的合并。纵向合并实质是将市场供销关系变成企业内部管理关系，即以企业管理代替市场交易。纵向合并一般对市场竞争和消费者福利并无太大的影响。只有在纵向合并对市场上的生产者或销售者可能会构成进入市场的障碍，从而使未参与或者未完全参与联合的企业处于不利的竞争地位，且这种合并又不利于提高企业的经济效益时，才被视为严重损害竞争的违法行为。

混合合并是指分属不同产业领域的企业的合并。混合合并一般来说对市场竞争并不产生直接的消极影响，因而也不成为反垄断法规制的重点。

### (二) 经营者通过取得股权或资产的方式取得对其他经营者的控制权

股权控制是指一个企业通过购买、置换等方式取得竞争企业的股份，该企业成为其他企业的控股股东并进而取得对其他经营者的控制权。通过股权控制把其他企业的经营活动纳入本企业的范围，其结果与企业合并有异曲同工之妙。因此，反垄断法对股权控制作出规定。对于持有对方多少股份可以达到股权控制的程度，反垄断法未予明确。在实践中可以参照我国《公司法》第 216 条对控股股东、实际控制人的界定予以理解。

取得资产是指企业通过购买、置换、抵押等方式取得其他企业的全部或主要部分的资产，并从而取得这些企业的控制权，实现了经营者集中。

### (三) 经营者通过合同等方式取得对其他经营者的控制权

企业可以通过委托经营、联营等合同方式与其他企业之间形成控制与被控制关系，或者可以施加决定性影响。在委托经营中，委托公司将全部营业交由受托公司管理，受托公司以委托公司的名义并为委托公司的利益而进行事业运营，营业的损益由委托公司承担。委托公司具有某些重大事宜的最终决策权，可对经营者加以监督，委托公司有报酬给付的义务。联营则是指数家企业以联营合同为基础，联营各方共同出资，损益共担，各联营企业均须服从统一的指挥，以求达到经济上的一体化的经营形式。

此外，企业还可以通过董事互任或干部兼任等形式，实现一家企业对其他企业的人事控制，从而对该受控企业产生具有决定性作用的影响，在实际上达到经营者合并的效果，最终限制竞争。

## 三、经营者集中的申报与审查

### (一) 经营者集中申报制度及其申报豁免

为了对经营者集中实行有效控制，限制一些规模大、妨碍市场竞争的集中，各国法律均规定了集中主体的申报义务。经营者集中的申报制度有两种情况：一种是集中前的申报；另一种是集中后的申报。美国有关经营者集中的法律要求达到一定规模的企业在合并实施前向当局进行申报。德国的反限制竞争法除了对大企业的合并实行事前申报制度外，其他绝大多数的合并原则上实行事后登记的制度。我国实行的是集中前的申报制度。我国《反垄断法》规定，经营者集中达到国务院规定的申报标准的，经营者应当事先向国务院反垄断执法机构申报，未申报的不得实施集中。

国务院 2008 年 8 月颁布了《关于经营者集中申报标准的规定》，经营者集中达到下列标准之一的，经营者应当事先向国务院反垄断执法机构申报，未申报的不得实施集中：

(1) 参与集中的所有经营者上一会计年度在全球范围内的营业额合计超过 100 亿元人民币，并且其中至少两个经营者上一会计年度在中国境内的营业额均超过 4 亿元人民币。

(2) 参与集中的所有经营者上一会计年度在中国境内的营业额合计超过 20 亿元人民币，并且其中至少两个经营者上一会计年度在中国境内的营业额均超过 4 亿元人民币。

营业额的计算，应当考虑银行、保险、证券、期货等特殊行业和领域的实际情况，具体办法由国务院反垄断执法机构会同国务院有关部门制定。

同时，在以下两种情况下，经营者集中即使达到申报标准，也可以不向国务院反垄断执法机构申报：

(1) 参与集中的一个经营者拥有其他每个经营者 50%以上有表决权的股份或者资产的。

(2) 参与集中的每个经营者 50%以上有表决权的股份或者资产被同一个未参与集中的经营者拥有的。

上述两种情况通常是母子公司、集团公司内部以母公司或集团公司牵头进行的股份或资产的一种重新组合，其所在的市场竞争状况并未发生质的变化，不会对市场竞争状况发生重大影响或实质性影响，因此，无须进行申报。

**(二) 经营者集中申报需提交的文件**

经营者向国务院反垄断执法机构申报集中，应当提交下列文件、资料：①申报书；②集中对相关市场竞争状况影响的说明；③集中协议；④参与集中的经营者经会计师事务所审计的上一会计年度财务会计报告；⑤国务院反垄断执法机构规定的其他文件、资料。

申报书应当载明参与集中的经营者的名称、住所、经营范围、预定实施集中的日期和国务院反垄断执法机构规定的其他事项。

经营者提交的文件、资料不完备的，应当在国务院反垄断执法机构规定的期限内补交文件、资料。经营者逾期未补交文件、资料的，视为未申报。

**(三) 国务院反垄断执法机构对经营者集中的审查程序**

(1) 初步审查。国务院反垄断执法机构应当自收到经营者提交的符合反垄断法规定的文件、资料之日起 30 日内，对申报的经营者集中进行初步审查，作出是否实施进一步审查的决定，并书面通知经营者。国务院反垄断执法机构作出决定前，经营者不得实施集中。

国务院反垄断执法机构作出不实施进一步审查的决定或者逾期未作出决定的，经营者可以实施集中。

(2) 进一步审查。国务院反垄断执法机构决定实施进一步审查的，应当自决定之日起 90 日内审查完毕，作出是否禁止经营者集中的决定，并书面通知经营者。作出禁止经营者集中的决定，应当说明理由。审查期间，经营者不得实施集中。

有下列情形之一的，国务院反垄断执法机构经书面通知经营者，可以延长前款规定的审查期限；但最长不得超过 60 日：

① 经营者同意延长审查期限的。

② 经营者提交的文件、资料不准确，需要进一步核实的。

③ 经营者申报后有关情况发生重大变化的。

国务院反垄断执法机构逾期未作出决定的，经营者可以实施集中。

国务院反垄断执法机构应当将禁止经营者集中的决定或者对经营者集中附加限制性条件的决定，及时向社会公布。

(3) 经营者集中的审查标准。反垄断执法机构审查经营者集中，关键是审查该集中是否具有或可能具有排除、限制竞争的效果，从而对经营者集中作出禁止或者不予禁止的决定。目前国际上有关经营者集中审查的实质性标准主要有两种：一种是“实质性减少竞争标准”，如美国的《克莱顿法》规定，禁止实质上减少竞争或旨在形成垄断的合并；另一种是“支配地位标准”，即以企业的市场份额大小，或是否形成市场支配地位为判断标准，如德国《反对限制竞争法》规定，如能预见合并将产生或加强市场支配地位，联邦卡特尔局应禁止合并。

我国《反垄断法》在总结实践经验的基础上，参考国际上的通行做法，明确规定审查经营者集中应当考虑下列因素：

① 与集中的经营者在相关市场的市场份额及其对市场的控制力。

② 相关市场的市场集中度。

③ 经营者集中对市场进入、技术进步的影响。

④ 经营者集中对消费者和其他有关经营者的影响。

⑤ 经营者集中对国民经济发展的影响。

⑥ 国务院反垄断执法机构认为应当考虑的影响市场竞争的其他因素。

**(四) 不予禁止的经营者集中**

我国《反垄断法》第 28 条列举了对经营者集中不予禁止的两种情形：一种是集中对竞争产生的有利影响明显大于不利影响；另一种是集中符合社会公共利益，如集中有利于关系国家经济命脉和国家安全的行业的发展、促进就业、推动技术进步、增强国际竞争力等。同时，为提高反垄断执法机构的审查效率，充分发挥经营者的积极性，《反垄断法》规定由经营者对上述情形予以举证。

但是，应该看到，上述不予禁止的经营者集中，仍然会对竞争产生或多或少的不利影响。

为了使集中对竞争的不利影响降低到最小程度，充分保护和促进市场竞争，我国《反垄断法》第 29 条规定，对不予禁止的经营者集中，国务院反垄断执法机构可以决定附加减少集中对竞争产生不利影响的限制性条件。

**(五) 经营者集中的国家安全审查**

对外资并购境内企业或者以其他方式参与经营者集中，涉及国家安全的，除依照反垄断法的规定进行经营者集中审查外，还应当按照国家有关规定进行国家安全审查。我国已经初步建立并正在进一步完善对外资并购的国家安全审查制度。国务院制定的《指导外商投资方向规定》，以及商务部等六部门 2006 年 8 月联合发布的《关于外国投资者并购境内企业的规定》，是目前据以审查外资并购国家安全的主要法律依据。

**(六) 经营者集中的法律责任**

经营者集中行为根据申请者的不同情况承担相应的法律责任，主要是行政责任，具体包括以下方面。

(1) 禁止集中。截至 2018 年年底，我国已有两起禁止集中案例。其一是 2009 年，商务部禁止美国可口可乐公司与中国汇源公司的经营者集中反垄断申报，这是自 2008 年《反垄断法》实施以来第一起经营者集中交易。其二是 2014 年，商务部禁止了丹麦穆勒马士基集团(A.P. Møller-Maersk A/S，以下简称马士基)、地中海航运公司(MSC Mediterranean Shipping Company S.A.，以下简称地中海航运)、法国达飞海运集团公司(CMACGMS.A.，以下简称达飞)设立网络中心的经营者集中反垄断申报，理由是该网络中心的设立导致马士基、地中海航运、达飞形成了紧密型联营，在亚洲—欧洲航线集装箱班轮运输服务市场可能具有排除、限制竞争效果。

各国法律规定如果可以预见因合并将出现控制市场的地位或加强控制市场的地位，那么反垄断当局就可以禁止此合并。如我国《反垄断法》第 28 条规定：“经营者集中具有或者可能具有排除、限制竞争效果的，国务院反垄断执法机构应当作出禁止经营者集中的决定。”一旦作出禁止合并的处分，企业就不得完成该合并，其他人也不得参与完成集中。

(2) 附条件同意集中。经营者集中可能使原来拥有优势的企业更增强了市场支配地位，因此，以附条件同意的方式，剥离优势企业的某些强势业务、资产、产能等就成为反垄断的法律救济方式之一。欧盟在其所有申报合并的案件中，除了无条件批准的以外，有 77%的案件是通过资产或业务剥离的方式结案的。我国《反垄断法》第 29 条也规定了减少经营者集中可能带来的限制竞争后果的救济方式。“对不予禁止的经营者集中，国务院反垄断执法机构可以决定附加减少集中对竞争产生不利影响的限制性条件。”《反垄断法》实施以来，我国竞争执法机关已经对多起经营者集中案件实施了附条件同意的审查，就 2017 年一年的年终统计，我国商务部共附加限制性条件批准了 7 起经营者集中申请。2014 年 12 月 16 日，商务部公布了《关于经营者集中附加限制性条件的规定》(已于 2015 年 1 月 5 日起施行)对限制性条件的种类、限制性条件的确定、限制性条件的实施、限制性条件的监督、限制性条件的变更和解除及法律责任等进行了详细规定。其中，对参与集中的经营者的限制性条件包括如下种类：

① 剥离有形资产、知识产权等无形资产或相关权益等结构性条件。

② 开放网络或平台等基础设施、许可关键技术(包括专利、专有技术或其他知识产权)、终止排他性协议等行为性条件。

③ 结构性条件和行为性条件相结合的综合性条件。

(3) 解散已合并企业。对于经营者集中后有损市场竞争的企业，反垄断主管机关下令解散已经结合的企业团体。如德国法律规定如果联邦卡特尔局已经下令禁止的合并即使已经完成，则必须进行解散。

(4) 未依法申报经营者集中的法律责任。商务部负责未依法申报经营者集中的调查处理工作。商务部根据工作需要，可以委托省级商务主管部门协助调查本地区内的未依法申报经营者集中。对商务部依法实施的调查，拒绝提供有关材料、信息，或者提供虚假信息，或者隐匿、销毁、转移证据，或者有其他拒绝、阻碍调查行为的，商务部依据《反垄断法》第 52 条的规定给予处罚。

经调查认定被调查的经营者未依法申报而实施集中的，商务部可以对被调查的经营者处 50 万元以下的罚款，并可责令被调查的经营者采取以下措施恢复到集中前的状态：①停止实施集中；②限期处分股份或者资产；③限期转让营业；④其他必要措施。

商务部依据上述措施进行处理时，应当考虑未依法申报行为的性质、程度、持续的时间，以及依据《未依法申报经营者集中调查处理暂行办法》第 8 条第 3 款作出的竞争效果评估结果等因素。

经营者对商务部依据作出的决定不服的，可以先依法申请行政复议；对行政复议决定不服的，可以依法提起行政诉讼。

(5) 其他方式。对于人事兼任、合资经营、委托经营等形式的企业合并，还可采用解除职务、宣告合同无效等方式进行处罚，严重的还须负刑事责任。如美国反垄断机构对不经申报擅自合并的企业，法院可处以违反期内每天高达 1 万美元的罚金。

我国《反垄断法》规定，经营者违反本法规定实施集中的，由国务院反垄断执法机构责令停止实施集中、限期处分股份或者资产、限期转让营业以及采取其他必要措施恢复到集中前的状态，可以处 50 万元以下的罚款。给他人造成损害的，则依法承担相应的民事责任。

【案例分析 4-5】

可口可乐收购汇源公司案

2008 年 9 月，可口可乐公司拟以约 179.2 亿港元收购汇源果汁集团有限公司。而后，可口可乐公司向商务部递交了申报材料。商务部认为可口可乐公司提交的申报材料达到了《反垄断法》第 23 条规定的标准，对此项申报进行立案审查，并通知了可口可乐公司。在进一步审查过程中，商务部对集中造成的各种影响进行了评估，并于 2009 年 3 月 20 日前完成了审查工作。审查工作结束后，商务部依法对此项集中进行了全面评估，确认集中将产生如下不利影响：第一，集中完成后，可口可乐公司有能力将其在碳酸软饮料市场上的支配地位传导到果汁饮料市场，对现有果汁饮料企业产生排除、限制竞争效果，进而损害饮料消费者的合法权益；第二，品牌是影响饮料市场有效竞争的关键因素，集中完成后，可口可乐公司通过控制“美汁源”和“汇源”两个知名果汁品牌，对果汁市场控制力将明显增强，加之其在碳酸饮料市场已有的支配地位以及相应的传导效应，集中将使潜在竞争对手进入果汁饮料市场的障碍明显提高；第三，集中挤压了国内中小型果汁企业生存空间，抑制了国内企业在果汁饮料市场参与竞争和自主创新的能力，给中国果汁饮料市场有效竞争格局造成不良影响，不利于中国果汁行业的持续健康发展。鉴于上述原因，根据《反垄断法》第 28 条和第 29 条，商务部认为，此项经营者集中具有排除、限制竞争效果，将对中国果汁饮料市场有效竞争和果汁产业健康发展产生不利影响。鉴于参与集中的经营者没有提供充足的证据证明集中对竞争产生的有利影响明显大于不利影响或者符合社会公共利益，在规定的时间内可口可乐公司也没有提出可行的减少不利影响的解决方案，因此，决定禁止此项经营者集中。

问题：此项经营者集中案件是否应当予以禁止？

# 第五节 行政性垄断的法律规制

我国行政垄断的形成有着深刻复杂的历史和现实原因，对行政垄断实行规制，必然会遇到来自包括经济组织和政治组织在内的各方面利益集团的关注和争议。因此，行政垄断的克服本身已经不仅仅是一个法律问题，它是整个中国改革进程中的一项综合性的系统工程，包括加快政府职能转变、依法行政、进一步完善市场体系、完善反垄断立法等方面措施。

## 一、行政性垄断行为的概念

行政性垄断是行政机关和法律、法规授权的具有管理公共事务职能的组织滥用行政权力排除、限制竞争的市场垄断行为。行政性垄断是与经济性垄断相对应的，是在经济体制转轨的过程中，传统体制下的行政垄断与市场两股力量扭合在一起形成的新型垄断，本质上是一种“借行政权力，行市场行为”的垄断。

## 二、行政性垄断行为的特点

行政性垄断行为主要有以下特点。

(1) 行政性垄断是地方政府或中央政府的行业主管部门利用行政权力形成的。

(2) 行政性垄断的目的是保护地方经济利益或部门经济利益。

(3) 行政性垄断的形式主要是指定交易和限制资源自由流通。

(4) 行政性垄断的后果是导致统一市场的人为分割及市场壁垒。

行政性垄断导致地区封锁和部门割据，破坏了市场的统一和开放。此外，行政性垄断还侵害了市场主体的合法经营权，损害了消费者利益。

## 三、行政性垄断行为的类型

行政性垄断行为的种类主要包括以下三种。

### (一) 地区垄断行为

地区垄断行为指行政机关和法律、法规授权的具有管理公共事务职能的组织滥用行政权力，实施地区封锁的限制竞争行为，具体表现为以下几点。

(1) 妨碍商品在地区之间的自由流通。

① 对外地商品设定歧视性收费项目，实行歧视性收费标准，或者规定歧视性价格。

② 对外地商品规定与本地同类商品不同的技术要求、检验标准，或者对外地商品采取重复检验、重复认证等歧视性技术措施，限制外地商品进入本地市场。

③ 采取专门针对外地商品的行政许可，限制外地商品进入本地市场。

④ 设置关卡或者采取其他手段，阻碍外地商品进入或者本地商品运出。

⑤ 妨碍商品在地区之间自由流通的其他行为。

(2) 以设定歧视性资质要求、评审标准或者不依法发布信息等方式，排斥或者限制外地经营者参加本地的招标投标活动。例如，有的地方行政机关直接要求本地区的采购单位只能将采购项目交给属于本地区的单位，本地区以外的单位不能参与本地区采购项目的投标。

(3) 滥用行政权力，采取与本地经营者不平等待遇等方式，排斥或者限制外地经营者在本地投资或者设立分支机构。例如，禁止或者限制外地企业对本地企业的收购，提高外地企业注册资本的标准，增加对外地企业资金来源及运用的审查次数等。

### (二) 行政性强制经营行为

(1) 行政机关和法律、法规授权的具有管理公共事务职能的组织滥用行政权力，限定或者变相限定单位或者个人经营、购买、使用其指定的经营者提供的商品。例如，某地民政部门利用办理结婚登记的权力，限定办证申请人到指定的照相馆照相。

(2) 行政机关和法律、法规授权的具有管理公共事务职能的组织滥用行政权力，强制经营者从事反垄断法规定的垄断行为。例如，地方政府在企业合并中通过“拉郎配”制造出大型企业，或要求地方企业集体抬高价格等。这些做法违背了市场经济规律，限制了经营者的经营自主权，损害了消费者的合法权益，也未能给经济发展带来预期的利益。

### (三) 制定垄断性行政规定行为

行政机关滥用行政权力，制定含有排除、限制竞争内容的规定。例如，地方政府及其所属部门以文件、会议纪要、规定或联合发文的形式，排除、限制竞争，阻碍商品在全国自由流通或阻碍企业的自由设立。

**【案例分析 4-6】**

某县政府规定：施工现场不得搅拌混凝土，只能使用预拌的商品混凝土。2017 年，县建材协会组织协调县内 6 家生产企业达成协议，各自按划分的区域销售商品混凝土。因货少价高，一些施工单位要求县工商局处理这些企业的垄断行为。根据《反垄断法》，下列选项错误的是(　　)。

A. 县政府的规定属于行政垄断行为

B. 县建材协会的行为违反了《反垄断法》

C. 县工商局有权对 6 家企业涉嫌垄断的行为进行调查和处理

D. 被调查企业承诺在反垄断执法机构认可的期限内采取具体措施消除该行为后果的，该机构可决定终止调查

## 四、行政性垄断行为的法律责任

行政性垄断行为在现实生活中存在的普遍性和危害性，要求反垄断法必须加以规制而不能回避。规制行政性垄断行为的关键在于明确行为主体的法律责任。

我国《反垄断法》对行政机关和法律、法规授权的具有管理公共事务职能的组织滥用行政权力排除、限制竞争的行为进行了原则性的规定。行政机关和法律、法规授权的具有管理公共事务职能的组织滥用行政权力，实施排除、限制竞争行为的，由上级机关责令改正；对直接负责的主管人员和其他直接责任人员依法给予处分，反垄断执法机构可以向有关上级机关提出依法处理的建议。法律、行政法规对行政机关和法律、法规授权的具有管理公共事务职能的组织滥用行政权力实施排除、限制竞争行为的处理另有规定的，依照其规定。

2011 年 2 月 1 日开始施行的《工商行政管理机关制止滥用行政权力排除、限制竞争行为的规定》对行政机关和法律、法规授权的具有管理公共事务职能的组织滥用行政权力排除、限制竞争的行为作了较详细的规定。即国家工商行政管理总局和省、自治区、直辖市工商行政管理局依照《反垄断法》第 51 条的规定，可以就行政机关和法律、法规授权的具有管理公共事务职能的组织滥用行政权力排除、限制竞争的行为表现及其后果，向其有关上级机关提出依法处理的建议。同时对于经营者以行政机关和法律、法规授权的具有管理公共事务职能的组织的行政限定、行政授权或其制定、发布的行政规定为由，达成、实施垄断协议和滥用市场支配地位行为的，依照《工商行政管理机关禁止垄断协议行为的规定》《工商行政管理机关禁止滥用市场支配地位行为的规定》处理。

**【案例分析 4-7】**

某地有一外资企业，是生产洗涤产品的，该企业生产的无磷、无铝、无毒的“绵羊牌”洗衣粉不污染环境，不危害身体，并且有抑菌作用。该厂经过宣传推广，该洗衣粉在市场上销量迅速提高，对邻省洗涤剂厂家的生产、经营形成很大的冲击。2017 年 9 月，邻省的省技术监督局根据该省洗涤厂的反映，召集了某市技术监督局、洗涤剂厂家和肥皂厂家等许多单位在省技术监督局开会。会上由主持人作了如下布置：先由某洗涤剂厂向某市技术监督局正式投诉，某市技术监督局根据投诉的材料对“绵羊牌”洗衣粉进行抽样检查，检查出“质量问题”，某市工商行政管理局等部门协同他们工作。9 月 25 日，市技术监督局拿来了“样品”，交给省质检中心。质检中心出具了四份检验报告，以去污力、聚磷酸含量两项指标未达标为由宣布“绵羊牌”洗衣粉为不合格产品，不能在本省进行销售。某市技术监督局立即将各销售点的“绵羊牌”洗衣粉查封。11 月，某市技术监督局对销售“绵羊牌”洗衣粉的几个主要商场作出处罚决定：(一)罚款 1000 元；(二)限期追回已经售出的洗衣粉；(三)通知厂方更换使用说明，并在包装上注明“处理品”字样。

问题：该案中，该市技术监督局的做法是否合法？

# 第六节 反垄断法的实施

鉴于我国现状，设立国家统一执法机构作为反垄断执法机关之间的协调机构是非常必要的，这不仅有利于在我国推动竞争政策，倡导竞争文化，而且也有利于保证反垄断执法的统一性、公正性和权威性。

## 一、反垄断主管机构

2018 年 3 月，根据第十三届全国人民代表大会批准的国务院机构改革方案，将国家工商行政管理总局的职责、国家质量监督检验检疫总局的职责、国家食品药品监督管理总局的职责、国家发展和改革委员会的价格监督检查与反垄断执法职责、商务部的经营者集中反垄断执法以及国务院反垄断委员会办公室等职责整合，组建国家市场监督管理总局，作为国务院直属机构。其下包括执法稽查局、反垄断局、价格监督检查和反不正当竞争局、网络交易监督管理司等内设机构。其中，反垄断局是我国目前的反垄断主管机构，其主要职责包括：拟订反垄断制度措施和指南，组织实施反垄断执法工作，承担指导企业在国外的反垄断应诉工作；组织指导公平竞争审查工作；承担反垄断执法国际合作与交流工作；承办国务院反垄断委员会日常工作；负责反垄断统一执法；统筹推进竞争政策实施，指导实施公平竞争审查制度；依法对经营者集中行为进行反垄断审查，负责垄断协议、滥用市场支配地位和滥用行政权力排除、限制竞争等反垄断执法工作；指导企业在国外的反垄断应诉工作；承担国务院反垄断委员会日常工作。

## 二、反垄断法的行政执法程序

### （一）反垄断执法机构调查涉嫌垄断行为时可享有的职权

(1) 有权进入被调查的经营者的营业场所或者其他有关场所进行检查。

(2) 有权询问被调查的经营者、利害关系人或者其他有关单位或者个人，要求其说明有关情况。

(3) 有权查阅、复制被调查的经营者、利害关系人或者其他有关单位或者个人的有关单证、协议、会计账簿、业务函电、电子数据等文件、资料。

(4) 有权查封、扣押相关证据。

(5) 有权查询经营者的银行账户。

采取上述规定的措施，应当向反垄断执法机构主要负责人书面报告，并经批准。

### （二）反垄断执法机构调查涉嫌垄断行为时应承担的义务

(1) 遵守法定调查程序的义务。根据我国《反垄断法》的规定，反垄断执法机构调查涉嫌垄断行为，执法人员不得少于 2 人，并应当出示执法证件。执法人员进行询问和调查，应当制作笔录，并由被询问人或者被调查人签字。

(2) 保守被调查人的商业秘密。反垄断执法机构及其工作人员对执法过程中知悉的商业秘密负有保密义务。

### （三）反垄断调查中被调查对象的权利与义务

根据《反垄断法》的相关规定，被调查的经营者、利害关系人有权陈述意见。反垄断执法机构应当对被调查的经营者、利害关系人提出的事实、理由和证据进行核实，以便正确认定事实，依法作出决定。这是被调查者的程序性权利。

同时，被调查的经营者、利害关系人或者其他有关单位或者个人应当配合反垄断执法机构依法履行职责，不得拒绝、阻碍反垄断执法机构的调查。这是被调查者应履行的配合调查义务。对于拒不配合反垄断调查的单位和个人，应当依法追究其相应的法律责任。

**(四) 反垄断调查的中止**

对反垄断执法机构调查的涉嫌垄断行为，被调查的经营者承诺在反垄断执法机构认可的期限内采取具体措施消除该行为后果的，反垄断执法机构可以决定中止调查。中止调查的决定应当载明被调查的经营者承诺的具体内容。

反垄断执法机构决定中止调查的，应当对经营者履行承诺的情况进行监督。经营者履行承诺的，反垄断执法机构可以决定终止调查。

有下列情形之一的，反垄断执法机构应当恢复调查：

(1) 经营者未履行承诺的。

(2) 作出中止调查决定所依据的事实发生重大变化的。

(3) 中止调查的决定是基于经营者提供的不完整或者不真实的信息作出的。

**(五) 行政复议和行政诉讼程序**

我国《反垄断法》第 53 条针对被调查者对处理决定不服的情形，作了较具体的规定：

(1) 对反垄断执法机构依据本法第 28 条、第 29 条作出的决定不服的，可以先依法申请行政复议；对行政复议决定不服的，可以依法提起行政诉讼。

(2) 对反垄断执法机构作出的前款规定以外的决定不服的，可以依法申请行政复议或者提起行政诉讼。

此外，我国《反垄断法》第 10 条规定，国务院反垄断执法机构依照本法规定，负责反垄断执法工作。国务院反垄断执法机构根据工作需要，可以授权省、自治区、直辖市人民政府相应的机构，依照本法规定负责有关反垄断执法工作。

## 三、反垄断法的私人执行

反垄断法的实施既可以通过执法机构来进行，也可以通过私人来进行，前者称为反垄断法的公共执行，后者称为反垄断法的私人执行。

公共执行是政府执行反垄断法的活动，即反垄断行政执法机关作为公共利益的代表，通过行使公权力执行反垄断法，如我国反垄断执法机关在各自职权范围内对垄断违法行为所采取的执法措施都属于公共执行。私人执行是指受限制竞争行为侵害的自然人、法人和其他市场主体向法院提起反垄断诉讼。私人执行有多种方式，如举报、仲裁和诉讼，我国《反垄断法》第 38 条对之有相应的规定。反垄断私人执行的最主要方式是私人诉讼，指的是私人当事人通过诉讼方式来执行反垄断法。反垄断私人诉讼主要是民事诉讼，即原告指控被告有限制竞争行为，并且由此使他们受到了损害。反垄断私人诉讼也包括行政诉讼，即原告指控行政机关滥用行政权力限制竞争，并由此使他们受到了损害，这一点在我国第十二届全国人大常委会第十一次会议于 2014 年 11 月 1 日审议通过的修订《中华人民共和国行政诉讼法》的决定中体现得尤为突出。

我国《反垄断法》第 50 条规定："经营者实施垄断行为，给他人造成损失的，依法承担民事责任。”最高人民法院2012年5月公布的《关于审理因垄断行为引发的民事纠纷案件应用法律若干问题的规定》明确反垄断民事诉讼不需要以行政执法程序前置为条件，减轻了一直为人们所诟病的原告的举证责任。随着《反垄断法》和《关于审理因垄断行为引发的民事纠纷案件应用法律若干问题的规定》生效，依据这些规定的反垄断民事诉讼在我国屡见不鲜，有些案件在国内外还有较大的影响。

例如，2009年4月周泽诉中国移动通信集团北京有限公司和中国移动通信集团公司垄断纠纷案，该案中，周泽指控中国移动与其不存在租赁关系，却强行以收取手机“月租费”作为提供中国移动通信服务的附加条件；此外，中国移动向其收取的“全球通”月租费及具体的通信服务价格与对其他用户的收费标准存在差异，构成了在没有正当理由的情况下，对条件相同的交易相对人实施价格差别待遇。这两种行为均涉嫌违反《反垄断法》第17条，构成了滥用市场支配地位的行为。周泽向法院提出了判决被告停止收取月租费、退换已交月租费1200元等诉讼请求。经北京市第二中级人民法院调解结案：中国移动尽管否认它在中国电信市场占支配地位，但它不再向周泽收取月租费，此外还以“感谢”的名义补偿周泽1000元，周泽撤诉。这个案件是《反垄断法》实施以来首例原告获得损害赔偿的案件，因为原告对被告各项要求几乎都予以满足，原告基本胜诉。

此外，还有2008年12月唐山人人信息服务有限公司诉北京百度网讯科技有限公司垄断纠纷案，2011年11月奇虎公司诉腾讯公司和腾讯计算机公司滥用市场支配地位案，2012年8月刘孝五诉广东省足协和珠超公司差别待遇纠纷案，2014年10月米时科技诉奇虎科技市场支配地位及不正当竞争案等。上述一系列私人反垄断诉讼不仅说明了我国公民和企业不断增强的反垄断意识，而且也显示了私人反垄断执法在我国反垄断执法初期的重要性。

## 思考练习

**(一) 单项选择题**

1. 根据反垄断法律制度的有关规定，行政机关滥用行政权力，实施限制竞争行为的，除法律、行政法规另有规定的，反垄断法机构可以采取的处理措施是(　　)。

A. 责令行为人改正违法行为

B. 对直接负责的主管人员和其他直接责任人员给予处分

C. 对行为人处以罚款

D. 向有关上级机关提出依法处理的建议

2. 下列有关行政垄断的说法正确的是(　　)。

A. 行政机关制定含有限制竞争内容的规章属于行政垄断

B. 具有市场支配地位的经营者限定单位或者个人经营、购买、使用其指定的经营者提供的商品的行为属于行政垄断

C. 某市工商管理机关对于进入本市的奶制品都进行统一的有害添加剂检测，该行为属于滥用行政权力排除限制竞争

D. 行政机关和法律、法规授权的具有管理公共事务职能的滥用行政权力排除、限制竞争的，应当承担民事赔偿责任

3. 下列协议属于我国反垄断法规制的垄断协议的是(　　)。

A. 位于A市的甲公司为经营奶制品的公司，其联合A市的其他奶制品公司一起签订协议，

只从A市的乙奶牛场进购牛奶

B. 生产某计算机配件的厂商为了与国际接轨，尽快提高产品升级换代，达成协议，以后相关配件只使用甲公司生产的某一型号的产品

C. 某厂家与其上游厂商甲签订了为期5年的购销合同，保证在此期间，只从甲厂购买原料

D. 某政府机关采购办公用品，与一商家签订协议，同意在2年内只购买该商家的产品

4. 甲企业生产某种家畜饲料，下列条件中不能认定其占有市场支配地位的是(　　)。

A. 甲企业在其所在的A市市场占有80 %以上的份额

B. 其他饲料企业要想进入A市，除非和甲企业协商

C. 甲企业提高其饲料价格，致使该市绝大多数的养殖户因养殖成本提高而受损失

D. 甲企业与该市其他饲料企业一起联手降低制作饲料的农产品收购价格

**(二) 多项选择题**

1. 下列行为构成滥用市场支配地位行为的有(　　)。

A. 甲公司生产的某种小家电市场占有率达60%，甲公司引进新技术对产品进行了改进，并将销售价格提高了30%

B. 乙公司生产的牛奶在该地的市场占有率达55%，乙公司要求当地某超市在购物车上为其免费做广告，超市拒绝，乙公司停止向超市供货

C. 某市自来水公司称由于很多用户的自来水龙头滴漏，造成严重浪费，要求用户必须购买该公司指定的几种品牌的水龙头，经查，自来水公司与指定品牌的生产厂家并无利益关系

D. 某市生产打火机的厂家众多，由于有的小厂家生产的打火机质量不合格，给该行业声誉造成影响，该市最大的打火机生产厂丙厂和丁厂的市场占有率达70%，两厂资金雄厚，决定以低于成本的价格销售打火机，以期将小厂家挤出市场

2. 滥用行政权力排除、限制竞争的行为，是我国《反垄断法》规制的垄断行为之一。关于这种行为，下列选项正确的是(　　)。

A. 实施这种行为的主体，不限于行政机关

B. 实施这种行为的主体，不包括中央政府部门

C.《反垄断法》对这种行为的规制，限定在商品流通和招投标领域

D.《反垄断法》对这种行为的规制，主要采用行政责任的方式

3. 下列行为中，属于《反垄断法》所禁止的垄断行为的有(　　)。

A. 某药品生产企业因拥有一项治疗心血管疾病的药品专利，占据了相关市场95%的份额

B. 年销售额在1亿元以上的药品零售企业之间达成联盟协议，共同要求药品生产企业按统一的优惠价格向联盟内的企业供应药品，联盟内的企业按统一的零售价向消费者销售药品

C. 某市政府在与某国有医药企业签订的战略合作协议中承诺，该国有医药企业在本市医疗机构药品招标中享有优先中标机会

D. 某省政府招标办公室发布文件称：凡不在本省纳税的企业，一律不得参与本省的招投标活动

4. 下列不是垄断协议的有(　　)。

A. 家乐福和沃尔玛约定：前者占北京市场，后者占天津市场

B. 因为价格问题，甲乙两家汽车厂口头约定都不购买丙钢铁公司的钢材

C. 甲药厂和乙医药连锁超市约定：后者出售前者的某种专利药品只能按某价格出售

D. 甲药厂和乙医药连锁超市约定：后者出售前者的某种专利药品最高按某价格出售

E. 乙医药连锁超市和甲药厂约定：前者只按照某最低价格从后者进货

5. 在某市场，甲、乙、丙分别占据着40%、30%、9%的份额，其他经营者的都不足1%，那么，关于甲、乙、丙市场支配地位的表述正确的是(　　)。

A. 认定甲有　　B. 推定甲有　　C. 推定乙有　　D. 推定丙有

6. 假设某商场在促销乙厂的压力锅时，谎称商场要转产歇业，所售产品的销售价是跳楼价，下列表述中正确的是(　　)。

A. 该商场违反了《反不正当竞争法》关于禁止低价倾销的规定

B. 该商场违反了《消费者权益保护法》关于禁止欺诈经营的规定

C. 该商场违反了《反不正当竞争法》关于禁止作引人误解虚假宣传的规定

D. 该商场违反了《民法通则》和《合同法》规定的诚实信用原则

**(三) 案例分析题**

2008年10月20日，微软中国正式宣布，将从即日起同时推出两个重要更新，使用Windows XP专业版盗版系统与Office XP、Office 2003、Office 2007盗版软件的用户将分别遭遇电脑“黑屏”与“提醒标记”等警告措施。微软认为这是一种提醒措施。

被称为Windows正版增值计划通知和Office正版增值计划通知的这两个项目均是可选择式的服务。用户可以通过微软更新站点或自动更新选择下载安装，经过验证过程后了解自己使用的Windows XP或Office产品是否为正版并获得相应的授权。

2008年10月27日，董正伟律师申请工商总局对微软黑屏反垄断执法，罚10亿美元。理由如下：

(1) 微软实施“黑屏计划”涉嫌滥用市场支配地位对用户附加不合理交易条件的垄断经营行为，用户没有义务配合微软进行正版验证；

(2) 微软黑屏计划等同黑客攻击行为，涉嫌滥用市场支配地位危害计算机信息安全和公共利益的垄断经营行为。

国家版权局：微软维权应注意方式。

国家版权局有关人员认为，理解并支持微软等各机构的正当维权行为，但同时也认为这些机构在维权中应注意方式。微软“黑屏计划”是否应该采用值得商榷，维权的措施需要恰当，不能过分。

国家版权局人员：微软过去采取全球统一定价，没有考虑发达国家收入水平与发展中国家收入水平的差距。微软在价格政策上，要考虑中国用户对价格的承受能力。

微软警告：盗版Window 7仍将遭遇“黑屏”。

2009年10月25日，有律师向工商总局发出《Win7不激活黑屏和价格垄断的反垄断举报信》。

2009年11月，工商总局就此案进入反垄断执法程序。

问题：

(1) 微软是否具备市场支配地位？

(2) 微软是否滥用了市场支配地位？

# 第五章

# 反不正当竞争法

**【学习目的与要求】**

反不正当竞争法是市场经济的重要法律制度，是国家规范市场经济、完善市场经济体制的重要手段。2017 年新法颁布后，我国反不正当竞争法规定的行为增加到了 7 种。本章的学习目的是了解这些行为的各自特点、构成要件及法律规制方式，商业诋毁、不正当有奖销售行为；重点掌握仿冒或假冒不正当竞争行为的类型、商业秘密的构成要件及侵害行为的表现形式、商业贿赂行为及互联网不正当竞争行为的构成。

## 第一节　反不正当竞争法概述

为保障社会主义市场经济健康发展，鼓励和保护公平竞争，制止不公平竞争，保护经营者和消费者的合法权益，我国于 1993 年通过并于同年 12 月 1 日开始实施《中华人民共和国反不正当竞争法》(以下简称《反不正当竞争法》)。

该法是我国第一部统一的竞争法律。为有效实施《反不正当竞争法》，国家工商行政管理局陆续发布了有关规章。例如，1993 年的《关于禁止有奖销售活动中不正当竞争行为的若干规定》；1995 年 7 月的《关于禁止仿冒知名商品特有的名称、包装、装潢的不正当竞争行为的若干规定》；1995 年的《关于禁止侵犯商业秘密行为的若干规定》；1996 年的《关于禁止商业贿赂行为的暂行规定》等。此外，在民法、企业法、知识产权法、药品管理法、食品卫生法、产品质量法、消费者权益保护法、广告法、对外贸易法等方面的法律、法规中，以及在我国参加的有关国际条约中，都有反不正当竞争的规定。

2017 年 11 月 4 日，第十二届全国人民代表大会常务委员会第三十次会议修订《反不正当竞争法》通过，自 2018 年 1 月 1 日起施行。

### 一、不正当竞争行为的概念与特征

(1) 不正当竞争行为的概念。不正当竞争行为泛指经营者为了争夺市场竞争优势，违反公认的商业习俗和道德，采用欺诈、混淆等经营手段排挤或破坏竞争，扰乱市场经济秩序，并损害其他经营者和消费者利益的竞争行为。

(2) 不正当竞争行为的特征。

① 行为具有违法性。违法性是指不正当竞争行为违反了《反不正当竞争法》的禁止性规定，或者违反了公认的商业道德。

② 行为的主体是经营者。不正当竞争行为的主体是指经营者，即从事商品生产经营或者提供营利性服务的法人、其他经济组织和个人，除涉及共同侵权，否则不包括非经营者。但是，如果政府及其所属职能部门滥用行政权力妨碍经营者的正当竞争行为，根据《反不正当竞争法》的规定，也应视为不正当行为。

③ 行为具有社会危害性。不正当竞争行为所侵害的客体是其他经营者或消费者的合法权益，从整体上讲扰乱了正常的社会经济秩序。不正当竞争行为不仅损害了其他经营者和广大消费者的利益，而且严重地损害了国家的利益，破坏了市场秩序，阻碍了社会生产力的发展。

## 二、反不正当竞争法的概念与特征

反不正当竞争法是国家对经营者违反商业道德、扰乱经济秩序的竞争行为进行规制的法律规范的总和。它是经济法体系中的重要内容，具有典型的公法特征。它以规范经济秩序为直接目标，以提升和维护社会整体效率为其终极目标，与传统私法存在着明显的区别。其特征主要如下。

(1) 反不正当竞争法是国家对经营者竞争行为的直接干预。在自由竞争时期，经营者的市场行为不受政府规制，传统私法对此极尽维护之能事。反不正当竞争法则是突破了传统法治理念，政府执法机构对经营者的竞争行为设定了以维护市场秩序公共利益为界限的行为准则，而且由政府行政执法机构进行直接监督，如美国的联邦贸易委员会、日本的公正交易委员会及我国的工商行政管理部门等，都具有法定权力可以对不正当竞争行为进行检查和处罚。我国《反不正当竞争法》还明确规定："各级人民政府应当采取措施，制止不正当竞争行为，为公平竞争创造良好的环境和条件。"这表明国家对经营者竞争权利的规制是反不正当竞争法的重要特征。

(2) 反不正当竞争法保护的法益具有社会性。反不正当竞争法虽然是从具体行为上着手立法，但其根本的目的是立足于社会整体利益的保护。这一特点明显不同于民事立法。后者旨在调整平等的个体之间权利义务关系，目的是实现个体权利之间的公平与正义。反不正当竞争法不仅保护直接进行竞争的诚实经营者，还保护并不直接参与交易和竞争但利益受到侵害的其他经营者和广大消费者。

(3) 反不正当竞争法调整的社会关系具有广泛性。反不正当竞争法的主体相当广泛，涉及所有参与市场竞争的个人、企业和组织。消费者更是反不正当竞争法的重要主体。同时，不正当竞争的行为形式多样，反不正当竞争法调整的社会关系也具有广泛性。既有竞争者之间特定的竞争关系，也有经营者与消费者之间的不特定的交易关系；既有直接侵害特定权利的侵权关系，如商标权、企业名称权等，也有通过似是而非搭便车的手段损害他人合法利益的侵权关系，如仿冒行为、令人误解的广告行为等。

反不正当竞争法的上述特征使得它在维护市场秩序中发挥了重要的作用。

## 三、反不正当竞争法的立法宗旨

竞争是效率的源泉，但竞争并不必然使效率最优化和长久化。经营者为获取竞争利益而开展竞争的同时，也有可能损害市场秩序和竞争机制。竞争的这种"外部性"是客观存在且无法自行消除的，必须通过法律清除或削弱之。立法宗旨是指制定该部法律的立法价值与目标所在。反不正当竞争法的立法宗旨就是要把经营者的竞争行为强制性地约束在"诚实信用的商业道德"的行为模式上，不允许以损害他人利益和公共秩序的手段去获取自己的利益。这种政府干预下的新型的社会关系成为现代市场经济立法的必然成果。我国《反不正当竞争法》第 1 条明确规定："为了促进社会主义市场经济健康发展，鼓励和保护公平竞争，制止不正当竞争行为，保护经营者和消费者的合法利益，制定本法。”由此可见，我国《反不正当竞争法》的立法宗旨应当体现为两个层面：一是宏观上保障经济发展的层面；二是微观上保障消费者福利层面。

(1) 宏观层面——保障经济发展。诚实信用的商业惯例历来为我国所推崇，“见利忘义”的不道德行为也一直被人们所唾弃。在建立市场经济体制过程中，我国政府首先是鼓励竞争、保护竞争，同时又对大量不正当竞争行为进行法律规制。因此，我国《反不正当竞争法》的宗旨也就承担了培育市场和规范市场的双重任务。从宏观上讲，《反不正当竞争法》与《反垄断法》一起构成现代竞争法，并且在市场经济国家中被称为“经济宪法”，它不同于专以保护民事权利为目标的民事侵权法律，它的任务是预防和制止不正当竞争行为，保障市场经济发展的基本动力——有效竞争，从而实现维护市场竞争秩序的根本目的。由此可见，维护市场的竞争机制，创造公平的竞争的市场环境，保障和促进社会主义经济的发展，是我国反不正当竞争法的最终目标，这与宪法规定一脉相承，是宪法精神的延伸和具体化。

(2) 微观层面——消费者利益保护。作为一部市场竞争规制法，制止不正当竞争行为，保护合法经营者和消费者的利益则是反不正当竞争法的直接目标，它根据经营者的行为对社会的影响程度、社会公众对这些行为的容忍程度，调整法律制约原则，从而确定行为构成要件、法律责任及处罚措施。市场秩序是公共利益的代名词，具体表现在消费者的利益。传统的反不正当竞争法通过保护经营者利益的方式来间接或反射性地保护消费者的利益。后来随着经济的不断发展和消费者运动的兴起，立法者认识到消费者是转嫁竞争损失的终端，竞争行为表面上看是损害了竞争对手的利益，但竞争对手的损害仍会通过各种途径最终落到消费者身上。因此，在现代市场竞争日益激烈的情况下，要维护好公平的市场竞争秩序，就应当更加明确对消费者利益的保护，让消费者成为竞争法的最终受益者，这正是反不正当竞争法的根本价值所在。

## 四、《反不正当竞争法》的发展

2017 年 11 月 4 日，第十二届全国人民代表大会常务委员会第三十次会议修订《反不正当竞争法》。

《反不正当竞争法》修订的成果主要体现在 5 个方面：理念宗旨有进步、概念定义更明确、行为界定更合理、法律责任更匹配、法制程序有改进。

### (一) 宗旨、理念和原则

从宗旨来看，本次修订将《反不正当竞争法》第 1 条中“为保障社会主义市场经济健康发展”改为“为了促进社会主义市场经济健康发展”。将“保障”改为“促进”，体现了《反不正当竞争法》宗旨的变化。宗旨的具体内容逐层递进地表述为：制止和预防不正当竞争行为，鼓励和保护公平竞争行为，保护经营者和消费者的合法权益，促进社会主义市场经济健康发展。

从理念来看，新《反不正当竞争法》更集中地聚焦竞争规制内容，更合理地体现行为的竞争属性，更恰当地处理政府与市场之间的关系。总的看来，更好地体现了公平、效率与秩序。

从基本原则来看，新《反不正当竞争法》的基本原则包括法定原则、公平原则、绩效原则和适度原则。法定原则要求规制主体权力法定、程序法定。公平原则要求在立法上兼顾竞争对手之间、经营者与消费者之间的利益平衡；执法和司法上公平对待各方，追求形式公平与实质公平的结合。绩效原则要求制度设计、行为认定、责任追究的效果，应实现反不正当竞争制度的经济效果、法治效果和社会效果的最大化。适度原则注意方向、力度、范围的适度，认真分析合法竞争与合理竞争，对新技术、新产业、新业态、新模式的监管要审慎。这些基本原则，体现在新《反不正当竞争法》的总则、不正当竞争行为、监督检查、法律责任等法律条款。

**(二) 不正当竞争行为和经营者的定义**

不正当竞争行为和经营者，是《反不正当竞争法》的基础性概念。

(1) 关于不正当竞争行为的定义。新《反不正当竞争法》有三项修改：

① 将“市场交易”改为“生产经营活动”。

② 将扰乱“社会经济秩序”改为扰乱“市场竞争秩序”。

③ 将消费者的合法权益加入到损害认定范围之中。

第二项改动限缩了秩序的范围，突出了竞争秩序，这对于在具体行为认定中突出“竞争法”的属性，将《反不正当竞争法》的“竞争法”属性更纯粹化，具有十分重要的意义。第三项修改将消费者权益列入损害认定的范围，与立法宗旨对应起来。未来，新《反不正当竞争法》要妥善处理好与《消费者权益保护法》之间的关系。

(2) 关于经营者的定义。新《反不正当竞争法》对商品或服务、经营者的形态进行了修改，与《反垄断法》《民法总则》的规定相衔接。

**(三) 具体不正当竞争行为的界定**

新《反不正当竞争法》将原有的 11 种不正当竞争行为减去 5 种，新添 1 种，构成 7 种不正当竞争行为：商业混淆、商业贿赂、误导性宣传、侵犯商业秘密、不正当有奖销售、商业诋毁和互联网不正当竞争。

(1) 关于商业混淆行为。新《反不正当竞争法》的修改主要有：

① 删除“假冒他人的注册商标”“在商品上伪造或者冒用认证标志、名优标志等质量标志，伪造产地，对商品质量作引人误解的虚假表示”款项，和《商标法》《产品质量法》相衔接，也更突出了《反不正当竞争法》与知识产权法在规制上的区别。

② 将商业性标识更明确地分为商品类标识、商号类标识和互联网商业标识三类(互联网商业标识与前两者之间有交叉)，并细化了这三类标识的具体形式。这些修改，体现了技术、经济发展的需要，也更有利于执法中对违法行为的认定。

③ 在行为认定中，除保留“擅自使用”外，将“知名的”“特有的”改为“有一定影响的”。这样，将商业混淆界定为“擅自使用”“与他人有一定影响的”商品类标识、“相同或者近似的”商业性标识，或者“他人有一定影响的”商号类标识、互联网标识，“足以引人误认为是他人的商品或者与他人存在特定联系”。这些修改，更好地界定了商业混淆的构成要件，也更好地体现了行为的竞争性特质。

(2) 关于商业贿赂行为。新《反不正当竞争法》的修改主要有：

① 将受贿人范围从“对方单位或个人”改为“影响交易的单位或者个人”，即从行为属性的角度界定受贿人：能够影响交易的人。这样规定回归了贿赂的本质，强调了行为目的或效果的竞争性，矫正了过去由于规定不合理带来的执法上的困难，克服其逻辑上矛盾带来的一系列不合理认定。这样规定还可以很好地区分商业贿赂与部分垄断行为、非商业贿赂的其他贿赂行为。

② 新《反不正当竞争法》加重了商业贿赂的法律责任，使商业贿赂的违法成本有所增加。当然，如果采取比例罚款，可以更好地震慑违法犯罪行为。

③ 增加了第 3 款。“经营者的工作人员进行贿赂的，应当认定为经营者的行为；但是，经营者有证据证明该工作人员的行为与为经营者谋取交易机会或者竞争优势无关的除外。”不过，前半部分是表见代理的题中应有之义；后半部分，完全可以从第 1 款的规定中推导出来。

(3) 关于误导性宣传行为。新《反不正当竞争法》对误导性宣传的界定进行了较大的修改：

① 厘清了“引人误解的”与“虚假的”关系，将这两种情形明确作为两种不同的表现形式。

② 将“欺骗、误导消费者”明确作为目的或效果的要件。

③ 从表述上减少了属于质量具体因素的词语，逻辑更严谨。

这些修改，既解决了引人误解与虚假的关系，行为的外延更明确，又较好地减少了《反不正当竞争法》与《产品质量法》的交叉，强化了“欺骗”“误导”在构成要件上的作用。新增的第2款，将经营者为他人“组织虚假交易”的行为也作为误导性宣传行为予以禁止。尽管第2款所指的帮助进行误导性宣传的行为，可以包含在第一款所指界定的误导性宣传行为的范围内，但明确、具体地规定出来，更能突出《反不正当竞争法》的态度，执法上认定此类行为时更便利，更加适应规制电商等领域不正当竞争行为的需求。

(4) 关于侵犯商业秘密行为。现行《反不正当竞争法》和《刑法》共同形成了一套较好的保护商业秘密制度体系。新《反不正当竞争法》的修改主要有：

① 对第三人明知应知侵犯商业秘密的情形进一步细化，即“商业秘密的前员工、单位或个人实施前款所列违法行为”。

② 在不正当获取商业秘密的手段例举中增加了“欺诈”的方式。

③ 完善了商业秘密定义中“价值性”的表述。

④ 明确监督检查部门及其工作人员对调查过程中知悉的商业秘密负有保密义务。

这些修改，反映了20多年来我国的执法、司法经验，保护力度总体上有所加大。

(5) 关于不正当有奖销售行为。新《反不正当竞争法》的修改主要有：

① 删除了“利用有奖销售的手段推销质次价高产品”的规定，较好地反映了过去执法实践，也与《产品质量法》《价格法》更好地衔接。

② 新增“有奖销售信息不明确”的行为，与第2项中的误导性、欺诈性行为作为不正当有奖销售行为，更好地反映了其不正当的实质。

③ 将有奖销售的绝对额度从5000元提高到5万元，反映了20多年物价总水平的提高，同时抑制过高奖赠之弊。

有奖销售行为，是利弊互现的行为，只要禁止误导性、欺诈性行为，合理界定奖品和赠品的相对额度和绝对额度，就能很好地体现不正当竞争规制的绩效原则、合理原则。

(6) 关于商业诋毁行为。新《反不正当竞争法》将“虚伪事实”改为“虚假信息或者误导性信息”。这一改动，不仅语言表述更严谨，更重要的是将商业诋毁行为构成中的信息内容要件作了扩展——不以虚假信息为限。这样修改，强调了该行为不正当性的重心在于“毁”而不是“诋”。相应地，将“捏造、散布”改为“编造、传播”，与前一修改在语法上进行搭配。

(7) 关于互联网不正当竞争行为。新《反不正当竞争法》新增一条，专门规定禁止互联网领域利用技术手段实施不正当竞争行为。第12条第1款明确了本法的立场：经营者利用网络从事生产经营活动不得实施不正当竞争，明确了互联网领域不正当竞争行为与传统不正当竞争行为的关系。第12条第2款，将经营者利用技术手段通过影响用户选择或者其他方式，实施妨碍、破坏其他经营者合法提供的网络产品或者服务正常运行的行为予以禁止。在行为方式上，例举了四种：一是插入链接、强制进行目标跳转；二是误导、欺骗、强迫用户修改、关闭、卸载其他经营者合法提供的网络产品或服务；三是恶意不兼容；四是妨碍、破坏其他经营者合法提供的网络产品或服务。总体上看，新增这一条的积极意义十分明显，但该规定存在的问题也还需要配套规定、司法解释等弥补、解决。在配套规定没有制定出来时，执法监管部门对形式上符合第12条特别是其第2款行为的执法，要秉持审慎监管的原则。

新《反不正当竞争法》在法律责任、执法体制、执法程序等方面也进行了幅度不等的修订。在法律责任上，适度加重了行政责任。在责任承担上，采用民事责任优先原则，这些有利于提升行政执法效能，保障受害人受偿权的实现。在执法体制上，增加了执法协调机制的规定，可以较好地解决执法权上的空白或冲突问题。

# 第二节　不正当竞争行为的法律规制

2017年，新法颁布后，主要规制的不正当竞争行为包括以下七种。

## 一、商业混淆行为

### (一) 商业混淆行为的含义

商业混淆行为是指擅自使用与他人有一定影响的商品类标识、相同或者近似的商业性标识，或者他人有一定影响的商号类标识、互联网标识，足以引人误认为是他人的商品或者与他人存在特定联系的不正当竞争行为。该行为是最常见、最普遍的不正当竞争行为。

### (二) 商业混淆行为的表现形式

(1) 擅自使用与他人有一定影响的商品名称、包装、装潢等相同或者近似的标识。

(2) 擅自使用他人有一定影响的企业名称(包括简称、字号等)、社会组织名称(包括简称等)、姓名(包括笔名、艺名、译名等)。

(3) 擅自使用他人有一定影响的域名主体部分、网站名称、网页等。

(4) 其他足以引人误认为是他人商品或者与他人存在特定联系的混淆行为。

### (三) 商业混淆行为的认定

(1) 有一定影响。是指该商品、企业名称、域名、网站名称或网页在市场上具有一定知名度，达到为相关公众所知悉的商品。怎么判断“有一定影响”，新法中作出了说明：“需要综合考虑商品的销售时间、销售区域、销售金额、销售对象、商业宣传以及相关产品和服务等。”

(2) 商品特有的名称、包装、装潢等相同或近似的标识。所谓商品“特有”的名称、包装、装潢等相同或近似的标识，是指商品的名称、包装、装潢不为相关商品所通用，并具有以下信息：显著的区别商品来源的名称，为识别商品及方便携带、储运而使用在商品上的包装，为识别与美化商品而在商品或包装上附加的文字、图案、色彩及其编排的组合。

有下列情形之一的，不认定为商品特有的名称、包装、装潢：①商品的通用名称、图形、型号；②仅仅直接表示商品的质量、主要原料、功能、用途、重量、数量及其他特点的商品名称；③仅由商品自身的性质产生的形状，为获得技术效果而需要的商品形状，以及使商品具有实质性价值的形状；④其他缺乏显著特征的商品名称、包装、装潢。

上述第①、②、④项规定的情形经过使用取得显著特征的，可以认定为特有的名称、包装、装潢。

商品特有的名称、包装、装潢中含有本商品的通用名称、图形、型号，或者直接表示商品的质量、主要原料、功能、用途、重量、数量及其他特点，或者含有地名，他人因客观叙述商品而正当使用的，不构成不正当竞争行为。

由经营者营业场所的装饰、营业用具的式样、营业人员的服饰等构成的具有独特风格的整体营业形象，可以认定为反不正当竞争法规定的“装潢”。

在相同商品上使用相同或者视觉上基本无差别的商品名称、包装、装潢，应当视为足以造成和他人有一定影响的商品相混淆。

(3) 混淆行为的误导性。对于混淆行为的认定，最关键的是该行为引人误解，造成市场混乱。按照大多数国家的规定，是否引人误解是判定混淆行为的最实质性标准。至于什么是“引人误解”，各国在执法实践中形成的共识是，“误解”的主体应为一般消费者，即相关领域中的普通大众而非专业人士。认定误解标准是根据主要部分和整体印象相近，一般购买者施以普通注意力会发生误认等综合分析认定。

经营者违反《反不正当竞争法》第 6 条规定实施混淆行为的，由监督检查部门责令停止违法行为，没收违法商品。违法经营额五万元以上的，可以并处违法经营额五倍以下的罚款；没有违法经营额或者违法经营额不足五万元的，可以并处二十五万元以下的罚款。情节严重的，吊销营业执照。

安徽省知名制药企业华佗国药厂以吉林一家药业公司使用的“华佗银屑王”商标与其申请注册的“华佗”商标相近似为由，将该企业告上法庭。安徽省亳州市中级人民法院一审判决银诺克药业公司销毁全部的华佗银屑王产品，并赔偿原告经济损失 10 万元。

【案例分析 5-1】

原告华佗国药厂在安徽省享有一定的知名度，主营中成药及保健品制造、销售，经营本企业自产产品及相关技术出口业务等。2005 年 12 月，“华佗”商标被安徽省工商行政管理局认定为著名商标。

华佗国药厂称，被告银诺克公司在其商品的外包装上使用与“华佗”商标相近似的“华佗银屑王”五个字，误导了相关公众，侵犯了“华佗”注册商标专用权。同时，使公众误认为“华佗银屑王”是华佗国药厂产品，其行为构成了不正当竞争，请求法院确认原告注册的“华佗”药品商标为驰名商标，判令被告立即停止侵权行为，并赔偿经济损失 40 万元。

问题：

(1) 这起案件的纠纷性质是什么？

(2) 如果你是法官，你会如何审理？

## 二、商业贿赂行为

### (一) 商业贿赂的概念及特征

商业贿赂是指经营者在市场交易活动中，通过收买竞争对手的代表或其他能够影响市场交易的有关人员，以获取交易机会和竞争优势。我国《反不正当竞争法》规定，商业贿赂是指经营者为销售或者购买商品而采用财物或者其他手段贿赂对方单位或者个人的行为，并区分了经营者“在账外暗中给对方单位或者个人回扣的”是行贿行为；“对方单位或者个人在账外暗中收受回扣的”是受贿行为。这里所指的“对方单位和个人”应当理解成商业贿赂的中间主体。

### (二) 商业贿赂的主要表现形式

商业贿赂是经营者为争取有利的交易机会和条件，向交易相对人中具有决定性影响的经办者秘密给付现金或其他经济利益的不正当行为。我国《反不正当竞争法》对商业贿赂的规定以回扣作为主要形式，界定商业贿赂是“经营者销售商品时在账外暗中以现金、实物或者其他方式退给对方单位或者个人的一定比例的商品价款”，它与价格折扣不同，后者是商品购销中的明示让利，如实入账地给予对方的优惠，而回扣的关键特征是“账外暗中”进行的，即未在依法设立的反映生产经营活动或行政事业经费收支的财务账上按财务会计制度规定明确如实记载的行为，不记入财务账或转入其他财务账或者做假账等。值得注意的是，此处的“账外暗中”并非商业贿赂的认定标准，不应当在认定的实践中过分倚重，将其作为界定商业贿赂行为的辅助性要件即可。

商业贿赂的另外一种形式是不正当的“佣金”行为，我国《反不正当竞争法》区分了商业贿赂与正当“佣金”的不同。佣金是指“经营者在市场中给予为其提供服务的具有合法经营资格的中间人的劳务报酬”，它与商业贿赂的重要区别在于明示与公开。佣金的支付者与介绍人、经纪人之间一般订有居间服务合同，支付佣金者公开入账，佣金收受人也如实入账，依法纳税。收取佣金的中间人必须具有合法经营资格的中介机构，可以接受买卖双方或单方给予的佣金。合法的佣金和价格折扣一样都是商业惯例，而非商业贿赂行为。

**(三) 商业贿赂行为的认定**

(1) 构成主体。商业贿赂的构成涉及三方主体，即行贿方、受贿方(中间体)和受损方三者。

商业贿赂虽然在形式上发生在交易双方之间，但实际上是其中一方当事人与中间体的暗中交易。一方当事人向中间体以提供小额利益为条件，而从另一方当事人处换取更大利益。因此，商业贿赂的发生始终是以“中间体”的存在为必要要件的，无论这种“中间体”表现为何种形式。值得注意的是，在我国大多数情况下中间体是交易一方当事人。这是因为一方当事人在收受贿赂时并不是真正的交易当事人，而是国有资产或集体资产的授权经营的代理人。我国《反不正当竞争法》中规定的受贿主体是“对方单位或者个人”，应作如此理解才符合实际。这里也可以推断出商业贿赂的实施是通过中间体进行的，事实上国外的商业贿赂立法明确都是针对个人中间体进行规定的。

(2) 商业贿赂的动机是排除竞争。商业贿赂行贿者的目的是争夺商业机会和商业竞争，通过不正当利益交换达到促成交易或在交易中排挤同业竞争者取得竞争优势。实践中只要以不正当手段推销或购买商品就可以认为是主观上具有了排斥竞争的目的。这与为了获得一些非商业性实际利益和其他机会而采用贿赂手段，如竞选贿赂考试、舞弊贿赂是有区别的。事实证明，贿赂的给付并不降低交易价格，恰恰相反，它是恶意串通、损害其他经营者合法利益、扰乱公平竞争秩序的不正当竞争行为。

(3) 商业贿赂的方式是提供利益。商业贿赂表现为向单位或单位的有关人员提供财物或其他利益。国家工商总局于 1996 年 11 月发布了《关于禁止商业贿赂行为的暂行规定》中指出：“财物”是指现金和实物，包括经营者为销售或者购买商品，假借促销费、宣传费、赞助费、科研费、劳务费、咨询费、佣金等名义，或者以报销各种费用等方式，给付对方单位或者个人的财物。“其他”是指提供国内外各种名义的旅游、考察等给付财物以外的其他利益的手段。此处，提供的利益需要与符合商业惯例的馈赠相区别，毕竟“商业”也是一个需要感情沟通的行业。只有在提供的利益超过了一定程度，违背了一国的一般商业伦理，法律才有必要予以规制。

(4) 回扣。

① 回扣的概念。回扣是指经营者销售商品时在账外暗中以现金、实物或者其他方式退给对方单位或者个人的一定比例的商品价款。回扣是商业贿赂的典型形式。

② 回扣的特征。回扣发生在市场交易的双方之间，是经营者销售商品时以现金、实物或者其他方式退给对方单位或者个人的一定比例的商品价款。其实质上是买方单位原来的财产，通过商品购销活动，迂回进入了买方单位的小金库或者个人的腰包。单位或个人收受回扣，实质上是逃避财务制度的约束，侵吞国有资产或集体财产。回扣是交易双方和有关人员故意进行的行为，给予和收取回扣都采取在账外暗中进行，是违反财政纪律和财务制度的违法行为。回扣的给予与收受是交易双

方恶意串通、损害企业经营者利益、中饱私囊的不正当行为，在客观上损害了其他经营者的合法权益，扰乱了公平竞争的秩序。

(5) 商业贿赂与折扣、佣金的区别。

① 折扣。折扣是经营者在销售商品时，以明示并如实入账的方式给予对方的价格优惠，其实质为商品购销中的让利，属于正常的商业促销行为。折扣包括支付价款时对价款总额按一定比例即时予以扣除和支付价款总额后再按一定的比例予以退还两种行为。

折扣虽然是一种合法的让利销售行为，不属于商业贿赂的范畴，但国家也需要对折扣现象进行规范，对折扣的比例加以一定限制，防止某些企业推行削价销售，限制竞争的价格政策。例如，德国1830年颁布的《折扣法》规定，允许在正常交易中给予顾客不超过交易总额3%的折扣，返还给顾客。但如超过该比例进行支付的，则被认为是具有商业贿赂性质的违法行为。

② 佣金。佣金是指经营者在市场中给予为其提供服务的具有合法经营资格的中间人的劳务报酬。佣金是发生在经营者与中介人之间，而并非交易双方当事人之间的一种经济关系。经营者给中间人佣金的，必须如实入账。接受佣金的经营者必须如实入账。

收取佣金的中间人必须是有合法经营资格的中介机构，作为中间人，他既可以从买方处接受佣金，也可以从卖方处收受佣金，还可以接受双方给予的佣金。

经营者违反《反不正当竞争法》第7条规定贿赂他人的，由监督检查部门没收违法所得，处十万元以上三百万元以下的罚款。情节严重的，吊销营业执照。

**【案例分析5-2】**

**县人民医院不正当竞争案**

某县人民医院与该县公安局交通警察大队签订协议，交通警察大队为甲方，人民医院为乙方，协议主要条款包括：第一，经乙方院领导会议研究，同意借资35万元支持购买122交通事故报警台、车辆及其有关配套设备(报警台设备维修由乙方负责，车辆维修由甲方负责)，该协议执行5年后，县人民医院把县公安局交通警察大队所借的35万元全部捐给县公安局交通警察大队。第二，乙方聘请4名临时工至甲方122交通事故报警台实行24小时值班。值班人员接到报警电话时须询问是否有伤员，如有伤员则立即拨打急救电话120，医疗急救人员接到电话后应紧急出车赶到出事地点抢救伤员。乙方也可以派医疗急救小组及救护车到甲方待命，甲方要提供必要的方便。第三，乙方可随时查询122交通事故接报警原始记录，如发现值班人员工作失职则视情节给予罚款处罚。第四，甲方应协助乙方收缴交通事故伤员的医疗费。第五，乙方大门旁挂“县交通事故急救中心”的牌子，救护车上标明“交通事故急救车”字样。第六，甲方不能与其他医院签订类似的协议，否则必须在一个月内归还所借乙方的全部资金。

协议签订后，协议双方按协议的约定履行了各自的义务。县人民医院付给了乡村医生每输送一名住院病人20元的转诊费。该县工商局12315举报中心接到群众举报后，以县人民医院在开展医疗服务中，为排挤其他竞争对手，采用贿赂手段，其行为涉嫌不正当竞争为由，立案调查。县工商局以县人民医院违反了《反不正当竞争法》第8条、《关于禁止商业贿赂行为的暂行规定》第2条之规定，构成了商业贿赂行为为由，下达了行政处罚告知书，告知拟作出罚款12万元，上缴国库的行政处罚，后经听证程序，决定罚款3万元。医院不服该处罚，诉至县法院。

问题：乙方人民医院给甲方交通警察大队捐款是否属于商业贿赂？

## 三、误导性宣传行为

### （一）误导性宣传行为的含义

误导性宣传行为，是指经营者利用报刊、影视等宣传媒体或其他方法，对其商品的性能、功能、质量、销售状况、用户评价、曾获荣誉等作虚假或者引人误解的商业宣传行为，欺骗、误导消费者；或通过组织虚假交易等方式，帮助其他经营者进行虚假或者引人误解的商业宣传的行为。

### （二）误导性宣传行为的表现形式

(1) 虚假的广告行为。

如某些经营者浮夸乱吹，对商品的性能、功能、质量、销售状况、用户评价、曾获荣誉等作夸大、虚假、具有欺骗性的广告。

① 伪造或冒用认证标志及名优标志。包括产品未经合法认证机构认证，擅自使用认证标志；在普通质量商品上标上名优产品标志；经认证不合格的产品，擅自使用认证标志；认证被依法撤销后不及时停止使用认证标志。

② 伪造产地。伪造产地指伪造商品的原产地名称和原产地标志，包括商品的制造地、加工地、出产地或商品生产者的所在地。例如，将四川制作的火腿产地标为浙江金华，在中国制造的手表上标上瑞士制造等。

③ 对商品质量作引人误解的虚假标示。例如，在商品或其包装上对有关反映商品质量的内容，如品质、制作成分、性能、用途、价格、生产日期、销售质量、用户评价、有效期限、安全标准等作不真实的或引人误解的标注。

我国《反不正当竞争法》中关于误导性宣传行为的法律规定和我国《广告法》中的虚假广告的规定相一致。2015年新修订的《广告法》明确规定，广告不得含有虚假或者引人误解的内容，不得欺骗、误导消费者。禁止在大众传播媒介或公共场所等发布烟草广告；禁止利用其他商品或服务的广告、公益广告，宣传烟草制品名称、商标等内容。

《广告法》第28条规定，广告以虚假或者引人误解的内容欺骗、误导消费者的，构成虚假广告。广告有下列情形之一的，为虚假广告：

① 商品或者服务不存在的；

② 商品的性能、功能、产地、用途、质量、规格、成分、价格、生产者、有效期限、销售状况、曾获荣誉等信息，或者服务的内容、提供者、形式、质量、价格、销售状况、曾获荣誉等信息，以及与商品或者服务有关的允诺等信息与实际情况不符，对购买行为有实质性影响的；

③ 使用虚构、伪造或者无法验证的科研成果、统计资料、调查结果、文摘、引用语等信息作证明材料的；

④ 虚构使用商品或者接受服务的效果的；

⑤ 以虚假或者引人误解的内容欺骗、误导消费者的其他情形。

(2) 虚假的新闻报道。

一些经营者利用公众对大众媒体的信任，在报纸、杂志、广播、电视上进行产品虚假宣传，而某些媒体和记者为了经济利益，违背职业道德，利用新闻报道的形式，发布变相广告。

(3) 引人误解的广告宣传行为。

引人误解的广告宣传行为是宣传者故意混淆含义，省略词句或模糊语义，使消费者在接受宣传信息时产生误解，从而影响他们的购买决策的行为。

经营者具有下列行为之一，足以造成相关公众误解的，可以认定为引人误解的虚假宣传行为：

① 对商品作片面的宣传或者对比的；

② 将科学上未定论的观点、现象等当作定论的事实用于商品宣传的；

③ 以歧义性语言或者其他引人误解的方式进行商品宣传的。

以明显的夸张方式宣传商品，不足以造成相关公众误解的，不属于引人误解的虚假宣传行为。

(4) 变相广告行为。

变相广告是指那些虽然不采取商业广告的形式，但同样达到商业广告效果的行为。一些经营者为了使自己的广告引起公众的特别注意，不是正面、合法地进行广告宣传，而是通过一些欺骗性的启事、声明、担保，以及有关权威组织的推荐等来达到广告宣传的目的。另外，见证、验证的虚假表示也是一种变相广告。例如，为了争取消费者对自己产品的青睐，一些经营者所采用的一系列名人见证使用功效或让人实地操作的验证性广告。此外，借用领导讲话、新闻报道、社会团体、协会推荐等“软性广告”来为推销进行宣传，也是变相广告的表现形式。

(5) 组织虚假交易行为。

虚假交易是指行为人为获取虚假交易数据、商品声誉、商家信用而实施的虚构交易流程、伪造物流和资金流等行为。组织虚假交易行为是指经营者收取一定费用，通过一定的技术手段，组织人员通过在较短时间内进行虚假交易、虚假点评，帮助客户刷单至一定等级或一定信誉的虚假交易行为。在眼花缭乱的各种商品中，看销售量下单成为很多人的购物习惯，因此，在商业领域，商家除了通过各种预售优惠吸引消费者之外，还通过大量的“刷单”“炒信”“删除差评”等行为，给消费者形成虚假的、误导性的商品热销的信息，甚至形成了专业的黑色产业链——“网络水军”“职业差评师”。对于这种严重扰乱正常市场竞争秩序的行为，应当进行严厉的法律打击。

**(三) 误导性宣传行为的认定**

(1) 关于误导性广告宣传主体。

虚假广告宣传的主体是经营者。但由于广告宣传对市场的影响并不是仅仅依靠经营者就能够完成的，因此虚假广告宣传的行为主体所涵盖的面是广泛的，它不仅包括经营者(广告主)本人，还应当包括广告制作、广告发布的经营者们，以及与广告宣传行为直接相关的社会团体、其他社会组织和个人。规范虚假广告宣传行为的目的是维护市场竞争秩序，不产生误导消费者的购买意愿。因此，法律还对一些特殊主体的广告宣传行为及其法律责任进行了特别的规定，如行业协会、消费者协会及名人广告宣传行为等。

① 广告主，是指为推销商品或者服务，自行或者委托他人设计、制作、发布广告的自然人、法人或者其他组织。

② 广告经营者，是指接受委托提供广告设计、制作、代理服务的自然人、法人或者其他组织。

③ 广告发布者，是指为广告主或者广告主委托的广告经营者发布广告的自然人、法人或者其他组织。

④ 广告代言人，是指广告主以外的，在广告中以自己的名义或者形象对商品、服务作推荐、证明的自然人、法人或者其他组织。

(2) 关于误导性广告宣传行为。

误导性广告宣传行为的重要特征就是“虚假或者引人误解”，误导性广告宣传行为人通过表述上的失实、语义含混、内容虚假来蒙骗消费者和竞争者。因此，虚假或者引人误解成为认定误导性广告宣传行为的客观要件之一。

(3) 关于误导性广告宣传的后果。

误导性广告宣传行为造成的后果是导致消费者陷入错误认识，这是认定误导性广告宣传行为性质的重要实质性标准。只要消费者产生了误解，也就构成了误导性的广告宣传。通常认为，在判断一个广告是否有误导性时，并不取决于广告主对广告的理解，而是取决于受广告影响的人对广告如何理解，即主要看消费者是否被误导。在特定条件下，完全真实的广告也会认定为有误导性的广告，原因在于它内容的真实性却导致了消费者的误解，产生的效果与虚伪不实的或者有误导性的广告宣传无异。

经营者违反《反不正当竞争法》规定对其商品作虚假或者引人误解的商业宣传，或者通过组织虚假交易等方式帮助其他经营者进行虚假或者引人误解的商业宣传的，由监督检查部门责令停止违法行为，处二十万元以上一百万元以下的罚款；情节严重的，处一百万元以上二百万元以下的罚款，可以吊销营业执照。

**【案例分析 5-3】**

**A 市东北人餐厅诉 B 市东北菜风味饺子馆不正当竞争案**

原告开办了 A 市东北人餐厅获得国家工商局商标局核准的“东北人”服务商标，核定服务项目为第 42 类的餐饮、快餐，原告单位的设计师为 A 市东北人餐厅设计了一套 VI 识别系统，内容包括：以热烈的大红色作为企业形象的主要色彩，以特有的行书“东北人”作为企业的商号，把黑色作为主要文字书写色彩在餐厅的装饰、布置及服务人员的服饰等方面，突出了浓郁的东北民间风俗特色，包括以红、绿、蓝为底色，镶以凤凰和牡丹图案为主的花土布作为服务人员的服饰和桌布及其他装饰用的布料，并特别在男服务员的服饰上印上“粗粮、野菜、水饺棒!”的广告用语；餐厅的纸巾样式为白色，并写有红色“东北人风味连锁餐厅”；玻璃窗上均贴上双喜、玉米、蘑菇、白菜、萝卜、鲤鱼的窗花；在餐厅的广告宣传上以通俗的“粗粮、野菜、水饺棒!”“要想营养好，请来东北人吃粗粮、野菜、水饺!”等作为广告用语；其他的装饰还有装烧酒的大酒坛、放酒瓶的木架、东北土炕，墙上挂的贴有倒“福”字的簸箕、盖帘和玉米等。

被告 B 市牛肉店变更为 B 市东北菜风味饺子馆。在开业的宣传中自称是“东北人风味饺子馆”，其中的“东北人”三个字的字体与原告餐厅的商标字样相同。后经交涉，被告改变了牌匾中“东北人”字样。被告在其经营中所使用的菜单上也以红色为底色，并印有凤凰、牡丹、贴着红纸的酒缸、拿簸箕的小女孩及“食粗粮、野菜、水饺，饮东北小烧玉米酒”的广告词，还附有总店和分店的分布情况。被告的菜单除了菜的内容有区别以外，其他均相同。另外，被告所使用的餐巾纸包装上也设计为红白相间，并印有红色的“东北菜风味饺子馆”字样；其他的装饰诸如服务员的衣饰式样、窗花及酒坛、土炕、玉米、倒贴着“福”字的簸箕等饰物，都与原告的餐厅摆设、布置相仿。

问题：仿冒其他经营者具有特色的形象设计和宣传形式是否构成不正当竞争？

## 四、侵犯商业秘密行为

### (一) 商业秘密的概念

商业秘密是指不为公众所知悉，能为权利人带来经济效益、具有实用性并经权利人采取保密措施的技术信息和经营信息。

### (二) 商业秘密的特征

(1) 秘密性。又称非公开性，是指该种信息不为公众所知悉，处于保密状态，一般人不易通过正当途径获得或探明，这是商业秘密最核心的特征。当然，商业秘密的非公开性只能是相对的，不能要求商业秘密是处于绝对的、完全的保密状态下。因为一项商业秘密在使用和管理中是无法避免在一定范围内或一定程度上向外界公开的。

在司法实践中，如果有关信息不为其所属领域的相关人员普遍知悉和容易获得，应当认定为《反不正当竞争法》第9条第3款规定的“不为公众所知悉”。具有下列情形之一的，可以认定有关信息不构成不为公众所知悉：

① 该信息为其所属技术或者经济领域的人的一般常识或者行业惯例。

② 该信息仅涉及产品的尺寸、结构、材料、部件的简单组合等内容，进入市场后相关公众通过观察产品即可直接获得。

③ 该信息已经在公开出版物或者其他媒体上公开披露。

④ 该信息已通过公开的报告会、展览等方式公开。

⑤ 该信息从其他公开渠道可以获得。

⑥ 该信息无须付出一定的代价而容易获得。

(2) 权利人采取了合理的保密措施。只要权利人采取的保密措施，与商业秘密的商业价值等具体情况相适应，应当认定为权利人采取了合理的“保密措施”。

在司法实践中，人民法院应当根据所涉信息载体的特性、权利人保密的意愿、保密措施的可识别程度、他人通过正当方式获得的难易程度等因素，认定权利人是否采取了保密措施。具有下列情形之一，在正常情况下足以防止涉密信息泄漏的，应当认定权利人采取了保密措施：

① 限定涉密信息的知悉范围，只对必须知悉的相关人员告知其内容。

② 对于涉密信息载体采取加锁等防范措施。

③ 在涉密信息的载体上标有保密标志。

④ 对于涉密信息采用密码或者代码等。

⑤ 签订保密协议。

⑥ 对于涉密的机器、厂房、车间等场所限制来访者或者提出保密要求。

⑦ 确保信息秘密的其他合理措施。

(3) 经济实用性。经济实用性是指商业秘密的使用可以为权利人带来经济上的利益，使权利人拥有比不知晓或不使用该商业秘密的同行业竞争者更有科技地位和竞争优势，从而能在竞争中领先取胜。商业秘密的经济性包括现实的经济利益和潜在的经济利益。

### (三) 侵犯商业秘密的行为

(1) 以盗窃、贿赂、欺诈、胁迫或其他不正当手段获取权利人的商业秘密。所谓盗窃商业秘密，包括单位内部人员盗窃、外部人员盗窃、内外勾结盗窃等手段；所谓以贿赂手段获取商业秘密，通常指行为人向掌握商业秘密的人员提供财物或其他优惠条件，诱使其向行为人提供商业秘密；所谓以欺诈手段获取商业秘密，是指行为人采用虚假陈述的方式使行为人发生错误认识，在违背真实意思的情况下提供商业秘密；所谓以胁迫手段获取商业秘密，是指行为人采取威胁、强迫手段，使他人在受强制的情况下提供商业秘密；所谓以其他不正当手段获取商业秘密，是指上述行为以外的其他非法手段。例如，通过商业洽谈、合作开发研究、参观学习等机会套取、刺探他人的商业秘密等。

(2) 披露、使用或允许他人使用的商业秘密。所谓披露，是指将权利人的商业秘密向第三人透露或向不特定的其他人公开，使其失去秘密价值；所谓使用或允许他人使用，是指非法使用他人商业秘密的具体情形。需要指出的是，以非法手段获取商业秘密的行为人，如果将该秘密再行披露或使用，即构成双重侵权；倘若第三人从侵权人那里获悉了商业秘密而将秘密披露或使用，同样构成侵权。

(3) 违反约定或违反权利人有关保守商业秘密的要求，披露、使用或允许他人使用其所掌握的商业秘密。合法掌握商业秘密的人，可能是与权利人有合同关系的对方当事人，也可能是权利人单位的工作人员或其他知情人，上述行为人违反合同约定或单位规定的保密义务，将其所掌握的商业秘密擅自公开，或自己使用，或许可他人使用，即构成对商业秘密的侵犯。

(4) 第三人明知或应知上述违法行为，而获取、使用或者披露权利人的商业秘密。这类行为是指第三人知道或应该知道该商业秘密的来源不正当，但仍然获取、使用或者披露这种商业秘密。

通过自行开发研制或者反向工程等方式获得的商业秘密，不认定为《反不正当竞争法》规定的侵犯商业秘密行为。所谓反向工程，是指通过技术手段对从公开渠道取得的产品进行拆卸、测绘、分析等而获得该产品的有关技术信息。但是，如果当事人以不正当手段知悉了他人的商业秘密之后，又以反向工程为由主张获取行为合法的，该主张不能成立。

经营者违反《反不正当竞争法》第 9 条规定侵犯商业秘密的，由监督检查部门责令停止违法行为，处十万元以上五十万元以下的罚款；情节严重的，处五十万元以上三百万元以下的罚款。

【案例分析 5-4】

**双虹公司诉伊莱克斯有限公司不正当竞争案**

原告双虹公司负责“LW12-16 系列开关”的生产、销售和技术改进，并投入大量人力、物力，在国内建立了产品销售网络及数个零部件加工点。为维护自己的商业秘密，对技术图纸、零件加工点、销售网络采取了严格的保密措施。

被告伊莱克斯公司(蒋敏翔为该公司股东)与双虹公司签订《LW12-16系列万能转换开关特约经销协议书》，委托伊莱克斯公司代理销售双虹公司生产的“LW12-16 系列开关”。协议约定：“伊莱克斯公司不能销售任何其他企业的 LW12-16 系列产品，不得生产和变相生产 LW12-16 系列产品从中获利。”合同有效期为一年。

双虹公司委托东霞厂为其加工“LW12-16 系列开关”的关键零部件，并对该厂进行了模具设计、制造工艺等技术指导。双方签订《零件定点加工协议书》，约定：“厂方未经(双虹)公司总经理许可，不得以任何方式将零件提供给第三方。”

其后，蒋敏翔将其掌握的技术图纸、零件加工点及客户资料披露给被告伊莱克斯公司，伊莱克斯公司使用蒋敏翔提供的技术图纸申请并获得了低压电器生产许可证和产品型号注册证，并从原告的零件加工点大量采购零部件，组装后以被告伊莱克斯公司的名义向原告的 6 家固定客户销售。原告以两被告的行为侵犯了其商业秘密，造成了经济损失为由，向法院提起诉讼。

问题：被告的行为是否构成侵害商业秘密行为？

【案例分析 5-5】

甲旅行社的欧洲部副经理李某，在劳动合同未到期时提出辞职，未办移交手续即到了乙旅行社，并将甲旅行社的欧洲合作伙伴情况、旅行路线设计、报价方案和客户资料等信息带到乙社。乙社原无欧洲业务，自李某加入后欧洲业务猛增，成为甲社的有力竞争对手。现甲社向人民法院起诉乙社和李某侵犯商业秘密。

问题：

(1) 如法院认定乙社和李某侵犯甲社的商业秘密，须审查什么事实？

(2) 如法院判定乙社和李某侵权成立，确定其赔偿责任可以采用何种办法？

## 五、不正当有奖销售行为

### (一) 不正当有奖销售的含义

有奖销售行为是指经营者经销商品或者提供服务，附带性地向购买者提供财物、金钱或者其他经济利益的行为。

有奖销售具有正反两方面的作用，如果运用得当，有助于扩大销售，搞活流通，促进经济发展；但如果滥加利用，则会危害竞争秩序，而且对消费者的权益构成威胁。因此在反不正当竞争法中，对不正当促销行为进行规制就显得十分必要。

### (二) 不正当有奖销售的种类

有奖销售有两种类型：一是附赠式有奖销售，即经营者对购买指定商品或达到一定购买金额的所有购买者予以奖励，如购买一台录像机赠送一盒录像磁带等；二是抽奖式有奖销售，即以抽签、摇号、对号码等带有偶然性的方法决定购买者是否中奖及奖励等级的有奖销售。

(1) 不正当抽奖式有奖销售。

抽奖式有奖销售是销售方以抽奖等带有偶然性的方法决定购买方是否中奖，并提供奖品或奖金的销售方式。

根据我国《反不正当竞争法》第 10 条和国家工商行政管理总局发布的《关于禁止有奖销售活动中不正当竞争行为的若干规定》，不正当有奖销售行为包括以下三种类型。

① 欺骗性有奖销售。我国《反不正当竞争法》第 10 条规定的“采用谎称有奖或者故意让内定人员中奖的欺骗方式进行有奖销售”的行为都属于欺骗性有奖销售行为。例如：经营者对外诈称其商品为有奖销售，实则并未采取任何有奖销售或者只设小奖而不设大奖；或者故意将设有中奖标志的商品、奖券不投放市场或者不与商品、奖券同时投放市场，故意将带有不同奖金金额或者奖品、奖券按不同时间投放市场，致使许多购买者受骗上当；或故意让内定人员中奖，即将有奖号码作特殊处理的行为，此奖只能由其内定的人员得到，而广大购买者虽然从理论上有中奖的可能性，但实际上却无法得奖。

② 信息不明确的有奖销售。所谓“信息不明确”的有奖销售是指其所设奖的种类、兑奖条件、奖金金额或者奖品等有奖销售信息不明确，影响兑奖。经营者举办有奖销售，应当向购买者明示其所设奖的种类、中奖概率、奖金金额或者奖品种类、兑奖时间、方式等事项。属于非现场即时开奖的抽奖式有奖销售，告知事项还应当包括开奖的时间、地点、方式和通知中奖者的时间、方式。隐瞒事实真相的，视为欺骗性有奖销售。

③ 巨额奖品的有奖销售。所谓巨奖是指抽奖的奖品、奖券超过法律规定的允许设奖的金额限度。允许设奖的金额限度各国规定不一。我国《反不正当竞争法》规定，抽奖式的有奖销售，最高奖的金额不得超过 50 000 元。若以非现金的物品或者其他经济利益作奖励的，按照同期市场同类商品或者服务的正常价格折算其金额。国家工商总局在 1999 年 4 月 5 日发布的《关于有奖促销中不正当竞争行为认定问题的答复》(以下简称《答复》)中指出，在抽奖式有奖销售中，下列行为构成不正当竞争：

a. 经营者以超过 50 000 元的物品使用权作为奖励的，不论使用该物品的时间长短。

b. 经营者以提供就业机会、聘为各种顾问等名义，并以解决待遇、给付工薪等方式设置奖励，不论奖励现金、物品(包括物品使用权)或者其他经济利益，也不论是否要求中奖者承担一定义务，最高奖的金额(包括物品的价格、经济利益的折算)超过 50 000 元的。

c. 经营者单独或与有关单位联合利用社会福利彩票、体育彩票设置奖励推销商品，最高奖的金额超过 50 000 元的。

(2) 不正当附赠式有奖销售。

附赠式有奖销售，也称普遍有奖的销售。它是指销售方向所有购买方提供赠送奖品或奖金，或者赠送有价凭证的销售行为。这种行为之所以有失公平，是因为一方面对消费者具有搭售的作用，使消费者因商品或服务的价格结构不明显而产生误解，认为高价变为低价误导消费者，购买了不需要的商品；另一方面，对于竞争者或者赠品的供应商市场可能造成妨碍竞争的影响。因此，大多数国家对附赠式有奖销售进行了规制，规定赠品只能限制在一定限度内。

经营者违反《反不正当竞争法》第 10 条规定进行有奖销售的，监督检查部门应当责令停止违法行为，可以根据情节处以五万元以上五十万元以下的罚款。修订后的《反不正当竞争法》，提高了法律制裁的力度，将原先的罚款金额从一万元以上十万元以下提高了五倍，既体现了国家对不正当竞争行为予以重点打击的态度，也是我国经济发展水平提升的一个侧面反映。

**【案例分析 5-6】**

某省于 2018 年元旦开通有线电视公共频道，该有线电视台为了提高收视率，以吸引更多的广告客户，推出了集娱乐、休闲、广告、抽奖为一体的《缤纷时刻》栏目，开展“日日送奖，月月送礼”活动，每天向观众出一道简单的问题，猜对的观众通过抽奖即可获得每日送出的一部手机，每月还送出一个超过 10 万元的大奖即一套公寓。此举引起了强烈的社会反响。另外，该省还拥有多家电视台，电视台之间的竞争非常激烈，而该有线电视台开展的有奖竞猜活动的目的主要是招揽广告客户。

问题：该电视台的行为违反了《反不正当竞争法》哪些规定？

## 六、商业诋毁行为

### (一) 商业诽谤行为的含义

商业诋毁行为，也被称为商业诽谤行为，是指损害他人商誉、侵犯他人商誉权的行为。具体而言，它是指经营者自己或利用他人，通过捏造、散布虚伪事实等不正当手段，对竞争对手的商业信誉、商品信誉进行恶意的诋毁、贬低，以削弱其市场竞争能力，并为自己谋取不正当利益的行为。这种以损害竞争对手合法权益为手段的竞争行为，破坏了市场公平竞争的正常秩序，属于典型的不正当竞争行为。

### (二) 商业诽谤行为的构成要件

(1) 商业诽谤行为的主体必须是具有竞争关系的经营者。商业诽谤行为的主体之间必须具有竞争关系，但不必是同业竞争关系。商业诽谤的被诽谤人应是特定的经营者。

在我国，最高人民法院依照《民法通则》和《反不正当竞争法》的规定于 1998 年作出司法解释，从主体要件方面明确了商业诋毁行为与一般侵权行为的区别，并且具体指出，新闻单位或者消费者因为对经营者的产品质量或者服务质量进行批评、评论失当，甚至借机诽谤、诋毁、损害经营者的，应当认定为侵害名誉权的行为。由此可见，新闻单位、消费者与商誉权的主体之间没有竞争关系，不互为竞争对手，所以不能作为商业诋毁行为的主体。

此外，值得注意的是，虽然多数情况下经营者是自己实施对竞争对手的商业诋毁行为，但有时经营者也可能不是自己实施此种行为，而是利用他人加以实施。他人既可能是其他同业经营者，也可能是非同业经营者或非经营者的社会组织或个人。例如，会计、审计、质量检验等机构及其工作人员，政府机关及其工作人员，消费者个人，等等。如果这些组织或个人与经营者之间就实施商业诋毁行为有过共谋，即存在主观上的共同故意，他们就应与该经营者一起对该行为承担法律责任。

(2) 商业诽谤行为的对象为竞争对手的商业信誉或商品声誉。

(3) 商业诽谤行为的目的是削弱竞争对手的市场竞争力，并谋求自己的市场竞争优势，因此行为人主观方面为故意而不是过失。

(4) 商业诽谤行为必须具有公示性，即必须为第三人所知悉。

### (三) 商业诽谤行为的表现形式

(1) 利用散发公开信、召开新闻发布会、刊登声明性广告等形式，制造、散布贬损竞争对手商业信誉、商品声誉的虚假事实。

(2) 在对外经营过程中，向业务客户及消费者散布虚假事实，以贬低竞争对手的商业信誉，诋毁其商品或服务的质量声誉。

(3) 利用商品的说明书，吹嘘本产品质量上乘，贬低同业竞争对手生产销售的同类产品。

(4) 唆使他人在公众中造谣并传播、散布竞争对手所售的商品质量有问题，使公众对该商品失去信赖。

(5) 组织人员，以顾客或者消费者的名义，向有关经济监督管理部门作关于竞争对手产品质量低劣、服务质量差、侵害消费者权益等情况的虚假投诉，从而达到贬损其商业信誉的目的。

(6) 诋毁性对比广告。诋毁性对比广告是通过在广告宣传中采用比较的手法，打击其他竞争对手的行为。比较的目的是在于突出自己，贬低他人，吸引消费者，从而占领更多的市场。

经营者违反《反不正当竞争法》第11条规定，损害竞争对手商业信誉、商品声誉的，由监督检查部门责令停止违法行为、消除影响，处十万元以上五十万元以下的罚款；情节严重的，处五十万元以上三百万元以下的罚款。

**【案例分析5-7】**

8月26日，奇虎公司宣布，就有关损害名誉权事宜，正式起诉瑞星公司和中关村在线网站。奇虎认为，长久以来，瑞星持续不断地散布了大量攻击奇虎360的言论。尤其是在奇虎360推出永久免费的杀毒软件之后，在相关媒体上忽然出现大量有组织、有计划地攻击辱骂360的文章和谣言。瑞星公司不但在自己的软件界面上大量推荐和传播此类文章，甚至不惜重金到处购买广告位，在一些大网站或大客户端软件的显著位置，以广告的形式投放这类文章。为维护自身合法权益，奇虎决定起诉瑞星公司和连续发表攻击奇虎文章的中关村在线网站。

问题：

(1) 法人是否与自然人一样享有名誉权？

(2) 瑞星是否存在捏造或散布虚伪事实以损害奇虎商业信誉和商品声誉的行为？

(3) 奇虎的商业信誉和商品声誉受到何种损害？

(4) 相关媒体在此案件中是否应承担责任？

**【案例分析5-8】**

某厂生产的白酒一直知名度不高，为打开销路，该厂在2018年6月18日举办了“G牌”白酒新闻发布会。省内有关负责人及各界人士对“G牌”和另两种著名品牌白酒进行品尝评级，还请了市公证处在现场监督审查。事后，该厂大肆宣传其所生产的“G牌”白酒名列第一。但事实上，该评比人员并无评比和授予名次的资格，参评的产品之采样也无合法监督程序，评委中很多人是该厂经销商和关系单位人员，该厂又为其提供了价格昂贵的纪念品。

问题：

(1) 该厂的行为构成哪些不正当竞争行为？

(2) 该厂应当承担什么样的责任？

## 七、互联网不正当竞争行为

### (一) 互联网不正当竞争行为的含义

所谓互联网不正当竞争，是指互联网服务提供者在市场交易中，违背自愿、平等、公平、诚实信用的原则及公认的商业道德，损害其他互联网服务提供者的合法权益，扰乱互联网经济秩序的行为。

从现有技术而言，互联网不正当竞争类型分为三种行为：第一，以妨碍、修改、拦截、屏蔽竞争对手的产品或服务为主要表现的恶意干扰行为。第二，通过技术手段将本属于竞争对手的用户劫持、诱导至自己产品或服务中的抢夺流量行为。第三，通过技术手段抓取竞争对手的产品或服务中具有商业价值的数据，再有针对性地获取非法利益的数据盗用行为。

从消费者角度出发，在移动互联网高度发展的背景下，我们会发现，移动互联网具有“捆绑销售”且隐蔽性强的特点，同样应当将移动互联网经营者通过技术手段影响用户选择以谋取不当利益的行为，纳入不正当竞争的构成要件，以规制相关企业的不当行为，以营造符合商业道德及商业规范的互联网商业模式。

### (二) 互联网不正当竞争行为的表现形式

经营者利用网络从事生产经营活动，不得利用技术手段，通过影响用户选择或者其他方式，实施下列妨碍、破坏其他经营者合法提供的网络产品或者服务正常运行的行为：

(1) 未经其他经营者同意，在其合法提供的网络产品或者服务中，插入链接、强制进行目标跳转。

(2) 误导、欺骗、强迫用户修改、关闭、卸载其他经营者合法提供的网络产品或者服务。

(3) 恶意对其他经营者合法提供的网络产品或者服务实施不兼容。

(4) 其他妨碍、破坏其他经营者合法提供的网络产品或者服务正常运行的行为。

经营者违反《反不正当竞争法》第12条规定，妨碍、破坏其他经营者合法提供的网络产品或者服务正常运行的，由监督检查部门责令停止违法行为，处十万元以上五十万元以下的罚款；情节严重的，处五十万元以上三百万元以下的罚款。

**【案例分析 5-9】**

大众点评网的经营者汉涛公司自2012年以来，发现百度公司未经许可在百度地图、百度知道中使用了来自大众点评的信息，认为该行为构成不正当竞争，故将其诉至法院。

大众点评网的“用户使用协议”有以下内容：大众点评网所提供各项服务的所有权和运作权均归汉涛公司所有。大众点评网用户使用协议系由大众点评用户与汉涛公司就大众点评网各项服务所订立的相关权利义务规范。用户通过访问和/或使用本网站，即表示接受并同意本协议所有条件和条款。任何用户接受本协议，即表明该用户主动将其在任何时间段在本站发表的任何形式的信息的著作财产权，以及应当由著作权人享有的其他可转让权利无偿独家转让给大众点评网运营商所有，同时表明该用户许可大众点评网有权利就任何主体侵权单独提起诉讼，并获得赔偿。大众点评网要求各搜索引擎遵循行业规范，即“拒绝 Robots 访问标准”，否则将视你的抓取行为是对我网站财产权利和知识产权的侵犯，有权通过法律诉讼维护网站利益。

百度地图中的商户可以向用户提供来自大众点评网的点评信息。部分商户有百度糯米的团购业务，点击团购链接，可跳转至百度糯米网站。部分商户有外卖服务，点击“订外卖”，可跳转至百度外卖网站。

问题：百度的行为是否属于互联网不正当竞争行为？

# 第三节　反不正当竞争法的实施

一般来说，关于不正当竞争行为的权利救济机制有两种模式：一种是以德国为代表性的全部依赖民事诉讼的模式；另一种是民事诉讼与行政执法并行的综合模式。后一种模式在美国、日本、韩国及我国台湾地区都比较典型。其中，日本与韩国的竞争主管机关独享行政执法管辖权，而美国和我国台湾地区根据专门法律与有关部门分享执法管辖权，但它们都没有将一个行业整体的执法权限从竞争主管部门的执法管辖权中剥离出去，而是谨慎地通过法律关系竞合的适用规则针对特定不正当竞争行为，来划分执法管辖权，这一点值得借鉴。

《反不正当竞争法》是我国市场秩序管理法的基本内容，其目的是维护国家的市场竞争秩序，是国家干预市场的体现，公法化的性质较为突出，因此《反不正当竞争法》的实施在我国主要由国家行政机关进行。2018 年 3 月，根据第十三届全国人民代表大会批准的国务院机构改革方案，将国家工商行政管理总局的职责、国家质量监督检验检疫总局的职责、国家食品药品监督管理总局的职责、国家发展和改革委员会的价格监督检查与反垄断执法职责，商务部的经营者集中反垄断执法以及国务院反垄断委员会办公室等职责整合，组建国家市场监督管理总局，作为国务院直属机构。负责监督管理市场秩序，管理市场交易、网络商品交易及有关服务的行为。组织指导查处价格收费违法违规、不正当竞争、违法直销、传销、侵犯商标专利知识产权和制售假冒伪劣行为。

## 一、行政执法机关

对不正当竞争行为的监督检查，为保障对不正当竞争法的规制有效进行，世界各国大都设立了专门的行政执法机关进行监督检查。如美国的联邦贸易委员会、德国的卡特尔局、日本的公正交易委员会及我国台湾地区的公平交易委员会等，它们都是代表政府专司反不正当竞争法的职责。这对于及时、有效地排除不正当竞争行为十分必要。我国自 1994 年 8 月，经国务院批准，国家工商行政管理局开始设立了公平交易局，使其专门监督检查市场主体的交易行为，为监督检查工作提供了有力的组织保障，对不正当竞争行为的执法进行指导，因此是我国执行反不正当竞争法的行政主管机关。

## 二、执法手段

行政监督检查是实施反不正当竞争的重要组成部分，由于不正当竞争行为的特殊性，执法机关监督检查的内容极其广泛。法律规定了监督检查部门的相应职权，这些职权包括：询问当事人并要求提供相关证据的权力，调查和复制证据的权力，采取责令停止销售等强制措施的权力，进行罚款、吊销营业执照等行政处罚权力等。虽然行政执法发挥了相当大的作用，但是随着竞争行为的变化和查处难度的增加，行政机关的执法权限和相应的执法手段尚需进一步加强。与此同时，也要特别注意防止行政机关滥用行政权力损害市场机制作用的可能性。

## 三、法律责任

### (一) 行政责任

行政责任是不正当竞争行为的主要责任形式。《反不正当竞争法》为行为人设立了形式多样的行政责任，主要包括一般的行政责任和特定行为的行政责任。

(1) 一般的行政责任。一般行政责任主要是责令停止违法行为、消除影响、没收违法所得，并根据情节处以罚款。如情节严重的，可以吊销营业执照等。罚款可以违法所得的倍数进行处罚，如经营者的仿冒假冒行为，可根据情节处以违法所得 1 倍以上 3 倍以下的罚款；经营者有违反被责令暂停销售，不得转移、隐匿、销毁与不正当竞争行为有关的财物的行为的，可根据情节处以被销售、转移、隐匿、销毁财/物的价款的 1 倍以上 3 倍以下的罚款。也可以以具体数额进行处罚，如侵犯商业秘密行为、商业贿赂行为、虚假广告行为、不正当有奖销售行为等，监督检查部门还可以根据情节处以 1 万元以上 20 万元以下的罚款。

(2) 特定行为的行政责任。不正当竞争行为形式多样，对特定行为的行政处罚具有针对性，有利于及时有效地纠正违法行为。比如，虚假广告宣传行为，对负有责任的广告经营者和广告发布者，情节严重的可以停止其广告业务。当广告主或广告经营者、发布者受到发布虚假广告宣传行为的指控时，行政执法机关可以责令广告主作出“更正广告”的行政处罚，详细规定更正广告的具体要求，如广告的有效期限、广告周期、广告费用、刊登广告的报纸或电台等，以消除虚假广告宣传行为给消费者造成的错误影响。

### (二) 民事责任

不正当竞争行为在近代民法中一直被认为是侵权行为，按照传统的民事侵权理论，侵权的构成要件为侵权者主观上有过错、侵权的行为违法、违法行为造成他人损害，以及违法行为与损害之间具有直接因果关系。但是，《反不正当竞争法》规制竞争行为在很大程度上超越了民事侵权理论的范围。这表现为以下几点。

(1) 在主观故意和损害结果之间的因果关系方面区别于民事侵权，不少竞争行为如“虚假广告行为”“欺骗性交易行为”等，只要有可能引起损害(如产生误认)即应该承担民事赔偿责任，而不必有实际损失的发生。这充分体现了竞争法的立法宗旨不仅是保护竞争者的利益，而且是对竞争者以外的社会公众进行保护，从而体现其维护社会整体利益和公共经济秩序的现代法特征。

(2) 在民事赔偿数额上区别于传统侵权法律。损害赔偿原则分为实际赔偿和惩罚性赔偿，惩罚性赔偿在各国的竞争法中日益增多。如美国的竞争法规定，私人损害赔偿，不论数额大小，侵害人一律承担 3 倍于受害人损失的赔偿额。我国台湾地区的《公平交易法》中规定，在实行实际赔偿原则的前提下，将惩罚性赔偿作为特定条件下的赔偿原则。我国《消费者权益保护法》也规定了双倍赔偿的制度，这对实施不正当竞争行为的经营者构成严厉的威慑。此外，即使实行实际损失的赔偿，在损失的计算上也趋于惩罚性赔偿。根据《反不正当竞争法》的规定，被侵害的经营者的损失难以计算的，赔偿额为侵权人在侵权期间因欺骗性交易行为所获得的利润，并应当承担被侵害的经营者因调查该经营者侵害其合法权益的不正当竞争行为所支付的合理费用。

(3) 在归责原则上区别于传统侵权法律。对不正当竞争行为的归责原则，已经从过错责任原则向严格责任原则发展。如虚假广告宣传行为的民事责任，在虚假广告宣传行为认定之后，购买商品或者接受服务的消费者受到损害的，不仅广告主要承担民事赔偿责任，而且广告经营者和发布者要依法承担连带责任。《食品安全法》规定，名人担任广告也要承担连带责任，这一规定显然是比较严格的。又如侵犯商业秘密的民事责任，按照一般的侵权赔偿举证原则由原告举证，但原告提不出损失证明的，法院认为必须给原告进行补偿的，可以以不当得利的理论为依据给予补偿。赔偿的数额可以按照侵权期间受害人的利润损失确定；侵权期间的利润损失无法计算的，也可以根据加害人所获利润进行赔偿。这显然是对被告加重处罚的计算方式。

**(三) 刑事责任**

不正当竞争行为具有典型的社会公害性，对严重的不正当竞争行为进行刑事处罚是十分必要的。在《反不正当竞争法》制定之初，仅规定了销售伪劣商品，以及经营者采用财物或者其他手段进行贿赂以销售或者购买商品，构成犯罪的，依法追究刑事责任。1997 年的《刑法》颁布后，对利用广告对商品或者服务作虚假宣传侵犯他人商业秘密，构成犯罪的行为也规定了刑事责任。

**(四) 法律责任的竞合**

在对不正当竞争违法行为认定中，可能会发生同一事实符合数个法律规定构成要件的竞合问题。比如，与混淆行为相关的法律有《商标法》《专利法》等；与虚假广告宣传行为相关的有《广告法》《消费者权益保护法》等。在现行司法实践中的做法是：对不正当竞争行为进行认定时，首先考虑适用专门法律，如《商标法》《著作权法》等，以确定权利归属和侵权事实等前提；如果根据专门法律无法认定行为性质时，则从有效地维护市场秩序的角度使用《反不正当竞争法》。因为《反不正当竞争法》是以维护市场秩序为重心而非以维护默认权利为重心的立法，因而在举证责任、损害赔偿、违法构成要件等方面的规定都有利于规制扰乱市场公共秩序的竞争行为。一旦行为性质确定为是不正当竞争，那么，受到不正当竞争行为危害的市场主体就应该得到救济。特别是受虚假广告、仿冒混淆、商业贿赂等行为危害的，如果在权利保护的理念下加以考虑，那么受害人的利益就会因权利界定问题而得不到及时保护，这时就更加需要依据《反不正当竞争法》从市场环境和秩序方面加以考虑。

# 思考练习

**(一) 单项选择题**

1. 甲超市在各大报纸上做广告，称该超市到货一批美国聚酯漆组合家具。乙购买了一套，发现这些家具均产于北京，遂向工商局举报，经工商局查明该批家具确实使用了美国进口聚酯漆。工商局对甲超市作出了罚款的行政处罚。下列说法中正确的是(　　)。

A. 甲超市应向人民法院提起行政诉讼，提起行政复议不当

B. 甲超市的广告并无虚假内容，不构成不正当竞争

C. 甲超市的广告易使人误解，构成不正当竞争

D. 工商行政管理局对甲超市作出罚款的行政处罚，缺乏法律依据

2. 甲期货交易所章程规定，对日交易量超过 100 手的客户，可以将手续费的 2%作为折扣退还给他们，并办理完整的财务手续。其他交易所对此规定提出了异议。下列说法正确的是(　　)。

A. 甲交易所的行为不构成不正当竞争

B. 甲交易所的行为构成行贿

C. 甲交易所的行为既构成行贿又构成不正当竞争

D. 甲交易所的行为构成不正当竞争

3. 为加大销售力度，某超市在销售中向每位购买空调的顾客赠送一大礼包。对此，下列说法正确的是(　　)。

A. 如果赠送礼包违背顾客意愿则构成不正当竞争，否则不构成

B. 如果礼包质量不合格则构成不正当竞争，否则不构成

C. 如果空调的价格减去大礼包的价值小于空调的成本价，则超市构成不正当竞争

D. 超市的行为构成违法搭售的不正当竞争

4. 中秋节前夕，华丰市技术监督局对本市市场上的月饼进行了抽查，只有两家食品厂生产的月饼合格。技术监督局将该情况在《华丰晚报》上做了报道，致使很多食品厂家生产的月饼积压卖不出去。下列说法中正确的是(　　)。

A. 市技术监督局的行为不构成不正当竞争

B. 市技术监督局的行为虽有排挤其他经营者的意图，但并未指定消费者购买某种月饼，尚不构成不正当竞争

C. 市技术监督局的抽查行为是履行职责的正常管理行为，但在新闻媒介上公布抽查结果是限制其他经营者的不正当竞争行为

D. 市技术监督局抽查行为的背后是以排挤其他经营者为动机，故抽查行为与公布行为均构成不正当竞争

5. 甲化妆品厂工程师刘大胆利用到香飘化妆品厂找人的机会，偷拿了香飘厂新开发的一款香水配方，回厂后交给甲厂，甲厂立即向市场推出了这一新产品。香飘厂得知后向人民法院提起诉讼，要求甲厂赔偿，并停止生产这款香水。下列说法中正确的是(　　)。

A. 人民法院无权管辖此案

B. 甲厂不构成不正当竞争，因为刘大胆不能代表甲厂

C. 香飘厂的诉讼请求应予支持

D. 甲厂构成不正当竞争，但只能停止生产这款香水，不需赔偿损失

6. 某市一电器商场，在广告牌上写明："凡在本商场购买长江长牌饮水机的，返还价款的8%，凡是介绍他人购买的，付给介绍者价款2%的佣金。"经另外一家电器商场的举报，有关部门调查后发现，该商场给付的返款和佣金在账上有明确记载，所售饮水机的成本为价款的70%。对于该公司的行为下列说法中正确的是(　　)。

A. 根据《反不正当竞争法》构成不正当竞争　　B. 根据《反不正当竞争法》构成低价倾销

C. 根据《反不正当竞争法》构成商业贿赂　　D. 正常销售行为

7. 某市的李某欲买"太月"牌的快餐方便面，在商场误购了商标不同而外包装十分近似的显著标明名称为"大月"的方便面，遂向"太月"公司投诉。"太月"公司发现，"大月"方便面的价格仅为"太月"的1/2。如果"太月"起诉"大月"，其纠纷的性质应当是(　　)。

A. 企业名称侵权纠纷　　B. 欺骗性交易的不正当竞争纠纷

C. 低价倾销的不正当竞争纠纷　　D. 诋毁商誉的侵权纠纷

8. 某市某商厦开展有奖销售活动，其公告中称：本次活动分两次抽奖；第一次一等奖 15 名，各奖海尔冰箱一台(价值 4900 元)，第二次一等奖 10 名，各奖长虹电视机一台(价值 2000 元)；第一

次获奖者还可参加第二次抽奖。对此事的以下判断中，正确的是( )。

A. 是不是正当有奖销售，应取决于最后抽奖后抽奖结果是否出现一人连续两次中一等奖

B. 可以两次开奖，因每次的最高奖励额未超过 5000 元，属正当的有奖销售

C. 可以两次开奖，但最高奖的总值不得超过 5000 元，该商厦构成不正当有奖销售

D. 开奖不允许分两次进行，该商厦构成不正当有奖销售

9. 下列不属于限制竞争行为的是( )。

A. 某县文化局限定所有的中小学必须购买某一经营者的文化用品

B. 某省政府最近下发一通知，所有购买外地商品的本地商品经营者都必须交纳购买税

C. 某县邮电局通告全县人民，所有想装电话的用户都必须从邮电局买电话机

D. 某电影院进行有奖看电影，最高奖是一辆 8000 元的摩托车

10. 下列属于不正当竞争行为的是( )。

A. 低于成本价销售鲜活商品　　B. 低于成本价处理有效期限即将到期的商品

C. 因清偿债务而低于成本价销售产品　　D. 侵犯他人商业秘密

11. 下列不属于欺诈性商业交易的是( )。

A. 假冒他人注册商标

B. 擅自使用知名商品特有的装潢或与其相似的装潢，造成与他人的知名商品相混淆，使购买者误以为是他人的商品

C. 擅自使用娃哈哈企业的名称，使消费者误以为是娃哈哈的产品

D. 在产品上不标明商品的产地

12. 下列不属于商业贿赂行为的是( )。

A. 某厂为感谢王某对自己产品的销售进行牵线搭桥而做的努力，给了王某5000 元佣金，在账中予以说明

B. 账外暗中收受回扣的

C. 在账外暗中给予对方单位或个人回扣

D. 接受折扣的经营者没有把这部分收入入账

13. 下列行为不违法的是( )。

A. 以内定中奖人员的方式进行有奖销售

B. 利用有奖销售的手段推销商品

C. 抽奖式的有奖销售，最高奖的金额超过 5000 元的

D. 谎称有奖而进行有奖销售

14. ( )监督检查部门可以对不正当竞争行为进行监督检查。

A. 市级以上　　B. 县级以上　　C. 省级以上　　D. 以上均不正确

15. 公用企业或其他依法具有独占地位的经营者，限定他人购买其指定的经营者的商品的，以排挤其他经营者的公平竞争的，( )的监督检查部门应对其进行行政处罚。

A. 县以上　　B. 省级以上　　C. 市级以上　　D. 省级或设区的市

16. 中原妇女用品厂生产的仙女牌“月月舒”卫生巾在当地有较好的口碑，市场份额在该市达 50%。邻县某顺意纸品厂生产的顺心牌卫生巾，其商品名称亦为“月月舒”，并投放该市。中原妇女用品厂要求工商管理部门制止其违法行为。经查，该厂使用“月月舒”作为商品名称比顺意纸品厂早 1 年。请判断下列理由正确的是( )。

A. 侵犯中原妇女用品厂的商标专用权

B. 侵犯中原妇女用品厂的外观设计权

C. 侵犯中原妇女用品厂的知名商品特有名称权

D. 侵犯中原妇女用品厂的企业名称权

17. 甲公司使用在针织品上的“茸茸”商标尚未注册。为了防止其他企业在同类商品上使用该商标，甲公司采取的合法行为是(　　)。

A. 在包装上注明“注册商标 仿冒必究”　　B. 在广告中说明“知名商品 不得仿冒”

C. 在产品上附加外观设计专利号　　D. 向国家商标局提出注册申请

18. 李某从总裁手提电脑上将一套公司管理软件复制在软盘上，卖给另一需要管理软件的公司，要价 2000 元，对方说这套软件加了保密措施，解密需要一定的时间，只给 500 元。案发后，如何确定李某的行为性质，引起了较大的争议。请问，你赞成的观点是(　　)。

A. 构成盗窃罪　　B. 构成盗窃罪，并侵犯了他人的商业秘密

C. 构成盗窃罪，并侵犯了他人的著作权　　D. 构成盗窃罪，并侵犯了他人的专利权

19. 下列行为中，属于不正当竞争行为的是(　　)。

A. 某超市以低于成本的价格销售保质期即将届满的食品

B. 某商场为促销，在春节期间在店内张贴布告：一日内在本店购买1000元以上的，给付 20%作为回扣。经查，该商场给付的回扣在账面上都有明确的记载

C. 某燃气公司在安装管道煤气时，声称为了安全起见，建议用户购买其所属的经销公司销售的“太阳”牌燃气灶，自购的其他品牌的燃气灶需要检验，每户收取检验费 50 元

D. 第三人不知情披露他人的商业秘密的行为

20. 经营者的不正当竞争行为给被侵害的经营者造成的损失难以计算的，赔偿额(　　)。

A. 以受害人在被侵权期间所减少的利润为赔偿额

B. 以侵权人在侵权期间所获得的利润为赔偿额

C. 以侵权人在侵权期间因侵权所得的利润为赔偿额

D. 以侵权人在侵权期间所获得的利润的 2 倍为赔偿额

21. 经营者有违反被责令暂停销售，不得转移、隐匿、销毁与不正当竞争行为有关的财物的行为的，监督检查部门可以给予的处罚有(　　)。

A. 根据情节处以违法所得 1 倍以上 3 倍以下的罚款

B. 根据情节处以 1 万元以上 20 万元以下的罚款

C. 根据情节处以被销售、转移、隐匿、销毁财物的价款的 1 倍以上 3 倍以下的罚款

D. 根据情节处以 5 万元以上 20 万元以下的罚款

22. 经营者利用广告，对商品作引人误解的虚假宣传。据此，工商管理部门可以根据情节对其处以(　　)。

A. 违法所得 1 倍以上 3 倍以下的罚款　　B. 违法所得 1 倍以上 5 倍以下的罚款

C. 5 万元以上 20 万元以下的罚款　　D. 1 万元以上 20 万元以下的罚款

23. 甲酒厂生产的“太岁康”高粱酒，在本省市场上颇有名气。之后，乙酒厂推出“状元乐”高粱酒，其酒瓶形状和瓶贴标签的图样、色彩与“太岁康”几近一致，但使用的注册商标、商品名称及厂名厂址均不同。对此，下列表述中正确的是(　　)。

A. 因注册商标、商品名称及厂名厂址均不相同，乙厂对甲厂不构成侵权

B. “太岁康”商标仅属省内知名，其标签又未获得专利，甲厂不能起诉乙厂侵权

C. 两种商品装潢外观近似，足以造成购买者产生误认，故乙厂的行为构成不正当竞争

D. 两种商品装潢虽外观近似，但常喝“太岁康”的人仔细辨认可以加以区别，故乙厂的行为不受法律禁止

24. 某电器销售公司甲与某电视机厂乙因货款纠纷而产生隔阂，甲不再经销乙的产品。当客户询问甲的营业人员是否有乙厂的电视机时，营业人员故意说道：“乙厂的电视机质量不好，价格又贵，所以我们不再卖他们的产品了。”下列有关该事例表述正确的是(　　)。

A. 甲侵犯了乙的名誉权

B. 由于甲乙之间不具有竞争关系，甲的行为不属于诋毁乙的商业信誉的不正当竞争行为

C. 甲的行为因未通过宣传媒介诋毁乙的商业信誉，故不构成诋毁商业信誉

D. 甲侵犯了乙的荣誉权

25. A 企业在市场上推出一种多功能遥控器，名为“一按达”，产品设计成适应操作者手形的曲线外观，并配以反传统的香槟色。该多功能遥控器销售地区甚广，辅之大量的、较长时间的广告宣传，使其在相关市场广为消费者欢迎。B 企业仿冒企业产品，也在市场推出“易安达”多功能遥控器，其外观、色彩与 A 企业的“一按达”相仿，引起混淆。该侵权行为属于(　　)。

A. 假冒、仿冒他人注册商标

B. 擅自使用知名商品特有的名称、包装、装潢

C. 侵犯外观设计专利权

D. 引人误解的虚假宣传

26. 回扣与折扣的本质区别在于(　　)。

A. 回扣是给予钱财，折扣则以多种形式让利

B. 折扣支付给对方的经办人，回扣支付给有影响的代理人

C. 回扣只能由买方支付

D. 折扣以明示方式支付，回扣是秘密支付

27. 企业在竞争中采取的行为属于不正当竞争的是(　　)。

A. 季节性降价，用低于成本的价格销售

B. 因歇业用低于成本的价格销售

C. 以低于成本的价格在特定地区销售特定商品

D. 用低于对手但高于成本的价格销售商品

28. 经营者向消费者推销移动电话时，以优惠的价格说服消费者购买与移动电话机配套的电池、充电器等商品。消费者经说服接受了经营者的推销，一并购买了几种商品。经营者的行为属于(　　)。

A. 引人误解的虚假宣传　　B. 低价倾销

C. 搭售　　D. 正当销售行为

29. 公用企业或者其他依法具有独占地位的经营者，限定他人购买其指定的经营者的商品，以排挤其他经营者的公平竞争的，监督检查部门应当责令停止违法行为，可以根据情节处以(　　)。

A. 违法所得 1 倍以上 3 倍以下的罚款　　B. 1 万元以上 10 万元以下的罚款

C. 1 万元以上 20 万元以下的罚款　　D. 5 万元以上 20 万元以下的罚款

30. 依《反不正当竞争法》，抽奖式有奖销售的最高金额不得超过(　　)。

A. 10 000 元　　B. 6000 元　　C. 3000 元　　D. 5000 元

31. 甲市某酒厂酿造的“蓝星”系列白酒深为当地人喜爱。甲市政府办公室发文指定该酒为“接待用酒”，要求各机关、企事业单位、社会团体在业务用餐时，饮酒应以“蓝星”系列为主。同时，酒厂公开承诺：用餐者凭市内各酒楼出具的证明，可以取得消费 100 元返还 10 元的奖励。下列关于

此事的说法不正确的是(　　)。

A. 甲市政府办公室的行为属于限制竞争行为

B. 酒厂的做法尚未构成商业贿赂行为

C. 上级机关可以责令甲市政府改正错误

D. 监督检查部门可以没收酒厂的违法所得，并处以罚款

32. 某市工商局规定，餐饮企业从业人员必须在市第二人民医院体检合格方可上岗。该市第一、第三人民医院与第二人民医院皆属同一等级医疗机构，餐饮企业对工商局的这种做法提出了异议，认为构成了不正当竞争。下列说法中正确的是(　　)。

A. 医院是社会福利机构，不属经营者，工商局的行为不构成不正当竞争

B. 工商局的行为不是《反不正当竞争法》第 7 条规定的政府及其所属部门限定他人购买其指定的经营者的商品的行为，不构成不正当竞争

C. 工商局的行为构成限制竞争行为

D. 第一、第三人民医院应通过卫生行政管理机关解决此事

33. 根据我国《反不正当竞争法》和相关法律的规定，下列表述中有关诋毁商誉行为描述正确的是(　　)。

A. 新闻单位被经营者唆使对其他经营者从事诋毁商誉行为的，可与经营者构成共同的不正当竞争行为

B. 经营者通过新闻发布会形式发布影响其他同业经营者商誉的信息，只要该信息是真实的，不构成诋毁行为

C. 诋毁行为只能是针对市场上某一特定竞争对手实施的

D. 经营者对其他竞争者进行诋毁，其主观心态既可以是故意，也可以是过失

34. 下列不属于不正当竞争行为的是(　　)。

A. 经营者散布无根据的事实，损害了对手的声誉

B. 投标者事先与招标者达成协议，最后由其中标

C. 煤气公司要求其用户购买某品牌的煤气炉

D. 某公司不知其职员提供的技术信息是某企业商业秘密的泄露，已使用于其产品制造

35. 公用企业或其他依法具有独占地位的经营者限定他人购买指定经营者的商品，被指定的经营者借此销售质次价高商品或滥收费用的，监督检查部门应当没收违法所得，可以根据情节处以(　　)。

A. 违法所得 1 倍以上 3 倍以下的罚款　　B. 违法所得 1 倍以上 5 倍以下的罚款

C. 1 万元以上 20 万元以下的罚款　　D. 5 万元以上 20 万元以下的罚款

36. 李某长期加工茶叶出售，为增加销售量，他委托加工厂在包装袋上印上“绿色环保”“高级饮品”等字样，并且将产地改为某省一著名茶乡。对这一行为正确的认定是(　　)。

A. 该行为虽违反商业道德，但不构成不正当竞争行为

B. 该行为违反了《反不正当竞争法》，构成虚假的表示行为

C. 该行为根据《民法通则》的规定构成欺诈的民事行为

D. 该行为没有违反《反不正当竞争法》，不构成虚假的宣传行为

37. 在销售现场及时开奖的有奖销售活动，对超过(　　)元以上奖的兑奖情况，经营者应当随时向购买者明示。

A. 200　　B. 500　　C. 1000　　D. 2000

38. 当事人对监督检查部门作出的关于不正当竞争的处罚决定不服的，可以采取(　　)措施。

A. 只能申请行政复议　　B. 只能提起行政诉讼

C. 必须先申请行政复议，对复议决定不服的再提起行政诉讼

D. 既可以先申请行政复议，对复议决定不服的再提起行政诉讼，又可以直接向人民法院起诉

39. 下列不正当竞争行为，《反不正当竞争法》未规定行政责任的是(　　)。

A. 商业贿赂行为　B. 虚假广告行为　C. 损害商誉行为　D. 串通投标行为

40. 其他依法具有独占地位的经营者的独占地位是由(　　)赋予的。

A. 法律　B. 法律、行政法规　C. 法律、法规、规章

D. 法律、法规、规章或者其他规范性法律文件

**(二) 多项选择题**

1. 区某是湖北省某县食品厂的厂长，他看到邻县巧媳妇食品有限公司制作的点心十分畅销，几次前去取经，均被婉言谢绝。他不甘心自己的厂子面临破产境地，几经周折，终于认识了巧媳妇食品有限公司的工程师魏某某。区某多次宴请魏某某，魏某某见区某对自己十分厚爱，便把巧媳妇公司制作点心的配方、经营方法都告诉了区某，区某如法炮制，生意大有起色。下列表述正确的有(　　)。

A. 区某采取的方法是为经营好企业，使食品厂免遭破产，解决了工人下岗的难题，值得肯定

B. 巧媳妇食品有限公司的点心制作配方没有申请专利，不受法律保护

C. 巧媳妇食品有限公司的点心配方、经营方法可以认为是商业秘密

D. 某区的行为构成了不正当竞争行为

2. 张聪慧发现夏娃服装厂生产的“夏娃”牌衬衫畅销，遂在百货大楼租赁一柜台用于销售“夏娃”牌衬衫，并采取了以下行为，其中属于不正当竞争行为的有(　　)。

A. 以明示的方式给购买者折扣，但没有入账

B. 所雇用的销售人员都身着百货大楼的工作服，佩戴百货大楼的营业标志

C. 以夏娃服装厂厂家的名义直销“夏娃”牌衬衣

D. 举办抽奖式销售活动，最高奖为价值2000元手表一块

3. 下列属于招标投标中的不正当竞争行为的有(　　)。

A. 投标者甲公司在其投标之前，通过招标者私下获得其他投标者的投标条件的行为

B. 招标者向投标者乙透露标底的行为

C. 投标者甲公司与其他众多投标者串通投标，压低标价的行为

D. 参加投标的经营者通过口头形式，就投标条件相互沟通的行为

4. 下列情形中属于不正当竞争行为的是(　　)。

A. 菏泽辛望菜市场肉食摊规定，在此购买瘦肉的顾客必须同时购买该摊剩下的骨头若干

B. 长安商厦张贴告示，表示国庆节期间顾客在商厦购物均享受八折优惠，对此如实入账

C. 便民水果店在存货过多情况下为防止水果变质决定低于成本价销售一批龙眼

D. 某彩电生产厂商在报纸上宣传其竞争对手生产的彩电存在许多质量问题，但这些宣传均与事实不符

5. 甲公司为招揽生意，遂以高价请乙公司(知道不实情况)为其做不实广告，据此，下列说法正确的是(　　)。

A. 有关的监督检查部门应责令乙公司停止违法行为，没收违法所得，并依法处以罚款

B. 有关的监督检查部门应责令甲公司停止违法行为，消除影响，并可以根据实际情况处以相应的罚款

C. 乙公司在明知甲公司的产品质量与广告所宣传的质量不符的情况下仍为其制作广告的行为是违反《反不正当竞争法》的行为

D. 甲公司利用广告虚假宣传自己产品的行为是不正当竞争行为

6. 公用企业等的限制竞争行为的构成要件有(　　)。

A. 所提供的商品或服务具有某种程度的垄断

B. 特定消费者对提供者没有选择的余地

C. 利用这种垄断限定他人购买其指定的经营者的商品或服务

D. 违反了公认的商业道德

7. 政府及其所属部门的限制竞争行为的构成要件包括(　　)。

A. 主体是包括国务院在内的所有的行政机构　　B. 滥用行政权力

C. 事实上限制了竞争行为　　D. 排挤其他经营者的公平竞争

8. 串通投标的表现形式有(　　)。

A. 投标者非法串通损害招标人利益

B. 投标者与招标者串通损害其他投标人利益

C. 招标者故意作出要招标的虚假的要约邀请

D. 投标者之间在招标会上起哄闹事

9. 经营者侵犯商业秘密的形式是(　　)。

A. 以盗窃、利诱、胁迫或者其他不正当手段获取权利人的商业秘密的

B. 披露、使用或允许他人使用以 A 选项手段获取的权利人的商业秘密的

C. 违反约定或权利人有关保守商业秘密的要求，披露、使用或允许他人使用其所掌握的商业秘密的

D. 第三人明知商业秘密取得不合法而获取、使用、披露他人的商业秘密的

10. 对于不正当竞争的经营者可给予的行政处罚有(　　)。

A. 责令改正，消除影响　　B. 责令停止违法行为

C. 宣告合同无效　　D. 没收非法所得

11. 下列属于对不正当竞争行为的监管的是(　　)。

A. 受害者通过司法途径解决，追究经营者的民事责任

B. 受害人向监督检查机关投诉

C. 监督检查部门根据检举或指控，或依职权主动查处

D. 司法机关依刑事诉讼程序，追究违法者的刑事责任

12. 晓燕与他人合作开办了一个固体饮料厂，没有进行工商登记领取营业执照，也未办理卫生许可证。用淀粉、白糖等生产所谓的“麦乳精”“强身大补精”，销售中使用的是他人的注册商标标识，后被工商管理部门查获。请问，其行为属于(　　)。

A. 她没有领取营业执照，不是经营者，不适用《反不正当竞争法》

B. 她从事的是经营行为，应适用《反不正当竞争法》

C. 她假冒注册商标构成侵权行为

D. 她违反工商管理法规，构成无照经营的违法行为

13. 某单位是生产销售化妆品的专业公司，为提高某种护肤品的增白效果，该公司在其中添加了超过国家规定标准的对人体有害的增白剂。后因不满工资待遇，总工程师傅某离开该公司，将增白剂一事向媒体公布。该公司以侵犯商业秘密权为由将傅某诉至法庭。根据有关法律，正确的意见是(　　)。

A. 首先应判断该护肤品的配方是否属于商业秘密

B. 如果是商业秘密，应认定傅某侵犯公司商业秘密

C. 即使是商业秘密，根据公共利益原则，傅某行为不构成侵权

D. 即使考虑公共利益原则，傅某行为亦构成侵权

14. 甲公司销售的高档卫生用品适用于特定的人群。5 年来，由于该公司采取了有效的管理和保密措施，客户一直很稳定。2001 年 5 月，该公司的客户明显流失，经查几乎全部转向与其有竞争关系的乙公司。乙公司提出的可以接受的答辩理由是(　　)。

A. 客户是业务员一个一个寻找、长期感情投资获得的

B. 丙公司的客户名单与甲公司基本吻合，乙公司与丙公司签有客源共享协议

C. 甲公司的客户名单不是商业秘密

D. 甲公司的客户是不满意原公司的产品和服务，自愿转向乙公司的

15. 某市的大型超市销售的牛奶制品主要由甲、乙、丙三家牛奶公司提供，由于竞争的激烈，它们采取了以下行动，以便获得市场份额。这些行动不合法的有(　　)。

A. 轮番降价，不惜以低于成本的价格销售商品

B. 联合行动，在同一时间提高同一种产品的价格达到同一水平

C. 发放调查问卷，说明竞争对手的产品已存在及可能存在的缺点

D. 购买三袋鲜奶，随赠一盒酸奶

16. 春运期间，某省国有公路客运公司为缓解短途客运压力，在客运高峰到来前 5 天，宣布提高票价 50%。请判断下列观点正确的是(　　)。

A. 违反了《反不正当竞争法》，属于公用企业滥用优势地位的不正当竞争行为

B. 违反了《消费者权益保护法》，侵犯了消费者的公平交易权

C. 不违反《消费者权益保护法》，乘客可以不乘坐该公司的客车或者上车后与之讨价还价

D. 因没有举行听证会，违反了《价格法》

17. 甲卷烟厂生产的“黄山”牌卷烟知名度不高，该厂认为只有把“红塔山”牌、“中华”牌香烟打下去才能赢得市场。为此，该厂将特制的“黄山”牌香烟与市场上选购的“红塔山”牌、“中华”牌香烟进行所谓的“品牌评级”，评委中有不少是该厂的经销商，其余的全部是来自本地的专业人士。事后，该厂据此在该省新闻媒体刊出大字广告：“黄山”第一，“中华”第二，“红塔山”第三。由此则可以判定(　　)。

A. 该广告为虚假广告　　B. 这种评比不具有公正性、权威性

C. 该广告损害了竞争对手的商誉　　D. 为该厂做虚假广告的媒体构成共同侵权

18. 某娱乐中心为吸引顾客，采取下列诸多措施，其中属于不正当竞争行为的有(　　)。

A. 将园内的儿童游乐场称作“迪士尼”乐园

B. 将园内的竞赛项目结果称作中国“吉尼斯”

C. 设置奖品为圣诞老人，实际上是印有圣诞老人画像的一页日历

D. 广告宣传说 10 岁以下儿童免费入场，当家长们带领孩子们前来时，却要为自己购买比平时高出 50%的票价

19. 某鞋城与该市的社会福利募捐委员会签订协议，由后者提供价值 20 万元的彩票。凡在鞋城购买商品达 100 元，赠送彩票一张，多买多赠。不到 100 元不赠，彩票亦不单独销售。奖品设 6 个等级，特等奖是奥拓小汽车。所有赠送的彩票当场揭开兑奖。鞋城按 29%缴纳福利基金，享有 5%的彩票发行费。该市工商行政管理部门对其进行了查处，理由是(　　)。

A. 这种销售方式是商业混淆行为

B. 这种行为不是福利彩票发行行为

C. 这种行为违背购买者的意愿，附加了不合理的条件

D. 这种行为是不正当的有奖销售行为

20. 某公司专门生产实木家具，因价格昂贵，市场占有量有限。而复合家具价格便宜，规格齐全，色彩多样，近几年销售量直线上升。为此，该实木家具公司通过广告并利用连环漫画形式长期宣传，以专家身份告诫用户，复合家具有两个缺点：一是容易变形，二是甲醛含量过高。一时间，宣传力度大的沪广两地，复合家具销量锐减。为正视听，沪四家复合家具生产商请国家技术监督局对其有关产品进行质量鉴定，证明上述危害并不存在。于是，四家复合家具生产企业状告该实木家具公司，提出了下列主张正确的是(　　)。

A. 实木家具公司的广告为对比性广告

B. 实木家具公司并未在广告中明确指出哪一家企业生产的复合家具具有上述两个缺点，不构成商业诋毁行为

C. 实木家具公司的行为构成商业诋毁

D. 实木家具公司通过广告并利用连环漫画散布的复合家具所谓的两个缺点不是事实

21. 甲公司与乙公司都生产销售“吃饭香”营养精，消费者以为是一个企业生产的产品。实际上，乙公司生产、销售该产品比甲公司晚半年，而且甲公司这些年投入该产品的广告费达 100 多万元。乙公司的产品来源于外地的丙公司，该公司在当地尚未进行广告投入。甲公司要求查处乙公司的不正当竞争行为，其合法理由是(　　)。

A. 该产品是知名商品

B. “吃饭香”是知名商品特有名称

C. 乙公司擅自使用知名商品特有名称，造成消费者误认

D. 请求工商行政管理部门禁止乙公司销售营养精

22. 下列行为中不属于不正当竞争行为的是(　　)。

A. 某单位工会过节为职工搞福利发给职工购物券，限定职工只能到某商店购物

B. 某微波炉生产厂家为了扩大自己的市场份额，通过媒体报道其生产的微波炉价格将跳水。经查，跳水后的价格仍在其生产成本之上

C. 某商场散布某品牌的空调生产厂家售后服务不及其经销的另一品牌的空调好，建议客户购买其经销的品牌的空调

D. 某商业街因扩宽马路，需要拆迁的商家纷纷以低于成本的价格销售商品，直接影响了马路对面不需拆迁的商家的经营

23. 下列属于商业秘密的是(　　)。

A. 甲厂生产某种产品的特有配方

B. 乙厂多年经营形成的厂商客户名单

C. 丙公司董事会会议刚决议的产销策略

D. 丁公司关于宣纸的制作工艺

24. 下列行为中，属于法律规定的不正当竞争行为的是(　　)。

A. 某市政府通过本地办的电视台向市民发布通告：最近本市连续发生多起煤气中毒事件，因此，各住户必须统一安装本市煤气公司生产的安全阀，以确保生命、财产安全

B. 某果品公司购进一大批水果，由于其贮藏的冷库设施出现问题，不便长期保存，决定降价销售，致使本市水果价格大幅度下降

C. 某企业对其生产的饮料实行有奖销售，最高奖为价格 4000 元的新马泰五日游

D. 甲公司为提高本公司的市场占有率，在街面上让顾客免费品尝其新产品，并乘机宣传乙公司的产品不如甲公司

25. 下列有关商业贿赂特征的表述，正确的是(　　)。
A. 商业贿赂的主体为从事市场交易的经营者，既可以是卖方，也可以是买方
B. 商业贿赂的对象为能够影响市场交易的有关人员
C. 商业贿赂是给付回扣、佣金、折扣的行为
D. 商业贿赂是违反《反不正当竞争法》甚至违反《刑法》的违法或犯罪行为

26. 下列行为属于招标投标中的不正当竞争行为的是(　　)。
A. 投标者串通投标、低标价的行为
B. 参加投标的经营者之间通过口头形式，就投标条件相互通气的行为
C. 招标者向特定的投标者透露标底的行为
D. 投标者在公开招标前，通过招标者获得其他投标者的投标条件的行为

27. 反不正当竞争行为的监督检查部门，在监督检查不正当竞争行为时，享有的职权有(　　)。
A. 询问权　　B. 查询复制权　　C. 检查权　　D. 处罚权

28. 下列选择中，属于商业贿赂行为的有(　　)。
A. 经营者在账外暗中给对方单位回扣
B. 经营者以明示方式给对方折扣，并如实入账
C. 经营者为销售商品给对方以提供免费旅游
D. 经营者为销售商品给对方个人提供免费房屋装修

29. 给被侵害的经营者造成损害的，应当承担损害赔偿责任，具体内容可能为(　　)。
A. 造成的损失　　B. 因侵权获得的利润
C. 承担其他合理支出的费用　　D. 1 万元以上 20 万元以下

30. 以下行为，构成不正当竞争行为的是(　　)。
A. 甲厂产品发生质量事故，舆论误指为乙厂产品，乙厂公开说明事实真相
B. 甲汽车厂不满乙钢铁厂起诉其拖欠货款，散布乙厂产品质量低劣的虚假事实
C. 甲冰箱厂散布乙冰箱厂售后服务差的虚假事实，虽未指名，但一般人可以推知
D. 甲灯具厂捏造乙灯具厂偷工减料的虚假事实，但只告诉了乙厂的几家客户

31. 2017 年冬季，前卫商场大量销售皮衣，谎称自己销售价是“跳楼价”。下列表述正确的是(　　)。
A. 前卫商场违反了《反不正当竞争法》关于禁止低价倾销的规定
B. 前卫商场违反了《消费者权益保护法》关于禁止欺诈经营的规定
C. 前卫商场违反了《反不正当竞争法》关于禁止作引人误解虚假宣传的规定
D. 前卫商场违反了《民法通则》和《合同法》规定的诚实信用原则

32. 属于经营者强制交易行为的包括(　　)。
A. 煤气公司强制规定对煤气管道的安装
B. 烟草专卖
C. 电信局指定用户购买某种商标的电话机
D. 煤气公司指定用户购买某种商标的煤气灶具

33. 我国《反不正当竞争法》规范的行为包括(　　)。
A. 垄断行为　　B. 不正当竞争行为
C. 部分限制竞争行为　　D. 强制交易行为

34. 甲旅行社的欧洲部副经理李某，在劳动合同未到期时提出辞职，未办移交手续即到了乙旅行社，并将甲社的欧洲合作伙伴情况、旅游路线设计、报价方案和客户资料等信息带到乙社。乙社原无欧洲业务，自李某加入后欧洲业务猛增，成为甲社的有力竞争对手。现甲社向人民法院起诉乙社和李某侵犯商业秘密。法院如认定乙社和李某侵犯甲社的商业秘密，须审查(　　)。

A. 甲社所称的“商业秘密”是否属于从公开渠道不能获得的

B. 乙社的欧洲客户资料是否有合法来源

C. 甲社所称的“商业秘密”是否向有关部门申报过“密级”

D. 乙社在聘用李某时是否明知或应知其掌握甲社的上述业务信息

35. 经营者以低于成本价销售下列商品的行为，不属于不正当竞争行为的是(　　)。

A. 销售鲜活商品　　B. 销售有效期限即将到期的商品

C. 销售积压商品　　D. 因清偿债务、歇业降价销售商品

36. 下列行为中属于侵犯商业秘密的行为的是(　　)。

A. 甲公司擅自利用乙公司的专利技术生产产品

B. 丙公司与某技术研究院签订了技术开发合同，该技术研究院未经丙公司同意，将开发的技术卖给了丁公司

C. 甲公司以高薪利诱乙公司的李某盗取其公司的商业秘密并使用之

D. 丙公司将盗取的商业秘密高价出售

37. 《反不正当竞争法》规定的行政责任主要有(　　)。

A. 责令停止违法行为　　B. 责令赔偿　　C. 罚款　　D. 吊销营业执照

38. 政府及其所属部门滥用行政权力限制竞争的行为包括(　　)。

A. 限制邻省、市企业所产商品进入本地

B. 为发展本地名牌产品，指定各大酒店购买本地酒厂生产的啤酒

C. 规定本地企业所产商品未经批准不得销售外地

D. 指定本地学校学生购买某品牌运动衣

39. 侵犯商业秘密的违法主体可能有(　　)。

A. 商业秘密的非法获取者、使用者、披露者　　B. 与权利人有业务关系的单位和个人

C. 权利人的职工　　D. 第三人

40. 依我国《反不正当竞争法》，所侵犯的商业秘密必须具备的条件是(　　)。

A. 秘密性　　B. 实用性　　C. 保密性　　D. 技术性

**(三) 案例分析题**

1. 甲公司是一家从事软件开发的企业，经过十多年的努力，该公司开发出一种能够强力杀毒的软件。该杀毒软件推向市场后，由于明显的技术优势获得了用户的广泛好评，为公司带来了可观的经济效益。该杀毒软件的源程序被采用加密手段后保存在只有该公司的董事长、总经理和技术副总才能使用的计算机内。乙是该公司的一名工程师，他利用别人不在办公室的时间破解了计算机的加密手段，获得了该杀毒软件的源程序，并谎称是自己开发的，以15万元的价格转让给了丙公司。

根据上述情况，分析回答下列问题，并说明理由。

(1) 该杀毒软件的源程序是否属于商业秘密？

(2) 乙的行为如何定性？

(3) 丙公司的行为是否构成侵犯商业秘密行为？

2. 2016 年 6 月，肇庆某工商分局经调查核实，芳满庭商店自 2014 年 12 月起，与肇庆、珠海、深圳等地 8 家旅行社签订合作协议，承诺对旅行社及其导游带团到其商店消费购物，按“人头费”每人 2 元和 30%～35%的“购物提成”给予奖励。在上述协议里，未出现“回扣”字样。至案发时止，芳满庭商店通过上述销售方式，共获得销售收入 95 万余元，累计给予旅行社及其导游“人头费”10 余万元，“购物提成”35 万余元。此外，在上述合作协议书及其他所有材料里均没出现“佣金“字样。至案发时止，芳满庭商店仅设有出纳日记账，记载了当事人的现金收支情况(包括大部分人头费和购物提成)。

问题：购物回扣是否为合法佣金？

3. 2015 年 8 月—2016 年 4 月，某医药公司在药品经营活动中，按照当事人经营药品的销售额，先后以返点、会务费促销费、赞助费等名义给予当事人财物共 286 246.92 元。

问题：如何看待某医药公司的促销行为？

# 第六章

# 产品质量法

**【学习目的与要求】**

产品质量是一国产品竞争的根本所在，为提高产品质量水平，保护消费者合法权益，我国十分重视产品质量立法。1993 年 2 月 22 日第七届全国人民代表大会常务委员会第三十次会议通过了《中华人民共和国产品质量法》，2000 年 7 月 8 日第九届全国人民代表大会常务委员会第十六次会议对其进行了修订，2009 年 8 月 27 日第十一届全国人民代表大会常务委员会第十次会议《关于修改部分法律的决定》对其进行了第二次修订。2018 年 12 月 29 日第十三届全国人民代表大会常务委员会第七次会议《关于修改〈中华人民共和国产品质量法〉等五部法律的决定》对其进行了第三次修订。本章的学习目的是了解产品与产品质量的概念、产品质量立法概况；掌握产品质量的监管体制，政府、生产者、销售者对产品质量负有的义务和责任。本章的重点是产品质量的监督体制、生产者和销售者的产品质量责任和义务，本章的难点是产品质量的损害赔偿责任制度。

## 第一节　产品质量法概述

为了加强对产品质量的监督管理，提高产品质量水平，明确产品质量责任，保护消费者的合法权益，维护社会经济秩序，制定了《中华人民共和国产品质量法》(以下简称《产品质量法》)。

### 一、产品与产品质量

#### (一) 产品的概念

广义的产品，是指人们运用劳动手段对劳动对象进行加工，用于满足人们生产和生活需要的物品。法律上的产品，有其特定含义，并且不同国家或地区的法律对产品范围的界定不尽相同。产品责任仅适用于属于产品定义范围内的产品，因此，各国均根据本国经济发展水平，力求科学、严谨、详尽地界定“产品”，以求平衡生产者、销售者与消费者的利益。

我国《产品质量法》第 2 条第 3 款规定：“本法所称的产品是指经过加工、制作，用于销售的产品。”第 3 款规定：“建设工程不适用本法规定；但是，建设工程使用的建筑材料、建筑购配件和设备，属于前款规定的产品范围的，适用本法规定。”根据上述规定，我国《产品质量法》中的“产品”应作如下理解：

(1) 产品质量法调整的产品，是经过加工、制作的物质产品，这就排除了表现为知识产权的精神产品，也排除了未经过加工、制作的天然产品，如矿产品、农产品。加工、制作包括工业上的和手工业上的。电力、煤气等虽然是无体物，但是是工业产品，也应包括在内。而未经过加工的天然产品，例如原矿、原煤、天然气等，以及初级农产品、初级畜禽产品、水产品等都不是《产品质量法》上所称的产品。我国于 2006 年 4 月制定了《农产品质量安全法》专门适用于农产品。

(2) 经过加工、制作的物质产品必须以用于销售为目的。“销售”通常是指卖出商品，即将产品投入流通领域。加工、制作产品者具有营利的目的，纯为科学研究或纯为自己使用的产品不属于《产品质量法》所称的产品。因此，未投入流通的生活自用产品、试用产品、加工承揽的非标准产品等不属于该法所说的产品。在这个意义上，产品实际上和商品是同一概念。“用于销售”不等于经过销售，只要产品是以销售为目的进行生产、制作的，不论它是经过销售渠道到达消费者或用户手上，还是经过其他渠道，都属于《产品质量法》所规定的产品。赠送或试用的产品也属于《产品质量法》意义上的产品。

(3) 经过加工、制作用于销售的产品仅限于动产，不动产不作为“产品”对待。建设工程虽然具有生产、加工和商品属性，但与一般的产品不同，具有相对独立的质量标准，应当单独立法调整。但建设工程中使用的建筑材料、建筑配件或设备，适用《产品质量法》。

(4) 军工产品，不包括在《产品质量法》所称“产品”之中。军工产品，即武器装备、弹药及配套产品，包括专用的原材料、元器件等，均不包括在“产品”之列，其质量监督办法，由国务院、中央军委另行制定。但军工生产的民用产品适用《产品质量法》。

**【案例分析 6-1】**

2017 年 9 月，某市技术监督局根据群众举报，对该市某土产品采购供应站的 50 吨蜂蜜进行监督抽查。结果查明，该批蜂蜜中含有一定量的硫酸铵，被认定为劣质品。2018 年 3 月，市技术监督局发出 2 号处罚决定书，按照《产品质量法》的有关规定，对土产品采购供应站作出“没收全部蜂蜜，直接责任者罚款 2000 元”的处罚。行政相对人不服。同年 7 月，市技术监督局又发出 6 号处罚决定书，撤销 2 号处罚决定书中对直接责任者进行罚款的决定，没收全部蜂蜜的处罚仍予保留。相对人接到 6 号处罚决定书后，即向当地市人民法院提起行政诉讼，要求市技术监督局撤销 6 号处罚决定书，解除已扣压 10 个多月的 50 吨蜂蜜，并要求市技术监督局赔偿所造成的经济损失。法院受理该案后，在案件审理期间产生了分歧。

问题：蜂蜜是否属于《产品质量法》所调整的产品范围？

### (二) 产品质量

产品质量，指产品性能在正常使用条件下，满足人们合理需要所必须具备的各种物质技术、心理和社会特性的总和。产品质量最主要的特性包括适用性、安全性、可靠性、经济性和可维修性。

(1) 适用性，又称功能性，指产品在一定条件下实现预定目的或具备规定用途的能力。它是产品质量的最主要特征，产品之所以为人所用，就在于它具备一定的功能或用途。例如，电灯可以发光，药品可以治病等。

(2) 安全性，指产品在适用过程中不存在危及人身、财产安全的危险。

(3) 可靠性，指产品在正常使用条件下，产生预定功能、实现预定目的的概率。一般表现为可靠度、平均寿命、平均无故障使用时间、可靠寿命等。

(4) 经济性，指消费者以最小的购买支出获得最大的产品性能上的满足。一般表现为产品的性价比高、价廉物美等经济特性。

(5) 可维修性，指产品发生故障后能被迅速修好并恢复功能。

其中，适用性和安全性是产品质量最重要的两项指标。由于产品瑕疵形成的不适用或不安全，也是产品质量存在的最主要的两大问题。产品质量问题一般分为两类：产品不适用、产品不安全。产品不适用往往指产品瑕疵，产品不安全多指产品有缺陷。瑕疵与缺陷是两个与产品质量有关的概念。

产品质量是产品的生命，是产品生存和发展的前提条件，是影响竞争优劣的重要因素。因产品质量不符合规定要求，给消费者造成损失的，经营者应承担相应的法律责任。

## 二、产品质量法的概念和适用范围

### (一) 产品质量法的概念

产品质量法是指调整产品质量管理关系和产品质量责任关系的法律规范的总称。它兼具市场运行和国家监管两个方面的法律规范。

产品质量关系，主要包括两个方面：第一，产品质量监督管理关系，它是国家产品质量监督管理部门在实施产品质量法的过程中与生产者、销售者之间发生的管理与被管理关系。第二，产品质量责任关系，它是产品的生产者、销售者和产品的用户、消费者之间因产品缺陷产生的损害赔偿关系。

目前我国除有专门的《产品质量法》外，还制定了一系列与产品质量相关的或特殊产品质量管理的法律，包括《标准化法》《计量法》《食品卫生法》《药品管理法》《农产品质量安全法》《民法通则》《合同法》《消费者权益保护法》等。另外，国务院还公布了《认证许可条例》《产品标识标注规定》《产品质量国家监督抽查管理办法》《缺陷汽车产品召回管理规定》等规范性文件中规定的内容。

### (二) 《产品质量法》的适用范围

(1) 适用的区域。凡是在中华人民共和国境内从事产品的生产、销售活动必须遵守本法。这说明《产品质量法》适用的区域是中华人民共和国境内。

(2) 适用的法律关系主体。适用主体包括在中华人民共和国境内从事产品的生产、销售活动的一切单位和个人。这些单位和个人，既包括一切生产者，如从事产品生产、制造、加工、装配、修理的单位和个人；也包括一切销售者，如从事产品批发、零售、进出口贸易的单位和个人；还包括与生产、销售活动有关的其他单位和个人，如从事产品运输、仓储和产品质量管理的单位和个人。

(3) 适用的产品范围。产品范围限于经过加工、制作，用于销售的产品，因此《产品质量法》规范的产品必须同时具备以下两个条件：

① 该产品是经过加工、制作的，种植业、畜牧业、渔业等所生产的初级农产品、狩猎品和原始矿产品等未经过加工、制作，不属于本法的调整范围。

② 该产品用于销售。自产自用的产品，虽然经过加工、制作，但不是用于销售，不属于本法的调整范围。建设工程虽然经过加工、制作，并用于销售，但因其具有特殊性，与其他一般的产品应有所区别，因而也不属于本法所调整的范围。

建设工程虽然不适用《产品质量法》，但建设工程使用的材料、建筑构附件和设备，适用该法的规定。如建筑钢材、水泥等，这些用于建设的产品在其生产、销售中与其他工业品的属性是相同的，也应受《产品质量法》的调整。此外，军工产品、核设施、核产品也不适用《产品质量法》。

## 三、产品质量法的基本原则

产品质量法的基本原则是指由产品质量法所确立或者在产品质量法中集中体现的，适用于所有有关产品的质量规范，是所有产品质量法律、法规从其制定到实施全过程都需贯彻的基本准则，是指导产品质量监督管理行为和规范产品生产及交易行为的准绳。作为产品质量法的基本原则，它必须具有如下几个特点。

(1) 普适性。即产品质量法基本原则能在所有产品质量法律规范中体现，并指导相关规范的制定和实施。

(2) 稳定性。即产品质量法律规范有相当部分的内容体现一定时期政府政策方向，所以相关法律、法规经常被修订、改进，但基本原则必须保持高度的稳定性，产品质量规范的制定和修改必须围绕其基本原则展开，不可偏离主旨。

(3) 抽象性。即产品质量法基本原则不同于该法的各具体行为规范，它只是为行为人指示基本行为方向和模式，为其行为提供指导方向。

### (一) 注重保护消费者合法权益原则

消费者在商品交易中处于天然的弱势地位，这一立场已为各国法律所确定。随着消费者运动在世界范围内的发展，各国都将保护消费者的合法权益列为首要的政策法律目标。我国《产品质量法》顺应历史潮流，借鉴外国立法例，注重对消费者合法权益的特别保护。这一原则贯穿于《产品质量法》制定和实施的始终，其具体体现在如下几方面。

(1) 该法在认定生产者的损害赔偿责任时，实行无过错责任原则，只要发生缺陷产品事故造成损害，生产者必须承担相应的赔偿责任，而不问其主观上是否有过错；在追究销售者的产品责任时贯彻过错责任原则，但若其不能指明缺陷产品的生产者或者其他供货者时，则也实行无过错责任原则，要求其承担赔偿责任。

(2) 对生产者免责事由或抗辩，由生产者负担举证责任，即实行举证责任倒置原则，加重生产者的举证责任。

(3) 受害人对赔偿对象享有选择权，即受害人既可以要求销售者承担赔偿责任，也可以要求生产者承担赔偿责任，减轻其索赔成本。

### (二) 保护和促进生产力发展原则

《产品质量法》作为经济法的部门法之一，除了调整当事人有关产品质量争议，更重要的是从社会整体利益出发，平衡消费者与生产经营者之间的利益分配，实现社会利益与个人利益的统一，维持健康、稳定的社会经济秩序。因此，《产品质量法》调整倾向并不是任意的，而是由特定时期的生产力水平决定的。《产品质量法》除了注重对消费者利益的特别保护外，更在充分考虑我国现实的生产力水平后，确立了生产者的“开发”风险可以免除赔偿责任，即产品在投入流通时科学技术尚不能发现缺陷的存在，生产者不承担赔偿责任。这一原则的确立，有助于促进科技进步，鼓励生产者大胆开发新产品，使用新技术、新材料、新工艺，努力将科技转化为现实生产力。

### (三) 公平竞争原则

公平竞争是市场经济的活力所在，也是市场经济组织之间处理相互关系的基本原则。公平竞争的市场环境，也是维持正常、健康、稳定的社会经济秩序所在。因此，《产品质量法》在规范市场交易主体行为时，特别注重公平处理产品质量争议，坚决抵制地方保护主义及其他一些不正当的竞争行为。其具体体现在如下几方面。

(1) 任何单位和个人不得排斥非本地区或者非本系统企业生产的质量合格产品进入本地区、本系统。

(2) 禁止任何伪造或冒用认证标志、名优标志等质量标志，禁止伪造、冒用他人厂名、厂址等。

(3) 禁止在生产、销售中掺杂、掺假，以假充真、以次充好。

产品质量法的基本原则是产品质量法的核心，也是产品质量立法的精髓，通过将其具体化、条文化，实现产品质量规范的统一性和严肃性。

## 第二节 产品质量监督管理制度

我国《产品质量法》明确规定，国务院市场监督管理部门主管全国产品质量监督工作，国务院有关部门在各自的职责范围内负责产品质量监督管理工作；县级以上地方的市场监督管理部门主管本行政区域内的产品质量监督工作，县级以上地方人民政府有关部门在各自的职责范围内负责产品质量监督工作。法律对市场监督管理部门另有规定的，依照有关法律的规定执行。由此确立了我国统一管理与分工管理、层次管理与地域管理相结合的产品质量监督管理体制。

### 一、产品质量监督管理体制

在我国，负责管理标准化、计量、质量工作的机构是国家质量监督检验检疫总局(以下简称国家质检总局)。国家质检总局主管全国的产品质量监督工作，地方质检局主管本行政区域内的产品质量监督工作。质检局负责组织查处生产和流通领域中的产品质量违法行为，工商行政管理部门负责组织查处市场管理和商标管理中发现的经销掺假及冒牌产品等违法行为。上述部门按照各自分工密切配合，对于同一个问题，不得重复检查、重复处理。

我国产品质量的监管体系主要由如下三部分构成。

**(一) 国家监管体制**

2018 年 3 月，根据第十三届全国人民代表大会批准的国务院机构改革方案，将国家工商行政管理总局的职责、国家质量监督检验检疫总局的职责、国家食品药品监督管理总局的职责、国家发展和改革委员会的价格监督检查与反垄断执法职责、商务部的经营者集中反垄断执法以及国务院反垄断委员会办公室等职责整合，组建国家市场监督管理总局，作为国务院直属机构。

组建国家药品监督管理局，由国家市场监督管理总局管理。市场监管实行分级管理，药品监管机构只设到省一级，药品经营销售等行为的监管，由市县市场监管部门统一承担。

将国家质量监督检验检疫总局的出入境检验检疫管理职责和队伍划入海关总署。保留国务院食品安全委员会、国务院反垄断委员会，具体工作由国家市场监督管理总局承担。国家认证认可监督管理委员会、国家标准化管理委员会职责划入国家市场监督管理总局，对外保留牌子。将重新组建国家知识产权局，由国家市场监督管理总局管理。

国家市场监督管理总局贯彻落实党中央关于市场监督管理工作的方针政策和决策部署，在履行职责过程中坚持和加强党对市场监督管理工作的集中统一领导。国家市场监督管理总局设下列内设机构：

(1) 办公厅。负责机关日常运转，承担信息、安全、保密、信访、政务公开、信息化等工作。组织协调市场监督管理方面重大事故的应急处置和调查处理工作。

(2) 综合规划司。承担协调推进市场监督管理方面深化改革工作。组织开展相关政策研究和综合分析。拟订市场监督管理中长期规划并组织实施。承担重要综合性文件、文稿的起草工作。承担并指导市场监督管理统计工作。

(3) 法规司。承担组织起草市场监督管理有关法律法规草案和规章工作。承担规范性文件以及国际合作协定、协议和议定书草案的合法性审查工作。承担依法依规设计执法程序、规范自由裁量权和行政执法监督工作。承担或参与有关行政复议、行政应诉和行政赔偿工作。组织开展有关法治宣传教育工作。

(4) 执法稽查局。拟订市场监管综合执法及稽查办案的制度措施并组织实施。指导查处市场主体准入、生产、经营、交易中的有关违法行为和案件查办工作。承担组织查办、督查督办有全国性影响或跨省(自治区、直辖市)的大案要案工作。指导地方市场监管综合执法工作。

(5) 登记注册局(小微企业个体工商户专业市场党建工作办公室)。拟订市场主体统一登记注册和营业执照核发的制度措施并指导实施。承担指导登记注册全程电子化工作。承担登记注册信息的分析公开工作。指导市场监督管理方面的行政许可。扶持个体私营经济发展，承担建立完善小微企业名录工作。在中央组织部指导下，指导各地市场监督管理部门配合党委组织部门开展小微企业、个体工商户、专业市场的党建工作。

(6) 信用监督管理司。拟订信用监督管理的制度措施。组织指导对市场主体登记注册行为的监督检查工作。组织指导信用分类管理和信息公示工作，承担国家企业信用信息公示系统的建设和管理工作。建立经营异常名录和"黑名单"，承担市场主体监督管理信息和公示信息归集共享、联合惩戒的协调联系工作。

(7) 反垄断局。拟订反垄断制度措施和指南，组织实施反垄断执法工作，承担指导企业在国外的反垄断应诉工作。组织指导公平竞争审查工作。承担反垄断执法国际合作与交流工作。承办国务院反垄断委员会日常工作。

(8) 价格监督检查和反不正当竞争局(规范直销与打击传销办公室)。拟订有关价格收费监督检查、反不正当竞争的制度措施、规则指南。组织实施商品价格、服务价格以及国家机关、事业性收费的监督检查工作。组织指导查处价格收费违法违规行为和不正当竞争行为。承担监督管理直销企业、直销员及其直销活动和打击传销工作。

(9) 网络交易监督管理司。拟订实施网络商品交易及有关服务监督管理的制度措施。组织指导协调网络市场行政执法工作。组织指导网络交易平台和网络经营主体规范管理工作。组织实施网络市场监测工作。依法组织实施合同、拍卖行为监督管理，管理动产抵押物登记。指导消费环境建设。

(10) 广告监督管理司。拟订广告业发展规划、政策并组织实施。拟订实施广告监督管理的制度措施，组织指导药品、保健食品、医疗器械、特殊医学用途配方食品广告审查工作。组织监测各类媒介广告发布情况。组织查处虚假广告等违法行为。指导广告审查机构和广告行业组织的工作。

(11) 质量发展局。拟订推进质量强国战略的政策措施并组织实施，承担统筹国家质量基础设施协同服务及应用工作，提出完善质量激励制度措施。拟订实施产品和服务质量提升制度、产品质量安全事故强制报告制度、缺陷产品召回制度，组织实施重大工程设备质量监理和产品防伪工作，开展服务质量监督监测，组织重大质量事故调查。

(12) 产品质量安全监督管理司。拟订国家重点监督的产品目录并组织实施。承担产品质量国家监督抽查、风险监控和分类监督管理工作。指导和协调产品质量的行业、地方和专业性监督。承担工业产品生产许可管理和食品相关产品质量安全监督管理工作。承担棉花等纤维质量监督工作。

(13) 食品安全协调司。拟订推进食品安全战略的重大政策措施并组织实施。承担统筹协调食品全过程监管中的重大问题，推动健全食品安全跨地区跨部门协调联动机制工作。承办国务院食品安全委员会日常工作。

(14) 食品生产安全监督管理司。分析掌握生产领域食品安全形势，拟订食品生产监督管理和食品生产者落实主体责任的制度措施并组织实施。组织食盐生产质量安全监督管理工作。组织开展食品生产企业监督检查，组织查处相关重大违法行为。指导企业建立健全食品安全可追溯体系。

(15) 食品经营安全监督管理司。分析掌握流通和餐饮服务领域食品安全形势，拟订食品流通、餐饮服务、市场销售食用农产品监督管理和食品经营者落实主体责任的制度措施，组织实施并指导开展监督检查工作。组织食盐经营质量安全监督管理工作。组织实施餐饮质量安全提升行动。指导重大活动食品安全保障工作。组织查处相关重大违法行为。

(16) 特殊食品安全监督管理司。分析掌握保健食品、特殊医学用途配方食品和婴幼儿配方乳粉等特殊食品领域安全形势，拟订特殊食品注册、备案和监督管理的制度措施并组织实施。组织查处相关重大违法行为。

(17) 食品安全抽检监测司。拟订全国食品安全监督抽检计划并组织实施，定期公布相关信息。督促指导不合格食品核查、处置、召回。组织开展食品安全评价性抽检、风险预警和风险交流。参与制定食品安全标准、食品安全风险监测计划，承担风险监测工作，组织排查风险隐患。

(18) 特种设备安全监察局。拟订特种设备目录和安全技术规范。监督检查特种设备的生产、经营、使用、检验检测和进出口，以及高耗能特种设备节能标准、锅炉环境保护标准的执行情况。按规定权限组织调查处理特种设备事故并进行统计分析。查处相关重大违法行为。监督管理特种设备检验检测机构和检验检测人员、作业人员。推动特种设备安全科技研究并推广应用。

(19) 计量司。承担国家计量基准、计量标准、计量标准物质和计量器具管理工作，组织量值传递溯源和计量比对工作。承担国家计量技术规范体系建立及组织实施工作。承担商品量、市场计量行为、计量仲裁检定和计量技术机构及人员监督管理工作。规范计量数据使用。

(20) 标准技术管理司。拟订标准化战略、规划、政策和管理制度并组织实施。承担强制性国家标准、推荐性国家标准(含标准样品)和国际对标采标相关工作。协助组织查处违反强制性国家标准等重大违法行为。承担全国专业标准化技术委员会管理工作。

(21) 标准创新管理司。承担行业标准、地方标准、团体标准、企业标准和组织参与制定国际标准相关工作。承担全国法人和其他组织统一社会信用代码相关工作。管理商品条码工作。组织参与国际标准化组织、国际电工委员会和其他国际或区域性标准化组织活动。

(22) 认证监督管理司。拟订实施认证和合格评定监督管理制度。规划指导认证行业发展并协助查处认证违法行为。组织参与认证和合格评定国际或区域性组织活动。

(23) 认可与检验检测监督管理司。拟订实施认可与检验检测监督管理制度。组织协调检验检测资源整合和改革工作，规划指导检验检测行业发展并协助查处认可与检验检测违法行为。组织参与认可与检验检测国际或区域性组织活动。

(24) 新闻宣传司。拟订市场监督管理信息公布制度，承担新闻宣传、新闻发布管理工作。组织市场监督管理舆情监测、分析和协调处置工作。协调组织重大宣传活动。

(25) 科技和财务司。拟订实施相关科技发展规划和技术机构建设规划，提出国家质量基础设施等重大科技需求，承担相关科研攻关、技术引进、成果应用工作。承担机关和直属单位预决算、财务审计、国有资产、基本建设和各类资金、专用基金及制装管理工作。指导市场监督管理系统装备配备工作。

(26) 人事司。承担机关和直属单位的干部人事、机构编制、劳动工资和教育工作。指导相关人才队伍建设和基层规范化建设工作。

(27) 国际合作司(港澳台办公室)。承担市场监督管理方面的国际交流与合作工作，承担涉及港澳台的交流与合作事务。承担有关国际合作协定、协议、议定书的签署和执行工作。承担技术性贸易措施有关工作。承担机关和直属单位外事工作。

### (二) 企业自我监管体制

在产品质量监管体系中，企业的自我监管占有十分重要的地位。通过企业的自我监管，促使企业进行自我约束，提高产品质量。企业的自我监管属于企业内部自我管理部分，国家不便通过法律、行政等手段进行干预。因此，《产品质量法》对企业监管体制的规定是指导性的，而不是强制性的。该法第 3 条规定：生产者、销售者应当建立健全内部产品质量管理制度，严格实施岗位质量规范、质量责任以及相应的考核办法。

(1) 企业应建立内部产品质量管理制度，应当对产品质量从设计生产到销售各个环节进行全面监管。例如，不得以次充好、以假充真；不得生产、销售国家明令淘汰的产品等。

(2) 企业应当严格实施岗位的质量规范。企业应当根据岗位的性质、标准不同，制定严格的岗位质量监管规范，根据各个生产、销售岗位的产品质量要求的不同，制定岗位产品质量规范标准。

(3) 企业应明确质量责任人的产品质量责任及考核办法。企业的负责人应对企业的质量工作负主要责任，同时要明确每个岗位和职工各自的产品质量责任，包括对产品质量监管的具体要求和不履行其职责时，所应承担的责任和责任形式等。

### (三) 社会监管体制

社会监督体制是指消费者、保护消费者权益的社会组织及新闻媒介等对产品质量监管的体制，主要包括消费者监督和社会团体监督。

(1) 消费者监督。消费者监督是一种个体监督方式，一般针对某一种产品进行查询、提出意见、检举、申诉。《产品质量法》第 10 条规定：任何单位和个人有权对违反本法规定的行为，向市场监督管理部门或者有关部门检举。市场监督管理部门和有关部门应当为检举人保密，并按照省、自治区、直辖市人民政府的规定给予奖励。《产品质量法》第 22 条规定：消费者有权就产品质量问题，向产品的生产者、销售者查询；向市场监督管理部门及有关部门申诉，接受申诉的部门应负责处理。

(2) 社会团体监督。社会团体监督是指消费者协会和其他消费者组织依法对产品质量所进行的社会监督。依据《产品质量法》规定，保护消费者权益的社会组织享有两项重要的监督权利：①建议处理权，即保护消费者权益的社会组织就消费者反映的产品质量问题建议有关部门负责处理的权利。②支持起诉权，即保护消费者权益的社会组织支持消费者对因产品质量问题造成的损害向人民法院起诉的权利。

由此看出，消费者监督，主要体现在消费者的查询权和申诉权；社会团体监督，主要体现在保护消费者权益的社会组织和其他消费者组织的建议处理权和支持起诉权。

## 二、产品生产许可制度

在我国，为保证重要工业产品的质量安全，对主要工业产品实行生产许可证制度。这是一种由国务院工业产品生产许可证主管部门对生产直接关系公共安全人体健康、生命财产安全的产品的企业进行实地核查和产品检验，确认其具备持续稳定生产合格产品的能力，并颁发生产许可证证书，允许其生产的一种行政许可制度。

我国工业产品的生产许可证制度起源于 20 世纪 80 年代，国家相关机关进行了长期的产品许可证制度方面的探索，到 21 世纪以来，该制度获得了巨大的发展。2001 年，国家质检总局成立并被明确为管理全国工业产品生产许可证工作的机关。2002 年 3 月，国家质检总局发布了《工业产品生产许可证管理办法》。尤其是2005年通过施行的《工业产品生产许可证管理条例》、国家质检总局发布的《工业产品生产许可证管理条例实施办法》及随后出台的一系列相关规定，使工业产品生产许可证制度日趋完善，已形成由国家质检总局统一管理，省级质量技术监督局负责组织实施，国务院有关行业部门、协会参与，地方质量技术监督局依法监督查处的工业产品生产许可证制度的运行机制。

《工业产品生产许可证管理条例》第1条规定，为了保证直接关系公共安全、人体健康、生命财产安全的重要工业产品的质量安全，贯彻国家产业政策，促进社会主义市场经济健康、协调发展，制定本条例。第2条规定，国家对生产下列重要工业产品的企业实行生产许可证制度：

(1) 乳制品、肉制品、饮料、米、面、食用油、酒类等直接关系人体健康的加工食品。

(2) 电热毯、压力锅、燃气热水器等可能危及人身、财产安全的产品。

(3) 税控收款机、防伪验钞仪、卫星电视广播地面接收设备、无线广播电视发射设备等关系金融安全和通信质量安全的产品。

(4) 安全网、安全帽、建筑扣件等保障劳动安全的产品。

(5) 电力铁塔、桥梁支座、铁路工业产品、水工金属结构、危险化学品及其包装物、容器等影响生产安全、公共安全的产品。

(6) 法律、行政法规要求依照本条例的规定实行生产许可证管理的其他产品。

根据《工业产品生产许可证管理条例》及其实施办法的规定，生产企业必须具备保证产品质量安全的基本条件，并按规定程序取得生产许可证，方可从事相关产品的生产活动；任何企业未取得生产许可证，不得生产实行生产许可证制度管理的产品；任何单位和个人不得销售或者在经营活动中使用未取得生产许可证的产品；取得生产许可证的企业，需要每年度向省、自治区、直辖市工业产品生产许可证主管部门提交企业自查报告；县级以上地方工业产品生产许可证主管部门组织定期不定期地监督检查，要求生产企业保证产品质量稳定合格，不得降低。取得生产许可企业必须在其产品或者包装、说明书上标注生产许可证标志和编号；生产许可证有效期(一般为5年，食品加工企业生产许可证的有效期为3年)届满，企业继续生产的，应当在生产许可证有效期届满6个月前向所在地省、自治区、直辖市工业产品生产许可证主管部门提出换证申请。

## 三、产品质量标准制度

标准化是改进产品和服务质量、防止贸易壁垒、促进技术合作的重要手段。对产品质量实行标准化管理，是我国产品质量管理的基本制度。

### (一) 产品质量标准制度概念

产品质量标准，指对产品的结构、规格、质量、检验方法等作出的技术性要求与规定。它是判断产品合格与否的重要依据。我国《标准化法》对产品质量的标准体系作了规定。

### (二) 产品质量标准制度种类

我国产品质量标准分为四级。

(1) 国家标准。国家标准由国务院标准化行政主管部门制定。对需要在全国范围内统一的技术要求，应制定国家标准。

(2) 行业标准。行业标准由国务院有关行政主管部门制定，并报国务院标准化行政主管部门备案。对没有国家标准而又需要在全国某个行业范围内统一技术要求的，可以制定行业标准。

(3) 地方标准。地方标准由省、自治区、直辖市标准化行政主管部门制定，并报国务院标准化行政主管部门和国务院有关行政主管部门备案。对没有国家标准和行业标准而又需要在省、自治区、直辖市范围内统一的工业产品的安全、卫生要求，可以制定地方标准。

(4) 企业标准。企业标准由生产产品的企业制定，作为组织生产的依据。企业标准需报当地政府标准化行政主管部门和有关行政主管部门备案。已有国家标准或行业标准的，国家鼓励企业制定更严格的企业标准，在企业内部适用。

### (三) 产品质量标准分类

(1) 国家标准、行业标准按是否具有强制效力的不同，分为强制性标准和推荐性标准。

① 强制性标准，企业必须执行。不符合强制性标准的产品，禁止生产、销售和进口。我国《产品质量法》第 13 条第 1 款规定："可能危及人体健康和人身、财产安全的工业产品，必须符合保障人体健康和人身、财产安全的国家标准、行业标准；未制定国家标准、行业标准的，必须符合保障人体健康和人身、财产安全的要求。"可见，保障人体健康和人身、财产安全的标准，是强制性标准。具体而言，下列标准属于强制性标准：药品标准，食品卫生标准，兽药标准，产品及产品生产、销售、储运和使用中的安全、卫生标准，劳动安全、卫生标准，运输安全标准，工程建设质量、安全、卫生标准及国家需要控制的其他过程建设标准，环境保护的污染物排放标准和环境质量标准，重要的涉及技术衔接的通用技术标语、符号、代号(含代码)文件格式和制图方法，国家需要控制的通用的试验、检验方法标准，互换配合标准，国家需要控制的重要产品质量标准。国家强制性标准的代号为 GB。

② 推荐性标准，是指国家鼓励、引导企业采用的标准。企业是否采用，由企业自主决定。推荐性国家标准的代号为 GB/T。

(2) 质量标准按是否依交易当事人约定确立来划分，可分为约定标准与统一标准。

① 约定标准，指由交易当事人协商确定的标准。凡是当事人在合同中对商品质量有明确约定的，应按约定标准履行。

② 统一标准，指政府、行业或国际组织制定的标准。当事人在订立交易合同时对产品质量标准未作明确约定的，按统一标准执行。有国家标准或行业标准的，按国家标准或行业标准履行；没有国家标准或行业标准的，按通常标准或符合合同目的的特定标准履行。此外，国际标准化组织和机构还制定了许多国际标准，在全球范围内得到广泛采用。较著名的有：国际标准化组织质量管理与质量保证技术委员会制定的质量管理体系标准(ISO90 系列标准)；国家标准化组织环境管理技术委员会制定的环境管理体系标准(ISO14000 系列标准)；国际电工委员会制定的 EO 标准等。若企业在商品或包装上标明采用国际标准，必须满足国际标准的要求，否则要承担产品质量责任。

## 四、产品质量认证制度

### (一) 企业质量体系认证

企业质量体系认证，是指认证机构依据国际通用的"质量管理和质量保证系列标准"，对企业的质量体系和质量保证能力进行审核，并颁发认证证书，证明企业质量体系和质量保证能力符合相关要求的制度。

《产品质量法》第 14 条规定，国家推行企业质量体系认证制度。企业根据自愿原则申请企业质量体系认证。接受企业质量体系认证申请的部门是国家市场监督管理部门或其授权部门认可的认证机构。认证机构属于社会中介机构，与行政机关不存在隶属关系和利益关系，依法独立开展认证工作。企业提出认证申请后，经认证合格的，由认证机构颁发企业质量体系认证证书。

我国企业质量体系认证适用的标准是国家质量技术监督局颁布的 GB/T 19000 系列国家标准。该标准等同于国际标准化组织(ISO)推荐采用的ISO9000质量管理和质量保证系列国际标准。

企业质量体系认证以自愿为原则，认证程序如下：

(1) 由企业自愿提出认证申请，提交认证申请书并和认证机构签署认证协议。

(2) 由认证机构进行审核，包括文件审核和现场审核。

(3) 由认证机构对符合条件的企业进行注册，颁发企业质量体系认证证书。

企业获得企业质量体系认证证书后，每年还要接受认证机构的年审，每隔3年进行一次复审。

### (二) 产品质量认证

产品质量认证，是指认证机构依据产品标准及相应的技术要求，对申请认证的产品进行检验，对符合相应标准和技术要求的企业颁发认证证书和标志予以证明的制度。

我国《产品质量法》《认证认可条例》《强制性产品认证管理规定》等法律法规，对产品质量认证作出了规定。

(1) 认证原则。我国实行自愿认证与强制认证相结合原则。一般产品是否认证，由企业自行决定。涉及人类健康和安全、动植物生命和健康，以及环境保护和公共安全的产品，实行强制认证。除建设工程、军工产品以外，凡有国家标准和行业标准的产品，均属于强制认可的范围。

(2) 认证依据。国家参照国际先进的产品标准和技术标准，执行产品质量认证制度。认证依据是具有国际水平的国家标准、行业标准及其他补充技术标准。对我国名、优、特产品，依据经国家技术监督局确认的标准认证。对于我国与国外认证机构签订合作认证协议的产品，依据协议中约定的标准认证。

(3) 认证机构。在我国开展产品质量认证的机构，是经过国家认证认可监督管理委员会认可的认证机构。认证机构必须独立、客观公正地开展认证活动，不得与行政机关存在资产、管理方面的利益关系。

(4) 认证内容。我国产品质量认证分为安全认证和合格认证。安全认证，是依据有关安全标准对产品进行认证，它只对产品涉及人身安全、财产安全的项目进行认证。合格认证是依据有关综合性标准对产品的全部性能进行的达标认证，它证明该产品的质量已符合某质量标准的要求。

(5) 认证形式。我国产品质量的认证分为自愿认证和强制认证两种形式。自愿性产品质量认证由生产企业自愿提出申请，并由认证机构依据相应标准对其产品进行认证，是根据法律法规的规定，对特定产品质量进行的认证。我国对涉及人类健康和安全、动植物生命与健康，以及环境保护和公共安全的产品实行强制性认证制度，相关产品必须通过认证并取得认证书和认证标志，才能进入市场销售。

企业产品一经认证，可获得产品质量认证标志，并准予在产品和包装上使用。我国现有工业产品质量认证标志主要有：长城标志(电子产品质量认证标志)、PRC标志(电子元器件合格认证标志)、方圆Q标志(电子元器件以外产品的合格认证标志)、方圆S标志(电子元器件以外产品的安全认证标志)、方圆S标志的变形标志(消防产品的安全认证标志)。此外，我国还有标样标志(实物标准认证)、SG标志(汽车用安全玻璃产品安全认证标志)、QS标志(食品安全认证标志)、CCES标志(卫星地球站设备合格认证标志)、萌芽标志(玩具安全认证标志)等。

## 五、产品质量监督检查制度

产品质量监督检查是一项强制性的行政措施，目的在于保障市场流通中的产品符合相关的质量要求，督促企业严把产品质量关。

### (一) 产品质量监督检查的机关

依据《产品质量法》第 8 条的规定，国务院市场监督管理部门主管全国产品质量监督工作，县级以上地方市场监督管理部门主管本行政区域内的产品质量监督工作。

### (二) 产品质量监督检查的方式

国家对产品质量监督检查的方式是抽查。产品质量的抽查，主要有以下几个方面的内容。

(1) 抽查的对象。抽查对象有三种：

① 可能危及人体健康和人身、财产安全的产品。

② 影响国计民生的重要工业产品。

③ 用户、消费者和有关组织反映有质量问题的产品。

(2) 抽查的样品。抽查的样品应当在市场上或者企业成品仓库内的待销产品中随机抽取，由被检查者无偿提供，抽检样品的数量不得超过检验的合理需要。

(3) 抽查的机构。监督抽查工作由国务院市场监督管理部门规划和组织。县级以上地方市场监督管理部门在本行政区域内也可以组织监督抽查。

(4) 禁止重复抽查的原则。国家监督抽查的产品，地方不得另行重复抽查；上级监督抽查的产品，下级不得另行重复抽查。

(5) 抽查费用。监督抽查所需检验费用按照国务院规定列支，不得向被检查人收取。

生产者、销售者对抽查检验结果有异议的，可以自收到检验结果之日起 15 日内向实施监督抽查的市场监督管理部门申请复检，由受理复检的市场监督管理部门作出复检结论。

监督抽查的结果要定期公告。经抽查产品质量不合格的，由实施监督抽查的市场监督管理部门责令其生产者、销售者限期改正。逾期不改正的，由省级以上人民政府市场监督管理部门予以公告；公告后经复查仍不合格的，责令停业，限期整顿；整顿期满后经复查产品质量仍不合格的，吊销营业执照。监督抽查的产品有严重质量问题的，给予罚款、没收等处罚。构成犯罪的，依法追究刑事责任。

**【案例分析 6-2】**

2017 年国庆节前夕，某市技术监督局为了确保节日里相关商品的质量，决定组织人手，对该市商店里销售的若干重要商品进行质量抽样检查。卫生防疫部门的一些人员也协同参加了这次检查。检查队伍分成了三个小组，分头进行检查。其中有一个小组的负责人是从省产品质量监督检验所借调过来的。根据她的印象，其所在单位省产品质量检验所对委托检验的产品进行检验都是实行收费制的。因此，在接受任务后，她就嘱咐本组的另外三名同志每抽查 1 家商店，就收取被抽查方 100 元检验费。该组到城北街的一个体零售商店进行检查时，没有发现什么问题，当检查人员要该店店主赵东亮交纳 100 元检验费时，赵东亮开始死活不答应，但最后还是如数交纳了检验费。次日，赵东亮想起有个亲戚在市政府法制办工作，便拿着收据去问个清楚。亲戚告诉他，进行质量抽查是不收检验费的，并叫他去市技术监督局要求退钱。赵东亮遂来到市技术监督局说明来意，没想到该局工作人员说检查他的商店的那位小组负责人已经回到原单位去了，不同意办理退款手续。于是，赵东亮向法院提起了行政诉讼。

问题：本案中该市技术监督局的做法是否合法？

## 六、缺陷产品召回制度

我国《消费者权益保护法》第19条为制定产品召回制度提供了法律依据，即“经营者发现其提供的商品或者服务存在缺陷，有危及人身、财产安全危险的，应当立即向有关行政部门报告和告知消费者，并采取停止销售、警示、召回、无害化处理、销毁、停止生产或者服务等措施。采取召回措施的，经营者应当承担消费者因商品被召回支出的必要费用。”

### (一) 产品召回制度概念

产品召回，是指对于流通中存在设计、制造系统性缺陷的产品，在可能导致损害发生的情况下，经营者采取发布公告、通知等措施收回缺陷产品，并免费修理或更换的制度。产品召回制度诞生于美国，广泛适用于运输、公共健康与福利、食品与药品、农业等方面的产品。

### (二) 产品召回制度的发展

2004年3月，我国出台了《缺陷汽车产品召回管理规定》。随后，又发布了四个配套实施细则：《缺陷汽车产品召回信息系统管理办法》《缺陷汽车产品召回专家库建立与管理办法》《缺陷汽车产品调查和认定实施办法》《缺陷汽车产品检测与实验监督管理办法》，由此确立了我国缺陷汽车产品召回制度。

我国汽车召回制度的发展，有三条明显的分割线：

(1) 2004—2012年，属于制度培育与发展期。

(2) 2013—2015年，汽车召回进入新常态，召回数量明显增加，制度也在不断完善。

(3) 2016年以来，汽车召回迈入新时代，最典型特征是我国汽车召回制度已经成为世界上最先进的制度之一。与此同时，召回数量稳步攀升，成为仅次于美国的世界第二大汽车召回大国。

自2004年10月汽车召回制度实施以来，截至2017年年底，我国已实施汽车召回1547次，共召回5675.9辆。从召回数量上看，有两个分割点非常明显，分别是2013年和2016年，这两年正是《缺陷汽车产品召回管理条例》《缺陷汽车产品召回管理条例实施办法》实施的第一年，制度完善对于召回工作的支撑作用由此可见一斑。

自2016年1月1日起，国家质检总局进出口工业与消费品风险评估中心承担缺陷进口消费品召回的技术服务工作，负责受理企业的召回申请。出入境验检疫机构作为进口缺陷消费品的主管机构，出台了进口消费品召回的具体工作细则。

目前，我国规范缺陷消费品召回的制度规定包括《缺陷消费品召回管理办法》和《缺陷进口消费品召回工作细则(试行)》。在缺陷信息收集和储备上建立了信息渠道，建立进口消费品召回信息化平台，集中受理进口企业资源召回、发布召回信息和消费预警信息，帮助消费者查询任何与进口消费品召回相关的信息，明确规定生产者(进口商)是实施召回主体，鼓励进口企业实施自愿召回。

从2007年《儿童玩具召回管理规定》到2016年《缺陷消费品召回管理办法》(以下简称《管理办法》)，法规中召回覆盖产品范围扩大、明确召回的企业主体责任、两级管理体系初建，同时在消费品召回的起步和发展过程中，信息的来源和渠道建设一直是重点工作内容，信息可以说是缺陷判定、调查、召回过程监督、效果评估的最根本和重要的依据。我国从2008年开展消费品缺陷信息的采集工作，几年来缺陷信息的采集和分析，信息系统的建设和管理，信息的公开和共享逐渐形成，特别是《管理办法》实施后，数量递增明显，但目前产品覆盖面还比较分散，数量受突发事件或国内外大型事件影响较大；召回的数量也在翻倍增加，特别是2016年达618万件，产品涉及的种类也呈多元化发展。

2017 年是我国全面实施缺陷消费品召回制度的第二个年头，不仅召回次数和数量都在 2016 年的基础上实现了跨越式的增长，召回范畴也进一步扩大，可以说消费品召回对消费者安全的保障正在日益完善。

2017 年共实施消费品召回 509 次，召回缺陷消费品 27 047 671 件。其中：实施儿童用品召回 263 次，涉及 828 843 件产品；实施电子电器召回 149 次，涉及 7 761 373 件产品；其他消费品包括家具、家用日用品、其他交通运输设备、日用纺织品和服装、食品相关产品、文教体育用品、五金建材，共召回 96 次，涉及 18 457 355 件产品。

在 2017 年消费品召回总数量中，有超过 90%是在质检总局和地方质检部门缺陷调查工作的影响下实施的，行政监管力量成为消费品召回制度实施初期阶段的重要推动力。

从 2008 年到 2017 年 6 月底，我国共实施缺陷消费品召回 851 次，召回产品数量达 1685 万件，涉及儿童用品、电子电器产品、家具、家用日用品、其他交通运输设备、日用纺织品和服装、文教体育用品、五金建材等类别产品，其中实施儿童玩具及用品召回 644 次，涉及儿童玩具及用品 101.64 万件；实施电子电器产品召回 144 次，涉及电子电器产品 1165.53 万件；实施其他消费品召回 63 次，涉及数量 417.48 万件。从数据来看，召回的数量在逐年增加，但相比美国还有很大差距，美国仅 2016 年一年，美国消费品安全委员会(CPSC)就召回 2. 36 亿件产品，产品涉及 10 个产品分类，覆盖电子电器、儿童用品、家具、家用日用百货、食品相关产品、文教体育用品、其他交通运输设备、五金建材、日用纺织品和服装等。我国是消费品生产和消费大国，消费品质量和安全直接关系消费者人身安全和财产安全。十八大以来，强调政府职能转变及加强事中事后监管，强调推动“中国制造向中国创造转变、中国速度向中国质量转变、中国产品向中国品牌转变”的三个转变；消费品安全是质检领域三大安全之一，而消费品缺陷信息采集、消费品召回，正是有效发现消费品缺陷、消除缺陷、保障公众安全、不断提升消费品质量的有效方式。通过消费者宣传教育，不断加强信息采集渠道的扩展，方便消费者进行投诉，同时加强信息分析处理，及时有效地进行缺陷研判，促进企业对缺陷产品的召回，及时消除安全隐患，在维护公共安全、维护消费者权益、维护社会经济秩序方面发挥积极的作用。

### (三) 缺陷召回方式

缺陷召回有主动召回和强制召回两种不同方式。召回程序因召回类型的不同而略有区别。制造商、销售商、租赁商、修理商违反产品召回相关义务，应承担相应法律责任。

### (四) 缺陷消费品召回目录

我国缺陷消费品召回实施目录管理，目前有两类商品分别是电子电器类商品和儿童用品。电子电器类消费品包括家用电器、音视频设备、电线电缆、照明电器、电动工具、电器附件、器具开关及自动控制设备、信息技术设备、电信终端设备。儿童用品包括儿童文具、儿童饰品、儿童用塑料制品、儿童家具、儿童用纸制品、儿童用皮革、儿童游艺设施、儿童鞋类、儿童纺织品、儿童服装、其他儿童用品。其他消费品可以参照实施。

### (五) 消费预警的内容

消费品产品的缺陷风险程度较高，可能导致严重的人身、财产损害，但不能确定生产者或者生产者已被注销等原因不能实施召回的，这时会向社会发布消费预警信息。消费预警信息中关于产品有几个特点：一是产品与安全问题直接相关；二是产品伤害普遍存在，且与设计、制造、标识缺陷相关；三是产品的责任主体(生产者)不明或主体已不存在。截止到 2018 年 12 月，国家市场监督管理总局缺陷产品管理中心已发布了 29 起消费预警，包括：电动平衡车消费预警、儿童及婴幼儿服装产品消费预警、“竹蜻蜓”玩具、激光笔消费预警等，从产品特点、危险描述、选择产品时注意事项、使用场景和规范等方面向消费者进行宣传教育，提高消费者安全意识和儿童自我保护意识。

**(六) 信息分析案例**

2016 年 1 月，从国外召回监测发现欧盟非食品类消费产品快速预警系统(RAPEX)发布了多起关于中国生产的新奇打火机产品召回预警信息，召回原因为打火机对儿童具有吸引力，儿童可能会玩耍打火机，并引发火灾或烧烫伤风险。通过对该信息进行舆情监测，发现国内有儿童因玩耍打火机引发火灾的案例且国外召回的产品在国内有售，经过信息研判、技术分析，发布了该产品的消费预警。

2016 年 4 月，通过消费者提交缺陷采集系统的投诉数据发现了某电动平衡车产品导致摔伤的案例，通过对该产品进行舆情监测、案例排查、案例聚类分析，发现该类产品伤害等级严重、发生事故概率高，并就此展开一系列缺陷调查工作，得出结论：部分电动平衡车产品由于完全依赖于驾驶者重心的移动来实现加速和减速，如果车速超过最高限定值时，车辆需靠翘板来迫使驾驶者重心后移，从而达到减速的目的。而驾驶者可能不适应重心的突然移动，容易发生摔伤事故；同时，在急加速或急减速行驶时，也可能会发生突然失去动力的问题，导致驾驶者摔伤。针对此产品存在的安全隐患，发布了消费预警、约谈企业进行缺陷产品召回，并在央视等媒体上进行安全教育宣传。

# 第三节　生产者及销售者的产品质量义务

产品质量义务是在产品质量法律相关的规定下，与产品质量相关的主体，必须为产品质量做出一定的行为，或者不能做出一定的行为，来满足其他人的利益和权利。一般的货物或者服务的流通过程分为生产、销售、购买和使用。最后一步是消费者的使用。这一系列的过程，环节紧扣，要求必须严谨，如果出现了稍微的疏忽或者漏洞，那么会导致消费者的财产或者身体的伤害。

## 一、生产者的产品质量义务

生产者应当对其生产的产品质量负责，如因自己生产的产品有缺陷造成他人人身、财产损害的，应当承担产品责任。

**(一) 产品质量保证义务**

(1) 不存在危及人身、财产安全的不合理危险，有保障人体健康、人身、财产安全的国家标准、行业标准的应当符合该标准。

(2) 具备产品应当具备的使用性能，但是，对产品存在使用性能的瑕疵作出说明的除外。产品存在使用性能的瑕疵，是指达不到质量标准的要求，但仍具有一定的使用价值，而又不至于危害他人人身、财产安全的产品。

(3) 符合在产品或者包装上注明采用的产品标准，符合以产品说明、实物样品等方式表明的质量状况。

### (二) 产品标识合法义务

产品标识是表明产品的名称、产地、质量状况等信息的表述和标示。生产者应当在其生产的产品或产品包装上附加产品标识，产品标识必须真实，并符合下列要求：

(1) 有产品质量检验合格证明。未经检验合格的产品，不得进入流通领域。

(2) 有中文标明的产品名称、生产厂厂名和厂址。

(3) 根据产品的特点和使用要求，需要标明产品规格、等级、所含主要成分名称和含量的，用中文相应予以标明；需要事先让消费者知晓的，应当在外包装上标明，或者预先向消费者提供有关资料。

(4) 限期使用的产品，应当在显著位置清晰地标明生产日期和安全使用期或者失效日期。

(5) 使用不当，容易造成产品本身损坏或者可能危及人身、财产安全的产品，应当有警示标志或中文警示说明。警示标志是一种易为大众所识别的图案或符号。例如，剧毒的警示标志可以是人头骷髅图案，易燃的警示标志可以是火焰图案。警示说明是以文字形式提出警告。警示说明应当使用中文，内容应当明确。

根据产品质量法的规定，裸装的食品和其他根据产品的特点难以附加标志的裸装产品，可以不附加产品标志。

### (三) 特殊产品的包装义务

易碎、易燃、有毒、有腐蚀性、有放射性等危险物品，以及在储运中不能倒置和其他有特殊要求的产品，其包装质量必须符合相应要求，依据国家有关规定作出警示标志或者中文警示说明，标明储运注意事项。

### (四) 不作为义务

(1) 生产者不得生产国家明令淘汰的产品。

(2) 不得伪造产地，不得伪造或者冒用他人的厂名、厂址。

(3) 不得伪造或者冒用认证标志等质量标志。

(4) 不得掺杂、掺假，不得以假充真、以次充好，不得以不合格产品冒充合格产品。

**【案例分析 6-3】**

某机电设备供应公司与某电机厂签订了总经销该厂某牌号新型电机的合同。该电机厂是军工企业，生产技术力量雄厚，这种新电机是刚开发的产品，已通过了有关部门的鉴定。然而，当首批 100 台电机送到机电设备供应公司的仓库时，仓库的保管员却拒收。为此，电机厂派员与供应公司领导交涉。双方各执一词，争执不下。电机厂遂以机电设备供应公司违约起诉至法院。电机厂诉称，这种电机经过部级鉴定，并领取了生产许可证。电机厂已经按照双方的合同交了货，供应公司的拒收行为违反了合同，要求供应公司履行合同义务，收受货物并依约支付货款。机电设备供应公司辩称，争执的焦点不在电机的质量，而在于电机上的铭牌。该铭牌上打着“中国制造“字样，却未标明电机厂的厂名和厂址，不符合有关法律规定；在厂方整改以前，机电设备供应公司不能收货并支付货款。法院在审理过程中进行了调解，在调解中双方达成了一致，于是，电机厂撤诉。此后，电机厂立即制造了符合标准的铭牌安装在电机上。铭牌换好后，机电设备供应公司收货并支付了货款。

问题：该案中电机厂是否构成违约？

## 二、销售者的产品质量义务

**(一) 产品质量检查义务**

销售者应当建立并执行进货检查验收制度，验明产品合格证明和其他标识。必要时，销售者应当对产品的内在质量进行检验。执行进货检查验收制度，是确保销售者进货的质量、区分销售者与生产者责任的重要手段。

**(二) 产品的质量销售义务**

销售者进货后，应采取必要的措施，保持销售产品的质量，防止产品变质、腐烂，防止产品丧失或降低使用性能，防止产品产生危害他人人身、财产的缺陷。

**(三) 产品质量标识义务**

销售者进货时，应当检验产品标志；在销售时，应当保证产品标志符合产品质量法的要求。这种要求，与对生产者在产品或者其包装上的要求是相同的。另外，销售者不得更改生产者标注的合格产品标志，以保证产品标志的真实性。

**(四) 产品销售的禁止性规定**

(1) 销售者不得销售国家明令淘汰并停止销售的产品和失效、变质的产品。

(2) 不得伪造产地，不得伪造或者冒用他人的厂名、厂址。

(3) 不得伪造或者冒用认证标志等质量标志。

(4) 不得掺杂、掺假，不得以假充真、以次充好，不得以不合格产品冒充合格产品。

**【案例分析 6-4】**

因甲公司的真空食品袋产品质量不合格，造成乙公司 100 箱(共计 14400 小袋)奶油派食品发霉变质，直接损失 7000 元。该批食品是由丙、丁、戊三家商场销售的，已售出 630 小袋，二十几位购买者陆续向三家商场提出退货或者索赔要求，估计要求退货或者索赔的人还会增加。

问题:

(1) 丙、丁、戊三家商场在此案中有无法律责任？为什么？

(2) 乙公司是否应就变质食品向购买者承担责任？为什么？

(3) 甲公司应承担什么法律责任？为什么？

# 第四节　产品质量责任制度

生产者以其在生产中特有的地位，从事产品的开发、设计和生产，他们具有丰富的经验，也最了解生产出产品质量的好坏，这些优势是消费者难以具备的。法律应强调弱者权利的重要性和不可侵犯性，规定生产者和销售者尊重消费者而不仅仅是将他们作为自己获取利润的工具。现实经济活动中，生产者、销售者与消费者相比更容易承受和转嫁损害，因此，弱势消费者的权利应得到最大限度的保护，这是经济法所体现的社会责任，也是社会文明进步的标志。

## 一、产品质量责任制度概述

### (一) 产品质量责任制度的概念

产品质量责任制度是指生产者、销售者以及对产品质量负有直接责任的责任者，因违反产品质量法所规定的产品质量义务所应承担法律责任的制度，包括民事责任、行政责任、刑事责任。

### (二) 产品质量责任的概念

产品质量责任是指产品生产者、销售者以及其他相关的第三人违反其应承担的产品质量义务时应当承担的法律责任。产品质量责任是一种综合责任，既包括因产品缺陷而给他人造成人身财产损失时，由生产者和销售者根据法律规定应承担的产品责任，还包括违反合同法、标准化法、计量法以及规范产品质量的其他法规应当承担的责任，包括合同瑕疵担保责任、行政责任和刑事责任。

产品质量责任，是一个经济法范畴，不同于作为民法范畴的产品责任。产品责任，包括产品的生产者、销售者因生产、销售有缺陷产品致他人人身伤害、财产损失所应承担的民事赔偿责任。民法上，一般认为产品责任是一种特殊侵权责任，也有人认为它是一种合同责任。产品质量责任相比产品责任而言，有以下特征：

(1) 是一种经济法责任。产品质量责任既包括产品质量的违约和侵权责任，又包括产品质量的行政和刑事责任，具有综合性特征，反映了国家为了社会公共利益的需要以公共权力干预社会经济生活的公法属性。产品责任则是一种特殊的民事侵权责任，具有私法责任的性质。

(2) 归责依据是产品质量法。是否承担产品质量责任，要看当事人是否违反了产品质量法规定的义务。当事人只要违反了产品质量义务，不论是否有过错，是否给他人造成损害，均要承担产品质量责任。而产品责任则是以民事侵权法为归责依据，以产品存在缺陷并造成他人实际损害为前提。

(3) 是一种贯穿于产品的设计、销售、使用等环节的全过程责任。产品质量责任具有事前预防功能，但不排斥事后的救济功能。而产品责任只是一种侵权赔偿责任，是一种在缺陷产品给他人造成实际损害后的消极补救责任。

## 二、产品质量民事责任

产品质量的民事责任是违反产品质量义务所应承担的民事法律后果。产品质量责任的主要责任形式包括产品瑕疵担保责任(或称产品质量合同责任)和产品缺陷损害赔偿责任(或称产品侵权民事责任)。

### (一) 产品瑕疵担保责任

(1) 产品瑕疵担保责任的概念。产品瑕疵担保责任，是指在产品买卖关系中，产品的生产者或销售者向买方保证产品质量，若产品存在瑕疵，生产者或销售者应当承担相应的法律后果。它包括明示担保和默示担保两部分，明示担保是指生产者、销售者明确表示所承担的责任，即产品质量必须符合合同约定的产品质量标准以及产品说明、实物样品、广告等方式表明的质量状况；默示担保是指生产者、销售者不需要表述也要承担的责任，即产品质量符合国家法律、法规规定的要求，符合安全、卫生的标准，具备应有的使用性能。

产品瑕疵担保责任是一种法定责任，属于严格责任的一种。关于产品瑕疵的质量标准，合同有约定的，依照合同约定；无约定或者约定不明的，应按国家标准或行业标准；没有国家标准或行业标准的，依照通常标准或符合合同目的的特定标准。

我国《产品质量法》第 40 条规定，销售者对以下情形应承担产品瑕疵担保责任：

① 不具备产品应该具备的使用性能而事先未作说明。

② 不符合在产品或其包装上注明采用的产品标准。

③ 不符合以产品说明、实物样品等方式表明的质量状况。

销售者承担责任后，属于生产者或供货者责任的，销售者有权向生产者供货者追偿。生产者之间、销售者之间、生产者与销售者之间订立的买卖合同、承揽合同有不同约定的，按合同当事人的约定执行。承担产品瑕疵责任的主要方式有：对具有瑕疵的产品进行修理、更换、重做、退货和赔偿损失等。

(2) 产品瑕疵担保责任构成要件。只要产品质量不符合合同约定或明示担保和默示担保即可，举证比较容易。产品瑕疵担保责任的免责事由有：①不可抗力；②受害人自己过错造成的；③受害人事先明知产品质量有瑕疵或事先约定免责的。

(3) 产品瑕疵担保责任形式。生产者或销售者承担产品瑕疵担保责任形式，包括负责无偿修理、更换、退货、赔偿损失或减少价金的责任，但不赔偿精神损害；若产品瑕疵使合同目的不能实现时，买方也可以解除合同。销售者先行履行瑕疵担保责任后，证明属于生产者的责任或者供货者的责任的，销售者有权向生产者、供货者追偿。

**(二) 产品缺陷损害赔偿责任**

(1) 产品缺陷损害赔偿责任的概念。产品缺陷损害赔偿责任又称产品责任，是生产者或销售者因产品存在缺陷给受害人造成人身损害，或者缺陷产品以外的其他财产损害所应承担的特殊侵权赔偿责任。缺陷，是指产品存在危及人身、他人财产安全的不合理性的危险。

我国《产品质量法》对产品责任采用了“以无过错责任原则为主，以过错责任为辅”的立法形式。该法第 41 条规定生产者承担无过错责任。即无论生产者有无过错，只要因产品缺陷造成他人人身、财产损害，就应承担赔偿责任，但法律规定免责的情形除外。作为无过错责任原则的例外，该法第 42 条规定，销售者对于因过错使产品存在缺陷致他人损害，或者销售者不能指明缺陷产品的生产者或供货者，应当承担损害赔偿责任。

(2) 产品缺陷损害赔偿责任构成要件。产品缺陷损害赔偿责任构成的要件包括：①产品有缺陷，包括设计缺陷、制造缺陷和标示说明缺陷(警示缺陷)三种；②损害事实客观存在；③产品缺陷与损害事实具有因果关系。

产品缺陷损害赔偿责任的免责事由有：①未将产品投入流通的；②产品投入流通时，引起损害的缺陷尚不存在的；③将产品投入流通时的科学技术水平尚不能发现缺陷存在的，则生产者或销售者不承担产品责任。

**【案例分析 6-5】**

上海市某区人民法院接到消费者陈某的起诉，状告上海某一化妆品不合格，造成她脸部皮肤严重损伤，要求该化妆品厂赔偿她 30 000 元损失。在法庭上，化妆品厂承认陈某使用的化妆品确为该厂生产，但该产品是正在研制过程中的实验品，并没有投入市场，不清楚陈某是从哪里得到该化妆品的。陈某向法庭陈述：她使用的化妆品是其男朋友刘某送的，刘某是这家化妆品厂的产品检验员，并告诉她该化妆品下月将在市场上出售。法庭传讯了刘某，刘某向法庭证实：(一)他是该化妆品厂的产品质量检验员，产品是从成品车间偷来送给女朋友的。(二)该化妆品不是实验品，是下月将在市场出售的正式产品。刘某当庭出示了产品检验合格证书和该厂在下季度出售该产品的广告宣传。法院立即委托有关产品质量检验机构对该化妆品进行技术检验。检验结果为，该厂生产的化妆品不存在有对人体皮肤损害的缺陷，是合格产品。法院又请皮肤专家对受害人陈某进行皮肤测试，皮肤专家的结论是陈某皮肤属特殊的过敏性皮肤，对某些化妆品的使用具有严重过敏性。法院再次开庭，经法庭辩论，法院判决化妆品厂不承担赔偿责任。

问题：这是一起案情复杂，又经过两次审判才终结的案件。如何理解化工厂对陈某使用该化妆品造成脸部皮肤受损而不承担赔偿责任呢?

(3) 产品缺陷损害赔偿责任形式。生产者或销售者负担产品缺陷损害赔偿责任的形式有：

① 产品责任造成受害人财产损失的，侵害人应当恢复原状或者赔偿受害人的损失。

② 因产品责任造成受害人人身伤害的，侵害人应当赔偿医疗费、治疗期间的护理费、因误工减少的收入等费用。

③ 造成残疾的，还应当支付残疾者生活自助费、生活补助费、残疾赔偿金以及由其扶养的人所必需的生活费等费用。

④ 造成受害人死亡的，应当支付丧葬费、死亡赔偿金及由死者生前扶养的人所必需的生活费等费用。

**【案例分析 6-6】**

2017 年 3 月 3 日，陕西省某市曾某与女友在市内某大酒店举行婚宴，上百名亲朋好友聚此庆贺进餐。不料当天晚上赴宴归来的朋友、同事陆续出现腹痛、呕吐、大汗淋漓、腹泻等中毒症状，一批批患者被送进人民医院抢救，至 3 月 5 日止，中毒者达 107 人，严重中毒者 10 余人。3 月 4 日，市卫生防疫站工作人员赶到酒店提取部分食物样品，责令饭店关门停业整顿。经化验，中毒事故系宴席中对虾被副溶血性弧菌污染所造成的。食物中毒事件发生后，受害者曾某认为：酒店要给予经济和精神赔偿，餐费不该付。酒店老板李某认为，曾某要先付清餐费，才能考虑赔偿问题。后经该市消费者委员会多次调解，双方于 2018 年 3 月 2 日达成协议：对曾某提出的精神损失赔偿，由店主李某以当面赔礼道歉的形式体现；婚宴餐饮费 5980 元由酒店承担，医药费、误工费、经济损失共 46 443 元由酒店承担，15 日内付清。

问题：这是一起由于销售变质食品而导致的食品中毒事件，销售者理应承担怎样的法律责任?

(4) 生产者的产品缺陷损害赔偿责任。《产品质量法》第 41 条规定：“因产品存在缺陷，造成人身、缺陷产品以外的其他财产损害的，生产者应承担损害赔偿责任。”但是，生产者能证明有下列情形之一的，不承担赔偿责任：①未将产品投入流通的；②产品投入流通时，引起损害的缺陷尚不存在；③生产者将产品投入流通时的科学技术水平尚不能发现缺陷存在的。

(5) 销售者的产品缺陷损害赔偿责任。《产品质量法》第42条规定，销售者承担的赔偿责任是一种过错责任，以主观存在故意或过失为承担责任的前提条件。销售者承担赔偿责任的情形如下：

① 由于销售者的过错使产品存在缺陷，造成他人人身、财产损害。

② 销售者不能指明缺陷产品的生产者，也不能指明缺陷产品的供货者。

(6) 产品缺陷损害赔偿责任的承担主体。因产品存在缺陷造成人身、财产损害的，受害人可以向产品的生产者索赔，也可以向产品的销售者索赔。属于产品生产者的责任，产品销售者先行赔偿后可以向生产者追偿。

产品质量认证机构违反《产品质量法》的有关规定，对不符合认证标准而使用认证标志的产品，未依法要求其改正或取消其使用认证标志的，对因产品不符合认证标准而给消费者造成的损失，与生产者、销售者承担连带责任。

社会团体、社会中介机构对产品质量作出承诺、保证，而该产品又不符合其承诺、保证的质量要求，给消费者造成损失的，与产品的生产者、销售者承担连带责任。

**【案例分析 6-7】**

李某 2018 年年初买了一台彩电，其父亲不同意，要他退货。李某嫌麻烦，便将彩电卖给了邻居王某。一个星期后，电视机爆炸，正巧李某在场，李某和王某都被炸伤。王某要求李某赔偿，理由是李某卖给自己的电视机有问题；李某要求王某赔偿，因为电视机的所有权已经转移给王某。双方各持己见，争论不休。

问题：

(1) 此案的受害人应向谁索赔？

(2) 法律根据是什么？

### (三) 产品瑕疵担保责任与产品缺陷损害赔偿责任的区别

(1) 责任性质不同。产品瑕疵担保责任是一种合同责任，只要产品质量不符合约定或默示担保条件和明示担保条件之一的，无论是否造成损害后果，都应当承担相应的责任。而产品缺陷损害赔偿责任是一种特殊侵权损害赔偿责任，追究缺陷产品的生产者和销售者的赔偿责任必须已经发生了产品缺陷导致的损害后果。

(2) 判定责任的依据不同。判定产品瑕疵担保责任的依据是产品存在“瑕疵”，“瑕疵”是合同法上的概念，是指产品质量不符合法律规定或当事人约定的质量标准，即合同默示担保、合同明示担保和产品缺陷，较产品责任更为广泛。判定产品缺陷损害赔偿责任的依据是产品存在缺陷，而“缺陷”是产品质量法上的概念，是指产品对消费者人身和财产安全的危险。

(3) 权利的主体不同。有权主张产品瑕疵责任的权利主体只能是购买产品的主体，而有权主张产品缺陷损害赔偿责任的权利主体是因产品缺陷遭受人身或财产损害的受害人，包括产品的购买者、使用者和第三人。

(4) 诉讼时效不同。产品瑕疵担保责任适用《民法通则》规定，诉讼时效期限为1年；而产品缺陷责任适用《产品质量法》规定，诉讼时效期限为 2 年，自当事人知道或者应当知道其权益受到损害时起算。同时，又规定因产品存在缺陷造成损害要求赔偿的请求权，在造成损害的产品交付最初消费者满 10 年丧失；但是，尚未超过明示的安全使用期的除外。

**【案例分析 6-8】**

王某于 2018 年 6 月在旧货市场购买 1 台“新月”牌二手电冰箱，卖主称该电冰箱安全期长，为 15 年，是 2012 年 9 月被人从厂家买走，已经在旧货市场卖过两次，从未坏过，价款 600 元，并保证质量，不让试机。王某将电冰箱拉回家，使用 4 个月后发现电冰箱门带电，电火花燃着了周围家具，损失 650 元。王某到市场索赔，旧货市场回复说：我们只收了 600 元，可以退给你，其他损失与我们无关。王某又找到电器厂要求赔偿损失。电器厂称：电冰箱使用已过 10 年，过了法定赔偿请求权期限，不予赔偿。

问题：

(1) 旧货市场职员在销售过程中有违法行为吗？

(2) 旧货市场退还王某 600 元的理由是否成立？

(3) 电器厂应否赔偿王某损失？

## 三、产品质量行政责任

### (一) 产品质量行政责任的概念

产品质量行政责任是生产者或销售者因违反产品质量监督、管理法律法规，而应承担的法律后果。执行行政处罚的机关应为市场监督管理部门。

### (二) 生产者、销售者的产品质量行政责任的具体内容

生产者、销售者的下列行为需承担产品质量行政责任：

(1) 生产、销售不符合保障人体健康和人身、财产安全的国家标准、行业标准的产品的，责令停止生产、销售，没收违法生产、销售的产品，并处违法生产、销售产品(包括已售出和未售出的产品)货值金额等值以上 3 倍以下的罚款；有违法所得的，并处没收违法所得；情节严重的，吊销营业执照。

(2) 生产者、销售者在产品中掺杂、掺假，以次充好，或者以不合格产品冒充合格产品的，责令停止生产、销售，没收违法生产、销售的产品，并处违法生产、销售产品货值的 50%以上 3 倍以下的罚款；有违法所得的，并处没收违法所得；情节严重的，吊销营业执照。

(3) 生产、销售国家明令淘汰的产品的，销售国家明令淘汰并停止销售的产品的，责令停止生产、销售，没收违法生产、销售的产品，并处违法生产、销售产品货值金额等值以上 3 倍以下的罚款；有违法所得的，并处没收违法所得；情节严重的，吊销营业执照。

(4) 销售变质、失效的产品的，责令停止销售，没收违法销售的产品，并处违法生产、销售产品货值金额等值以上 2 倍以下的罚款；有违法所得的，并处没收违法所得；情节严重的，吊销营业执照。

(5) 生产者、销售者伪造产品产地，伪造、冒用他人厂名、厂址，冒用认证标志、名优标志等质量标志的，责令改正，没收违法生产、销售的产品，并处违法生产、销售产品货值金额等值以下的罚款；有违法所得的，并处没收违法所得；情节严重的，吊销营业执照。

(6) 产品标识、包装产品的标识不符合《产品质量法》的规定的，情节严重的，责令停止生产、销售，并处违法生产、销售产品货值金额 30%以下的罚款；有违法所得的，并处没收违法所得。

(7) 拒绝接受依法进行的产品质量监督检查的，给予警告，责令改正；拒不改正的，责令停业整顿；情节特别严重的，吊销营业执照。

产品质量行政责任只适用过错责任原则，生产者或销售者的产品质量行政责任形式主要有：①责令停止生产；②责令停止销售；③没收违法生产或销售的产品；④没收违法所得；⑤罚款；⑥责令公开更正；⑦吊销营业执照等行政处罚。

### (三) 国家机关及其工作人员的产品质量行政责任的具体内容

(1) 各级人民政府工作人员和其他工作人员有下列情形之一的，依法给予行政处分；构成犯罪的，依法追究刑事责任：

① 包庇、放纵产品生产、销售中违反《产品质量法》行为的。

② 向从事违反《产品质量法》规定的生产、销售活动的当事人通风报信，帮助其逃避查处的。

③ 阻挠、干预市场监督管理部门依法对产品生产、销售中的违反《产品质量法》规定的行为进行查处，造成严重后果的。

(2) 市场监督管理部门在产品质量监督抽查中超过规定的数量索取样品或者向被检查人收取检查费用的，由上级市场监督管理部门或检察机关责令退还；情节严重的，对直接负责的主管人员和其他直接人员依法给予行政处分。

(3) 市场监督管理部门或其他国家机关违反《产品质量法》第25条的规定，向社会推荐生产者的产品或者以监制、监销等方式参与产品经营活动的，由其上级机关或监察机关责令改正，消除影响，有违法收入的予以没收；情节严重的，对直接负责的主管人员和其他直接责任人员依法给予行政处分。

(4) 市场监督管理部门的工作人员滥用职权、玩忽职守、徇私舞弊，构成犯罪的，依法追究刑事责任；尚不构成犯罪的，依法给予行政处分。

(5) 产品质量检验机构有上述参与产品经营活动行为的，由市场监督管理部门责令改正，消除影响，有违法收入的予以没收，可以并处违法收入1倍以下的罚款；情节严重的，撤销其质量检验资格。

## 四、产品质量刑事责任

《产品质量法》还规定了生产者、销售者的严重违法行为应当承担的刑事责任：

(1) 生产、销售不符合保障人体健康和人身、财产安全的国家标准、行业标准的产品，在产品中掺杂掺假，以假充真，以次充好，或者以不合格产品冒充合格产品，性质严重构成犯罪行为的。

(2) 销售失效、变质的产品的销售者构成犯罪的。

(3) 以暴力阻碍国家工作人员依法执行公务的。

(4) 以行贿受贿或者其他非法手段推销、采购假冒、伪劣、不合格等产品构成犯罪行为的。

从事产品质量监督管理的国家工作人员滥用职权、玩忽职守、徇私舞弊，尚未构成犯罪的，给予行政处分；构成犯罪的，依法追究刑事责任。

1997年修订后的《刑法》为了严惩生产、销售伪劣产品的行为，在《刑法(分则)》第3章第1节中专门规定了“生产、销售伪劣商品罪”。该节共有9个定罪量刑的罪名，包括：生产销售伪劣产品罪，生产、销售假药罪，生产、销售劣药罪，生产、销售不符合卫生标准的食品罪，生产、销售有毒有害食品罪，生产、销售不符合标准的医用器材罪，生产、销售不符合安全标准的产品罪，生产、销售伪劣农药、兽药、化肥、种子罪，生产、销售不符合卫生标准的化妆品罪，构成上述犯罪，对单位判处罚金，对直接负责的主管人员和其他责任人员依法追究刑事责任。

相应的刑事责任包括：有期徒刑或者拘役，并处或者单处罚金或者没收财产。致人死亡或者对人体健康造成特别严重危害的，还可以处以无期徒刑或者死刑。

**【案例分析6-9】**

1999年9月，岳阳市南区工商分局接到群众举报，反映本市金鸡村鱼光组有人在制造并销售“三假”月饼(假厂址、假厂名、质量掺假)，该局立即组织人员进行调查，当场查获大量冒充桂林市叠彩区民政食品厂、深圳深海食品厂及广州天海大酒店厂名制作的包装盒、合格证和用不卫生的果仁、黑芝麻、巴壳蛋等做成的月饼5000多个，已装盒2000多盒。该分局立即对这些“三假”月饼予以没收并立案调查。调查结果，制造并销售“三假”月饼的案犯是广东汕头的陈某。他自1997年来岳阳从事糕点加工，当年8月份开始制造月饼。据陈某交代：他生产月饼，用的包装盒分别是通过熟人在深圳、广州等地购买的，产品合格证是他自己在印刷厂印刷的，月饼有的是从自由市场上买的，有的是他本人用发霉变质的果仁、黑芝麻、巴壳蛋为原料制作的。他将这些月饼买来或做好，雇用了 4 个小姑娘在一间租用的偏僻房子里进行装盒加工，贴上冒用他人的厂名、厂址及伪造的合格证书，然后以 6.50～88 元/盒不等的价格在市场上出售牟取暴利。

问题：该案应当如何处理？

**【案例分析 6-10】**

王某自 2008 年以来，雇用 300 名无任何医药知识和制药技能的农民，以淀粉、白薯粉、石粉为原料，在 5 年内制造出 25 种 7 万余件假劣兽药、人药。出人意料的是这个造假药的黑点竟被当地政府授予多项荣誉。在王某的丑行被揭发，有关工商、司法人员进行调查时，当地政府竟出面为其开脱，为了他免受拘捕，还出动公安人员为王某“保驾压惊”，使这桩假药案的调查侦破工作受到严重阻碍。国家监察部、全国打假办、某省政府于 2010 年联合行动，一举查封其老窝，该“三粉”药厂的厂长王某和副厂长双双落入法网。包庇王某的人员也分别受到党纪、行政处分和刑事追究。

问题：本案涉及哪些产品质量的监督及法律责任问题？

## 五、产品质量争议解决

产品质量争议解决方式有当事人协商、消费者协会的调解、行政单位处理、仲裁机构的仲裁及人民法院的诉讼。

我国《产品质量法》规定，因产品质量发生民事纠纷时，当事人可以通过协商或者调解解决。当事人不愿通过协商、调解解决或者协商、调解不成的，可以根据当事人各方的协议向仲裁机构申请仲裁；当事人各方没有达成仲裁协议的，可以向人民法院起诉。《产品质量法》授权市场监督管理局对用户、消费者的申诉“负责处理”，主要的形式为行政调解。产品质量纠纷的仲裁由仲裁委员会受理。对产品质量问题的权益争议，可通过民事诉讼程序处理。对产品质量问题的行政争议，可通过行政复议或行政诉讼来解决。

**【案例分析 6-11】**

2017 年秋某日，袁某和儿子到本区的百货商场电器柜台买学习机。袁某想买一个功能全、质量好的学习机，但又不太懂这方面的知识，于是就请售货员帮助推荐一下。女售货员立即热情地拿出某牌学习机，说这种学习机功能全音质好，价钱还不算太高，买的人很多。袁某信以为真，没有认真检查便付款买了一台售货员推荐的某牌学习机。回到家中，袁某的儿子便根据说明书的介绍开始用该学习机学习英语。使用中发现，该学习机功能不全，而且触摸屏不太灵敏。看来，这台收放机的功能和质量同女售货员所介绍的不太一样。于是，袁某急匆匆赶到百货商场，找到那位女售货员要求退货。售货员往墙上一指说：“你看，我们商场墙上贴着告示，上面写着‘商品售出，概不退换’。我没法给你退货！”一气之下，袁某便向法院提起诉讼，要讨个说法。

问题：该案中百货商场的店内告示是否有法律约束力？

# 思考练习

### (一) 单项选择题

1. 国家对产品质量实行以(　　)为主要方式的监督检查制度。

A. 抽查　　B. 出厂检查　　C. 全面检查　　D. 重点或反复抽查

2. 依照《产品质量法》的规定，生产者的首要义务是(　　)。

A. 生产安全产品　　B. 保证产品质量

C. 不生产淘汰产品　　D. 保证标识符合规定

3. 因产品存在缺陷造成损害的受害人，从知道或应当知道其权益受到损害时起(　　)后，未行使赔偿请求权，便失去了胜诉权。

A. 1 年　　B. 2 年　　C. 20 年　　D. 4 年

4. 可能危及人身健康和人身、财产安全的工业产品，在未制定国家标准、行业标准情况下，必须符合(　　)。

A. 同等情况下其他类似行业的标准　　B. 部颁标准

C. 地方标准　　D. 保障人体健康，人身、财产安全的要求

5. 因产品质量不合格，造成他人财产、人身损害，产品运输者、仓储者对此负有责任的，受害人应当向(　　)要求赔偿。

A. 销售者　　B. 产品生产者、销售者

C. 产品生产者、销售者和产品运输者、仓储者　　D. 生产者

6. 在产品质量监督管理体制方面，我国分为(　　)。

A. 国务院和省级政府　　B. 国务院和省、市级政府

C. 国务院和县级政府　　D. 国务院和县级以上的地方人民政府

7. 生产者、销售者的下列行为，除一种情况外，其他都可能构成犯罪被依法追究刑事责任，该种情况为(　　)。

A. 生产国家明令淘汰产品的行为

B. 销售明知是不符合保障人体健康、人身、财产安全的国家标准、行业标准的产品的行为

C. 生产者在其生产产品中掺杂、掺假的行为

D. 销售者销售失效、变质产品的行为

8. 根据《产品质量法》的有关规定，对吊销营业执照的行政处罚有决定权的部门是(　　)。

A. 管理产品质量监督工作的部门

B. 工商行政管理部门

C. 国务院产品质量监督管理部门所认可的机构

D. 工商行政管理部门和管理产品质量监督工作的部门

9. 王某在某商场购得一台“多功能榨汁机”，回家试用后发现该产品只有一项功能，遂向商场提出退货，商场答复：“该产品说明书未就其使用性能作出明确说明，且产品本身无质量问题，所以顾客应向厂家索赔，商场概不负责。”对此，下列表述正确的是(　　)。

A. 王某只能向生产者要求退换

B. 工某应当要求销售者给予退换

C. 因未当场认真检验商品，所以王某不能要求退换

D. 王某可选择向销售者或者生产者要求退换并给予赔偿

10. 下列产品应依照《产品质量法》的标准予以规范的是(　　)。

A. 经济住宅商品房　　B. 远程激光导弹

C. 用小麦等加工制造而成的食品　　D. 某研究所正在研制的新型材料

## (二) 多项选择题

1. 下列选项能够成为产品侵权损害赔偿请求事由的是(　　)。

A. 设计上的缺陷　　B. 制造上的缺陷

C. 标识上的缺陷　　D. 产品销售后存在的缺陷

2. 生产、销售不符合保障人体健康和人身、财产安全的国家标准、行业标准的产品，应(　　)。

A. 责令停止生产、销售

B. 情节严重的吊销营业执照

C. 处以违法生产、销售产品(包括已售出和未售出的产品)1 倍以上 3 倍以下罚款

D. 有违法所得的，并处没收违法所得

3.《产品质量法》对产品或其包装上的标识的要求包括(　　)。

A. 有中文标明的产品名称、生产厂名和厂址

B. 根据产品的特点和使用要求，需要对产品的规格、等级，所含主要成分的名称和含量，相应予以标明

C. 限期使用的产品，标明生产日期和安全使用期或失效日期

D. 裸装的食品和其他根据产品的特点难以附加标识的裸装产品，可以不附加产品标识

4.《产品质量法》规定，因产品存在缺陷造成受害人人身伤害的，侵害人应承担(　　)。

A. 医疗费　　B. 伤者伤前抚养的人的必要生活费

C. 因误工减少的收入　　D. 残疾者生活补助费

5. 因产品存在缺陷造成人身、缺陷产品以外的其他财产损害的，生产者应当承担赔偿责任，但有下列情形的，生产者不承担赔偿责任(　　)。

A. 未将产品投入流通的

B. 产品投入流通时，引起上述损害的缺陷尚不存在

C. 产品投入流通时尚未发现缺陷存在的

D. 将产品投放流通时的科学技术水平不能克服该缺陷的

6. 下列若给购买产品的用户、消费者造成损失的，销售者应当赔偿损失的情形是(　　)。

A. 不具备产品应当具备的使用性能而事先未作说明的

B. 不符合在产品或者其包装上注明采用的产品标准的

C. 不符合以产品说明、实物样品等方式表明的质量状况的

D. 因产品存在缺陷造成人身、财产损害的，且该责任属于产品生产者的责任，但消费者向销售者提出赔偿要求的

7. (　　)不是作为对产品质量实行监督检查的主要方式。

A. 颁发生产许可证的方式　　B. 抽查方式

C. 舆论监督的方式　　D. 年度普查的方式

8. 下列关于《产品质量法》的叙述中正确的有(　　)。

A. 国家参照国际先进的产品标准和技术要求，推行产品质量认证制度，这一制度对于国内企业而言是强制性的

B. 国家对产品质量实行以抽查为主要方式的监督检查制度

C. 销售者应当执行进货检查验收制度，验明产品合格证明和其他标识

D. 剧毒、危险、易碎、储运中不能倒置以及有其他特殊要求的产品，其包装必须符合相应要求，有警示标志或者中文警示说明储运注意事项等

9. 销售者承担产品瑕疵担保责任的方式包括(　　)。

A. 修理　　B. 更换　　C. 退货　　D. 赔偿损失

10. 下列关于产品责任的表述中正确的是(　　)。

A. 缺陷产品的生产者应对该产品造成的他人人身、财产损害承担无过错责任

B. 缺陷产品造成他人人身、财产损害的，该产品的销售者和生产者承担连带责任

C. 因缺陷产品造成损害要求赔偿的诉讼时效为 1 年

D. 销售者不能指明缺陷产品的生产者也不能指明供货者的，应承担赔偿责任

**(三) 案例分析题**

1. A 灶具公司与 B 商城之间签订购销合同和售后服务协议，由 B 商城销售 A 灶具公司生产的灶具，保修费用按产品出厂价 7%支付给 B 商城，二者之间的合同约定，灶具的“三包”期为半年。C 酒楼从 B 商城购买 A 公司生产的 3 台燃气炉灶，双方之间书面约定，灶具的保修期为一年，由 B 商城维修中心负责包修。6 个月过后，3 台灶具先后发生故障，B 商城维修中心派修理工上门修理三次，仍无法正常使用。C 酒楼要求 B 商城予以调换，B 商城答复要与生产厂家联系后再定，但拖了半个月未表态。C 酒楼为了保证营业需要，被迫从另一商店重新购买了 3 台炉具。B 商城闻讯后，书面通知酒楼不再承担包修义务。C 酒楼接到通知后，向 A 公司要求修理和调换。A 公司以其与 B 商城的协议拒绝 C 酒楼的要求。

问题：

(1) B 商城是否应当承担燃气灶具的维修义务？有何理由？

(2) C 酒楼是否有权直接要求 A 公司修理和调换？A 公司是否可以以其与 B 商城的协议拒绝 C 酒楼的要求？为什么？

2. 因甲公司生产的真空食品袋质量不合格，造成乙公司生产的 200 箱蛋糕变质，损失 14 000 元。该批食品由丙、丁两家商场出售，在出售的过程中丙商场利用消费者的消费心理，在提高产品价格一倍的基础上采取了有奖销售活动，很快食品全部卖完；丁商场也售出了一半，但是，购买者回到家后发现该食品已变质，遂要求赔偿。

问题：

(1) 甲公司在本案中有无法律责任？为什么？

(2) 乙公司在本案中有无法律责任？何种责任？

(3) 丙公司和丁公司在本案中承担什么样的法律责任？为什么？

# 第七章

# 消费者权益保护法

【学习目的与要求】

本章的学习目的是了解消费者权益、消费者权益保护立法，掌握消费者的概念、消费者的基本权利、经营者的基本义务，以及经营者侵犯消费者权利所应当承担的法律责任。本章的重点是消费者的基本权利与经营者的基本义务，本章的难点是消费者权益纠纷解决机制及其法律责任。

## 第一节　消费者权益保护法概述

消费者是商家的“上帝”，因为消费者手中握有货币选票，但经济生活的现实是“强商家、弱消费者”，商家经常漠视，甚至侵犯消费者权益，因此，通过立法有效保护消费者权益势在必行。

### 一、消费者的概念

消费者是消费者权益保护法最重要的主体。一般说来，各国的消费者权益保护立法及法律实践，大都把消费者看作生活消费的消费者。如国际标准化组织“消费者政策委员会”于 1978 年在日内瓦召开的第一届年会上，把“消费者”定义为“为个人目的购买或者使用商品和接受服务的个体社会成员”。我国《消费者权益保护法》第 2 条规定：“消费者为生活消费需要购买、使用商品或者接受服务，其权益受本法保护。”由此可以认为，我国《消费者权益保护法》所称的消费者，是指为生活消费需要而购买、使用商品或者接受服务的个人。消费者的含义应作如下理解。

(1) 消费者是指购买商品或者接受服务的人。消费者既可能是亲自购买商品的个人，也可能是使用和消费他人购买的商品的人；既可能是有关服务合同中接受服务的一方当事人，也可能是接受服务的非合同当事人。任何法人或社团、其他任何组织均不属于消费者范畴。

消费者购买、使用商品或接受服务不一定必须支付一定的对价，如经营者向消费者提供免费试用产品、免费品尝饮料，或经营者实行附赠式的有奖销售等。免费接受这些商品或服务的个人，作为消费者所享有的权益仍然应当受到保护。

(2) 消费者购买商品或者接受服务时不得以营利为目的。消费者购买使用商品或接受服务的目的主要是用于个人与家庭的消费。任何人只要其购买商品和接受服务不是为了将商品或者服务再次转手，不是为了专门从事商品交易活动，便是消费者。在我国，消费者是经营者的对称。经营者是向消费者出售商品或提供服务的市场主体，包括生产者、商品销售者和有偿服务提供者。在市场中，即使是明知商品有一定的瑕疵而购买的人，只要其购买商品不是为了再次将其投入市场交易，就不应当否认其为消费者。

(3) 消费者是指购买商品或者接受服务的个人。消费者作为一个特定的法律用语，它是指个人而不包括单位。单位因消费而购买商品或接受服务，应当受《合同法》调整，而不应当受《消费者权益保护法》的调整。

## 二、消费者权益保护法的概念

消费者权益保护法，是调整在保护消费者权益的过程中发生的经济关系的法律规范的总称。一般来说，消费者保护的基本法主要规定以下内容：消费者的定义、消费者的权利、经营者的义务、消费者权益的保护措施、侵犯消费者权益的法律责任、消费者的保护机构等。

## 三、中国的消费者权益立法概况

改革开放以后，随着消费者权益问题的突出，我国开始了消费者保护方面的立法。1987 年 9 月，福建省制定了《福建省保护消费者合法权益条例》，这是我国第一部相关省级地方立法。此后，全国大部分省、自治区直辖市颁布了消费者保护的地方法规。随着相关地方法规的陆续出台，20 世纪 80 年代中期开始，有关部门开始起草全国性的消费者保护法律。1993 年 10 月 31 日，第八届全国人民代表大会常务委员会第四次会议通过了《消费者权益保护法》，该法于 1994 年 1 月 1 日起实施。根据 2009 年 8 月 27 日第十一届全国人民代表大会常务委员会第十次会议《关于修改部分法律的决定》进行第一次修正。此外，我国还制定了许多具有保护消费者利益内容的法律，如《食品卫生法》《计量法》《标准化法》《反不正当竞争法》《价格法》《侵权责任法》《合同法》《产品质量法》《食品安全法》《药品管理法》等，这些法律与《消费者权益保护法》相辅相成，共同构成了我国消费者保护的法律体系。

2013 年 10 月 25 日，第十二届全国人民代表大会常务委员会第五次会议《关于修改〈中华人民共和国消费者权益保护法〉的决定》对《消费者权益保护法》做了第二次修正。此次修订是《消费者权益保护法》颁布 20 年来首次全面修订。修订后的《消费者权益保护法》引入了后悔权制度、个人信息保护权、精神损害赔偿请求权等新权利，继承与发展了惩罚性赔偿请求权。修订后的《消费者权益保护法》还通过进一步强化商家的义务，确立了举证责任倒置制度，更新了“三包”制度，确立了普适于各类商品的产品召回制度，有效地降低了消费侵权的概率，降低了消费者的维权成本，提升了消费者维权的收益。

**【案例分析 7-1】**

上海的汪女士 2017 年 8 月在某品牌专柜为父母购买了一台腿部按摩器和一台颈椎按摩器。由于加热、开关等频出故障，两台按摩器先后于 2017 年 12 月和 2018 年 2 月更换过。不料，按摩器再次出现故障。汪女士以产品质量问题要求退货，却遭卖家方面拒绝。对方表示，汪女士需拿出权威机构出具的检测报告，确认属于产品质量问题方可退货。

问题：该案中，应当由谁对产品的质量问题进行举证？

## 四、消费者权益保护法的性质

在消费者权益保护的专门立法产生之前，实现对消费者的法律保护，主要是靠民商法的有关规范，尤其是靠有关合同法和侵权法的规范和一般的法律原则。但是，在市场失灵的状态下，经营者与消费者这对利益的矛盾体在力量对比上发生了严重失衡，消费者处于弱势地位。此时，市场需要一种强有力的外部力量来恢复二者之间的力量平衡。但传统的民商法强调形式平等，对于处于弱势地位的消费者不能给予倾斜性保护，以求得实质上的平等，从而不能有效地解决市场失灵所带来的严重的消费者权益保护问题。因此，只能在传统民商法以外去寻找解决途径，这一有效途径就是利用国家干预手段，是国家运用公权力来纠正市场信息不对称的缺陷。因此，消费者权益保护法在本质上是经济法，尽管其中不乏大量的私法规范。在经济法体系中，消费者权益保护法是市场规制法的重要部门法。

## 五、消费者权益保护法的调整对象

消费者权益保护法的调整对象是在保护消费者权益过程中而产生的各种社会关系。这种社会关系具体表现为三个方面。

(1) 消费者与经营者之间的关系。主要是指经营者因违法行为给消费者造成损害，消费者请求赔偿，以及消费者对经营者进行监督过程中所发生的社会关系。

(2) 国家机关与经营者之间的关系。主要是指国家有关管理部门在对经营者生产销售、服务活动进行监督管理，以及对侵害消费者合法权益的行为给予制裁过程中所发生的社会关系。

(3) 国家机关与消费者之间的关系。主要是指国家管理部门在为消费者提供指导服务与保护过程中所发生的社会关系。

## 六、我国消费者权益保护法的原则

我国《消费者权益保护法》确立了下列三项原则。

(1) 依法交易的原则。经营者应当依法提供商品或服务的原则；经营者与消费者进行交易，应当遵循自愿、平等、公平、诚实信用的原则。

(2) 国家对处于弱势地位的消费者给予特别保护的原则。由于经营者与消费者这对利益的矛盾体在力量对比上处于严重失衡状态，消费者处于弱势地位。因此，消费者权益保护法确立了向消费者倾斜，国家对消费者权益给予特别保护的原则。《消费者权益保护法》对消费者只规定了权利，对经营者只规定了义务，而没有再对消费者的义务和经营者的权利作出具体规定；该法第 55 条对经营者的欺诈行为作出了增加赔偿的惩罚性规定(即增加赔偿的金额为消费者购买商品的价款或者接受服务的费用的 3 倍；不足 500 元的，为 500 元)，突破了民法的“填平原则”；除了充分赋予消费者维护自己利益的权利以外，该法还特别强调国家、社会组织保护消费者权利的职责。

(3) 全社会保护原则。全社会保护原则的实质，是在国家保护的基础上将对消费者权益的保护扩大到全社会范围，动用一切社会力量，对经营者及其他可能或实际侵害消费者的行为进行预防、控制、规范和监督。消费者利益的总和就是社会利益的体现，只有动员全社会的力量才能使消费者权益得到切实保护。

全社会保护原则具体体现为社会力量的监督作用。所谓社会力量的监督，是指除拥有强制力的国家以外的在社会生活中实际存在的组织和个人的监督，它包括消费者的监督、消费者组织的监督、大众传媒机构的监督，以及一切与消费者权益有关的企业、事业单位、社会团体的监督。我国《消费者权益保护法》规定：各级消费者协会和其他形式的消费者组织通过向消费者提供信息和咨询服务，与行政部门合作，提出建议，受理消费者投诉并调查、调解、支持受到侵害的消费者起诉，向传媒披露事实等社会活动，保护消费者权益，缓解不法侵害行为的社会危害性。大众传媒则通过对不法行为的报道、披露，形成舆论监督的效应，一方面使不法经营者有所收敛；另一方面，可以引导更多的组织和个人参与到消费者的社会保护行列中来。

## 七、消费者权益保护法的适用范围

我国消费者权益保护法从主体及其行为的角度规定了该法的适用范围，即消费者为生活消费需要购买、使用商品或者接受服务，其权益受该法保护；经营者为消费者提供其生产、销售的商品或者提供服务，应当遵守该法；对于上述具体情况该法未作规定的，应当适用其他的法规的规定。另外，农民购买、使用直接用于农业生产的生产资料，亦参照该法执行。农民购买、使用直接用于农业生产的生产资料，其性质属于生产消费，本不属于该法的调整范围，但考虑到目前我国农村普遍实行的是家庭联产承包责任制，一方面农业生产力和农民的经济能力还不高，另一方面假农药、假化肥、假种子等农用生产资料坑害农民的情况还很严重，农民受损害后又没有适当的途径寻求保护，我国《消费者权益保护法》第 62 条明确规定，农民购买、使用直接用于农业生产的生产资料，参照本法执行。

## 八、消费者权益的国际保护、国家保护与社会保护

### （一）消费者权益的国际保护

自 20 世纪 60 年代以来，国际社会加强了对消费者合法权益的国际保护。1960 年在海牙成立了保护国际消费者联盟组织(IOCU)(1987 年中国消费者协会被接纳为正式会员)。1983 年，国际消费者联盟组织确定每年的 3 月 15 日为国际消费者权益日。1985 年，国际消费者联盟组织倡导制定并经联合国大会决议通过了《保护消费者准则》，这是国际消费者保护方面影响最大的综合性立法。其主要目标是协助各国加强消费者保护，鼓励企业遵守道德规范，协助各国限制不利于消费者的商业陋习；鼓励消费者组织的发展，推进消费者保护的国际合作等。

### （二）消费者权益的国家保护

保护消费者的合法权益不受侵害是国家应当承担的义务。为此，国家必须采取合理的措施，保障消费者依法行使权利，维护消费者的合法权益。根据《消费者权益保护法》的相关规定，国家对消费者合法权益的保护主要体现在以下几个方面。

(1) 立法保护。我国已经建立起以《消费者权益保护法》为骨干，以《产品质量法》《反不正当竞争法》《广告法》《食品卫生法》等众多法律、法规为辅的消费者权益保护法律体系。此外，国家还可以通过制定、发布命令、规章等，对保护消费者合法权益进行政策调整。为了充分体现和保护消费者的合法权益，国家在制定有关消费者权益的法律、法规和政策时，应听取消费者和消费者协会等组织的意见和要求。

(2) 行政保护。行政保护是各级人民政府及其行政部门，通过行政管理、行政监督以及对违法、违纪行为的处理等行政措施，对消费者合法权益进行保护。根据《消费者权益保护法》的相关规定，行政保护的内容具体表现为：各级人民政府应当加强领导，组织、协调、督促有关行政部门做好保护消费者合法权益的工作；落实保护消费者合法权益的职责；各级人民政府应当加强监督，预防危害消费者人身、财产安全行为的发生，及时制止危害消费者人身、财产安全的行为；各级人民政府工商行政管理部门和其他有关行政部门应当依照法律、法规的规定，在各自的职责范围内，采取措

施，保护消费者的合法权益；有关行政部门应当听取消费者和消费者协会等组织对经营者交易行为、商品和服务质量问题的意见，及时调查处理。

有关行政部门在各自的职责范围内，应当定期或者不定期对经营者提供的商品和服务进行抽查检验，并及时向社会公布抽查检验结果。有关行政部门发现并认定经营者提供的商品或者服务存在缺陷，有危及人身、财产安全危险的，应当立即责令经营者采取停止销售、警示、召回、无害化处理、销毁、停止生产或者服务等措施。

(3) 司法保护。为切实保护消费者的合法权益，国家公安机关、检察机关和审判机关应当依照法律、法规的规定，通过司法程序，对消费者合法权益进行保护，包括依法惩处侵害消费者合法权益的违法犯罪行为，采取措施，方便消费者提起诉讼，对符合《中华人民共和国民事诉讼法》起诉条件的消费者权益争议，必须受理，及时审理，以使消费者权益争议尽快得到解决。

### (三) 消费者权益的社会保护

保护消费者的合法权益是全社会的共同责任。国家鼓励、支持一切组织和个人对损害消费者合法权益的行为进行社会监督。

(1) 舆论监督。大众传播媒介应当做好维护消费者合法权益的宣传，对损害消费者合法权益的行为进行舆论监督。

(2) 消费者组织。消费者组织是依法成立的对商品和服务进行社会监督、保护消费者合法权益的社会组织，是消费者权益保护体系的重要组成部分。其中，消费者权益保护协会在消费者权益保护方面发挥了重要作用。但消费者组织不得从事商品经营和营利性服务，不得以收取费用或者其他牟取利益的方式向消费者推荐商品和服务。

在我国，消费者协会履行下列公益性职责：

① 向消费者提供消费信息和咨询服务，提高消费者维护自身合法权益的能力，引导文明、健康、节约资源和保护环境的消费方式。

② 参与制定有关消费者权益的法律、法规、规章和强制性标准。

③ 参与有关行政部门对商品和服务的监督、检查。

④ 就有关消费者合法权益的问题，向有关部门反映、查询，提出建议。

⑤ 受理消费者的投诉，并对投诉事项进行调查、调解。

⑥ 投诉事项涉及商品和服务质量问题的，可以委托具备资格的鉴定人鉴定，鉴定人应当告知鉴定意见。

⑦ 就损害消费者合法权益的行为，支持受损害的消费者提起诉讼。

对侵害众多消费者合法权益的行为，中国消费者协会以及在省、自治区、直辖市设立的消费者协会，可以向人民法院提起诉讼。

⑧ 对损害消费者合法权益的行为，通过大众传播媒介予以揭露、批评。

各级人民政府对消费者协会履行职责应当予以必要的经费等支持。消费者协会应当认真履行保护消费者合法权益的职责，听取消费者的意见和建议，接受社会监督。依法成立的其他消费者组织依照法律、法规及其章程的规定，开展保护消费者合法权益的活动。

**【案例分析 7-2】**

2017 年中秋，某火锅城举办了一场“八月十五月儿圆”歌曲大赛，并设奖品奖励前 10 名优胜者：一等奖 1 名，奖励“雅马哈”电子琴一台；二等奖 3 名，奖励“吸烟王”抽油烟机一台；三等奖 6 名，奖励“苏尔”高压锅一个。经过多轮的较量，小红非常幸运地荣获三等奖，获得了“苏尔”高压锅一个。次日，小红即用该高压锅蒸米饭。但在蒸米饭的过程中，不料高压锅爆炸，小红被炸伤。经诊断为：左眼失明，右手食指折断。事故发生后，小红的家人找火锅城索赔，火锅城以奖品为苏尔厂提供为由，让其直接找该厂。但是，苏尔厂以高压锅是奖品为由拒绝承担赔偿责任。

问题：该案中苏尔厂的做法是否合法？是否应当承担责任？

# 第二节　消费者的权利

消费者权利，是指由国家法律(通常是消费者权益基本法)所确认的，在消费领域消费者能够作出一定行为，以及消费者能够要求生产经营者相应作出或者不作出一定行为的许可和保障。

## 一、消费者权利的提出与发展

消费者权利是消费者权益保护法的核心制度之一。“消费者权利”最早是由美国总统肯尼迪提出来的。他在 1962 年 3 月 15 日向国会提出的“关于保护消费者利益的特别国情咨文”中提出了消费者应享有的四项权利：获得安全保障的权利；获得正确的商品信息资料的权利；对商品的自由选择的权利；提出消费者意见的权利。肯尼迪的“四权论”提出后，逐渐获得各国的广泛认同并在实践中加以发展，消费者权利的种类及范围不断得以扩充，逐步发展成为一个内容丰富、独具特色的权利群。1985 年联合国大会通过的《保护消费者准则》中，国际消费者联盟提出了消费者的八项权利：①得到必需的物质和服务借以生存的权利；②享有公平的价格待遇和选择的权利；③安全保障权；④获得足够资料的权利；⑤寻求咨询的权利；⑥获得公平赔偿和法律帮助的权利；⑦获得消费者教育的权利；⑧享有健康环境的权利。

我国 2013 年修订后的《消费者权益保护法》在吸收借鉴各国消费者权益立法经验的基础上，结合我国国情和社会发展现状，规定了消费者的十一大权利。

## 二、我国《消费者权益保护法》规定的消费者权利

### (一) 保障安全权

保障安全权是指消费者在购买、使用商品和接受服务时所享有的人身、财产安全不受损害的权利，包括人身安全权和财产安全权。

为了使这一权利真正得到体现，消费者有权要求经营者提供的商品和服务符合保障人身、财产安全的要求，即商品或服务不存在危及人体健康及人身、财产安全的不合理的危险。有国家标准、行业标准的，消费者有权要求商品和服务符合国家标准或行业标准，如食品、药品、家用电器等；对于没有国家标准、行业标准的，如某些新开发的商品和服务项目，消费者有权要求经营者保证其购买、使用的商品或接受的服务不具有危害人身、财产安全的缺陷存在。

**【案例分析 7-3】**

北京某服装公司从某村服装交易市场批发来的“洋洋”“亚细亚”“优旎”“京美”4 种牌子的羽绒服，每件售价均为 398 元。经北京技术监督局检查大队检查，发现标着含绒量 60%的羽绒服内只有一些碎毛片、毛屑、纸屑，并散发出刺鼻的气味。按照国家规定，羽绒服内含绒量应达到 45%以上。该公司出售的羽绒服中几乎没有绒质，且清洁度极差，耗氧指数超过规定，极易滋生细菌，对

人体产生多种危害。

问题：消费者在购买、使用商品和接受服务时享有什么权利？对某服装公司应如何处罚？

### (二) 知悉真情权

知悉真情权，又称知情权、获取信息权，是消费者享有的知悉其购买、使用的商品或者接受的服务的真实情况的权利。该权利是消费者作出正确消费决策的保障。

依据《消费者权益保护法》的规定，消费者有权根据商品或者服务的不同情况，要求经营者提供商品的价格、产地、生产者、用途、性能、规格、等级、主要成分、生产日期、有效期限、检验合格证明、使用方法说明书、售后服务，或者服务的内容、规格、费用等有关情况。

### (三) 自主选择权

自主选择权是指消费者享有的自主选择商品或者服务的权利。该权利包括以下几个方面：

(1) 自主选择提供商品或服务的经营者的权利。

(2) 自主选择商品品种或者服务方式的权利。

(3) 自主选择购买或者不购买任何一种商品、接受或者不接受任何一项服务的权利。

(4) 消费者在自主选择商品或者服务时，有权进行比较、鉴别和挑选。

### (四) 公平交易权

公平交易权是指消费者在与经营者之间进行的消费交易中所享有的获得公平的交易条件的权利。该权利主要体现在以下两方面：

(1) 消费者有权获得质量保障、价格合理、计量正确等公平交易条件。

(2) 消费者有权拒绝经营者的强制交易行为。

为了保障消费者公平交易权的实现，必须依据反垄断法与反不正当竞争法等对假冒伪劣、价格不公、计量失度、强制性交易等不公平交易行为予以禁止。

### (五) 依法求偿权

依法求偿权，又称索赔权，是指消费者享有的因购买、使用商品或者接受服务过程中受到人身、财产损害时，依法获得赔偿的权利。

依法求偿权是消费者合法权益受到侵害后，弥补其损失的必不可少的救济性权利。确立和保护这项权利，对于解决实践中大量存在的侵害消费者权益的问题、有效惩戒不法经营、维护市场秩序都是非常必要的。

消费者的求偿权除了具备一般民事损害赔偿的特点外，还具有自身的特点：

(1) 该请求损害赔偿的权利必须是消费领域的，也就是损害必须发生在消费活动中。

(2) 对经营者具有惩罚的性质。

### (六) 依法结社权

依法结社权是指消费者享有的依法成立维护自身合法权益的社会团体的权利。在我国，依法成立的消费者组织有两种：一种是消费者协会，另一种是其他消费者组织。前者包括中国消费者协会和各地设立的消费者协会；其他消费者组织是指除消费者协会系统之外，由消费者依法成立的旨在维护自身合法权益的社会团体，如中国保护消费者基金会。

### (七) 获取相关知识权

获取相关知识权，又称消费者受教育权，是指消费者享有的获得有关消费和消费者权益保护方面的知识的权利。消费者有权通过适当方式获得有关商品或者服务消费知识和消费者保护知识。消费者受教育权属于消费者权利体系中比较基础而又意义重大的一项权利，是从知悉真情权中引申出来的一项权利。由于消费者与经营者在信息、实力等方面的差距越来越大，只有保障消费者的获取相关知识权，才能使消费者更好地掌握所需商品或服务的知识和使用技能，正确使用商品，提高其自我保护意识与自我保护能力。

### (八) 获得尊重权

获得尊重权是消费者在购买、使用商品和接受服务的过程中享有人格尊严、民族风俗习惯受到尊重的权利，享有个人信息依法得到保护的权利。

人格尊严是消费者人身权的重要组成部分，包括姓名权、肖像权、名誉权、荣誉权等。尊重消费者的人格尊严，也是尊重与保障人权的重要内容。我国是统一的多民族国家，尊重消费者的民族风俗习惯，对于促进各民族团结、保护少数民族消费者的利益具有重要意义。例如，在回民聚集区不得开设猪肉店铺。

**【案例分析 7-4】**

某自选商场是北京一家大型的自选超市，2016 年 1 月 3 日李某(学生)去该超市购物，上午 10 点，当李某欲从珠宝店出来时，服务员张某挡住了她的去路，张某说："我怀疑你拿了本店的首饰，能否让我看看。"当即遭到李某的断然拒绝，张某说："看你贼眉鼠眼的样子，就知道不是好人，做贼心虚吧!"张某就叫来保安人员，将李某强拉到保卫室，由超市的女工作人员对李某的大衣口袋及裤兜进行检查，没有发现超市的首饰，便放走了李某，李某很气愤，便于 2016 年 2 月，向法院提起了诉讼，声称自选超市侵犯其名誉权与人身自由，要求自选超市公开赔礼道歉，并赔偿李某损失。

问题:

(1) 消费者享有的维护尊严权的含义是什么?

(2) 本案中的自选超市是否侵权?

### (九) 个人信息权

个人信息权是消费者享有个人信息得到保护的权利，该项权利是 2013 年《消费者权益保护法》修改增加的内容。个人信息或称个人资料、个人数据，一般是指与自然人相关的能够单独识别或者辅以其他信息能够识别出特定主体的所有信息，可以表现为文字、图表、图像等任何形式。经营者通过经营活动会获得消费者的个人信息，如身份信息、电话号码、家庭住址等。消费者的个人信息不得被非法泄露或者出卖，但经消费者个人同意，经营者可以收集、利用和处理消费者的个人信息。

**【案例分析 7-5】**

王某是普通的公司职员，经常收到莫名其妙的短信或者电话，内容包括房产广告、发票、保险等垃圾信息和诈骗信息。和王某一样，相当一部分消费者也会遭遇这样的情形，垃圾短信和骚扰电话无孔不入，甚至影响到正常作息生活，消费者普遍认为隐私很难得到保护。

问题：王某是否能够受到《消费者权益保护法》的保护?

**【案例分析 7-6】**

某天，方小姐到北京某大型超市购物，出来后被超市保安以偷窃为名强行拖回。保安用语言侮辱方小姐，并要强行搜身，后经民警核实，方小姐并未偷东西。然而，方小姐的精神受到严重伤害，除了母亲梅女士外不敢接触任何人，被家人送到精神病院住院治疗，花费巨大。梅女士作为方小姐的监护人起诉超市，要求超市对已经发生的费用作出赔偿。

问题：方小姐的精神损害赔偿是否能够得到法律支持?

### (十) 监督批评权

监督批评权是指消费者享有的对于商品和服务以及消费者保护工作进行监督的权利。监督批评权是为了加强消费者的自我保护能力而设定的权利，包括以下两个方面的内容：

(1) 消费者有权对经营者提供商品和服务的全过程进行监督，有权检举、控告其侵害消费者权益的行为。

(2) 消费者有权检举、控告国家机关及其工作人员在保护消费者权益工作中的违法失职行为，有权对保护消费者权益工作提出批评、建议。

### (十一) 远程商品交易的反悔权

反悔权又称撤回权，是指经营者采用网络、电视、电话、邮购等方式销售商品，消费者在实际履行了合同之后的冷静期内，对完好的商品享有的无须说明理由即可予以退货的合同解除权。

《消费者权益保护法》规定反悔权，仅限于网络、电视、电话、邮购等方式远程销售商品。为了防止消费者不当利用反悔权，给经营者造成不应有的经营负担，法律规定了不适用反悔权的情形。消费者定作的商品，鲜活易腐的商品，在线下载或者消费者拆封的音像制品、计算机软件等数字化商品，交付的报纸、期刊，都不适用反悔权的规定。除了上述明确规定不得适用反悔权的商品以外，其他根据商品性质不宜退货并经消费者在购买时确认不宜退货的，也不适用反悔权的规定，消费者不得主张无理由退货。例如，贴身内衣、图书等，依照习惯都属于不宜退货的商品。

我国反悔权的具体规则如下：

(1) 消费者应在自收到商品之日起 7 日以内主张反悔权。超出 7 日，反悔权消灭，消费者不得再主张反悔权。

(2) 符合上述要求，消费者主张行使反悔权无须说明理由，即无理由退货。其条件是商品应当完好，即商品本身完好。

(3) 经营者应当自收到退回商品之日起 7 日内返还消费者支付的商品价款。

(4) 关于退回商品的运输费用，原则上由消费者承担，但经营者和消费者另有约定的，则按照约定的方法承担。

**【案例分析 7-7】**

母亲节前，张小姐在某网站购买了数盒保健品想送给母亲，隔天收到货品送往母亲家，没想到张小姐的姐姐也为母亲购买了同品牌的保健品数盒。这下张小姐发了愁，这么多保健品要吃到什么时候呢，于是想到了退货。她联系网店店主，而店主却拒绝了张小姐，店主称：“我们不是七日无条件退换货的店，在小店购物不退不换。”

问题：店主的行为合法吗?

## 第三节 经营者的义务

经营者义务，是指法律规定或消费者与生产经营者约定的，在消费过程中生产经营者必须对消费者做出一定行为或不做出一定行为的约束。经营者义务与消费者权利是既对立又统一的、相辅相成的概念：不规定经营者义务，消费者权利就难以实现；不规定消费者权利，则经营者义务将失去存在的意义。

### (一) 依法定或约定提供商品或者服务的义务

经营者向消费者提供商品或者服务，应当恪守社会公德，诚信经营，保障消费者的合法权益；不得设定不公平、不合理的交易条件，不得强制交易。

《消费者权益保护法》第 16 条规定，经营者向消费者提供商品或者服务，应当依照本法和其他有关法律、法规的规定履行义务。经营者和消费者有约定的，应当按照约定履行义务，但双方的约定不得违背法律、法规的规定。第24 条规定，经营者提供的商品或者服务不符合质量要求的，消费者可以依照国家规定、当事人约定退货，或者要求经营者履行更换、修理等义务。没有国家规定和当事人约定的，消费者可以自收到商品之日起七日内退货；七日后符合法定解除合同条件的，消费者可以及时退货，不符合法定解除合同条件的，可以要求经营者履行更换、修理等义务。进行退货、更换、修理的，经营者应当承担运输等必要费用。

① 法定义务。经营者为消费者提供商品或者服务，应当依照《产品质量法》和其他法律、法规的规定履行义务。如《产品质量法》在第 3 章规定了生产者生产产品应履行的 7 项义务和销售者在销售产品时应履行的 7 项义务，其目的是禁止生产者、销售者向消费者提供不合格产品。此外，家用电器和其他产品的“三包”也是国家规定，必须执行。

② 约定义务。经营者与消费者有约定的，经营者应当按照约定履行义务，但双方的约定不得违背法律、法规的规定。在强调经营者诚信履行约定的同时，还必须强调经营者与消费者约定的合法性，因为现实中，经常发生经营者凭借其优势以约定的方式利用格式合同、免责条款等损害消费者的合法权益的现象。所以，经营者必须在法律允许的范围内与消费者签订合法的合同，否则约定无效。

**【案例分析 7-8】**

付某夫妇带着一对儿女到市某洗浴中心洗澡。他们交了 19 元洗澡费后，就分别带着儿女到更衣室，用洗浴中心的锁将衣物等用品锁好，带上钥匙去浴池洗澡。当付某洗完澡到更衣室穿衣时，发现储衣柜被撬了，放在腰带上的手机和口袋里的钱包都不见了，只剩下一个手机套。付某着急了，找到洗浴中心负责人，要求协商处理此事。洗浴中心以本店有“贵重物品请寄存，发生丢失，概不负责”的店堂告示为由，拒绝承担责任。付某说：“你们这里就没有看衣柜的人吗？柜子都被撬了，你们没有尽到看管的义务，一定要赔。你那个店堂告示实际上是违反了法律的规定，不能约束我。”双方争执不下，付某就告到消费者协会。经消费者协会调解，洗浴中心一次性赔偿消费者 700 元。

问题：该案中，洗浴中心的店堂告示有法律效力吗？

### (二) 接受消费者监督的义务

经营者应当听取消费者对其提供的商品或者服务的意见，接受消费者的监督。接受消费者的监督，就是要把经营者提供商品和服务的经营活动置于消费者的有效监督之下，以确保消费者监督批评权的实现。对经营者这一义务的规定，有助于提高和改善消费者的地位。

### (三) 安全保障义务

经营者在经营场所对消费者、潜在的消费者或者其他进入服务场所的人之人身、财产安全依法承担安全保障的义务。经营者的安全保障义务的内容包括以下几个方面。

(1) 保障人身和财产安全的义务。经营者所提供商品或服务不得含有危及消费者人身或财产安全的不合理危险。

(2) 说明和警示的义务。对可能危及人身、财产安全的商品和服务，经营者应当向消费者作出真实的说明和明确的警示，并说明和标明正确使用商品或者服务的方法，以及防止危害发生的方法。例如，烟草生产商在其生产的卷烟包装盒上标明“吸烟有害健康”的字样。

(3) 公共场所的安全保障义务。宾馆、商场、餐馆、银行、机场、车站、港口、影剧院等经营场所的经营者，应当对消费者尽到安全保障义务。《消费者权益保护法》所指的经营场所不限于上述列举的地方。场所的经营者负有在合理的限度范围内保护他人人身和财产安全的义务。

(4) 缺陷产品召回义务。经营者发现其提供的商品或者服务存在缺陷，有危及人身、财产安全危险的，应当立即向有关行政部门报告和告知消费者，并采取停止销售、警示、召回、无害化处理、销毁、停止生产或者服务等措施。采取召回措施的，经营者应当承担消费者因商品被召回支出的必要费用。

### (四) 提供真实信息的义务

消费者对商品、服务信息的了解、掌握主要通过经营者通过标注、宣传、表示等方式提供的。因此，经营者提供的信息是否正确、全面、真实，是消费者是否合理消费的关键。该义务与消费者所享有的知悉真情权相对应。根据法律规定，经营者负有提供真实信息的义务。具体而言，其必须做到：

(1) 经营者向消费者提供有关商品或者服务的质量、性能、用途、有效期限等信息，应当真实、全面，不得作虚假或者引人误解的宣传。否则，将构成不正当竞争及对消费者合法权益的侵害。

(2) 经营者对消费者就其提供的商品或者服务的质量和使用方法等问题提出的询问，应当作出真实、明确的答复。

(3) 经营者提供商品或者服务应当明码标价。明码标价是指经营者在收购、销售商品或者提供有偿服务时，应当依法注明商品的品名、产地、规格、等级、计价单位、价格或者服务的项目、收费标准等有关情况。经营者降价销售商品和提供服务，应当如实说明降价原因、降价期间，并使用降价标价签。经营者不得在标价之外加价出售商品，不得收取任何未予标明的费用。

(4) 采用网络、电视、电话、邮购等方式提供商品或者服务的经营者，以及提供证券、保险、银行等金融服务的经营者，应当向消费者提供经营地址、联系方式商品或者服务的数量和质量、价款或者费用、履行期限和方式、安全注意事项和风险警示、售后服务、民事责任等信息。

### (五) 标明真实名称和标记的义务

《消费者权益保护法》第 21 条规定：“经营者应当标明其真实名称和标记。租赁他人柜台或者场地的经营者应当标明其真实名称和标记。”法律规定经营者标明真实名称和标记的义务，既是为了保障消费者的知情权与自主选择权，也是为了制止不正当竞争行为。

### (六) 出具购货凭证或者服务单据的义务

购货凭证或者服务单据是证明经营者与消费者之间法律关系的存在及法律关系内容的书面证据，是消费者维护自己合法权益时的重要依据。因此，经营者在提供商品或者服务时，应当按照国家有关规定或者商业惯例向消费者出具发票等购货凭证或者服务单据。消费者索要发票等购货凭证或者服务单据的，经营者必须出具。

### (七) 品质担保义务

(1) 经营者的默示担保义务。默示担保是指经营者理应保证在正常使用商品或者接受服务的情况下，其提供的商品或者服务应当具有的质量、性能、用途和有效期限，但消费者在购买该商品或者接受该服务前已经知道其存在瑕疵，且存在该瑕疵不违反法律强制性规定的除外。首先，经营者应确保商品与服务不存在瑕疵；其次，如果消费者事先知道此瑕疵，且该瑕疵不违反法律强制性规定，可免除经营者责任；最后，如果法律有强制性规定，如消费者购买的是食品或药品，哪怕事先知道瑕疵的存在，经营者仍然要承担责任。

(2) 经营者的明示担保义务。明示担保是指经营者以广告、产品说明、实物样品或者其他方式表明商品或者服务的质量状况的，应当保证其提供的商品或者服务的实际质量与表明的质量状况一致。

(3) 特殊商品、服务特定期间内的瑕疵举证责任倒置。经营者提供车辆、计算机、家电等耐用商品和装饰装修服务，消费者自接受商品或者服务之日起 6 个月内发现瑕疵，发生争议的，由经营者承担有关瑕疵的举证责任。

(4) 瑕疵商品退货、修理、更换义务。经营者提供的商品或者服务不符合质量要求的，消费者可以依照国家规定、当事人约定退货，或者要求经营者履行更换、修理等义务。没有国家规定和当事人约定的，消费者可以自收到商品之日起 7 日内退货，7 日后符合法定解除合同。

### (八) 履行“三包”或其他相应责任的义务

“三包”是指包修、包换、包退。其他相应责任是指“三包”以外的民事责任。根据《消费者权益保护法》的规定，经营者提供的商品或者服务不符合质量要求的，消费者可以依照国家规定、当事人约定退货，或者要求经营者履行更换、修理等义务。没有国家规定和当事人约定的，消费者可以自收到商品之日起 7 日内退货；7 日后符合法定解除合同条件的，消费者可以及时退货；不符合法定解除合同条件的，可以要求经营者履行更换、修理等义务。依照上述规定进行退货、更换、修理的，经营者应当承担运输等必要费用。

### (九) 无理由退货义务

经营者采用网络、电视、电话、邮购等方式销售商品，消费者有权自收到商品之日起 7 日内退货，且无须说明理由，但下列商品除外：①消费者定作的；②鲜活易腐的；③在线下载或者消费者拆封的音像制品、计算机软件等数字化商品；④交付的报纸、期刊。

除上述所列商品外，其他根据商品性质并经消费者在购买时确认不宜退货的商品，不适用无理由退货。

消费者退货的商品应当完好。经营者应当自收到退回商品之日起 7 日内返还消费者支付的商品价款。退回商品的运费由消费者承担；经营者和消费者另有约定的，按照约定。

该项义务是针对商品质量没有问题，但消费者仍希望退货的情况，这里有购买方式的限制，如采用网络、电视、电话、邮购等远程方式才可适用该条款。根据我国《直销管理条例》等规定，上门推销、直销等非固定经营场所的销售也适用该条款。消费者无理由退货权利(俗称“后悔权”)的行使期限为 7 日，关于“7 日”期间计算，按照公历年、月、日、小时计算。规定按照小时计算期间的，从规定时开始计算。规定按照日、月、年计算期间的，开始的当天不算入，从下一天开始计算。期间的最后一天是星期日或者其他法定休假日的，以休假日的次日为期间的最后一天。期间的最后一天的截止时间为 24 点。有业务时间的，到停止业务活动的时间截止。

消费者选择无理由退货需要承担的义务有：①支付退货运费；②保证商品完好。“商品完好”的判断标准包括消费者为了检查、试用而拆封商品的情况，只要不是因消费者的原因造成价值明显贬损的，都可以算是“商品完好”。

### (十) 限制使用格式条款的义务

《消费者权益保护法》第 26 条规定：经营者在经营活动中使用格式条款的，应当以显著方式提请消费者注意商品或者服务的数量和质量、价款或者费用、履行期限和方式、安全注意事项和风险警示、售后服务、民事责任等与消费者有重大利害关系的内容，并按照消费者的要求予以说明。

经营者不得以格式条款、通知、声明、店堂告示等方式，作出排除或者限制消费者权利、减轻或者免除经营者责任、加重消费者责任等对消费者不公平、不合理的规定，不得利用格式条款并借助技术手段强制交易。

格式条款、通知、声明、店堂告示等含有上述所列内容的，其内容无效。

经营者使用格式条款时应履行以下几项义务。

(1) 提示说明义务。

① 提示说明义务的范围：不限于上述十项内容，只要是与消费者有重大利害关系，对消费者基本权利可能造成影响的内容，经营者都应该以显著方式提请消费者注意并按照消费者的要求予以说明。

② 提示说明义务的履行方式：“显著方式”需要考虑普通消费者的认知能力，必须足以明显引起一般消费者的注意。此外关于“显著方式”的标准，还应当区分传统交易模式和新技术背景下的交易模式，如电子商务中的经营者故意将与消费者有重大利害关系的合同条款设置为不方便链接，或者以技术手段隐藏该类内容，使消费者难以获取，也是对“显著方式”提示义务的违反。

(2) 禁止使用对消费者“不公平、不合理”的格式条款。具体而言，不公平、不合理的格式条款主要指经营者违背诚实信用原则，单方制定的对消费者明显不利的条款，其范围可能涉及合同的缔结、变更、履行，以及合同的解释方法和争议的处理机制等各个环节。

### (十一) 尊重消费者人身权的义务

消费者的人身权是其基本人权，消费者的人格尊严、人身自由不受侵犯。

《消费者权益保护法》第 27 条规定，经营者不得对消费者进行侮辱、诽谤，不得搜查消费者的身体及其携带的物品，不得侵犯消费者的人身自由。

(1) 不得对消费者进行侮辱、诽谤。经营者不得自己或者利用别人，捏造、散布虚假事实或者以不文明、不礼貌的语言，损害消费者名誉，诋毁消费者的人格尊严。

(2) 不得搜查消费者的身体及其携带的物品，因为只有法律赋予相关执法权限的机关才能按照严格的法律依据和程序对公民的人身、财产进行检查和搜查，其他任何单位和个人均无权作出上述行为。

(3) 不得侵犯消费者的人身自由。只有全国人大通过的法律才能作出限制公民人身自由的规定，除了相关的司法机关依照法定的程序对公民限制人身自由外，其他任何单位和个人都无权限制公民人身自由。

### (十二) 采用网络等方式提供商品或服务的信息告知义务

新的《消费者权益保护法》第 28 条增加了一项规定："采用网络、电视、电话、邮购 7B49 方式提供商品或者服务的经营者，以及提供证券、保险、银行等金融服务的经营者，应当向消费者提供经营地址、联系方式、商品或者服务的数量和质量、价款或者费用、履行期限和方式、安全注意事项和风险警示、售后服务、民事责任等信息。"

这里主要涉及两类经营者：一类是远程交易方式的经营者；另一类是金融领域的经营者。这两类特定领域经营者的信息披露义务包括向消费者告知以下几方面信息：

(1) 经营者的真实身份信息，如经营地址、联系方式。

(2) 有关商品及服务的信息，如数量、质量、价格等。

(3) 有关风险提示、民事责任等信息，其中关于金融领域的风险提示信息对消费者而言特别重要，具体可查询《商业银行理财产品销售管理办法》。

### (十三) 保护消费者个人信息的义务

这是 2013 年《消费者权益保护法》修改新增加的内容：经营者收集、使用消费者个人信息，应当遵循合法、正当、必要的原则，明示收集、使用信息的目的、方式和范围，并经消费者同意。经营者收集、使用消费者个人信息，应当公开其收集、使用规则，不得违反法律、法规的规定和双方的约定收集、使用信息。

经营者及其工作人员对收集的消费者个人信息必须严格保密，不得泄露、出售或者非法向他人提供。经营者应当采取技术措施和其他必要措施，确保信息安全，防止消费者个人信息泄露、丢失。在发生或者可能发生信息泄露、丢失的情况时应当立即采取补救措施。

经营者未经消费者同意或者请求，或者消费者明确表示拒绝的，不得向其发送商业性信息。

这里要求经营者在收集使用消费者个人信息时，应本着合法、正当、必要、自愿的原则，并保证消费者个人信息安全，且不受无关商业信息的侵扰。

经营者的上述义务与前述的消费者权利存在着大体上的对应关系。此外，从实质意义上的消费者权益保护法来说，经营者的义务远不限于上述的形式意义上的《消费者权益保护法》的规定。在《反垄断法》《反不正当竞争法》《产品质量法》《广告法》《价格法》等诸多形式意义的立法中，同样包含着许多涉及经营者义务的规范。对消费者权益的保护，是许多相关法律的共同任务。

**【案例分析 7-9】**

2018 年 10 月，洛阳某旅行社接待了 JBW-9710 的香港旅游团，委派导游员谢某为全陪随团服务，谢某为提取回扣，向客人建议将原定餐食改为"洛阳水席"，并进行了言过其实的夸张宣传，当客人询问是否需要增加费用时，谢某答复水席不会超过原定餐饮标准。但当客人面对"洛阳水席"的汤汤水水时，发觉与谢某宣传的不相符，连呼上当。不料，第二日，谢某又向游客宣布，因"水席"标准超过原定标准，故需要加收少量餐费。对此，部分团员表示不满，但因已经食用了"水席"不得不交出超支餐费。

事后，游客投诉该旅行社未按合同履行，存在欺诈。谢某则称，为了使客人品尝地方风味，做了夸张的宣传，但动机是好的，而客人食用"水席"加收餐费是理所应当的，并无不妥。

问题：

(1) 该案例中的导游员的做法是否存在过错？事后他的辩称是否合法？为什么？

(2) 该导游侵犯了旅游消费者的哪些权利？经营者应该履行哪些义务？

(3) 本案如何处理？

# 第四节　消费者权益争议的解决途径和责任承担

消费者权益争议是指在消费领域，消费者与经营者之间发生的与消费者权益有关的矛盾纠纷，主要表现为消费者在购买、使用商品或接受服务中，经营者不依法履行或不适当履行义务，或消费者对经营者提供的商品或服务不满意，双方由此引发的纠纷。

## 一、消费者权益争议的解决途径

根据《消费者权益保护法》的规定，解决消费者权益争议的途径有五条，这五条途径任消费者自主选择。

(1) 与经营者协商和解。协商和解是指消费者在发生争议后，与经营者在法律地位平等的基础上，遵循自愿、公平和诚实信用的原则，就所发生的争议进行协商、达成和解的活动。

(2) 请求消费者协会或者依法成立的其他调解组织调解。如果与经营者协商无效，消费者可以向当地的消费者协会投诉。消费者协会是依法成立的对商品和服务进行社会监督，以保护消费者合法权益的专门社会团体。但消费者协会的调解协议不具有法律效力，因此，消费者仍可以提请仲裁或提起诉讼。

(3) 向有关行政部门投诉。消费者合法权益受到侵害后，根据商品和服务的性质，还可以向工商、物价、技术监督、标准、计量、商检、卫生等相关行政部门投诉。例如：对产品质量有争议的，可以向国家市场监督管理局投诉；对商品价格、服务收费有争议的，可以向物价部门投诉等。消费者向有关行政部门投诉的，该部门应当自收到投诉之日起 7 个工作日内，予以处理并告知消费者，及时保护消费者的合法权益。

(4) 提请仲裁机构仲裁。当事人双方自愿达成的仲裁协议是仲裁机构受理争议案件的依据，仲裁协议可以事前或事后达成。

(5) 向人民法院提起诉讼。消费者在自己的合法权益受到侵害并向消费者协会或有关行政部门投诉、申诉后，不满意处理结果时，可以向人民法院起诉。起诉是当事人向人民法院请求司法保护的法律行为。

① 小额诉讼法庭。2012 年修正的《民事诉讼法》首次设立了小额诉讼程序，这一程序的建立和完善将给消费者维权带来极大便利。设立小额诉讼法庭，及时审理简单的小额消费纠纷，可以克服普通民事诉讼程序维权效率不高的问题。

② 公益诉讼。新修改的《消费者权益保护法》明确了消费者协会作为公益诉讼主体的法律地位。对侵害众多消费者合法权益的行为，中国消费者协会以及在省、自治区、直辖市设立的消费者协会，即使无直接利益关系，也可以作为原告，向人民法院提起消费公益诉讼，起诉损害消费者合法权益的经营者。

前四种非诉讼的必经程序，消费者可以根据自己的情况，选择合适的争议解决办法来维护自己的权利。

## 二、消费者权益争议的损害责任承担

### (一) 消费者权益争议的损害责任承担者

根据《消费者权益保护法》的规定，消费者因购买、使用商品或者接受服务，合法权益受到损害时，有权要求侵害人赔偿。但在现实生活中，常有经营者漠视消费者利益，或采取互相推诿的办法，致使消费者的求偿权不能及时实现。为此，法律规定由以下责任者承担责任。

(1) 企业变更后的责任承担。消费者在购买、使用商品或者接受服务时，其合法权益受到损害，因原企业分立、合并的，可以向变更后承受其权利义务的企业要求赔偿。

(2) 营业执照出借人或借用人的连带责任。使用他人营业执照的违法经营者提供商品或者服务，损害消费者合法权益的消费者可以向其要求赔偿，也可以向营业执照的持有人要求赔偿。

(3) 展销会举办者、柜台出租者的责任。消费者在展销会、租赁柜台购买商品或者接受服务，其合法权益受到损害的可以向销售者或者服务者要求赔偿。展销会结束或者柜台租赁期满后，也可以向展销会的举办者、柜台的出租者要求赔偿。即使展销会的举办者、柜台的出租者对损害消费者权益的行为没有直接的责任，他们也负有先行赔偿的义务。展销会的举办者、柜台的出租者赔偿后，有权向销售者或者服务者追偿。

(4) 网络交易平台的责任。消费者通过网络交易平台购买商品或者接受服务，其合法权益受到损害的，可以向销售者或者服务者要求赔偿。网络交易平台提供者不能提供销售者或者服务者的真实名称、地址和有效联系方式的，消费者也可以向网络交易平台提供者要求赔偿；网络交易平台提供者作出更有利于消费者的承诺的，应当履行承诺。网络交易平台提供者赔偿后，有权向销售者或者服务者追偿。

网络交易平台提供者明知或者应知销售者或者服务者利用其平台侵害消费者合法权益，未采取必要措施的，依法与该销售者或者服务者承担连带责任。

这里的“网络交易平台”又称作中介型或开放型平台，是指由第三方经营的为交易双方提供网络空间与技术服务的信息网络系统，平台提供者自身并不参与交易，只是根据与买卖双方分别订立的协议提供技术服务以保证网上交易的顺利进行。

网络交易平台对平台内的经营者负有身份审查义务，必须事先主动了解掌握平台内经营者的真实名称、联系方式等有效信息。网络交易平台与平台内的经营者承担连带责任遵循过错原则，仅在明知或应知平台内经营者利用平台侵害消费者合法权益，且未采取必要措施时，才承担责任。

(5) 广告经营者、发布者及社会团体等的责任。消费者因经营者利用虚假广告或者其他虚假宣传方式提供商品或者服务，其合法权益受到损害的，可以向经营者要求赔偿。广告经营者、发布者发布虚假广告的，消费者可以请求行政主管部门予以惩处。广告经营者、发布者负有审核信息义务，如不能提供经营者的真实名称、地址和有效联系方式的，应当承担赔偿责任。对于一般的虚假广告，采用过错责任原则，广告经营者、发布者只有在明知或应知广告虚假仍进行设计、制作、发布时，才需要承担连带责任。

广告经营者、发布者设计、制作、发布关系消费者生命健康商品或者服务的虚假广告，造成消费者损害的，采用无过错责任原则，应当与提供该商品或者服务的经营者承担连带责任。

社会团体或者其他组织、个人如明星代言人，在关系消费者生命健康商品或者服务的虚假广告或者其他虚假宣传中向消费者推荐商品或者服务，造成消费者损害的，也采用无过错责任原则，应当与提供该商品或者服务的经营者承担连带责任。

### (二) 损害赔偿的范围

(1) 补偿性损害赔偿的范围。

① 财产损害。经营者提供的商品或服务，如果不符合法律规定或合同约定，应当按照法律规定或者当事人约定承担修理、重作、更换、退货、补足商品数量、退还货款和服务费用或者赔偿损失等民事责任。

② 人身损害。经营者提供商品或者服务，造成消费者或者其他受害人人身伤害的，应当赔偿医疗费、护理费、交通费等为治疗和康复支出的合理费用，以及因误工减少的收入。

经营者提供商品或者服务造成消费者或者其他受害人残疾的，还应当赔偿残疾生活辅助费和残疾赔偿金。

经营者提供商品或者服务，造成消费者或者其他受害人死亡的，还应当赔偿丧葬费和死亡赔偿金。

经营者侵害消费者的人格尊严、侵犯消费者人身自由或者侵害消费者个人信息依法得到保护的权利的，应当停止侵害、恢复名誉、消除影响、赔礼道歉，并赔偿损失。

此外，从事住宿、餐饮、娱乐等经营活动或者其他社会活动的自然人、法人、其他组织，未尽合理限度范围内的安全保障义务致使消费者遭受人身损害的，消费者有权要求经营者承担相应的赔偿责任。

③ 精神损害。经营者有侮辱诽谤、搜查身体、侵犯人身自由等侵害消费者或者其他受害人人身权益的行为，造成严重精神损害的，受害人可以要求精神损害赔偿。

(2) 惩罚性损害赔偿的范围。

《消费者权益保护法》第 55 条规定："经营者提供商品或者服务有欺诈行为的，应当按照消费者的要求增加赔偿其受到的损失，增加赔偿的金额为消费者购买商品的价款或者接受服务的费用的三倍；增加赔偿的金额不足五百元的，为五百元。法律另有规定的，依照其规定。"

经营者明知商品或者服务存在缺陷，仍然向消费者提供，造成消费者或者其他受害人死亡或者健康严重损害的，受害人有权要求经营者依照《消费者权益保护法》第 49 条、第 51 条等法律规定赔偿损失，并有权要求所受损失二倍以下的惩罚性赔偿。这是我国第一个适用惩罚性赔偿的立法条例。

适用惩罚性赔偿，应以消费者与经营者之间存在有效的消费性合同关系为基础，以经营者实施了欺诈行为为必要前提。最高人民法院在《关于贯彻执行〈中华人民共和国民法通则〉若干问题的意见》中，对"受欺诈所实施的民事行为"进行了定义。所谓的欺诈行为，是指经营者在交易中实施的故意告知消费者虚假信息或故意隐瞒事关交易的重要真实信息的行为。因此，欺诈行为客观上表现为虚假信息的告知或重要交易信息应告知而不告知，主观上处于故意状态。

**【案例分析 7-10】**

2015 年 4 月 1 日，甲在某家具城展销厅看中了一套由乙公司生产的高档组合柜，价款 1 万元。于是双方签订了订货合同，甲预交了 2000 元定金。在按规定时间交货时，甲发现货品与样品不符，并且存在质量问题。交货人员表示可以上门修理。于是甲交付了 6000 元，余下的 2000 元待家具修好后付清。4 月 15 日，家具不但没修好，而且出现了更加严重的质量问题。在多次与销售人员王某交涉无效的情况下，甲找到家具展销会主办单位丙公司反映情况，要求协助解决，并提出退货要求，丙公司许诺一个月内解决。十几天后，甲被告知乙公司已搬出家具城，丙公司无法履行退货承诺。于是甲来到消费者协会寻求支持经查，王某不是乙公司业务人员，而且所售家具只有一部分是乙公司品。在消费者协会的支持下，甲起诉到法院，要求丙公司赔偿自己的损失并增加两倍赔偿。

问题:

(1) 甲要求丙公司赔偿自己的损失是否合理？为什么？

(2) 家具城展销厅是否应承担损失？

## 三、违反消费者权益保护法的行政责任

### (一) 应承担行政责任的情形

有下列情形之一的，经营者应承担行政责任：

(1) 提供的商品或者服务不符合保障人身、财产安全要求的。

(2) 在商品中掺杂、掺假，以假充真，以次充好，或者以不合格商品冒充合格商品的。

(3) 生产国家明令淘汰的商品或者销售失效、变质的商品的。

(4) 伪造商品的产地，伪造或者冒用他人的厂名、厂址，篡改生产日期，伪造或者冒用认证标志等质量标志的。

(5) 销售的商品应当检验、检疫而未检验、检疫或者伪造检验、检疫结果的。

(6) 对商品或者服务作虚假或者引人误解宣传的。

(7) 拒绝或者拖延有关行政部门责令对缺陷商品或者服务采取停止销售、警示、召回、无害化处理、销毁、停止生产或者服务等措施的。

(8) 对消费者提出的修理、重作、更换、退货、补足商品数量、退还货款和服务费用或者赔偿损失的要求故意拖延或者无理拒绝的。

(9) 侵犯消费者人格尊严、侵犯消费者人身自由或者侵害消费者个人信息依法得到保护的权利的。

(10) 法律、法规规定的对损害消费者权益应当予以处罚的其他情形。

### (二) 行政处罚

(1) 处罚依据。对《消费者权益保护法》第 56 条列举的上述 10 种情形，若相关法律法规(如《产品质量法》《食品卫生法》《广告法》《价格法》等)对处罚机关和处罚方式有规定的，应依照其规定执行；若法律、法规没有规定的，由工商行政管理部门进行处罚。

(2) 处罚方式。对上述 10 种违法情形的处罚方式有：责令改正，警告，没收违法所得，处以违法所得 1 倍以上 10 倍以下的罚款，没有违法所得的，处以 50 万元以下的罚款；情节严重者，责令停业整顿、吊销营业执照。除此之外，处罚机关还应当将经营者受处罚的情况记入信用档案，向社会公布。

(3) 民事责任优先。经营者违反《消费者权益保护法》的规定，应当承担民事赔偿责任和缴纳罚款、罚金，其财产不足以同时支付的，先承担民事赔偿责任。

(4) 行政复议。消费者权益保护法为防止行政机关滥用权力作出对经营者不公的处罚，规定了经营者的申请行政复议权，即经营者对行政处罚不服的，可以依法申请行政复议或者提起诉讼。

**【案例分析 7-11】**

辽宁的宋先生春节期间在一家超市购买了一袋有机大米，吃了一半后，宋先生通过新闻得知市场上有些有机食品没有证书，属假冒产品。他赶紧查看了所购大米的包装袋，发现上面虽然有“有机食品”标志，却没有认证机构的标注。随后，宋先生到超市询问并索要证书，超市表示没法提供。宋先生觉得自己花了高价买了假货，心里不是滋味。

问题：该案中超市的行为是否合法？如何处罚？

## 四、违反消费者权益保护法的刑事责任

经营者违反消费者权益保护法规定提供商品或者服务，侵害消费者合法权益，构成犯罪的，依法追究刑事责任。

以暴力、威胁等方法阻碍有关行政部门工作人员依法执行职务的，依法追究刑事责任；拒绝、阻碍有关行政部门工作人员依法执行职务，未使用暴力、威胁方法的，由公安机关依照《中华人民共和国治安管理处罚法》的规定处罚。

国家机关工作人员玩忽职守或者包庇经营者侵害消费者合法权益的行为的，由其所在单位或者上级机关给予行政处分；情节严重，构成犯罪的，依法追究刑事责任。

# 思考练习

### (一) 单项选择题

1. 下列行为中，(　　)不适用于《消费者权益保护法》。

A. 个人购买住房　　B. 接受美容美发服务

C. 农民购买化肥　　D. 学校购买电脑

2. 某商店销售食品缺斤少两，该商店侵犯了顾客的(　　)。

A. 保障安全权　　B. 自主选择权　　C. 公平交易权　　D. 监督批评权

3. 某供电局要求所辖居民，如果新装空调的功率超过该居民原电表的额定功率时，必须向供电局提出增加用电额度的申请，由供电局另设电路或者更换电表，并要求使用的电表必须到供电局指定的商店购买。该供电局的行为侵犯了申请扩大功率配置居民的(　　)。

A. 知悉真情权　　B. 自主选择权　　C. 保障安全权　　D. 监督批评权

4. 经营者销售商品和提供服务，应履行出具购货凭证和服务单据的义务，否则即侵犯消费者的(　　)。

A. 知悉真情权　　B. 自主选择权　　C. 保障安全权　　D. 监督批评权

5. 李某在电脑公司购买一台电脑，使用 10 个月后出现故障。在“三包”有效期内，经两次修理仍无法正常使用。此时市场上已无同型号电脑。依《消费者权益保护法》的规定，(　　)。

A.李某只能要求再次修理　　B. 李某只能要求调换其他型号的电脑

C. 电脑公司应予退货或予以更换　　D. 电脑公司应予以退货，但可抵销折旧费

6. 我国《消费者权益保护法》确定的保护消费者权益的主要部门是(　　)。

A. 价格监督部门　　B. 卫生监督管理部门

C. 工商行政管理部门　　D. 消费者协会

7. 消费者组织是一种(　　)。

A. 社会团体　　B. 以营利为目的的团体

C. 法人团体　　D. 以营利为目的群众性组织

8. 王某在某超市选购速冻饺子，该饺子包装上生产日期模糊不清，但售货员向王某保证是“刚进的货”。待王某放心地把饺子煮熟后，才发现饺子因馅已变质而不能入口。下列表述中，不正确的是(　　)。

A. 该超市违反了法律、法规应尽义务和依双方约定应尽的义务

B. 该超市违反了经营者向消费者提供有关商品与服务的真实信息的义务

C. 该超市违反了不得单方作出对消费者不利规定的不作为义务

D. 该超市违反了保证商品或服务的质量义务

9. 王某在某服装店挑选风衣，店员向王某推荐了一款。王某试穿后觉得不合适，便脱下来要走，店主却强迫王某买下这件风衣。店主的这一行为侵犯了王某的(　　)。

A. 保障安全权　　B. 知悉真情权　　C. 接受教育权　　D. 自主选择权

10. 钟某为其3岁儿子购买某品牌的奶粉，小孩喝后上吐下泻，住院7天才恢复健康。经鉴定，该品牌奶粉属劣质品。为此，钟某欲采取维权行动。钟某亲友们提出的下列建议中缺乏法律依据的是(　　)。

A. 请媒体曝光，并要求工商管理机关严肃查处

B. 向出售该奶粉的商场索赔，或向生产该奶粉的厂家索赔

C. 直接提起诉讼，要求商场赔偿医疗费、护理费、误工费、交通费等

D. 直接提起仲裁，要求商场和厂家连带赔偿钟某全家所受的精神损害

**(二) 多项选择题**

1. 某商场出售的某品牌煤气灶无检验合格证明和使用方法说明书，并拒绝回答消费者提出的询问。该商场侵犯了消费者的(　　)。

A. 知悉真情权　　B. 保障安全权　　C. 获得知识权　　D. 监督批评权

2. 经营者不得以(　　)等方式作出对消费者不公平、不合理的规定，或者减轻、免除其损害消费者权益应当承担的民事责任。

A. 格式合同　　B. 通知　　C. 声明　　D. 店堂告示

3. 因虚假广告而购买商品或者接受服务，其合法权益受到损害的，消费者可以请求赔偿。下列关于赔偿义务人的表述正确的是(　　)。

A. 消费者因经营者利用虚假广告提供商品或者服务，其合法权益受到损害的，可以向经营者要求赔偿

B. 广告的经营者发布虚假广告的，消费者可以请求行政主管部门予以惩处

C. 广告经营者不能提供商品或服务经营者的真实名称、地址的，应当承担赔偿责任

D. 消费者只能向利用虚假广告提供商品或者服务的经营者要求赔偿，而不能向广告经营者请求赔偿

4. 我国《消费者权益保护法》赋予经营者义务包括(　　)。

A. 保障人身和财产安全的义务　　B. 提供真实信息的义务

C. 出具购货凭证和服务单据的义务　　D. 保证商品和服务质量的义务

5. 我国消费者协会的法定职能包括(　　)。

A. 向消费者提供信息和咨询服务

B. 受理消费者投诉并调查、支持受害消费者的起诉

C. 对损害消费者权益的行为，向传媒披露事实真相

D. 就有关消费者权益的问题，向有关行政部门反映、查询，提出建议

6. 消费者安全权包括的内容有(　　)。

A. 消费者的人身安全权　　B. 消费者的生命安全权

C. 消费者的健康安全权　　D. 消费者的财产安全权

7. 消费者侵权赔偿的范围包括(　　)。

A. 人身伤害　　B. 财产损失

C. 精神损害　　D. 解决争议过程中所支出的必要费用

8. 消费者协会的职能包括(　　)。

A. 向消费者提供消费信息和咨询

B. 受理消费者的投诉并对投诉事项进行调查调解

C. 处罚损害消费者权益的经营者

D. 有偿为经营者宣传其商品

9. 消费者权益受到损害时，可以采取争议解决的途径是(　　)。

A. 与经营者协商和解　　B. 请求消费者协会调解

C. 向有关行政部门申诉　　D. 向人民法院提起诉讼

10. 消费者的自主选择权包括(　　)。

A. 自主选择提供商品的经营者的权利　　B. 自主选择商品品种的权利

C. 自主决定不购买任何一种商品的权利　　D. 在自主选择商品时的进行比较的权利

**(三) 案例分析题**

1. 2017 年 3 月 20 日，李某在某市人民商场购买了一台电动吹风机。当天，李某在正常使用该吹风机的过程中，因吹风机漏电而被电流击伤，虽经及时治疗仍造成了手指残废。2018 年 4 月 10 日，李某以人民商场为被告向法院提起诉讼，请求法院判令人民商场对其因触电致残承担赔偿责任。人民商场在答辩中称：第一，根据《民法通则》的规定，因身体伤害要求赔偿的诉讼时效期间为 1 年，因此原告的起诉已超过诉讼时效；第二，原告触电是由于电动吹风机存在质量缺陷，被告作为产品销售者没有过错，因此原告无权要求人民商场承担赔偿责任，而应向电动吹风机的生产厂商要求赔偿。

问题：

(1) 被告人民商场的第一条答辩理由是否成立？为什么？

(2) 被告人民商场的第二条答辩理由是否成立？为什么？

(3) 本案的责任主体依法应当承担哪些赔偿责任？

2. 2018 年 5 月 10 日，甲从商场买回一台 A 牌洗衣机(属“三包”商品)，在 5 月 15 日使用时，发现洗衣机突然不转，遂到商场要求退货，商场售货员乙声称，商场明文规定凡是在本商场购买的任何家用电器如有问题只能维修不能退换。但修理三次后，洗衣机仍不能正常使用，为此，甲多次找到商场有关部门投诉，但无结果。双方因此发生争执。

问题：

(1) 该商场售货员乙的说法是否正确？为什么？

(2) 消费者甲该如何处理？

# 第八章

# 价 格 法

**【学习目的与要求】**

本章的学习目的是了解价格法的概念、地位、作用，我国的价格管理体制；掌握经营者价格行为、政府定价行为、价格监督检查，以及违反价格法的法律责任。掌握价格法的基本制度，其核心内容则要掌握我国的价格管理体制、经营者价格行为、政府定价行为、价格总水平调控、价格监督检查、违反价格法的法律责任等。

## 第一节　价格与价格法概述

法律对于市场经济的重要性在于法律秩序使市场行为有一定规则，法律原则如同竞争原则一样，是市场经济的最高原则。价格法的法治作用至关重要，价格法的宣传与教育、研究与学习同样至关重要。

### 一、价格与价格立法

#### （一）价格的概念

价格是商品价值的货币表现，它是反映市场供求关系、资源稀缺程度的信号，是引导优化市场资源配置的重要工具，在市场机制中发挥着重要的作用。价格法是调整价格关系的法律规范的总称。价格关系是在价格的制定、执行和监督过程中发生的经济关系。

#### （二）价格立法

价格问题直接关系到经济发展、群众生活和社会稳定，把价格管理纳入法制轨道，是国民经济管理法制化极为重要的一环。

我国在改革开放前，与高度集中的计划经济体制相适应，实行的是单一的计划价格机制。当时，97%以上的社会零售商品价格、94%以上的农产品收购价格和几乎100%的工业品出厂价格，都实行政府定价。1979年开始进行价格改革，重点放在农产品价格上，在短短的几年时间里，先后进行了6次大规模的价格调整，逐渐放开了一些农副产品和小商品价格，扩大企业的定价自主权，由此形成了一些新型的价格关系。1982年8月，国务院颁布《物价管理暂行条例》开始把法律手段引入价格管理领域。

1984年开始，价格改革的重点逐渐从农村转移到城市；1985年开始放开除粮、棉、油等少数实行合同定购的农副产品以外的大部分农副产品的价格，取消对生产企业计划外自销部分价格限制的规定；1986年开始放开自行车、彩电、冰箱等主要工业消费品价格。但由于在放开价格的同时，缺乏法律约束，对哪些价格该管、哪些不该管等关键问题没有明确规定，于是当时的国家物价局修订了《价格分工管理目录》，明确了管与放的范围，初步形成了国家定价、国家指导价和市场调节价三种价格形式并存的格局。在这种情况下，原有的《物价管理暂行条例》已不能适应新情况，为此，国务院在总结价格改革成功经验的基础上，于 1987 年重新制定了《价格管理条例》。该条例把市场机制引入价格形成过程，强调企业的价格权利和义务，确立了间接管理和直接管理相结合的管理模式，并进一步规范了价格监督检查的职能、程序、执法手段等。

改革开放后，价格改革成为经济体制的重要内容。1997 年 12 月 29 日，第八届全国人民代表大会常务委员会第二十九次会议通过了《中华人民共和国价格法》(以下简称《价格法》)，自 1998 年 5 月 1 日起施行。《价格法》是整个价格法律体系中的基本法。它的制定和颁布，对于巩固价格成果，深化价格改革，进一步规范价格行为，发挥价格合理配置资源的作用，稳定市场价格总水平，保持社会主义市场经济健康发展具有重要意义。

《价格法》颁布后，为贯彻实施其有关具体规定，国家价格主管部门先后颁布了《价格违法行为行政处罚规定》《关于制止低价倾销行为的规定》《国家计委和国务院有关部门定价目录》《制止价格垄断行为暂行规定》《价格监督检查管辖规定》《关于商品和服务实行明码标价的规定》《禁止价格欺诈行为的规定》《政府价格决策听证办法》《价格行政处罚程序规定》《政府定价行为规则》等，各省、自治区、直辖市也先后制定了一批地方性价格法规和规章，并先后公布了省级地方定价目录，从而建立了较为完备的社会主义市场经济价格法律体系。

### (三) 价格法在市场经济体制中的地位和作用

在市场经济国家，政府在价格方面的主要职能是实施监管和调控，以维护公平有序的竞争环境和市场价格体系的稳定。国家的价格政策是国家调控经济的重要一环。价格法是经济法性质的法，属于宏观引导调控法中的一个重要组成部分。它的重要地位和作用表现在以下几个方面。

(1) 规制价格行为，保护消费者和经营者的合法权益。如前所述，价格反映着各种商品交换的经济关系，表现着参与市场活动的各方当事人的利益诉求，市场对供求关系的调节、社会资源的有效配置以及国民收入的合理分配等主要是通过价格调节来实现的。但市场价格机制发挥作用的前提是市场主体依法经营、公平竞争，价格法通过确立价格行为的基本行为准则，规制各类不当价格行为，保障健康有序的市场价格竞争秩序，保护消费者和其他经营者的合法权益。

(2) 有效配置社会资源，调节国民收入分配。社会资源是有限的，如何把有限的资源更有效地配置到社会需要的众多领域、部门产品的生产上去，以最大限度地满足社会的需求，实现资源配置效益的最大化，有赖于价格机制的充分作用。在市场经济中，价格的变动所形成的价格比价关系直接反映市场供求关系的变化，调节国民经济各部门、各行业乃至各产品生产经营者之间的经济利益，从而引导供求双方作出决策，使资源配置发生调整。这种价格形成变动以及所导致的资源配置过程，就是市场价格机制发生作用的过程。正是这种供给与需求的相互竞争，供求与价格的彼此作用，使价格趋向于价值，使供求趋于平衡，资源得到合理配置，这就是市场机制合理配置资源的作用。价格法保障着市场价格机制正常发挥作用。同理，价格机制对国民经济各部门、各行业经济利益的调整，也使得国民收入在各行业部门乃至各具体经营者和从业人员之间的分配得到合理调节。

(3) 稳定市场价格总水平。价格总水平是国民经济的综合反映，稳定价格总水平是国家宏观经济管理的主要目标。价格总水平的剧烈波动，不利于经济的稳定、协调、发展，也不利于整个社会的安定和谐，价格法对价格总水平的调控是其重要作用之一。

## 二、价格法概述

价格法是调整价格关系的法律规范的总称，是指国家为调整与价格的制定、执行、监督有关的各种经济关系而制定的法律规范的总称。价格法的调整对象概括地讲就是指与价格的制定、执行和监督有关的各种价格关系。

### (一) 立法宗旨

《价格法》第1条明确规定其立法宗旨，是规范价格行为，发挥价格合理配置资源的作用，稳定市场价格总水平，保护消费者、经营者的合法权益，促进社会主义市场经济健康发展。

### (二) 适用范围

《价格法》适用于中华人民共和国境内发生的价格行为。在中国境内的所有个人、法人和其他组织进行价格活动，都必须遵守《价格法》。但是，根据《香港特别行政区基本法》的规定，《价格法》不适用于香港特别行政区。

《价格法》适用的价格仅指商品价格和服务价格。商品价格是指各类有形产品和无形资产的价格；服务价格是指各类有偿服务的收费，不包括利率、汇率、保险费率、证券及期货的价格，它们的价格适用有关法律、行政法规的规定，不适用《价格法》。

国家行政机关的收费是国家行政机关行使行政职能，依法向特定对象实施特定管理，提供特定服务收取的费用，因其内容较为复杂，《价格法》仅做了原则规定，即国家行政机关的收费，应当依法进行，严格控制收费项目，限定收费范围和标准，但收费的具体管理办法由国务院另行规定。

### (三) 价格工作的基本原则

价格工作的基本原则包括以下两项：

(1) 支持和促进公平、公开、合法的市场竞争，维护正常的价格秩序。

(2) 对价格活动实行管理、监督和必要的调控，制止价格垄断。

合理的价格同充分的竞争密不可分，只有反对垄断，保护竞争，才能使价格机制有效地发挥作用。为制止垄断贸易和价格，许多西方国家都先后制定和实施了反垄断法，而对价格垄断的规制是各国反垄断法的主要内容。从各国的规定来看，一般都认定以下价格行为违法：

① 固定价格，即各竞争者之间明示或默示地协议，将其产品的售价固定在一个统一的水平上。

② 维持转售价格，即同买方达成协议，规定买方必须按固定的价格转售商品。

③ 搭售，即在合同中规定，买方在购买某种产品时，必须同时购买另一种产品等。关于价格垄断的详细内容参见本书反垄断法等章节的论述。

### (四) 价格管理机构

我国价格管理机构是各级人民政府价格主管部门和有关部门。它们的分工权限是：国务院价格主管部门统一负责全国的价格工作；国务院其他有关部门在各自的职责范围内，负责有关价格工作；县级以上地方各级人民政府价格主管部门负责本行政区域内的价格工作；县级以上地方各级人民政府其他有关部门在各自的职责范围内，负责有关的价格工作。

# 第二节 基本价格制度和价格形式

国家实行并逐步完善宏观经济调控下主要由市场形成价格的机制。价格的制定应当符合价值规律，大多数商品和服务价格实行市场调节价，极少数商品和服务价格实行政府指导价或者政府定价。

## 一、基本价格制度

《价格法》第3条规定，国家实行并逐步完善宏观经济调控下主要由市场形成价格的机制。这一制度是对我国长期采用行政手段对价格实行集中控制和管理模式的改革，是建立和发展社会主义市场经济体制的必然要求。基本价格制度的确立，标志着我国的价格形成机制由国家定价为主向国家宏观调控下的市场定价为主转换。在价格形式上，大多数商品和服务价格实行市场调节价，极少数商品和服务价格实行政府指导价或者政府定价；在定价主体上，由政府定价为主向经营者定价为主转换。这使价值规律、供求规律成为价格形成的基本的支配规律；使国家对价格的调控方式从直接调控为主向间接调控为主转换。

## 二、价格形式

价格形式是价格法确认的各类商品和经营性服务收费标准的表现方式。与我国基本价格制度相适应，价格法按照定价主体和价格形成途径不同，规定了市场调节价、政府指导价和政府定价的价格形式。

### (一) 市场调节价

市场调节价是由经营者自主制定，通过市场竞争形成的价格。对市场调节价，经营者享有充分定价权，但这并不是说经营者可以毫无限制地任意制定，它的形成要受到价值规律、市场供求关系、消费者的消费倾向与心理等诸多因素的限制。因此说市场调节价的定价主体是经营者，价格形成途径是通过市场竞争。市场调节价是主要的价格形式，适宜于在市场竞争中形成价格的绝大多数商品和服务项目均实行市场调节价，由经营者自主制定。

### (二) 政府指导价

政府指导价是由政府价格主管部门或者其他有关部门，按照定价权限和范围规定基准价及其浮动幅度，指导经营者制定的价格。基准价是确定价格计算中准价格水平的价格。政府指导价具有双重定价主体。政府通过制定基准价和浮动幅度达到控制价格水平的目的，经营者可以在政府规定的基准价和浮动幅度内制定调整价格(浮动价)。因此，它是最典型的行政定价和市场调节相结合的价格形式。与1987年颁布的《价格管理条例》不同，《价格法》没有将最高限价、最低的保价定价差率、定价利润等规定为政府指导价的表现形式，而是将它们列为政府对市场调节价的干预措施，这体现了市场价格机制的要求。

### (三) 政府定价

政府定价是由政府价格主管部门或者其他有关部门按照定价权限和范围制定的价格。政府定价也应符合价值规律，但它具有强制性，其定价主体是政府，经营者必须执行，它的适用范围和制定受到严格的限制。

政府指导价和政府定价适用于不适宜在市场竞争中形成价格的极少数商品和服务项目。

## 第三节 定价主体的价格行为

价格行为是社会各经济主体的定价和讨价还价行为。通常主要指企业定价行为，包括对定价目标、定价策略、定价方法等的选择。

经济活动当事人的价格行为受客观环境的影响和制约。在简单商品经济条件下，经济活动当事人的价格行为主要表现为讨价还价与协商定价；在垄断竞争的市场条件下，生产者的价格行为主要通过制造产品差别来间接提高价格；在垄断严重的市场经济条件下，企业通过不断扩大生产规模和增加市场份额谋求垄断高价。

### 一、经营者的价格行为

经营者和政府是我国的法定定价主体。经营者主要是市场调节价的定价主体，其价格行为规范与否，直接关系市场价格秩序的建立和价格总水平的稳定。

《价格法》第 3 条规定："本法所称经营者是指从事生产、经营商品或者提供有偿服务的法人、其他组织和个人。"经营者形式有三种，即法人，就是依法取得法人资格的企业组织、社会团体组织、事业组织、机关单位等；其他组织，就是指没有取得法人资格而从事经营活动的一些组织，如合伙企业等；个人，就是以个人身份从事生产经营活动的经营者，如个体工商户等。

#### （一）经营者自主定价范围

界定市场调节价格范围的客观标准是商品和服务，其项目价格是否适宜于市场竞争中形成。价格法采用排除法的方式划定了经营者自主定价的范围，即在明确规定了政府指导价和政府定价的范围后，规定除适用政府指导价和政府定价之外的所有商品和服务价格，均实行市场调节价，由经营者自主制定。

#### （二）定价原则

经营者定价，应当遵循公平、合法和诚实信用的原则。公平指经营者的价格行为应当符合价值规律，遵循公平原则，合理制定价格；合法指经营者定价必须符合国家法律、法规，否则，定价行为无效；诚实信用要求经营者在价格活动中恪守诚信原则，货真价实，按质论价，不损害消费者利益。

#### （三）定价依据

经营者定价的基本依据是生产经营成本和市场供求状况。价格的形成受多种因素的限制，但生产经营成本和供求关系是决定价格的最基本要素，只有将生产经营成本核定准确，才能制定出合理的价格，只有尊重供求规律，才能实现产品价值。因此，消费者应当通过努力改进生产经营者管理，降低生产经营成本，为消费者提供价格合理的商品和服务，从而在市场竞争中获取合法利润，而不应采取弄虚作假等非法价格行为获取利润。

## 二、经营者的价格权利和义务

### (一) 经营者的价格权利

经营者进行价格活动，享有以下权利：

(1) 自主定价权。经营者自主定价的范围是适用市场调节价的商品或服务，它们基本上属于竞争比较充分并且适宜于在市场竞争中形成价格的项目，这些项目完全可以由经营者根据市场供求的变化来制定和调整价格，从而充分发挥市场机制的作用。

(2) 在政府指导价规定的幅度内制定价格的权利。政府指导价是指对于某些商品和服务，由政府制定基准价格和浮动幅度，经营者可以根据市场需求，在政府规定的浮动幅度内自主制定销售价格。

(3) 制定属于政府指导价、政府定价产品范围内的新产品的试销价格，特定产品除外。新产品一般是指全国范围内没有生产过的产品，或在原理、用途、性能、材质等方面具有新改进的产品。试销价格是工业品试制阶段的销售价格。由于新产品一般尚未定型，质量和效用也不稳定，试制成本可变性大，且没有同类产品可供比较，新产品试销价格的定价原则，既要考虑生产者的试制成本的实际情况，以利发展生产，又要考虑消费者和使用单位的承受能力，以便推广应用。因此，把新产品的试销价格定价权限交由经营者根据成本情况和市场优先原则自主制定，有其逻辑上的合理性和实践上的可行性。试销价格经过一段时间后可根据产品产量、质量趋于稳定情况，转为正式定价，按照定价权限制定政府指导价或政府定价。

(4) 检举、控告侵犯其依法自主定价权利的行为。

### (二) 经营者的价格义务

经营者在价格活动中应履行的基本义务有：

(1) 遵守法律、法规，不从事价格不正当行为，执行依法制定的政府指导价、政府定价和法定的价格干预措施、紧急措施。

(2) 明码标价。即经营者销售、收购商品和提供服务，应当按照政府价格主管部门的规定明码标价，注明商品的品名、产地、规格、等级、计价单位、价格或者提供服务的项目、收费标准等有关情况，不得在标价之外加价出售商品，不得收取任何未予标明的费用。但明码标价不同于明码实价，现实的市场经营活动中经营者虽然按照《价格法》的规定对商品和服务有明确标定的价格，实际售出价格却可能低于标明的价格，一般认为，这种经营行为属于正常的市场行为。不过，如果经营者高于明确标定的价格出售商品或者提供服务，则属于明显的价格违法行为，经营者可以举报或者拒绝接受高于标明价格的价格。

(3) 经营者应当根据其经营条件建立、健全内部价格管理制度，准确记录与核定商品和服务的生产经营成本，不得弄虚作假。

(4) 向价格主管部门提供价格管理和监督检查所必需的资料。经营者接受政府价格主管部门的监督检查时，应当如实提供价格监督检查所必需的账簿、单据、凭证、文件以及其他资料。

### (三) 经营者的不正当价格行为

不正当价格行为是指行为人为谋取非法利益或竞争有利地位，而违反价格规律和市场交易习惯或规则的定价行为。从本质上说，不正当价格行为是一种不正当竞争行为。它是违反价格活动的基本规则，采用不正当的竞争手段，破坏正常的价格秩序，损害消费者和其他经营者合法权益的行为，因此必须予以禁止。根据我国《价格法》《禁止价格欺诈行为的规定》《制止价格垄断行为暂行规定》

等法律法规的规定，禁止经营者从事不正当价格行为。《价格法》第 14 条规定，经营者不得有下列不正当价格行为：

(1) 价格垄断行为。是指经营者通过相互串通(价格垄断协议)或者滥用市场支配地位，操纵、控制市场价格，侵害消费者、其他竞争者合法权益和社会公共利益的行为。主要包括利用垄断协议或市场支配地位操纵价格以牟取暴利、低价倾销以排挤竞争对手以及价格歧视行为等。

**【案例分析 8-1】**

某摄影彩扩有限公司打出“×××数码冲印大减价 0.58 元/张”“×××数码冲印送数码相机包摄像机包(办会员卡)”广告。相关单位的经营者及摄影行业协会人员等 11 人，以摄影行业协会的名义在某会议室召开会议。会议针对“×××数码冲印大减价 0.58 元/张”的广告及数码冲印价格进行协调，会议最后形成了“门市价：要求基本统一，每张价格不低于 0.70 元”等 6 条“彩扩经营制度”，其中 6 家参会单位的经营者在“彩扩经营制度”上签名。该摄影彩扩有限公司在市区城南桥西侧的“×××数码冲印大减价 0.58 元/张”广告牌被换为“×××数码冲印送数码相机包摄像机包(办会员卡)”。

问题：该商定彩扩经营制度行为违反了《价格法》哪条规定？

(2) 变相提价和变相压价行为。在依法降价处理鲜活商品、季节性商品、积压商品等商品外，为了排挤竞争对手或者独占市场，以低于成本的价格倾销，扰乱正常的生产经营秩序，损害国家利益或者其他经营者的合法权益。

(3) 哄抬价格行为。是指经营者捏造、散布涨价信息，哄抬价格，推动商品价格过高上涨，造成消费者恐慌，扰乱市场秩序的行为。

(4) 价格欺诈行为。是指经营者利用虚假的或者使人误解的价格手段，诱骗消费者或者其他经营者与其进行交易的行为。价格欺诈的形式是多种多样的，一般包括通过捏造不真实的商品内容、提供虚假的价格事实、采取不正当的价格表示，以及通过其他虚假手段使购买者对商品价格作出错误理解和判断，以致发生误认、误购等行为。

针对该项行为，原国家发展计划委员会在 2001 年发布了《禁止价格欺诈行为的规定》。该规定明确了两种类型的价格欺诈。

第一类是第 6 条规定的价格表示方面的价格欺诈，具体包括以下 9 种情形：

① 标价签、价目表等所标示商品的品名、产地、规格、等级、质地、计价单位价格等或者服务的项目、收费标准等有关内容与实际不符，并以此为手段诱骗消费者或者其他经营者购买的。

② 对同一商品或者服务，在同一交易场所同时使用两种标价签或者价目表，以低价招徕顾客并以高价进行结算的。

③ 使用欺骗性或者误导性的语言、文字、图片、计量单位等标价，诱导他人与其交易的。

④ 标示的市场最低价、出厂价、批发价、特价、极品价等价格表示无依据或者无从比较的。

⑤ 降价销售所标示的折扣商品或者服务，其折扣幅度与实际不符的。

⑥ 销售处理商品时，不标示处理品和处理品价格的。

⑦ 采取价外馈赠方式销售商品和提供服务时，不如实标示馈赠物品的品名、数量或者馈赠物品为假劣商品的。

⑧ 收购、销售商品和提供服务带有价格附加条件时，不标示或者含糊标示附加条件的。

⑨ 其他欺骗性价格表示。依据国家发展改革委 2006 年发布的关于《禁止价格欺诈行为的规定》有关条款解释意见的通知，其他项规定包括不如实标示馈赠物品或者服务标示价格(或价值)和采取

返还有价赠券方式销售商品或者提供服务时，有价赠券在使用上有附加条件，且没有在经营场所的显著位置明确标示行为。

【案例分析 8-2】

某医药公司百盛店在店外广告宣称“9 块 9，买三赠一”。经查，实际上顾客买三盒 0.5 克×10 粒 9 块 9 减肥胶囊，送一袋 0.5 克×5 粒的赠品。

问题：

(1) 该公司广告是否构成价格欺诈？

(2) 该公司违反了《价格法》规定的经营者的哪项义务？

第二类是《禁止价格欺诈行为的规定》第 7 条规定的价格手段方面的价格欺诈，具体包括以下 6 种情形：

① 虚构原价，虚构降价原因，虚假优惠折价，谎称降价或者将要提价，诱骗他人购买的。

② 收购、销售商品和提供服务前有价格承诺，不履行或者不完全履行的。

③ 谎称收购、销售价格高于或者低于其他经营者的收购、销售价格，诱骗消费者或者经营者与其进行交易的。

④ 采取掺杂、掺假，以假充真，以次充好，短缺数量等手段，使数量或者质量与价格不符的。

⑤ 对实行市场调节价的商品和服务价格，谎称为政府定价或者政府指导价的。

⑥ 其他价格欺诈手段。

【案例分析 8-3】

某家电有限公司在《××晚报》第 10 版标题为《××家电 10·1 刮起购物欢乐风暴》一文中称：“购松下 42 寸(42PA50C)等离子 17480 元/台，送松下电饭煲一台＋500 元送松下 SC-HT603 家庭影院七件套价值 3980 元。”经查，松下 SC-HT603 家庭影院七件套于 9 月底上柜销售，但实际零售价为 2620～3800 元/套。广告中所称的赠品价值与实际不符。

问题：

(1) 该公司行为是否构成价格欺诈？

(2) 如果构成价格欺诈，属于何种类型的价格欺诈？

(5) 价格歧视行为。

价格歧视又称价格差别，实质上是一种价格差异，通常指商品或服务的提供者在向不同的接受者提供相同等级、相同质量的商品或服务时，在接受者之间实行不同的销售价格或收费标准。价格歧视既可以是对不同购买者索取不同价格，也可以对同一个购买者的不同购买数量收取不 540C 价格。经营者没有正当理由，就同一种商品或者服务，对若干买主实行不同的售价，则构成价格歧视行为。价格歧视是一种重要的垄断定价行为，是垄断企业通过差别价格来获取超额利润的一种定价策略。

(6) 变相提价和变相压价行为。是指经营者采取抬高等级或压低等级的手段收购、销售商品或者提供服务，从而变相提高或压低商品或服务价格的行为。变相提价一般发生在商品或服务供不应求的市场状态下，而变相压价一般发生在市场商品或服务供过于求的情况下。

(7) 价格暴利行为。价格暴利行为直接表现为一种不正当价格行为。商品经营者凭借优势地位，通过与处于弱者地位的消费者所缔结的、给付显著不均衡的价格约定所获取的超额非法利润，法律上即界定为暴利。

国家计划委员会经国务院批准在 1995 年 1 月发布的《制止牟取暴利的暂行规定》对暴利与合理利润做了界定：经营者制定价格不得使某一商品或者服务的价格水平超过同一地区、同一期间、同一档次、同种商品或者服务的市场平均价格的合理幅度；或某一商品或者服务的差价率超过同一地区、同一期间、同一档次、同种商品或者服务的平均差价率的合理幅度；或某一商品或者服务的利润率超过同一地区、同一期间、同一档次、同种商品或者服务的平均利润率的合理幅度。

我国经济领域内存在的暴利行为，可大致分为以下几类：

① 价格强力行为。这里所说的"强力"，既包括被滥用的国家权力，又包括不涉及公权力的暴力、胁迫、乘人之危等。强力的存在，使消费者实际上丧失了意思自治，往往导致赤裸裸的暴力掠夺。

② 价格寻租行为。国家对某些特殊商品和服务实行价格管制，由此带来的价格与市场供求的脱节，是吸引寻租人的利益动因。寻租行为实质上侵犯了国家赋予消费者的以一定价格获得优质商品与服务的权利。

③ 价格投机行为。特定时期伴随的物价上涨及通货膨胀的压力，使消费者具有一种价格上涨的心理预期，经营者利用消费者的这种心理，大幅提价在短时期内牟取超额利润。

④ 一般暴利行为。经营者利用其对消费者拥有的明显不对称信息优势，在消费者不知情的情况下，以显著超过一般利润水平的价格出售商品或提供服务所获取的超额利润，也属于暴利行为。

(8) 法律、行政法规禁止的其他不正当价格行为。指在以上 7 种不正当价格行为之外，法律、行政法规所禁止的经营者在市场经营活动中可能采取的各种不正当价格行为。这里应当明确的是，《价格法》规定的"其他不正当价格行为"，仅仅指法律、行政法规规定的不正当价格行为，而由于法律和行政法规在我国法律层次中是专门用语，分别表示全国人大及其常委会制定的行为规范和国务院制定的行为规范。从这一点来看，地方性法规及部门规章和地方规章除对法律和行政法规已禁止的不正当价格行为进行执行性补充规定以外，不具有创制不正当价格行为规定的权力。

## 三、政府的定价行为

在社会主义初级阶段，国家需要对少数关系国计民生的重要产品和劳务实行政府定价，有时还要对一些重要的产品实行最高限价或最低保护价，或者规定在中准价基础上允许上下浮动的幅度等。政府的这些定价行为也属于价格行为。随着中国经济体制改革的推进，越来越多的产品和服务价格将回到市场交换中形成。企业定价将越来越成为社会经济生活中的普遍现象，成为微观经济运行的主要内容。

### (一) 政府的定价范围

确定政府指导价和政府定价范围的标准是商品和服务的垄断程度、资源稀缺程度和重要程度。《价格法》第 18 条规定，下列商品和服务价格，政府在必要时可以实行政府指导价或者政府定价：

(1) 与国民经济发展和人民生活关系重大的极少数商品价格，如原油、天然气的出厂价、粮食订购、食盐价格、重要药品等。

(2) 资源稀缺的少数商品价格，如金银矿产品的收购价等。

(3) 自然垄断经营的商品价格，如电力、自来水、煤气、集中供热等。

(4) 重要的公用事业价格，如公共交通、电信、地铁、邮政等。

(5) 重要的公益性服务价格，如学校、医院等。

随着具体商品和服务的垄断程度、资源稀缺程度和重要程度的变化，价格主管部门依据《价格法》的规定和授权，制定中央和地方定价目录，并根据社会经济发展状况进行调整并及时向社会公布。上述实行政府指导价和政府定价的商品和服务范围也会发生改变。

目前，我国中央定价目录执行的仍然是2001年8月1日起开始实行的《国家计委和国务院有关部门定价目录》，在此目录中，大幅放开了诸如黄金、食糖等108种商品价格，只保留了包括重要的中央储备物资、国家专营的产品、部分化肥、部分重要药品、教材、天然气、中央直属及跨省水利工程供水、电力、军品、重要交通运输、邮政基本业务、电信基本业务、专业服务在内的13种商品和服务的政府指导价和政府定价。与此相反的例子是，2005年国家发改委对2001年的定价目录进行了修订，新颁布的《国家发展改革委定价药品目录》却是大幅度增加了政府定价药品的种类(从原来的1500种左右扩大到2400种左右)。此后，2009年11月，国务院人力资源和社会保障部又公布了《国家基本医疗保险、工伤保险和生育保险药品目录》，随后在2010年3月，国家发改委重新调整了《国家发展改革委定价药品目录》。几次调整的方向，都是加强政府对药品价格的定价权。2014年5月9日，工业和信息化部及国家发展和改革委员会联合发布《关于电信业务资费实行市场调节价的通告》。通告宣布所有电信业务资费至2014年5月10日开始实行市场调节价，彻底放开各类电信业务资费。从此以后，电信企业可以根据市场情况和用户需求制定电信业务资费方案，自主确定具体资费结构、资费标准及计费方式。

**(二) 定价权限**

定价权限是各级人民政府价格主管部门和其他有关部门制定商品和服务价格的职责和权力范围。政府指导价、政府定价的定价权限和具体适用范围，以中央和地方的定价目录为依据。

定价目录只能由国务院和省、自治区、直辖市两级价格主管部门制定，省级以下各级人民政府不得制定定价目录，未列入定价目录的一律实行市场调节价，政府定价部门按照目录制定政府指导价、政府定价，不得越权定价，否则，要承担相应的法律责任。

**(三) 定价依据、方式和程序**

(1) 定价依据。制定政府指导价、政府定价，应当依据有关商品或者服务的社会平均成本和市场供求状况、国民经济与社会发展要求及社会发展要求承受能力，实行合理的购销差价、批零差价、地区差价和季节差价。

(2) 定价方式和程序。政府价格主管部门指定政府指导价、政府定价，应当按照以下流程：①提出调定价申请；②开展价格、成本调查；③召开价格听证会听取消费者、经营者和有关方面的意见；④最后制定并公布价格。

制定关系群众切身利益的公用事业价格、公益性服务价格、自然垄断经营的商品价格等政府指导价、政府定价，应当建立听证会制度，由政府主管部门主持，征求消费者、经营者和有关方面的意见，论证其必要性、可行性。通过开展价格、成本调查和实行价格听证会制度，可以为定价提供科学依据，减少定价的盲目性和片面性，使政府制定价格更具有科学性、全面性和符合实际。政府指导价、政府定价制定后，由制定价格的部门向消费者、经营者公布。政府制定价格实行价格公告制度，以提高定价的透明度，规范政府的定价行为，便于经营者执行和消费者监督。

政府指导价、政府定价的具体适用范围、价格水平，应当根据经济运行情况，按照规定的定价权限和程序适时调整。消费者、经营者可以对政府指导价、政府定价提出调整建议。

**【案例分析 8-4】**

据报道：2013 年 9 月 1 日，B 市公交公司宣布从即日起公交票价普遍上调 120%左右，市内环城公共汽车票价由原来的 5 角上涨至 1 元，郊区公共汽车则由第十公里 2 元上涨至 4.5 元。公交价格调价第二天，B 市市民反映强烈。市民刘某向 B 市人民政府申请行政复议，B 市人民政府则迟迟没有答复。刘某遂一纸诉状将 B 市物价局和 B 市公交公司告上法庭，认为此次公交调价没有经过价格听证会，不符合法定程序，要求物价部门依法举行价格听证会。

问题：你认为调整公共汽车票价需要实施价格听证吗？为什么？

**【案例分析 8-5】**

2014 年 5 月 11 日，居民孙某向某市物价局举报：某市公用事业卡有限公司(以下简称 IC 卡公司)向用户收取 IC 卡折旧费。经调查，IC 卡公司在用户办理公交 IC 卡退卡时，将用户原先办卡时缴纳的 30 元押金先抵冲折旧费，折旧费按 1 元/月计算，将抵冲后的余额退还给用户。孙某认为，这是公用企业利用自身优势自立收费项目，违规收费，并要求某市物价局依法处理。次日，某市物价局向孙某回复不属该局管辖，不予受理。

问题：某市物价局的行为是否合法？

**【案例分析 8-6】**

某市价格主管部门对某医院收费情况进行检查，根据该省发展计划委员会、该省卫生厅文件规定：重症监护包括重症监护病房的床位费、各种监护费和护理费，各种仪器所具备的监护功能不得再分解收费。该院违反规定，2015 年元月至 2016 年 7 月 31 日期间，在对住院患者收取了每小时 8 元的重症监护费后，又重复收取指脉氧监测、动态血压监测、心电监测、一般专项护理费用，共计 96 181 元。该市物价部门于 2016 年 11 月 2 日向该医院下达了《责令退还多收价款通知书》，但该医院在规定期限内未将多收费用退还交费人。

问题：针对该医院的违法行为，价格部门应如何处理？

# 第四节　价格总水平调控

价格总水平是国民经济的综合反映。一方面，它是政府据以制定与调整利率、货币发行量、汇率和财政税收等政策变量的重要依据，另一方面，它又积极地作用于经济运行，调节企业和居民的经济行为。显然，价格总水平是国民经济总量是否平衡、经济发展是否健康有序的一个重要标志。实际上，从世界各国来看，宏观经济的目标主要包括：国民生产总值的稳定增长、充分就业、价格总水平的稳定和国际收支平衡。因此，对价格总水平进行调控，保持价格总水平的基本稳定具有十分重要的意义。

## 一、价格总水平调控的含义

价格总水平，又称为一般价格水平，是指一个国家在一定时期内所有商品和服务价格平均水平，一般通过价格指数来衡量。价格指数是用来反映不同时期商品和服务价格变动程度和变动趋势的动态相对数(报告期与基期之间的)，反映价格总水平的变动就是价格总指数，通常被称为价格指数。价格指数的种类很多，世界上绝大多数国家采用消费价格指数。我国目前统计部门编制和发布的价格指数主要有居民消费价格指数、商品零售价格指数、工业品出厂价格指数等。自2001年1月起按定基比方法编制居民消费价格指数，与以前的编制方法相比，这种编制方法一是采用了先进的固定基期计算方法，基期固定在2000年，以后每5年或10年更换一次；二是算权数，可调整性增强，能更科学地反映居民消费结构变化，新方法的计算权数将每年作出调整；三是规格品种增加，指数覆盖面增大，将调查商品和服务项目由325种增加到550种左右，能够真实全面地反映目前的消费结构和价格水平变化。

一般来说，价格总水平变动，特别剧烈的、大幅度的变化不利于经济增长，因而调控价格总水平，保持价格总水平的基本稳定具有十分重要的意义。因此，稳定市场价格总水平是国家价格总水平调控的目标。价格总水平的基本稳定是保持宏观经济稳定增长的基本前提条件，而且它本身就意味着国民经济的稳定与协调发展。

## 二、价格总水平调控目标的确定和实现

《价格法》规定，稳定市场价格总水平是国家重要的宏观经济政策目标。国家根据国民经济发展的需要和社会承受能力，确定市场价格总水平调控目标，列入国民经济和社会发展计划，并综合运用货币、财政、投资、进出口等方面的政策和措施，予以实现。

价格总水平调控是国家通过经济、法律和行政等手段，对价格总水平的变动进行的直接或间接的干预和约束，其目的在于保证价格总水平调控目标的实现。确定价格总水平调控目标，既要保障国民经济快速发展，又要把价格涨幅控制在国民经济和人民生活能承受的范围内。国家通过经济、法律和行政手段保证价格总水平调控目标实现，其中以经济和法律手段为主，行政手段为辅。具体来讲，就是综合运用货币、财政、投资、进出口等政策，建立重要商品储备制度，设立价格调节基金，并采取价格保护、干预和紧急措施等调控价格，稳定市场，实现价格总水平调控目标。

### (一) 货币、财政、投资、进出口等方面的政策和措施

在市场经济条件下，调控价格总水平应尽量采用经济手段和法律手段，依法运用货币政策和投资政策调节投资需求、控制通货膨胀；运用财政政策平衡收支，通过增加或减少政府财政支出平衡供求关系；运用进出口政策调剂余缺，缓解国内供求矛盾等。通过上述各种政策和措施的施行保持国内总的供需及结构平衡，以达到预期的价格总水平调控目标。

### (二) 价格总水平调控的特别措施

《价格法》第4章中还对价格总水平调控的特别政策措施作了具体的规定：

(1) 重要商品储备制度。重要商品一般是指人民群众必备的主要食品、日用工业品和防灾救灾物资等，目前我国已相继建立粮食、棉花、食油、食糖等重要商品储备制度。

(2) 价格调节基金制度。价格调节基金是政府为了调节商品供求，平抑市场价格而建立的专项基金。主要用于平抑临时和突发性市场价格波动，以及对重大节假日的副食品市场价格进行补贴；支持主要蔬菜基地和生猪、鸡、奶牛等畜禽基地建设；加强农贸市场和专业批发市场建设，以及重要商品储备设施的建设等。

(3) 保护价格制度。价格保护制度主要用于对粮食等重要农产品价格保护，防止市场价格过低"伤农"，旨在保护农民生产粮食的积极性和农民利益。

(4) 价格监测制度。为适应价格调控和管理的需要，政府价格主管部门应当建立价格监测制度，对重要商品、服务价格的变动进行监测。

### (三) 特殊或紧急情况下的价格干预措施

当重要商品和服务价格显著上涨或者有可能显著上涨时，国务院和省、自治区、直辖市人民政府可以对部分价格采取限定差价率或者利润率、规定限价、实行提价申报制度和调价备案制度等干预措施；当市场价格总水平出现剧烈波动等异常状态时，国务院可以在全国范围内或者部分区域内采取临时集中定价权限、部分或者全面冻结价格的紧急措施。价格干预措施和紧急干预措施是政府在特定时期对市场价格实施的一种特别管制，它的实施必须具备必要的前提条件(只能在法定的特殊或紧急情况下实施)和一定的时间期限(而不能无限期地实行下去)。因此，《价格法》第 32 条规定：实行干预措施、紧急措施的情形消除后，应当及时解除干预措施、紧急措施。

## 三、价格保护措施、干预措施、紧急措施

### (一) 价格保护措施

《价格法》规定，政府在粮食等重要农产品的市场购买价格过低时，可以在收购中实行保护价格，并采取相应的经济措施保证其实现。保护价格是政府为了保护重要商品的生产者利益而确定的最低市场购买价格。粮食等重要农产品的生产受自然条件影响很大，如果市场购买价格过低，会影响农民生产积极性，并导致市场供给短缺，影响宏观经济环境及社会稳定。为保证农业的稳定发展，保护农民的生产积极性，可对其实行保护价。

### (二) 价格干预措施

这是政府为防止市场价格可能出现过分上涨而采取的措施。《价格法》规定，当重要商品和服务价格显著上涨或者有可能显著上涨时，国务院和省、自治区、直辖市人民政府可以对部分价格采取限定差价或者利润率、规定限价、实行提价申报制度和调价备案制度等干预措施。价格干预是政府对价格总水平调控的行政手段之一。有权采取价格干预措施的只有国务院和省、自治区、直辖市人民政府，省、自治区、直辖市人民政府采取价格干预措施，应当报国务院备案。

### (三) 价格紧急措施

当市场价格总水平出现剧烈波动等异常状态时，国务院可以在全国范围内或者部分区域内采取临时集中定价权限、部分或者全面冻结价格的紧急措施。采取价格紧急措施的条件是整个市场价格总水平出现剧烈波动，个别或部分商品价格的上涨不在此列。有权采取这一措施的主体只有国务院。它也是政府对价格总水平进行调控采取的行政手段。

价格干预措施和紧急措施是在特殊情况下采取的，当实行价格干预措施、紧急措施的情形消除后，应当及时解除干预措施和紧急措施。

# 第五节 价格监督检查和法律责任

《价格法》规定，为适应价格调整和管理的需要，政府价格主管部门应当建立价格监测制度，对重要商品、服务价格的变动进行监测。通过价格监测，能够及时掌握市场变动情况，了解重要商品、服务价格的变动情况，从中准确、全面地分析和预测物价和经济形势，为政府宏观经济决策提供可靠依据。因此，建立价格监测制度对政府宏观调控价格具有重要作用。

## 一、价格监督检查

价格监督检查是对遵守价格法律、法规和政策等情况进行的监督检查活动。实行价格监督检查制度，有利于国家价格法规的贯彻执行，维护市场经济秩序，保护经营者和消费者合法权益，实现国家价格管理职能。价格法规定了专门机构监督检查、社会监督、舆论监督等几种价格监督检查形式。

原国家发展计划委员会于 1994 年发布的《城市基本生活必需品和服务项目价格监测办法》、1996 年发布的《关于修订城市居民基本生活必需品和服务项目价格监测办法》《部分重要商品生产区价格监测办法》等法规，对价格监测制度的内容作了全面规定。

### (一) 价格监督检查的概念

价格监督检查是指价格主管部门依法对价格管理相对人遵守价格法律、法规、规章的情况进行检查督导，对违法行为人依法予以相应处罚，以保证价格法的具体规定得以实现的活动。价格监督检查的概念包括以下几方面的内容。

(1) 价格监督检查的主体是价格主管部门。目前，作为国务院价格主管部门的是国家发展和改革委员会，各地的价格主管部门则名称不一，有的是物价局，有的是发展计划委员会，有的是工商局，还有个别地方的价格主管部门是统计局、土地管理局等。这主要根据当地政府机构改革方案确定。

(2) 价格监督检查的对象是价格管理相对人，即作为价格管理对象的公民、法人、其他组织和国家机关。

(3) 价格监督检查的内容是检查价格管理相对人遵守和执行价格管理法律、法规和规章的情况。另外，由于价格管理政策性强，很多具体的价格法律、法规、规章的贯彻落实都依赖相应的价格政策，因此，凡是违反依法制定的价格政策的，视为违反有关价格法律、法规和规章。

(4) 价格监督检查的目的是防止和纠正价格违法行为，对严重的价格违法行为依法予以相应处罚，从而保障价格法律、法规和规章的贯彻落实。

价格监督检查是国家价格管理不可分割的一部分。通过价格监督检查，可以及时发现和制止价格违法行为，并对违法行为人实施相应处罚，这对于维护正常的市场价格秩序，保护消费者、经营者的合法权益，对于维护社会稳定，促进经济发展，都具有十分重要的意义和作用。

### (二) 价格主管部门的监督检查职权

根据《价格法》的规定，政府价格主管部门在进行价格监督检查时，可以行使下列职权：

(1) 询问并要求提供证明材料。价格检查人员可通过谈话、提问等方式，向当事人询问与价格违法行为有关的情况，还可以要求当事人提供有关的证明材料和与价格违法行为有关的银行资料等。

(2) 查询、复制资料。这主要是指查账，检查人员查账时，既要看财务账，也要看销售账；既要看有关凭证、单据、财务报表，还要查阅有关银行资料、文件资料等。

(3) 责令暂停相关营业。相关营业是指与违法行为有关系的营业活动。该措施的采取一般是为了排除对案件审理的不正常干扰，保证查处工作的顺利进行。

(4) 先行登记保全。即价格主管部门在收集证据时，在证据有可能灭失或者以后难以取得的情况下，经价格主管部门负责人批准，可以将证据先行登记，由当事人就地保存的一种活动。证据先行登记保存后，价格主管部门应在 7 日内作出处理，在此期间，当事人和有关人员不得私自将保全的证据销毁或转移等。

【案例分析 8-7】

某市物价检查人员小 A 和小 B 一起在对市场进行物价检查时，对一门市部实施当场处罚的整个过程如下：小 A 和小 B 走进一家门市部发现该门市部没按规定明码标价，于是告知当事人给予处罚的事实、理由、依据及当事人享有的权利，听取了当事人的意见并进行复核，采纳当事人的正确意见，填写预定格式、编有号码的当场行政处罚决定书，并交付当事人，并告知了当事人按当场处罚决定书确定的时间地点缴纳罚款，回到工作单位后，没有办理任何手续，就这样结案了。

问题：按照《行政处罚法》有关简易程序的规定，小 A 和小 B 的做法有何不足？

【案例分析 8-8】

一辆中巴客车被交警招停，客车停下来后，交警在查看了驾驶员的证件和检查完客车情况后，说："按规定要罚 300～500 元，我看你的车载客不多，生意不好，罚你 50 元算了。"边说边撕下一张手写的收条，司机虽然不服也只好交了 50 元。

问题：该行政处罚行为在哪些方面违反了《行政处罚法》的规定？

**(三) 价格的社会监督**

价格的社会监督是指各种社会力量监督主体对价格行为进行的监督。《价格法》第 37 条规定，消费者组织、职工价格监督组织、居民委员会、村民委员会等组织以及消费者，有权对价格行为进行社会监督。政府价格主管部门应当充分发挥群众的价格监督作用。新闻单位有权进行价格舆论监督。这为价格社会监督提供了充分的法律依据。

根据价格法的上述规定，价格社会监督可以划分为以下几种。

(1) 消费者组织的监督。消费者组织的监督是指消费者协会等社会团体，依据有关法律法规的规定，监督经营者的价格行为，维护消费者合法权益的活动。消费者组织在监督价格行为时，同样可以行使《消费者权益保护法》规定的有关权利。

(2) 职工价格监督组织的监督。价格社会监督中作用最大的就是职工价格监督组织的监督。职工价格监督组织的监督是有中国特色的一种监督形式。职工价格监督组织是专门为进行价格社会监督成立的民间组织，它最初产生于 20 世纪 80 年代，人员由部分企事业单位职工和离退休人员组成，管理上实行总工会和价格主管部门双重领导。职工价格监督组织监督的重点是与群众生活关系密切的"菜篮子""米袋子"等商品和服务的价格。与一般的价格社会监督不同，根据有关法规的规定，职工物价监督组织享有一定范围和形式内的价格违法行为行政处罚权，这也是这种监督能够发挥积极作用的重要保证。

(3) 新闻单位的监督。舆论监督是任何种类的社会监督的重要内容，价格社会监督也不例外。新闻单位在宣传价格法律法规，正确引导生产、经营和消费，揭露价格违法行为等方面一直起着不可替代的作用。

除以上监督形式外，消费者个人、村民委员会和居民委员会等由于与经营者的价格行为联系形式多、范围广，在价格社会监督方面也有其重要作用。

**(四) 对价格违法行为的举报制度**

根据《价格法》《价格违法行为行政处罚规定》等法律、行政法规的规定，国家发展和改革委员会于 2004 年制定了《价格违法行为举报规定》。

公民、法人或者其他组织(以下简称举报人)认为经营者有下列行为之一的，可以采用书信、来访、电话等形式，向价格主管部门举报，价格主管部门应当按照本规定予以受理：

(1) 相互串通，操纵市场价格，损害其他经营者或者消费者合法权益的行为。

(2) 在依法降价处理鲜活商品、季节性商品、积压商品等商品外，为了排挤竞争对手或者独占市场，以低于成本的价格倾销，扰乱正常的生产经营秩序，损害国家利益或者其他经营者的合法权益的行为。

(3) 捏造、散布涨价信息，哄抬价格，推动商品价格过高上涨的行为。

(4) 利用虚假的或者使人误解的价格手段，欺骗消费者或者其他经营者与其进行交易的行为。

(5) 提供相同商品或者服务，对具有同等交易条件的其他经营者实行价格歧视的行为。

(6) 采取抬高等级或者压低等级等手段收购、销售商品或者提供服务，变相提高或者压低价格的行为。

(7) 违反法律、法规的规定牟取暴利的行为。

(8) 不执行政府指导价、政府定价的行为。

(9) 不执行法定的价格干预措施、紧急措施的行为。

(10) 违反明码标价规定的行为。

(11) 在接受价格监督检查时提供虚假资料的行为。

(12) 应当由价格主管部门受理的其他价格违法行为。

举报人举报价格违法行为，应当提供以下内容：①被举报人的名称、地址；②被举报人违反价格法律、法规、规章或者规范性文件的事实及有关证据；③举报人要求答复的，应当提供联系方式。

县级以上各级价格主管部门是价格违法行为举报的主管机关，价格违法行为举报由价格违法行为发生地的价格主管部门受理，价格主管部门对受理的价格违法行为举报，应当依法处理，并承担相应的法律责任。价格主管部门应当为举报人保密，对举报价格违法行为的有功人员，价格主管部门可以按有关规定给予鼓励。

## 二、违反《价格法》的法律责任

违反《价格法》的法律责任是指公民、法人及其他组织违反《价格法》的各项规定应承受的法律制裁。它是国家为保障《价格法》的执行作出的强制性规定。

### (一) 经营者的价格违法行为及其法律责任

经营者不执行政府指导价、政府定价及法定的价格干预措施、紧急措施的，责令改正，没收违法所得，可以并处违法所得 5 倍以下的罚款；没有违法所得的，可以处以罚款；情节严重的，责令停业整顿。

经营者有《价格法》第 14 条所列不正当价格行为之一的，责令改正，没收违法所得，可以并处违法所得 5 倍以下的罚款；没有违法所得的，予以警告，可以并处罚款；情节严重的，责令停业整顿，或者由工商行政管理机关吊销营业执照。有关法律对《价格法》第 14 条所列行为的处罚及处罚机关另有规定的，可以依照有关法律的规定执行。例如，《反不正当竞争法》对不正当价格行为有相似的规定，也可以依据《反不正当竞争法》的有关规定执行。

由于《价格法》第 14 条第 1、2 款规定的不正当价格行为是在比较大的地域范围内形成的，必须明确认定权限。对此，《价格法》规定，第 14 条第 1、2 款所列行为属于全国性的，由国务院价格主管部门认定；属于省及省以下区域性的，由省、自治区、直辖市人民政府价格主管部门认定。

经营者违反明码标价规定的，责令改正，没收违法所得，可以并处5000 元以下罚款。经营者被责令暂停相关营业而不停业，或者转移、隐匿、销毁依法登记保存的财物的，处相关营业所得或者转移、隐匿、销毁的财物价值1倍以上3倍以下的罚款。经营者拒绝按照规定提供监督检查所需资料或者提供虚假资料的，责令改正，予以警告；逾期不改正的，可以处以罚款。经营者因价格违法行为致使消费者或者其他经营者多付价款的，应当退还多付部分；造成损害的，应当依法承担赔偿责任。

**(二) 价格管理机构的法律责任**

地方各级人民政府或者各级人民政府有关部门违反《价格法》规定，超越定价权限和范围擅自制定、调整价格或者不执行法定的价格干预措施、紧急措施的，责令改正，并可以通报批评；对直接负责的主管人员和其他责任人员，依法给予行政处分。

**(三) 价格工作人员的价格违法行为及其法律责任**

价格工作人员泄露国家秘密、商业秘密以及滥用职权、徇私舞弊、玩忽职守、索贿受贿，构成犯罪的，依法追究刑事责任；尚不构成犯罪的，依法给予处分。

# 思考练习

**(一) 单项选择题**

1. 下列价格行为合法的是(　　)。

A. 行业协会制定的某种商品统一销售价格

B. 以低于成本价格销售处理鲜活积压商品

C. 实行市场调节价的商品或者服务，可以利用任何价格手段进行交易

D. 提供相同商品，对具有同等交易条件的经营者可以实行不同的价格

2.《价格法》第43条规定：经营者被责令暂停相关营业而不停止的，或者转移、隐匿、销毁依法登记保存的财物的，处相关营业所得或者转移、隐匿、销毁的财物价值(　　)的罚款。

A. 1倍以上3倍以下　　B. 1倍　　C. 3倍　　D. 5倍

3. 向上级价格主管部门备案材料应当在行政处罚决定书送达后(　　)报送。

A. 一个月　　B. 15天　　C. 10天　　D. 20天

4. 下列处罚决定不需要向上级价格主管部门备案的是(　　)。

A. 县级价格主管部门对某学校处罚15万元

B. 市级价格主管部门对某电力公司处罚30万元

C. 市级价格主管部门对某电力公司处罚100万元

D. 吊销收费许可证

5. 补充鉴证、重新鉴证或者复核裁定应当在(　　)内作出结论。

A. 5个工作日　　B. 15个工作日　　C. 10个工作日　　D. 20个工作日

6. 价格评估机构资格实行注册登记制度，有效期为(　　)。

A. 2年　　B. 3年　　C. 5年　　D. 1年

7. 行政机关对于重大违法行为给予处罚时，在证据可能灭失的情况下，下列选项正确的是(　　)。

A. 经行政机关负责人批准，可以先行封存证据

B. 经行政机关集体讨论决定，可以先行扣押证据

C. 经行政机关负责人批准，可以先行登记保存证据

D. 经行政机关负责人批准，可以先行登记提存证据

8. 当事人预期不履行行政处罚的，作出处罚决定的行政机关不能采取的措施有(　　)。

A. 每日按照处罚数额的千分之三加处罚款　　B. 依法拍卖查封扣押的财产

C. 划拨冻结的存款　　D. 申请法院强制执行

9. 经国务院批准的较大的市人民政府制定的规章可以规定一定数额罚款的行政处罚，罚款的数额由(　　)规定。

A. 省、自治区、直辖市人民政府

B. 较大的市人民代表大会常务委员会

C. 省、自治区、直辖市人民代表大会

D. 省、自治区、直辖市人民代表大会常务委员会

10. 下列选项中，不能进行行政复议的是(　　)。

A. 行政处罚行为　　B. 行政裁决行为

C. 行政立法行为　　D. 行政征收行为

11. 行政许可法自(　　)起施行。

A. 2004 年 1 月 1 日　　B. 2004 年 5 月 1 日

C. 2004 年 7 月 1 日　　D. 2004 年 12 月 1 日

12. 《价格法》于(　　)起施行。

A. 1997 年 12 月 19 日　　B. 1998 年 5 月 1 日

C. 1999 年 12 月 1 日　　D. 1999 年 5 月 1 日

13. 《价格法》所称价格包括(　　)。

A. 国家行政机关收费　　B. 商品价格和服务价格

C. 期货价格　　D. 证券价格

14. 经营者不执行政府指导价、政府定价以及法定的价格干预措施、紧急措施的，责令改正，没收违法所得，可以并处违法所得(　　)以下的罚款。没有违法所得的，可以处于罚款；情节严重的，责令停止整顿。

A. 1 倍　　B. 2 倍　　C. 3 倍　　D. 5 倍

15. 当消费者的合法价格权益受到侵害时，可拨打价格举报电话为(　　)。

A. 12315　　B. 12358　　C. 12368　　D. 12369

16. 价格举报电话于(　　)在全国县以上政府价格部门开通。

A. 1998 年 5 月 1 日　　B. 2001 年 1 月 1 日

C. 2001 年 5 月 1 日　　D. 1999 年 5 月 1 日

17. 价格的制定应当符合价值规律，大多数商品的服务价格实行(　　)。

A. 政府定价　　B. 政府指导价

C. 市场调节价　　D. 自由定价

18. 国家支持和促进公平、公开、合法的市场竞争，维护正常的价格秩序，对价格活动实行(　　)和必要的调控。

A. 管理、监督　　B. 管理、指导

C. 管理、检查　　D. 监督、检测

### (二) 多项选择题

1. 《价格法》所称价格包括(　　)。

A. 各类有形产品和无形资产的价格　　B. 利率、汇率、保险费率

C. 证券及期货价格　　D. 有偿服务的收费

2. 《价格法》第 39 条规定：经营者不执行政府指导价、政府定价以及法定的价格干预措施、紧急措施的，(　　)。

A. 责令改正

B. 没收违法所得，可以并处违法所得 5 倍以下的罚款

C. 没有违法所得的，可以处以罚款

D. 情节严重的，责令停业整顿

3. 政府在必要时可以实行政府指导价或者政府定价的商品和服务价格有(　　)。

A. 与国民经济发展和人民生活关系重大的极少数商品价格

B. 资源稀缺的少数商品价格　　C. 自然垄断经营的商品价格

D. 重要的公用事业价格　　E. 重要的公益性服务价格

4. 价格评估机构资格实行等级制，根据评估机构的资格条件分为(　　)。

A. 甲级　　B. 乙级　　C. 丙级　　D. 丁级

5. 行政处罚构成的要件是(　　)。

A. 必须已经实施了违法行为

B. 违法行为属于违反行政法规范的性质

C. 实施违法行为的人是具有责任能力的相对人

D. 依法应当受到处罚

6. 行政机关违法实施行政许可后，可能承担的法律责任的种类有(　　)。

A. 民事赔偿　　B. 国家赔偿　　C. 刑事责任　　D. 行政责任

7. 行政许可的实施和结果，除涉及(　　)的外，应当公开。

A.国家秘密　　B.商业秘密　　C.个人隐私　　D. 国家利益

8. 消费者维护自身价格权益的方式主要有(　　)。

A. 提出调整价格的建议　　B. 监督价格行为和价格活动

C. 举报价格违法行为　　D. 向人民法院起诉

### (三) 案例分析题

1. 某饭店餐饮部在商品标价签上标明象鼻蚌价格每斤 78 元，但顾客结账时却以每斤 200 元结算，并且称其标价签标的是小象鼻蚌。

问题：这种现象属于价格欺诈哪种形式？

2. 某酒店在顾客点菜时提供价格低的标价簿，在结账时按价格高的标价簿结算。

问题：这种现象属于价格欺诈的哪种形式？

3. 某商厦以“出厂价”搞促销活动，销售某品牌洗衣机误导性文字明示“出厂价”950 元，实际该型号洗衣机出厂价是 920 元。

问题：这种现象属于价格欺诈哪种形式？

4. 某公司在其经营场所以“全市最低价”“所有商品价格低于同行”等文字进行宣传。而实际该店所称“全市最低价”不仅无依据，而且也无从比较。

问题：这种现象属于价格欺诈哪种形式？

5. 某商店以“全场 2 折”的文字进行销售宣传，但消费者发现全场上百种商品中，只有两种商品按 2 折销售。

问题：这种现象属于价格欺诈哪种形式？

6. 某市价格主管部门对某广电信息网络有限公司收费情况进行检查，根据该省计委文件规定：有线电视业务收费标准属于政府定价。2006 年 1 月 1 日至 2007 年 6 月 30 日期间，广电信息网络有限公司在未经价格管理权限部门批准的情况下，擅自制定有线数字电视收视费标准，共向有线数字电视用户收取收视费 2 284 097 元。

问题：广电信息网络有限公司的违法行为，价格部门该如何处理？

7. 某商场销售规格为 330mm 梦园果盆，标价签上标示的产地为“捷克”；金边喇花果斗标价签上标示的产地为“日本”。经查，前者实际产地为上海，后者实际产地为杭州富阳。

问题：

(1) 该行为属于什么性质的价格欺诈？

(2) 依据是什么？

# 第九章

# 广 告 法

【学习目的与要求】

本章的学习目的是掌握广告法规的内容和要求，以及广告组织和管理的基本运行规律；了解广告行政管理机构及职能，广告行业自律的组织及职能，广告业的社会监督的组织及职能的重要性。本章重点介绍广告主、广告经营者、广告发布者这三类主体之间的职能和相互关系。读者可通过了解广告活动的相关制度规范的具体内容，进一步了解和掌握广告活动制度规范的具体内容和程序，学习和掌握广告法律责任及广告违法行为的概念、构成要件和广告违法行为的种类及表现形式。

## 第一节　广告法概述

无规矩不成方圆，我国的广告法是我国广告行为的根本依据，所有的广告行为都需要按照广告法中的规定进行，不得触犯国家法律。广告法的颁布对规范广告活动，促进广告业的健康发展，维护社会经济秩序，保护消费者的权益，发挥广告在经济活动中的积极作用都具有重要的意义。

### 一、广告的概念

广告取名自广而告之，它作为一种宣传手段有广义和狭义之分。广义的广告是指广告活动的主体为了取得商业盈利或实现政治主张或服务社会生活，通过一定的媒介和形式直接或间接进行的宣传活动，包括以实现盈利为目的的商业广告、以服务政治主张为目的的政治广告，以及如社会福利、社会救济等以改善社会生活为目的的社会广告。狭义的广告仅指商业广告，即广告活动的主体为了实现盈利的目的，通过各种媒介和途径推销商品、介绍服务或宣传企业的活动。

法律意义上的广告，是一个狭义的概念，专指商业广告，而不包括其他的政治广告、社会广告等。根据《广告法》规定，本法所称广告是指商品经营者或者服务提供者通过一定媒介和形式直接或者间接地介绍自己所推销的商品或者服务的商业广告。《广告法》调整的商业广告包括以下三大类。

(1) 商品广告，即将商品作为广告的中心，广告围绕商品的名称、用途、性能、优势、价格、优惠等进行宣传，以达到推销商品、实现盈利的目的。

(2) 服务广告，即广告不以推销实物为目的，是为了使某种服务为人所知并被消费者普遍接受而进行的宣传活动。

(3) 形象广告，即以广告的形式树立商品经营者或者服务提供者的企业形象，通过提高企业商业信誉和知名度的方法来促进企业的商业发展，最终仍以盈利作为最终目的。

## 二、广告的特征

广告具有以下三个特征：

(1) 目的是介绍商品经营者或者服务提供者所推销的商品、提供的服务，以及商品经营者或者服务提供者本身。这是广告的本质特征，是商业广告和非商业广告的根本区别。根据介绍内容的不同，广告可以分为商品广告、服务广告和形象广告。

(2) 广告的设计、制作和发布都要通过一定媒介和形式进行。根据传播媒介和形式的不同，广告又可分为印刷品广告、临时性广告、店堂广告、户外广告等不同种类。

(3) 广告费用由商品经营者或者服务提供者承担，即由广告主承担。广告费用包括广告的设计费用、制作费用、发布费用、代理费用等。

## 三、广告法的概念及其立法

广告法，是国家在调整广告活动过程中所发生的各种社会关系的法律规范的总称。广告法调整广告主、广告经营者和广告发布者在中华人民共和国境内从事广告活动所发生的社会关系，主要是广告监督管理机关、广告审查机关与广告行为的主体之间发生的各种管理关系。

广告活动的主体(以下简称广告主体)包括广告主、广告经营者、广告发布者。其中，《广告法》所称的广告主，是指为推销商品或者服务，自行或者委托他人设计、制作、发布广告的自然人、法人或者其他组织。《广告法》所称的广告经营者，是指接受委托提供广告设计、制作、代理服务的自然人、法人或者其他组织，如依法设立的广告公司。《广告法》所称的广告发布者，是指为广告主或者广告主委托的广告经营者发布广告的自然人、法人或者其他组织，包括广播、电视、报纸、杂志等大众媒介单位，但个人不能从事广告发布业务。

为了规范广告活动，促进广告业的健康发展，保护消费者的合法权益，维护社会经济秩序，发挥广告在社会主义市场经济中的积极作用，1994 年 10 月 27 日第八届全国人民代表大会常务委员会第十次会议通过了《广告法》，自 1995 年 2 月 1 日起施行。第十二届全国人民代表大会常务委员会第十四次会议于 2015 年 4 月 24 日修订通过新的《广告法》，自 2015 年 9 月 1 日起施行。新的《广告法》内容更加丰富，如完善了保健食品、药品、医疗、医疗器械、教育培训、招商投资、房地产、农作物种子等广告的准则。原来《广告法》只有 7 种商品和服务的广告准则，这次增加到 19 种。

## 四、广告管理体制

广告管理是国家为保护国家、社会的利益和消费者权益，对广告活动采取审查、监督、检查的办法来实现广告真实性的行为。广告管理包括：①对广告主、广告经营者、广告发布者的主体资格进行审查、监督；②对广告的内容进行管理；③对广告违法行为进行制裁。

《广告法》第 6 条规定："国务院工商行政管理部门主管全国的广告监督管理工作，国务院有关部门在各自的职责范围内负责广告管理相关工作。县级以上地方工商行政管理部门主管本行政区域的广告监督管理工作，县级以上地方人民政府有关部门在各自的职责范围内负责广告管理相关工作。" 2018 年 3 月，政府机构改革之后，由国家市场监督管理局的广告监督管理司负责指导广告业发展，监督管理广告活动。其主要职责是：制定广告规章，执行国家的广告市场管理政策、法规；审批登记广告经营者；颁布广告业务许可证；对广告业务进行经常性的检查监督，会同有关部门制定户外广告的设置、张贴、规划，负责监督实施；会同物价部门制定广告收费标准；制裁广告违法行为等。

## 第二节 广告准则

广告准则是法律对广告内容、形式等作出的必须遵守的原则和限制。它是广告活动主体设计、制作和发布广告时所应遵循的一般性准则；同时也是广告审查机关对广告依法进行审查的依据和标准。

### 一、广告的一般准则

**(一) 真实合法原则**

广告应当真实、合法，符合社会主义精神文明建设的要求，这是广告法的核心。真实、合法的具体表现，是广告不得含有虚假、夸大的内容，不得欺骗和误导消费者、不得贬低其他生产经营者的商品或服务。《广告法》第12条规定："广告中涉及专利产品或者专利方法的，应当标明专利号和专利种类。未取得专利权的，不得在广告中谎称取得专利权。禁止使用未授予专利权的专利申请和已经终止、撤销、无效的专利做广告。"

**(二) 诚实信用原则**

广告主、广告经营者、广告发布者之间在广告活动中应当依法订立书面合同，明确各方的权利和义务。各方在从事广告活动的过程中，不仅应当遵守法律、行政法规，也应根据书面合同遵循公平、诚实信用的原则。

**(三) 健康发展原则**

广告内容应当有利于人民的身心健康，促进商品和服务质量的提高，保护消费者的合法权益，遵守社会公德和职业道德，维护国家的尊严和利益。广告不得损害未成年人和残疾人的身心健康。广告内容应当有利于未成年人的身心健康发展。广告使用的语言、文字、画面不得含有歧视、侮辱残疾人的内容，适用于未成年人和残疾人的商品广告，应当真实、清晰，商品质量应当可靠，不得损害未成年人和残疾人的安全、健康。广告使用无民事行为能力人、限制民事行为能力人的名义、形象的，应当事先取得其监护人的书面同意。酒类广告以及利用非禁止媒介发布烟草制品广告，不得使用未成年人形象。

我国《广告法》第 9 条规定，广告不得有下列情形：

(1) 使用或者变相使用中华人民共和国的国旗、国歌、国徽，军旗、军歌、军徽。

(2) 使用或者变相使用国家机关、国家机关工作人员的名义或者形象。

(3) 使用"国家级""最高级""最佳"等用语。

(4) 损害国家的尊严或者利益，泄露国家秘密。

(5) 妨碍社会安定，损害社会公共利益。

(6) 危害人身、财产安全，泄露个人隐私。

(7) 妨碍社会公共秩序或者违背社会良好风尚。

(8) 含有淫秽、色情、赌博、迷信、恐怖、暴力的内容。

(9) 含有民族、种族、宗教、性别歧视的内容。

(10) 妨碍环境、自然资源或者文化遗产保护。

(11) 法律、行政法规规定禁止的其他情形。

**【案例分析 9-1】**

三亚苏荷西餐酒吧在广告中使用“等你勾搭”“随你勾搭”等违背社会良好风尚的恶俗文字，摆放附有“随你勾搭”文字的安全套造型和带有色情意味的卡通人物等形象。

问题：该酒吧的做法是否合法？为什么？

**(四) 清楚明白原则**

广告中对商品的性能、产地、用途、质量、价格、生产者、有效期限、允诺或者对服务的内容、形式、质量、价格、允诺有表示的，应当清楚、明白。广告中表明推销商品或者服务附带赠送的，应当明示所附带赠送商品或者服务的品种、规格、数量、期限和方式。广告使用数据、统计资料、调查结果、文摘、引用语等引证内容的，应当真实、准确，并标明出处。引证内容有适用范围和有效期限的，应当明确表示。

**【案例分析 9-2】**

2015 年 7 月起，巨商智能科技(上海)有限公司印制宣传册并在杂志上投放广告，宣称“巨商智能科技(上海)有限公司是巨人国际控股集团有限公司控股”“公司先后引进美国、荷兰、德国、韩国等发达国家的先进技术”“作为曾经在保健品领域叱咤风云的巨人国际，选择在这一时机高调进入净水行业，具有划时代的领先意义”等内容。经查，所谓“巨人国际控股集团有限公司”是当事人股东之一，于 2015 年 4 月托人代办在香港注册的企业，没有经营场所和固定资产，从未生产过任何产品；当事人的净水服务相关设备系从其他渠道购买，企业自成立以来未生产过任何产品，也未引进发达国家的先进技术。

问题：该公司的做法是否合法？为什么？

**【案例分析 9-3】**

2015 年 3—4 月，中元智合(北京)商贸有限公司为销售木质手串投放电视广告，宣称 5 种手串为各类红木材质，其中一串为沉香材质，广告中含有“中国权威发行，都是卖 29 800 元的价格”等内容。经查，手串检验报告显示仅有花梨木和紫檀木 2 款为红木类，其余 3 款为普通木材，且均不含沉香材质；当事人仅通过广告直销形式销售，并无所谓“权威发行”，也未曾以 29 800 元价格销售(广告销售价格仅为 1680 元)。

问题：该公司的做法是否合法？为什么？

**(五) 正当竞争原则**

广告不得贬低其他生产经营者的商品或者服务。利用广告公然贬低其他生产经营者的商品或者服务，是一种不正当竞争行为。它不仅损害了其他生产经营者的合法权益，破坏了社会主义市场经济的竞争秩序，而且还违背了广告应该公平诚实、信用的原则，因此，《广告法》第 5 条规定，广告主、广告经营者、广告发布者从事广告活动，应当遵守法律、法规，诚实信用，公平竞争。

**【案例分析 9-4】**

2016 年 3 月 4 日乐邦利公司与绿美公司签订《乐邦利电视直销供货合同书》，约定由绿美公司向乐邦利公司提供 DW-5 型不锈钢净水器，并委托乐邦利公司制作播放净水器广告。3 月 6 日乐邦利公司又委托××有线电视台在乐邦利直销节目中制作并播放净水器广告。广告把自来水描绘成含有害物质，在净水器过滤后才清洁可靠。该广告每天播放 4 次，直至 3 月 25 日，广告播出后在覆盖地区居民中产生强烈反响，许多市民纷纷去信去电指责自来水公司。为此，自来水公司以××有线电视台、乐邦利公司和绿美公司为被告，向法院提起诉讼，认为广告侵犯了自来水公司的名誉权，要求更正和赔偿损失。

问题：本广告违反了《广告法》的哪条规定？

**(六) 易于识别原则**

广告应当具有可识别性，能够使消费者辨明为广告。大众传播媒介不得以新闻报道形式发布广告。通过大众传播媒介发布的广告应当有广告标记，与其他非广告信息相区别，不得使消费者产生误解。

## 二、特殊商品广告的特殊准则

**(一) 医疗、药品、医疗器械广告**

医疗、药品和医疗器械直接关系到人民的身体健康和生命安全，属于国家实行特殊管理的商品，因此对医疗药品、医疗器械广告的要求不同于一般广告。广播电台、电视台、报刊音像出版单位、互联网信息服务提供者，不得以介绍健康、养生知识等形式变相发布医疗、药品、医疗器械、保健食品广告。麻醉药品、精神药品、医疗用毒性药品、放射性药品等特殊药品，药品类易制毒化学品，以及戒毒治疗的药品、医疗器械和治疗方法，不得作广告。

上述规定以外的处方药，只能在国务院卫生行政部门和国务院药品监督管理部门共同指定的医学、药学专业刊物上作广告。

医疗、药品、医疗器械广告不得含有下列内容：①表示功效、安全性的断言或者保证；②说明治愈率或者有效率；③与其他药品、医疗器械的功效和安全性或者其他医疗机构比较；④利用广告代言人作推荐、证明；⑤法律、行政法规规定禁止的其他内容。

(1) 药品广告。

药品广告内容涉及药品适应症或者功能主治、药理作用等内容的宣传，应当以国务院食品药品监督管理部门批准的说明书为准，不得进行扩大或者恶意隐瞒的宣传，不得含有说明书以外的理论、观点等在内。药品广告的内容不得与国务院药品监督管理部门批准的说明书不一致，并应当显著标明禁忌、不良反应。处方药广告的忠告语是："本广告仅供医学药学专业人士阅读。"非处方药广告的忠告语是："请按药品说明书或在药师指导下购买和使用。"

根据2007年3月3日发布、5月1日实施的《药品广告审查发布标准》，下列药品不得发布广告：

① 麻醉药品、精神药品、医疗用毒性药品、放射性药品。

② 医疗机构配制的制剂。

③ 军队特需药品。

④ 国家食品药品监督管理局依法明令停止或者禁止生产、销售和使用的药品。

⑤ 批准试生产的药品。

药品广告中有关药品功能疗效的宣传应当科学准确，不得出现下列情形：

① 含有不科学地表示功效的断言或者保证的。

② 说明治愈率或者有效率的。

③ 与其他药品的功效和安全性进行比较的。

④ 违反科学规律，明示或者暗示包治百病、适应所有症状的。

⑤ 含有"安全无毒副作用""毒副作用小"等内容的；含有明示或者暗示中成药为"天然"药品，因而安全性有保证等内容的。

⑥ 含有明示或者暗示该药品为正常生活和治疗病症所必需等内容的。

⑦ 含有明示或暗示服用该药能应付现代紧张生活和升学、考试等需要，能够帮助提高成绩、使精力旺盛、增强竞争力、增高、益智等内容的。

⑧ 其他不科学的用语或者表示，如“最新技术”“最高科学”“最先进制法”等。

药品广告应当宣传和引导合理用药，不得直接或者间接怂恿任意、过量地购买和使用药品，不得含有以下内容：

① 含有不科学地表述或者使用不恰当的表述形式，引起公众对所处健康状况和所患疾病产生不必要的担忧和恐惧，或使公众误解不使用该药品会患某种疾病或加重病情的。

② 含有免费治疗、免费赠送、有奖销售、以药品作为礼品或者奖品等促销药品内容的。

③ 含有“家庭必备”或者类似内容的。

④ 含有“无效退款”“保险公司保险”等保证内容的。

⑤ 含有评比、排序、推荐、指定、选用、获奖等综合性评价内容的。

(2) 医疗器械广告。

根据 2009 年 5 月 20 日实施的《医疗器械广告审查发布标准》，医疗器械广告应当与审查批准的产品市场准入说明书相符，不得任意扩大范围。推荐给个人自用的医疗器械的广告，应当显著标明“请仔细阅读产品说明书或者在医务人员的指导下购买和使用”。医疗器械产品注册证明文件中有禁忌内容、注意事项的，广告中应当显著标明“禁忌内容或者注意事项详见说明书”。

医疗器械广告中有关适用范围和功效等内容的宣传应当科学准确，不得出现下列情形：

① 含有表示功效的断言或者保证的。

② 说明有效率和治愈率的。

③ 与其他医疗器械产品、药品或其他治疗方法的功效和安全性对比。

④ 在向个人推荐使用的医疗器械广告中，利用消费者缺乏医疗器械专业、技术知识和经验的弱点，使用超出产品注册证明文件以外的专业化术语或不科学的用语描述该产品的特征或作用机理。

⑤ 含有无法证实其科学性的所谓“研究发现”“实验或数据证明”等方面的内容。

⑥ 违反科学规律，明示或暗示包治百病、适应所有症状的。

⑦ 含有“安全”“无毒副作用”“无效退款”“无依赖”“保险公司承保”等承诺性用语，含有“唯一”“精确”“最新技术”“最先进科学”“国家级产品”“填补国内空白”等绝对化或排他性的用语。

⑧ 声称或暗示该医疗器械为正常生活或治疗病症所必需等内容的。

⑨ 含有明示或暗示该医疗器械能应付现代紧张生活或升学、考试的需要，能帮助改善或提高成绩，能使精力旺盛、增强竞争力、能增高、能益智等内容。

医疗器械广告应当宣传和引导合理使用医疗器械，不得直接或间接怂恿公众购买使用，不得含有以下内容：

① 含有不科学的表述或者通过渲染、夸大某种健康状况或者疾病所导致的危害，引起公众对所处健康状况或所患疾病产生担忧和恐惧，或使公众误解不使用该产品会患某种疾病或加重病情的。

② 含有“家庭必备”或者类似内容的。

③ 含有评比、排序、推荐、指定、选用、获奖等综合性评价内容的。

④ 含有表述该产品处于“热销”“抢购”“试用”等内容的。

**【案例分析 9-5】**

某晚报刊登了某公司的一则广告，广告称：该公司生产的 B 氏电子治疗器系专利技术产品，专利保护号：85100782，对治疗肝炎和腰腿痛有特效，并曾被选送“布鲁塞尔尤里卡”世界博览会参展。该治疗器疗效高、无副作用，最适宜治疗乙型肝炎与腰腿痛，经全国26个省市医院600多例临床证明，治愈率达95%。对骨质增生、类风湿、关节炎、各种神经痛、支气管炎、神经衰弱、偏瘫、闭经痛经、痔疮等均有明显疗效，被患者称为“神匣子”，是家庭必备的治病工具。消费者巩某多年为腰痛所困扰，见广告后即按广告标明的地址汇款购买。1个月后，治疗器寄到，巩某遂按说明书使用，但几个月后，腰痛依旧，疗效全无。巩某怀疑该治疗器言过其实，便将该治疗器送有关部门检验，结果证实该治疗器在使用时能使人产生一定的舒服感，但对治病却无甚功效。巩某向该公司所在地的工商行政管理部门进行举报。工商行政管理部门接到举报后，派专人进行调查，结果发现所谓专利产品、选送参加“布鲁塞尔尤里卡”世界博览会、治愈率达95%等纯属公司杜撰。

问题：

(1) 本广告为何性质？

(2) 本广告违反了《广告法》哪条规定？

**【案例分析9-6】**

2015年2月起，上海某医疗美容医院有限公司利用其官网的二级页面和另一域名未经备案的网站，发布“上海市第九人民医院唯一指定单位——某某医疗美容医院，特需门诊”“第九人民医院咨询挂号中心，特需门诊021-3××××348”等内容，以及圆形红字的第九人民医院院标，并设置“九院”等关键词对相关网页进行百度推广。当事人的上述行为未经上海交通大学医学院附属第九人民医院许可。

问题：该公司的做法是否合法？为什么？

### (二) 农药广告

农药广告的批准文号应当列为广告内容同时发布，未经国家批准登记的农药不得发布广告。2015年12月24日，国家工商行政管理总局令第81号发布《农药广告审查发布标准》。该标准共14条，自2016年2月1日起施行。根据该标准的规定，未经国家批准登记的农药不得发布广告。农药广告内容应当与《农药登记证》和《农药登记公告》的内容相符，不得任意扩大范围；不得贬低同类产品，不得与其他农药进行功效和安全性对比；不得含有评比、排序、推荐、指定、选用、获奖等综合性评价内容；不得使用直接或者暗示的方法，以及模棱两可、言过其实的用语，使人在产品的安全性、适用性或者政府批准等方面产生误解；不得滥用未经国家认可的研究成果或者不科学的词句、术语；不得含有“无效退款”“保险公司保险”等承诺。

我国《广告法》第21条规定，农药、兽药、饲料和饲料添加剂广告不得含有下列内容：

(1) 表示功效、安全性的断言或者保证。

(2) 利用科研单位、学术机构、技术推广机构、行业协会或者专业人士、用户的名义或者形象作推荐、证明。

(3) 说明有效率。

(4) 违反安全使用规程的文字、语言或者画面。

(5) 法律、行政法规规定禁止的其他内容。

### (三) 烟草广告

1995年12月20日国家工商行政管理局令第46号发布了《烟草广告管理暂行办法》。依《国家工商行政管理总局关于废止和修改部分工商行政管理规章的决定》(国家工商行政管理总局令第86

号)于 2016 年 4 月 29 日废止《烟草广告管理暂行办法》。现有烟草广告的规定由 2015 年新修订的《广告法》予以规范，其中规定：禁止在大众传播媒介或者公共场所、公共交通工具、户外发布烟草广告；禁止向未成年人发送任何形式的烟草广告；禁止利用其他商品或者服务的广告、公益广告，宣传烟草制品名称、商标、包装、装潢以及类似内容。烟草制品生产者或者销售者发布的迁址、更名、招聘等启事中，不得含有烟草制品名称、商标、包装、装潢以及类似内容。

**【案例分析 9-7】**

赵某到住所附近某电影院看电影，看到影院门口贴着××牌香烟的烟盒模型广告。烟盒上标明了该种香烟由某烟草公司生产，广告由某广告公司制作。赵某认为在电影院做香烟广告违反了《广告法》，即将此事向工商局反映，工商局经调查属实。

问题：本广告违反了《广告法》的哪条规定？

**(四) 食品、酒类广告**

食品、酒类广告的内容必须符合卫生许可的事项，并不得使用医疗用语或者易与药品混淆的用语。

(1) 保健食品广告。

根据 1993 年 8 月 30 日国家工商局、卫生部令第 15 号发布，后经修改的《食品广告管理办法》的规定，食品广告的管理机关是工商行政管理局和地方各级工商行政管理机关，食品广告专业技术内容的出证者是地(市)级以上食品卫生监督机构。

禁止发布以下食品广告：①食品卫生法禁止生产经营的食品；②宣传疗效的食品；③母乳代用品。

我国《广告法》第 18 条规定，保健品广告不得含有下列内容：

① 表示功效、安全性的断言或者保证。

② 涉及疾病预防、治疗功能。

③ 声称或者暗示广告商品为保障健康所必需。

④ 与药品、其他保健食品进行比较。

⑤ 利用广告代言人作推荐、证明。

⑥ 法律、行政法规规定禁止的其他内容。

保健食品广告应当显著标明“本品不能代替药物”。

(2) 酒类广告。

根据 1995 年发布、2005 年修订的《酒类广告管理办法》，酒类广告是指含有酒类商品名称、商标、包装、制酒企业名称等内容的广告。2017 年 10 月 27 日，《国家工商行政管理总局关于废止和修改部分规章的决定》(国家工商行政管理总局令第 92 号)决定废止《酒类广告管理办法》。现有酒类广告的规定由 2015 年新修订的《广告法》予以规范，其中规定，酒类广告不得含有下列内容：

① 诱导、怂恿饮酒或者宣传无节制饮酒。

② 出现饮酒的动作。

③ 表现驾驶车、船、飞机等活动。

④ 明示或者暗示饮酒有消除紧张和焦虑、增加体力等功效。

**(五) 教育、培训广告**

我国《广告法》第 24 条规定，教育、培训广告不得含有下列内容：

(1) 对升学、通过考试、获得学位学历或者合格证书，或者对教育、培训的效果作出明示或者暗示的保证性承诺。

(2) 明示或者暗示有相关考试机构或者其工作人员、考试命题人员参与教育、培训。

(3) 利用科研单位、学术机构、教育机构、行业协会、专业人士、受益者的名义或者形象作推荐、证明。

**(六) 房地产广告**

我国《广告法》第26条规定，房地产广告，房源信息应当真实，面积应当表明为建筑面积或者套内建筑面积，并不得含有下列内容：

(1) 升值或者投资回报的承诺。

(2) 以项目到达某一具体参照物的所需时间表示项目位置。

(3) 违反国家有关价格管理的规定。

(4) 对规划或者建设中的交通、商业、文化教育设施以及其他市政条件作误导宣传。

**(七) 面向未成年人的广告**

我国《广告法》第40条规定，在针对未成年人的大众传播媒介上不得发布医疗、药品、保健食品、医疗器械、化妆品、酒类、美容广告，以及不利于未成年人身心健康的网络游戏广告。

针对不满十四周岁的未成年人的商品或者服务的广告不得含有下列内容：

(1) 劝诱其要求家长购买广告商品或者服务。

(2) 可能引发其模仿的不安全行为。

# 第三节　广告活动

## 一、广告活动的概念与特征

广告活动是指广告主、广告经营者、广告发布者在设计、制作、发布广告的过程中所从事的法律行为。广告活动与其他民事活动相比较，具有以下特征。

(1) 主体是广告主、广告经营者、广告发布者。

根据《广告法》的规定，广告主、广告经营者和广告发布者必须具有从事广告活动的合法资格。只有具有法定资格的经济组织和个人从事的广告活动才能得到法律的承认和保护。

对于广告主来讲，无论是自行设计、制作、发布广告，还是委托他人设计、制作、发布广告，都必须是以自己合法生产经营的商品或者所从事的服务活动作为前提，即广告中所推销的商品或者所提供的服务应该符合广告主经工商行政管理部门依法核准的经营范围。广告主不得将超越其经营范围的商品或者服务内容制作、发布广告。

对于广告经营者、广告发布者来讲，其从事广告活动必须要取得合法经营资格。所谓合法经营资格，一方面是指广告经营者和广告发布者是依法设立的，并经过工商行政管理机关核准登记的，其中，从事广告经营的，应当具备必要的专业技术人员、制作设备并依法办理兼营广告的登记；另一方面是指广告经营者和发布者应当具有合法的经营范围，即其设计、制作、发布的广告内容必须属于广告主委托的业务范围。

(2) 广告活动包括广告的设计、制作和发布。

广告活动不是一种单一的活动，它包括广告的设计、制作和发布三种形式，而且从事广告活动的方式多种多样，既可以是广告主自行设计、制作、发布广告，也可以由广告主委托广告经营者或者广告发布者代理设计、制作、发布广告。

(3) 广告活动是一种法律行为。

各类广告主体应该树立广告责任感，严格按照法律规定从事广告活动，保证广告的真实性、合法性，否则法律不予承认和保护，并依法追究其法律责任。根据《广告法》的规定，从事广告行为必须遵循有关规定。

## 二、广告活动的一般规定

广告主、广告经营者、广告发布者之间在广告活动中应当依法订立书面合同，明确各方的权利和义务。广告合同因签订主体的不同而具有不同的合同名称：广告主和广告经营者签订的为加工承揽合同或广告委托代理合同；广告主和广告发布者签订的是广告发布合同；广告经营者和广告发布者签订的是广告代理发布合同。广告主、广告经营者、广告发布者不得在广告活动中进行任何形式的不正当竞争。不正当竞争，是指经营者违反《反不正当竞争法》的规定损害其他经营者的合法权益，扰乱社会经济秩序的行为。

法律、行政法规规定禁止生产、销售的商品者提供的服务，以及禁止发布广告的商品或者服务，不得设计、制作、发布广告。

## 三、广告主从事广告活动的规定

广告主从事广告活动，除了符合上述一般规定外，还必须遵守下列规定。

(1) 对广告主经营范围的规定。广告主自行或者委托他人设计、制作、发布广告，所推销的商品或者所提供的服务应当符合广告主的经营范围。广告主的行为只有在其经营范围之内才受到法律的保护，超越其经营范围的行为，不仅不受法律保护，而且还要受到法律的制裁。

(2) 对广告主委托对象的规定。广告主委托设计、制作、发布广告，应当委托具有合法经营资格的广告经营者、广告发布者。

(3) 对广告主证明文件的规定。广告主自行或者委托他人设计、制作、发布广告，应当具有或者提供真实、合法、有效的证明文件：①营业执照及其他生产、经营资格的证明文件；②质量检验机构对广告中有关商品质量内容出具的证明文件；③确认广告内容真实性的其他证明文件；④需要有关行政主管部门审查的，还应当提供有关批准文件。

(4) 对使用他人名义、形象的规定。广告主在广告中使用他人名义、形象的，应当事先取得他人的书面同意；使用无民事行为能力人、限制民事行为能力人的名义、形象的，应当事先取得其监护人的书面同意。

## 四、广告经营者、广告发布者从事广告活动的规定

广告经营者、广告发布者在从事广告活动的过程中，除了符合一般规定以外，还必须遵循下列规定。

### (一) 应当具有法定的主体资格

广告经营者、广告发布者的资质标准，是从事广告经营活动的基本资格要求，是广告监督管理

机关对广告经营者、广告发布者经营审批的重要依据，也是广告监督管理机关对广告经营者、广告发布者经营广告活动进行监督检查的重要内容。从事广告经营的，应当具有必要的专业技术人才、制作设备，并依法办理公司或者广告经营登记，方可从事广告活动。广播电台、电视台、报刊出版单位的广告业务，应当由其专门从事广告业务的机构办理，并依法办理兼营广告的登记。

**(二) 应当明确广告经营范围**

广告经营范围，是广告监督管理机关针对广告经营者、广告发布者的基本条件、从业人员的基本素质，确认其经营业务的许可范围。其内容为：

(1) 设计，指根据广告目标进行的广告创意、构思，广告中的音乐、语言、文字、画面等经营性创作活动。

(2) 制作，指根据广告设计要求，制作可供刊播设置、张贴散布的广告作品等经营性活动。

(3) 发布，指利用一定媒介或形式，发布各类广告，利用其他形式发布带有广告性质的信息的经营活动。

(4) 代理，指广告经营者接受广告主或广告发布者委托，从事的广告市场调查、广告信息咨询、企业形象策划、广告战略策划、广告媒介安排等经营活动。

**(三) 应当依法核实广告内容**

广告经营者、广告发布者依据法律、行政法规查验有关证明文件，核实广告内容。对内容不实或者证明文件不全的广告，广告经营者不得提供设计、制作、代理服务，广告发布者不得发布。广告经营者和广告发布者未履行核实查验义务，发布虚假广告，欺骗和误导消费者的，应当与广告主承担连带责任。

**(四) 应当健全广告业务管理制度**

广告经营者、广告发布者按照国家有关规定建立、健全广告业务的承接登记、审核、档案管理制度。其中，承接登记制度是指广告主提出广告业务以及广告经营者、发布者接收广告业务时应履行的法定登记手续；审核制度是指广告经营者和广告发布者对承接的广告业务依法进行审查的制度；档案管理制度则是指广告经营者、广告发布者对承接、审查的广告业务归纳整理，进行存档的管理制度。《广告法》要求建立上述一整套的规章制度，其目的在于保证广告活动的正规化，便于广告监督管理机关对其实施有效的监督和管理。

**(五) 应当公开广告收费标准**

广告收费应当合理、公开，收费标准和收费办法应当向物价和工商行政管理部门备案。广告经营者、广告发布者应当公布其收费标准和收费办法。根据《广告法》的规定，广告收费应当合理，具体数额由参与广告活动的各方主体自行协商确定，确定后的广告收费标准和收费办法应当向定价部门和工商行政管理部门公开并备案。此外，广告经营者和广告发布者还应当向社会公布其收费标准和收费方法，公布方式既可以采用公告形式，也可以通过新闻媒介予以公布。

**(六) 应当提供真实资料**

广告发布者向广告主、广告经营者提供的媒介覆盖率、收视率、发行量等资料应当真实。否则，广告主和广告经营者有权要求其赔偿经济损失。

### (七) 应当合法使用他人的名义和肖像

广告经营者在广告中使用他人名义、形象的，应当事先取得他人的书面同意；使用无民事行为能力人、限制民事行为能力人的名义、形象的，应当事先取得其监护人的书面同意。

不得利用不满 10 周岁的未成年人作为广告代言人。

**【案例分析 9-8】**

清风卷纸在当地某超市若干门店内发布清风卷纸广告板广告，广告中含有不满10 周岁的未成年人 Kimi Lin 作为广告代言人的形象；当事人销售的商品外包装上也含有 Kimi Lin 形象。

问题：清风卷纸的广告行为合法吗？为什么？

不得在中小学校、幼儿园内开展广告活动，不得利用中小学生和幼儿的教材、教辅材料、练习册、文具、教具、校服、校车等发布或者变相发布广告，但公益广告除外。

**【案例分析 9-9】**

2015 年 9 月，上海悉腾文化传播有限公司在上海市某小学派发印有“悉腾文化中心”字样及相关课外辅导课程等广告内容的文具垫板 1000 个(案值 658 元)。

问题：该公司的广告行为合法吗？为什么？

### (八) 应当采用合法的方式

任何单位或者个人未经当事人同意或者请求，不得向其住宅、交通工具等发送广告，也不得以电子信息方式向其发送广告。

以电子信息方式发送广告的，应当明示发送者的真实身份和联系方式，并向接收者提供拒绝继续接收的方式。

利用互联网发布、发送广告，不得影响用户正常使用网络。在互联网页面以弹出等形式发布的广告，应当显著标明关闭标志，确保一键关闭。

公共场所的管理者或者电信业务经营者、互联网信息服务提供者，对其明知或者应知的利用其场所或者信息传输、发布平台发送、发布违法广告的，应当予以制止。

## 五、设置户外广告的规定

### (一)《广告法》的规定

户外广告是广告活动的一种特殊形式，是指利用公共场所、建筑物、显示牌、交通工具等外部空间设置所从事的广告活动。由于户外广告直接影响周围环境，因此对其更应加以适当限制，实行统一规划和理。《广告法》第 42 条规定，有以下情形之一的，不得设置户外广告：

(1) 利用交通安全设施、交通标志的。

(2) 影响市政公共设施、交通安全设施、交通标志、消防设施、消防安全标志使用的。

(3) 妨碍生产或者人民生活，损害市容市貌的。

(4) 国家机关、文物保护单位和名胜景点的建筑控制地带，或者县级以上地方人民政府禁止设置户外广告的区域设置的。

### (二)《户外广告登记管理规定》的规定

根据 2006 年颁布实施的《户外广告登记管理规定》，户外广告是指利用户外场所、空间、设施等发布的广告。发布下列广告应当依照本规定向工商行政管理机关申请户外广告登记，领取《户外广告登记证》：

(1) 利用户外场所、空间设施发布的，以展示牌、电子显示装置、灯箱、霓虹灯为载体的广告。

(2) 利用交通工具、水上漂浮物、升空器具、充气物、模型表面绘制、张贴、悬挂的广告。

(3) 在地下铁道设施、城市轨道交通设施、地下通道，以及车站、码头、机场候机楼内外设置的广告。

(4) 法律、法规和国家工商行政管理总局规定应当登记的其他形式的户外广告。

在本单位的登记注册地址及合法经营场所的法定控制地带设置的，对本单位的名称、标识、经营范围、法定代表人(负责人)、联系方式进行宣传的自设性户外广告，不需要向工商行政管理机关申请户外广告登记。地方法规规章另有规定的除外。

# 第四节　广告审查制度

广告审查制度，是指广告审查机关在广告交付设计、制作、代理和发布前，对广告主的主体资格、广告的内容和表现形式、有关证明文件或材料的审查，并出具与审查结果和审查意见相应的证明文件的一种广告管理制度。广告审查制度是广告行政管理的重要组成部分。

## 一、广告审查的概念

广告审查，是指在广告发布前，由广告经营者、广告发布者、广告审查机关依法对广告内容是否合法、真实等进行的审查、核实活动。建立广告审查制度，是为了尽可能地不使违法广告得到发布，健全广告发布的防范机制。

## 二、广告审查的形式

(1) 广告经营者和广告发布者对广告内容的审查。广告经营者和广告发布者在接受广告主的委托设计、制作、发布广告时，应当依法查验广告主提供的有关证明文件是否齐备、有效，认真核实广告内容是否真实、合法。对内容不实或者证明文件不全的广告，广告经营者不得提供设计、制作代理服务，广告发布者不得发布。

(2) 有关行政主管部门对特殊商品广告内容的审查。根据《广告法》第 46 条的规定，发布医疗、药品、医疗器械、农药、兽药和保健食品广告，以及法律、行政法规规定应当进行审查的其他广告，必须在发布前由广告审查机关对广告内容进行审查；未经审查，不得发布。

广告主申请广告审查，应当依照法律、行政法规向广告审查机关提交有关证明文件。广告审查机关应当依照法律、行政法规对广告作审查决定，并应当将审查批准文件抄送同级工商行政管理部门。广告审查机关应当及时向社会公众批准的广告。任何单位和个人不得伪造、变造或者转让广告审查决定文件。

# 第五节 法律责任

广告法律责任是指不同的广告行为的主体，包括广告主、广告经营者、广告发布者、广告代言人和广告审查监管机关对其在广告活动中实施的违法行为及其造成的危害应承担的带有强制性的法律上的责任。其包括民事责任、行政责任、刑事责任。

## 一、广告主体违反《广告法》应当承担的法律责任

### (一) 发布虚假广告所应承担的法律责任

根据《广告法》第55条规定，发布虚假广告的，由工商行政管理部门责令停止发布广告，责令广告主在相应范围内消除影响，处广告费用三倍以上五倍以下的罚款，广告费用无法计算或者明显偏低的，处二十万元以上一百万元以下的罚款；两年内有三次以上违法行为或者有其他严重情节的，处广告费用五倍以上十倍以下的罚款，广告费用无法计算或者明显偏低的，处一百万元以上二百万元以下的罚款，可以吊销营业执照，并由广告审查机关撤销广告审查批准文件、一年内不受理其广告审查申请。

医疗机构发布虚假广告，情节严重的，除由工商行政管理部门依照《广告法》处罚外，卫生行政部门可以吊销诊疗科目或者吊销医疗机构执业许可证。

广告经营者、广告发布者明知或者应知广告虚假仍设计、制作、代理、发布的，由工商行政管理部门没收广告费用，并处广告费用三倍以上五倍以下的罚款，广告费用无法计算或者明显偏低的，处二十万元以上一百万元以下的罚款；两年内有三次以上违法行为或者有其他严重情节的，处广告费用五倍以上十倍以下的罚款，广告费用无法计算或者明显偏低的，处一百万元以上二百万元以下的罚款，并可以由有关部门暂停广告发布业务、吊销营业执照、吊销广告发布登记证件。

广告主、广告经营者、广告发布者，构成犯罪的，依法追究刑事责任。

根据《广告法》规定，发布虚假广告，欺骗、误导消费者，使购买商品或者接受服务的消费者的合法权益受到损害的，由广告主依法承担民事责任。广告经营者、广告发布者不能提供广告主的真实名称、地址和有效联系方式的，消费者可以要求广告经营者、广告发布者先行赔偿。

关系消费者生命健康的商品或者服务的虚假广告，造成消费者损害的，其广告经营者、广告发布者、广告代言人应当与广告主承担连带责任。其他商品或者服务的虚假广告，造成消费者损害的，其广告经营者、广告发布者、广告代言人，明知或者应知广告虚假仍设计、制作、代理、发布或者作推荐、证明的，应当与广告主承担连带责任。

### (二) 违反《广告法》禁止性规定的法律责任

发布广告违反《广告法》规定，具有使用中华人民共和国国旗、国徽、国歌等本法第9条规定禁止行为的；损害未成年人和残疾人身心健康的；违规发布处方药广告、药品类易制毒化学品广告、戒毒治疗的医疗器械和治疗方法广告的；违规发布声称全部或者部分替代母乳的婴儿乳制品、饮料和其他食品广告的；违规发布烟草广告的；违规利用广告推销禁止生产、销售的产品或者提供的服务，或者禁止发布广告的商品或者服务的；违规在针对未成年人的大众传播媒介上发布医疗、药品、保健食品、医疗器械、化妆品、酒类、美容广告，以及不利于未成年人身心健康的网络游戏广告的。

有上述行为的，由工商行政管理部门责令停止发布广告，对广告主处二十万元以上一百万元以下的罚款，情节严重的，并可以吊销营业执照，由广告审查机关撤销广告审查批准文件、一年内不

受理其广告审查申请；对广告经营者、广告发布者，由工商行政管理部门没收广告费用，处二十万元以上一百万元以下的罚款，情节严重的，并可以吊销营业执照、吊销广告发布登记证件。

**(三) 违反《广告法》对于特殊商品规定的法律责任**

违反《广告法》第 16 条至第 18 条、第 21 条、第 23 条至第 27 条、第 38 条至第 40 条、第 46 条的规定，违规发布医疗、药品、医疗器械、农药、兽药、饲料和饲料添加剂、保健食品、酒类、教育、培训、招商等有投资回报预期的商品或者服务、房地产广告的，以及违规利用不满十周岁的未成年人作为广告代言人的，违规利用自然人、法人或者其他组织作为广告代言人的，由工商行政管理部门责令停止发布广告，责令广告主在相应范围内消除影响，处广告费用一倍以上三倍以下的罚款，广告费用无法计算或者明显偏低的，处十万元以上二十万元以下的罚款；情节严重的，处广告费用三倍以上五倍以下的罚款，广告费用无法计算或者明显偏低的，处二十万元以上一百万元以下的罚款，可以吊销营业执照，并由广告审查机关撤销广告审查批准文件、一年内不受理其广告审查申请。

广告经营者、广告发布者明知或者应知有前述违法行为仍设计、制作、代理、发布的，由工商行政管理部门没收广告费用，并处广告费用一倍以上三倍以下的罚款，广告费用无法计算或者明显偏低的，处十万元以上二十万元以下的罚款；情节严重的，处广告费用三倍以上五倍以下的罚款，广告费用无法计算或者明显偏低的，处二十万元以上一百万元以下的罚款，并可以由有关部门暂停广告发布业务、吊销营业执照、吊销广告发布登记证件。

**(四) 违反《广告法》对于网络广告的规定的法律责任**

利用互联网发布广告，未显著标明关闭标志，确保一键关闭的，由工商行政管理部门责令改正，对广告主处五千元以上三万元以下的罚款。

公共场所的管理者和电信业务经营者、互联网信息服务提供者，明知或者应知广告活动违法不予制止的，由工商行政管理部门没收违法所得，违法所得五万元以上的，并处违法所得一倍以上三倍以下的罚款，违法所得不足五万元的，并处一万元以上五万元以下的罚款；情节严重的，由有关部门依法停止相关业务。

**(五) 违反广告审查规定的法律责任**

违反《广告法》规定，隐瞒真实情况或者提供虚假材料申请广告审查的，广告审查机关不予受理或者不予批准，予以警告，一年内不受理该申请人的广告审查申请；以欺骗、贿赂等不正当手段取得广告审查批准的，广告审查机关予以撤销，处十万元以上二十万元以下的罚款，三年内不受理该申请人的广告审查申请。

伪造、变造或者转让广告审查批准文件的，由工商行政管理部门没收违法所得，并处一万元以上十万元以下的罚款。

广播电台、电视台、报刊音像出版单位发布违法广告，或者以新闻报道形式变相发布广告，或者以介绍健康、养生知识等形式变相发布医疗、药品、医疗器械、保健食品广告，工商行政管理部门依照本法给予处罚的，应当通报新闻出版广电部门以及其他有关部门。新闻出版广电部门以及其他有关部门应当依法对负有责任的主管人员和直接责任人员给予处分；情节严重的，并可以暂停媒体的广告发布业务。

新闻出版广电部门以及其他有关部门未依照上述规定对广播电台、电视台、报刊音像出版单位进行处理的，对负有责任的主管人员和直接责任人员，依法给予处分。

**(六) 因侵权行为所应承担的责任**

我国《广告法》第 69 条规定，广告主、广告经营者、广告发布者违反本法规定，有下列侵权行为之一的，依法承担民事责任：

(1) 在广告中损害未成年人或者残疾人的身心健康的。

(2) 假冒他人专利的。

(3) 贬低其他生产经营者的商品或者服务的。

(4) 广告中未经同意使用他人名义、形象的。

(5) 其他侵犯他人合法民事权益的。

## 二、广告代言人违反《广告法》的责任

我国《广告法》第62条规定，广告代言人有下列情形之一的，由工商行政管理部门没收违法所得，并处违法所得一倍以上二倍以下的罚款：

(1) 违反本法第16条第1款第4项规定，在医疗、药品、医疗器械广告中作推荐、证明的。

(2) 违反本法第18条第1款第5项规定，在保健食品广告中作推荐、证明的。

(3) 违反本法第38条第1款规定，为其未使用过的商品或者未接受过的服务作推荐、证明的。

(4) 明知或者应知广告虚假仍在广告中对商品、服务作推荐、证明的。

## 三、广告审查监管机关及其工作人员违反《广告法》的责任

广告审查机关对违法的广告内容作出审查批准决定的，对直接负责的主管人员和其他直接责任人员，由其所在单位、上级机关、行政监察部门依法给予行政处分。

广告监督管理机关和广告审查机关的工作人员玩忽职守、滥用职权、徇私舞弊的，给予行政处分，构成犯罪的，依法追究刑事责任。

## 四、当事人不服行政处罚的处理办法

当事人对行政处罚决定不服的，可以在接到处罚通知之日起15日内向作出处罚决定的机关的上一级机关申请复议；当事人也可以在接到处罚通知之日起15日内直接向人民法院起诉。

复议机关应当在接到复议申请之日起60日内作出复议决定。当事人对复议决定不服的，可以在接到复议决定之日起15日内向人民法院起诉。复议机关逾期不作出复议决定的，当事人可以在复议期满之日起15日内向人民法院起诉。

当事人逾期不申请复议也不向人民法院起诉，又不履行处罚决定的，作出处罚决定的机关可以申请人民法院强制执行。

# 思考练习

(一) 单项选择题

1. (　　)应当对广告内容的真实性负责。

A. 广告主　　B. 广告发布者　　C. 广告经营者　　D. 广告代言人

2. 下列关于医疗、药品、医疗器械广告的说法错误的是(　　)。

A. 不得含有表示功效、安全性的断言或者保证的内容

B. 不得含有说明治愈率或者有效率的内容

C. 医疗、药品、医疗器械广告发布前需要经过广告审查机关审查广告内容

D. 可以利用广告代言人作推荐、证明

3. 下列关于假广告的说法错误的是(　　)。

A. 广告商品或者服务不存在的为虚假广告

B. 广告商品的性能与实际情况不符，对购买行为有实质性影响的为虚假广告

C. 两年内发布虚假广告 3 次以上或者有其他严重情节的，处广告费用 3 倍以上 5 倍以下的罚款

D. 广告以虚假或者引人误解的内容欺骗、误导消费者的，构成虚假广告

4. 不得利用不满(　　)周岁的未成年人作为广告代言人。

A. 8　　B. 10　　C. 12　　D. 14

5. 对在虚假广告中作推荐、证明受到行政处罚未满(　　)年的自然人、法人或者其他组织，不得利用其作为广告代言人。

A. 1　　B. 2　　C. 3　　D. 5

6. 以下可以利用中小学生和幼儿的教材、教辅材料、练习册文具、教具、校服、校车等发布或者变相发布广告的是(　　)。

A. 培训广告　　B. 食品广告　　C. 公益广告　　D. 教辅材料广告

7. 任何单位或者个人有权向工商行政管理部门和有关部门投诉、举报违反《广告法》的行为，接到投诉、举报的部门应当自收到投诉之日起(　　)内，予以处理并告知投诉人、举报人。

A. 7 日　　B. 7 个工作日　　C. 15 日　　D. 15 个工作日

8. 违反《广告法》规定，发布虚假广告的，由工商行政管理部门责令停止发布广告，责令广告主在相应范围内消除影响，处广告费用(　　)的罚款。

A. 1 倍以上 3 倍以下　　B. 1 倍以上 5 倍以下

C. 3 倍以上 5 倍以下　　D. 5 倍以上 10 倍以下

9. 对于违反《广告法》规定，发布虚假广告的广告主，其广告费用无法计算或者明显偏低的，由工商部门处以(　　)的罚款。

A. 1 万元以上 50 万元以下　　B. 15 万元以上 100 万元以下

C. 20 万元以上 50 万元以下　　D. 20 万元以上 100 万元以下

10. 两年内有(　　)次以上违法行为或者有其他严重情节的，可以吊销广告主营业执照。

A. 1　　B. 2　　C. 3　　D. 5

11. 广告经营者、广告发布者未按照国家有关规定建立、健全广告业务管理制度的，或者未对广告内容进行核对的，由工商行政管理部门责令改正，可以处(　　)以下的罚款。

A. 1 万元　　B. 3 万元　　C. 5 万元　　D. 10 万元

12. 利用互联网发布广告，未显著标明关闭标志，确保一键关闭的，由工商行政管理部门责令改正，对广告主处(　　)的罚款，

A. 3000 元以上 1 万元以下　　B. 5000 元以上 1 万元以下

C. 3000 元以上 3 万元以下　　D. 5000 元以上 3 万元以下

13. 伪造、变造或者转让广告审查批准文件的，由工商行政管理部门没收违法所得，并处(　　)的罚款。

A. 1 万元以上 5 万元以下　　B. 1 万元以上 10 万元以下

C. 3 万元以上 5 万元以下　　D. 3 万元以上 10 万元以下

14. 因发布虚假广告被吊销营业执照的公司、企业的法定代表人，对违法行为负有个人责任的，自该公司、企业被吊销营业执照之日起(　　)年内不得担任公司、企业的董事、监事、高级管理人员。

A. 1　　B. 2　　C. 3　　D. 5

15. 公共场所的管理者和电信业务经营者、互联网信息服务提供者，明知或者应知广告活动违法不予制止的，由工商行政管理部门没收违法所得，违法所得(　　)以上的，并处违法所得 1 倍以上 3 倍以下的罚款。

A. 1 万元　　B. 3 万元　　C. 5 万元　　D. 10 万元

16. 在针对未成年人的大众传播媒介上发布医疗、药品、保健食品、医疗器械、化妆品、酒类、美容广告的，由工商行政管理部门责令停止发布广告，对广告主处(　　)的罚款，情节严重的，可以吊销营业执照。

A. 10 万元以上 50 万元以下　　B. 20 万元以上 500 万元以下

C. 10 万元以上 100 万元以下　　D. 20 万元以上 100 万元以下

17. 酒类广告中出现饮酒的动作，由工商行政管理部门责令停止发布广告，责令广告主在相应范围内消除影响，处广告费用(　　)的罚款。

A. 1 倍以上 2 倍以下　　B. 1 倍以上 3 倍以下

C. 1 倍以上 5 倍以下　　D. 3 倍以上 5 倍以下

18. 以下说法错误的是(　　)。

A. 广告主、广告经营者、广告发布者之间在广告活动中应当依法订立书面合同

B. 广告中不得使用无民事行为能力人、限制民事行为能力人的名义或者形象的

C. 广告经营者、广告发布者应当公布其收费标准和收费办法

D. 广告发布者向广告主、广告经营者提供的覆盖率、收视率、点击率、发行量等资料应当真实

19. 下列可以开展商业广告活动的区域是(　　)。

A. 某中学操场　　B. 某小学教室　　C. 某大学食堂　　D. 某幼儿园内

20. 广告经营者、广告发布者未按要求公布其收费标准和收费办法，由以下(　　)予以查处。

A. 物价部门　　B. 工商部门　　C. 财政部门　　D. 新闻出版广电部门

**(二) 多项选择题**

1. (　　)规定广告中应当明示的内容，应当显著、清晰表示。

A. 法律　　B. 行政法规　　C. 部门规章　　D. 规范性文件

2. 广告中不得含有(　　)情形。

A. 使用国家机关的名义或者形象

B. 使用国家机关工作人员的名义或者形象

C. 变相使用国家机关的名义或者形象

D. 变相使用国家机关工作人员的名义或者形象

3. 下列产品不得作广告的是(　　)。

A. 麻醉药品　　B. 精神药品　　C. 放射性药品　　D. 处方药

4. 下列说法错误的的(　　)。

A. 经过有关部门批准，广告中可以使用“国家级”“最高级”“最佳”等用语

B. 广告不得妨碍社会安定，损害社会公共利益

C. 经过国家机关同意，可以在广告中使用该机关的名义或者形象

D. 未取得专利权的，不得在广告中谎称取得专利权

5. 下列产品或服务广告可以涉及疾病治疗功能的是(　　)。

A. 医疗广告　B. 药品广告　C. 保健食品广告　D. 医疗器械广告

6. 保健食品广告不得含有的内容有(　　)。

A. 表示功效、安全性的断言或者保证　B. 涉及疾病预防、治疗功能

C. 利用广告代言人作推荐、证明　D. 与药品、其他保健食品进行比较

7. 以下场所禁止设置烟草广告的有(　　)。

A. 体育馆　B. 公交车　C. 地铁　D. 烟草零售店

8. 酒类广告不得含有的内容有(　　)。

A. 诱导、怂恿饮酒或者宣传无节制饮酒　B. 出现饮酒的动作

C. 表现酒的酿造工艺　D. 明示或者暗示饮酒有消除紧张和焦虑等功效

9. 以下从事广告发布业务需要领取广告经营许可证的单位是(　　)。

A. 电视台　B. 广播电台　C. 报社　D. 互联网站

10. 在针对未成年人的大众传播媒介上不得发布的广告有(　　)。

A. 保健食品广告　B. 化妆品广告

C. 教辅材料广告　D. 教育培训广告

11. 以下情形不得设置户外广告的有(　　)。

A. 利用交通安全设施、交通标志的

B. 妨碍生产或者人民生活，损害市容市貌的

C. 在国家机关、文物保护单位等的建筑控制地带

D. 在县级以上地方人民政府禁止设置户外广告的区域

12. 以下广告应当在发布前由广告审查机关对广告内容进行审查，未经审查，不得发布的是(　　)。

A. 医疗广告　B. 培训广告　C. 酒类广告　D. 药品广告

13. 工商行政管理部门履行广告监督管理职责，可以行使的职权有(　　)。

A. 对涉嫌从事违法广告活动的场所实施现场检查

B. 要求涉嫌违法当事人限期提供有关证明文件

C. 查封、扣押与涉嫌违法广告直接相关的广告物品、经营工具、设备等财物

D. 责令暂停发布可能造成严重后果的涉嫌违法广告

14. 广告主、广告经营者、广告发布者违反《广告法》规定，需依法承担民事责任的行为有(　　)。

A. 在广告中损害未成年人或者残疾人的身心健康的

B. 假冒他人专利的

C. 贬低其他生产经营者的商品、服务的

D. 在广告中未经同意使用他人名义或者形象的

15. 以下人民政府可以设置户外广告禁止设置区域的是(　　)。

A. 市政府　B. 县政府　C. 区政府　D. 乡政府

16. 广告活动主体包括(　　)。

A. 广告主　B. 广告经营者　C. 广告发布者　D. 广告代言人

17. 下列说法错误的是(　　)。

A. 广告应当符合社会主义精神文明建设和弘扬中华民族优秀传统文化的要求

B. 广告中表明推销的商品或者服务附带赠送的，应当明示所附带赠送商品或者服务的品种、规格、数量、期限和方式

C. 广告中可以使用未授予专利权的专利申请

D. 保健食品广告可以涉及疾病预防功能

18. 关于房地产广告的说法正确的有(　　)。

A. 房地产广告中，房源信息应当真实

B. 房地产广告中，面积应当表明为建筑面积或者套内建筑面积

C. 项目位置可以用该项目到达某一具体参照物所需时间表示

D. 房地产广告在发布前应当由房地产管理部门进行审查

19. 关于教育培训广告的说法正确的有(　　)。

A. 不得对升学、通过考试、获得学位学历或者合格证书，或者对教育、培训的效果作出明示或者暗示的保证性承诺

B. 不得明示或者暗示有相关考试机构或者其工作人员、考试命题人员参与教育、培训

C. 不得利用科研单位、学术机构、教育机构、行业协会、专业人士、受益者的名义或者形象作推荐、证明

D. 不得利用中小学生和幼儿的校服、校车等发布

20. 关于农药、兽药广告的说法正确的有(　　)。

A. 不得含有表示功效、安全性的断言或者保证

B. 不得说明有效率

C. 不得利用科研单位、学术机构、技术推广机构、行业协会或者专业人士、用户的名义或者形象作推荐、证明

D. 发布前需要经过工商行政管理部门的审查

**(三) 案例分析题**

《××日报》于 2017 年 3 月 4 日、8 日、18 日、19 日共 4 次发布了“××湖别墅花园”房地产项目的广告。广告中称该花园为“设施最全高尚别墅区、现房别墅入住最快、租用别墅价位最低、置业包租回报最高”，等等。

该报社辖区内工商局认为上述广告内容违反了《广告法》的相关规定，在社会上造成不良影响，该辖区内工商部门拟对其违法行为予以查办。

问题：

(1) 上述广告内容违反了《广告法》第几条规定？为什么？

(2) 工商行政管理机关对上述情况应如何处理？

# 第十章 税法

【学习目的与要求】

本章的学习目的是掌握税收和税法的基本知识，主要掌握税收的概念、特征和职能，税法的概念、特征、基本原则、要素，以及流转税法、所得税法、财产税法和行为税法方面的知识。本章的重点是税法的基本原则、要素，以及流转税法和所得税法，难点是税法的要素、增值税法、关税法、所得税法。

## 第一节 税法概述

税收作为一种财政收入，在社会再生产过程中属于分配范畴。征税的过程，就是一部分社会产品和国民收入从社会成员手中转变为国家所有的分配过程。税收是实现国家政治、经济文化等职能的物质基础，是国家财政收入的主要来源。税收活动是国家参与社会产品分配和再分配的重要手段，也是国家进行宏观调控的杠杆。没有税收，国家机器就不能有效运作，国家也将难以存续。税法是经济法律制度体系中的一个重要组织部分，也是调整社会分配关系的基本法律规范。一个国家的税收制度总是通过税收立法加以明确规定的。

### 一、税收的概念和特点

(1) 税收的概念。税收是国家为实现其职能，凭借政治权力参与社会产品和国民收入分配，按照法定的标准和程序，无偿地、强制取得财政收入的分配关系。这种分配关系的主体是国家，客体是劳动人民创造的国民收入和积累的社会财富，目的是实现国家的职能。

(2) 税收的特点。税收与其他财政收入形式相比，具有强制性、无偿性、固定性的特点。

① 税收在征收上具有强制性。国家税务机关依照法律规定直接向纳税人征税，法律的强制力是导致税收特征的最直接原因。即税收以国家强制力为后盾，纳税与否不以纳税人的意志为征税的要件，纳税人必须依法纳税，否则国家通过法律强制力迫使纳税人履行纳税义务，并追究其相应的法律责任。

② 税收在缴纳性质上具有无偿性。即国家的征税过程，就是把纳税人所有的这部分产转移给国家所有，形成国家财政收入，不再返还给原纳税人，也不向纳税人支付任何报酬。

③ 税收在征税对象和标准上具有固定性。税收的法定性来源于税收法定原则，国家以法律的形式明确规定税收的纳税主体、征收对象和税率等基本要素，即通过税法把对什么征税、对谁征税和征多少税预先固定下来，不仅纳税人必须严格依法按时足额申报纳税，而且国家只能依法定程序和

标准征税。

## 二、税法的调整对象

税法是调整国家通过税务机关与纳税人之间产生的、无偿征收一定货币或者实物的税收的关系的法律规范的总称。税法是国家取得财政收入的重要保障，是国家税务机关对纳税人征税的法律依据，也是纳税人履行纳税义务的基本准则。为了加强国家对国民经济进行宏观调控，保障国家财政收入的稳定增长，我国制定和颁布了一系列有关税收方面的法律、法规和规章。税法的调整对象是税收关系。税收关系是指税收利益在各个相关主体之间进行分配时所产生的各种关系的总称，其核心内容就是税收利益的分配。税收关系包括国家与税收机关之间的税收归属关系，税务机关与纳税人之间的征纳关系及它们的衍生关系，如中央政府与地方政府之间的税收归属关系、税务机关与委托代征人的行政委托关系、其他行政机关或机构与税务机关的行政协助关系、代扣代缴义务人与纳税人之间的代扣代缴关系等。

## 三、税法的构成要素

税法的构成要素，又称课税要素，是指各种单行税法具有的共同的基本要素的总称。具体而言，税法的构成要素主要有以下几个。

(1) 总则。主要包括立法依据、立法目的、适用原则等。

(2) 纳税主体。纳税主体又称纳税人或纳税义务人，是指税法规定的直接负有纳税义务的单位和个人。纳税人有两种基本形式：自然人和法人。自然人和法人是两个相对称的法律概念。自然人是基于自然规律而出生的，有民事权利和义务的主体，包括本国公民，也包括外国人和无国籍人。法人是自然人的对称，法人是基于法律规定享有权利能力和行为能力，居于独立的财产和经费，依法独立承担民事责任的社会组织。我国的法人主要有四种：机关法人、事业法人、企业法人和社团法人。

(3) 征税对象。征税对象又称征税客体、课税对象，指税法规定对什么征税，它是征纳税双方权利义务共同指向的客体或标的物，是区别一种税与另一种税的重要标志。征税对象是税法最基本的要素，因为它体现着税收的最基本界限，决定着某一税种的基本征税范围，同时征税对象也决定了各个不同税种的名称。征税对象按其性质的不同，通常可划分为流转额、所得额、财产、资源、特定行为五大类，通常也因此将税收分为相应的五大类，即流转税(或称货物和劳务税)、所得税、财产税、资源税和特定行为税。

(4) 税目。税目是在税法中对征税对象分类规定的具体的征税项目，反映具体的征税范围，是对课税对象质的界定。有些税种的征税对象简单、明确，例如房产税等，但对大多数税种来说，一般征税对象都比较复杂，在具体征税时，对这些征税对象还必须作进一步划分并作出具体界限规定，这些规定的界限范围就是税目。

(5) 税率。税率是对征税对象的征收比例或征收额度，税率是计算税额的尺度，也是衡量税负轻重与否的重要标志。我国现行的税率主要有以下几种。

① 比例税率。即对同一征税对象，不分数额大小，规定相同的征收比例。我国的增值税、营业税、城市维护建设税、企业所得税等采用的是比例税率。比例税率在适用中又可分为三种具体形式：单一比例税率、差别比例税率、幅度比例税率。比例税率具有计算简单、税负透明度高、有利于保证财政收入、有利于纳税人公平竞争、不妨碍商品流转额或非商品营业额扩大等优点，符合税收效

率原则。

② 超额累进税率。指把征税对象按数额的大小分为若干等级，每一等级规定一个税率，税率依次提高，每一纳税人的征税对象则依所属等级同时适用几个税率分别计算，将结果相加后得出应纳税款。目前，我国采用这种税率的税种有个人所得税。

③ 定额税率。即按征税对象确定的计算单位，直接规定一个固定的税额。目前，采用定额税率的有资源税、城镇土地使用税、车船税等。

④ 超率累进税率。即以征税对象数额的相对率划分若干级距，分别规定相应的差别税率，相对率每超过一个级距的，对超过的部分就按高一级的税率计算征税。目前，我国税收体系中采用这种税率的是土地增值税。

(6) 纳税环节。纳税环节主要指税法规定的征税对象在从生产到消费的流转过程中应当缴纳税款的环节。合理选择纳税环节，对加强税收征管、有效控制税源、保证国家财政收入的及时、稳定、可靠，方便纳税人生产经营活动和财务核算，灵活机动地发挥税收调节经济的作用，具有十分重要的理论和实践意义。

(7) 纳税期限。纳税期限是指税法规定的关于税款缴纳时间方面的限定。它是衡量征纳双方是否按时行使征税权利和履行纳税义务的尺度。纳税期限一般分为按次征收和按期征收两种。在现代税制中，一般还将纳税期限分为缴税期限和申报期限两段，但也可以将申报期限内含于缴税期限之中。

(8) 纳税地点。纳税地点主要是指根据各个税种纳税对象的纳税环节和有利于对税款的源泉控制而规定的纳税人(包括代征、代扣、代缴义务人)的具体纳税地点。

(9) 减税免税。减税免税主要是对某些纳税人和征税对象采取减少征税或者免予征税的特殊规定。

(10) 罚则。罚则主要是指对纳税人违反税法的行为采取的处罚措施。

(11) 附则。附则一般规定与该法紧密相关的内容，比如该法的解释权、生效时间等。

# 第二节　流转税法

流转税法主要有《中华人民共和国增值税暂行条例》《中华人民共和国消费税暂行条例》。对于从事商品的生产、流通及加工、修理、修配的企业，以及服务性企业，执行《中华人民共和国增值税暂行条例》。从事特殊产品的生产及进口业务的，除缴纳增值税外，还需要缴纳消费税。

## 一、流转税法的概念

流转税法是调整以商品流转额和非商品流转额为征税对象的一系列税收关系的法律规范的总称。所谓商品流转额，是指在商品流转中因销售或购进商品而发生的货币收入或支出金额。所谓非商品流转额，是指各种劳务或服务性业务的收入金额。流转税包括增值税、消费税、营业税、关税等，是我国税收收入的主要来源。它在保证国家财政收入、配合价格政策、调节生产经营、促进经济核算方面有显著的作用。

## 二、增值税

增值税是以商品(含应税劳务)在流转过程中产生的增值额为征税对象的一种税。按照我国增值税法的规定，增值税是对在我国境内销售货物或者提供加工、修理修配劳务，以及进口货物的企业单位和个人，就其货物销售或提供劳务的增值额和货物进口金额为计税依据而课征的一种流转税。所谓增值额，是指纳税人在一定时期内销售产品或提供应税劳务所得收入超过其购进商品或劳务时所支出的差额部分。

**(一) 纳税主体**

在我国境内销售货物或者提供加工、修理、修配劳务，以及进口货物的单位和个人，为增值税的纳税主体。增值税的纳税人按其经营规模大小及会计核算是否健全，划分为一般纳税人和小规模纳税人。

(1) 一般纳税人。

① 生产货物或者提供应税劳务的纳税人，以及以生产货物或者提供应税劳务为主(即纳税人的货物生产或者提供应税劳务的年销售额占应税销售额的比重在50%以上)，并兼营货物批发或者零售的纳税人，年应税销售额超过50万的。

② 从事货物批发或者零售经营，年应税销售额超过80万元的。

(2) 小规模纳税人。

① 从事货物生产或者提供应税劳务的纳税人，以及从事货物生产或者提供应税劳务为主(即纳税人的货物生产或者提供劳务的年销售额占年应税销售额的比重在50%以上)，并兼营货物批发或者零售的纳税人，年应征增值税销售额(简称应税销售额)在50万元以下(含本数)的。

② 除上述规定以外的纳税人，年应税销售额在80万元以下(含本数)。

**(二) 税目、税率**

一般纳税人适用的税率有16%、10%、6%、零税率，共4档。

(1) 基本税率。增值税的基本税率定为16%，这一税率适用于大多数销售货物或者提供加工、修理修配劳务，进口货物，以及提供有形动产租赁服务。

(2) 10%税率。提供交通运输、邮政、基础电信、建筑、不动产租赁服务，销售不动产，销售土地使用权，销售粮食、食用植物油，销售自来水、暖气、冷气、热水、煤气、石油液化气、天然气、沼气、居民用煤炭制品，销售图书、报纸、杂志，销售饲料、化肥、农药、农机、农膜、农业产品，销售国务院规定的其他货物，税率为10%。

(3) 6%税率，这一税率适用于纳税人提供其他应税行为。

(4) 零税率，仅适用于纳税人出口货物等特殊业务。

另外，小规模纳税人销售货物或提供应税劳务取得的销售额，依照3%或5%的征收率计算征收增值税(见表10-1)。

**表10-1 增值税适用征收率表**

| 序号 | 税目 | 增值税征收率 |
|---|---|---|
| 1 | 陆路运输服务 | 3% |
| 2 | 水路运输服务 | 3% |
| 3 | 航空运输服务 | 3% |
| 4 | 管道运输服务 | 3% |
| 5 | 邮政普遍服务 | 3% |
| 6 | 邮政特殊服务 | 3% |
| 7 | 其他邮政服务 | 3% |

(续表)

| 序号 | 税目 | 增值税征收率 |
|---|---|---|
| 8 | 基础电信服务 | 3% |
| 9 | 增值电信服务 | 3% |
| 10 | 工程服务 | 3% |
| 11 | 安装服务 | 3% |
| 12 | 修缮服务 | 3% |
| 13 | 装饰服务 | 3% |
| 14 | 其他建筑服务 | 3% |
| 15 | 贷款服务 | 3% |
| 16 | 直接收费金融服务 | 3% |
| 17 | 保险服务 | 3% |
| 18 | 金融商品转让 | 3% |
| 19 | 研发和技术服务 | 3% |
| 20 | 信息技术服务 | 3% |
| 21 | 文化创意服务 | 3% |
| 22 | 物流辅助服务 | 3% |
| 23 | 有形动产租赁服务 | 3% |
| 24 | 不动产租赁服务 | 5% |
| 25 | 鉴证咨询服务 | 3% |
| 26 | 广播影视服务 | 3% |
| 27 | 商务辅助服务 | 3% |
| 28 | 其他现代服务 | 3% |
| 29 | 文化体育服务 | 3% |
| 30 | 教育医疗服务 | 3% |
| 31 | 旅游娱乐服务 | 3% |
| 32 | 餐饮住宿服务 | 3% |
| 33 | 居民日常服务 | 3% |
| 34 | 其他生活服务 | 3% |
| 35 | 销售无形资产 | 3% |
| 36 | 转让土地使用权 | 3% |
| 37 | 销售不动产 | 5% |
| 38 | 销售货物 | 3% |
| 39 | 粮食、食用植物油 | 3% |
| 40 | 自来水、暖气、冷气、热水、煤气、石油液化气、天然气、沼气、居民用煤炭制品 | 3% |
| 41 | 图书、报纸、杂志 | 3% |
| 42 | 饲料、化肥、农药、农机、农膜 | 3% |
| 43 | 农产品 | 3% |
| 44 | 音像制品 | 3% |
| 45 | 电子出版物 | 3% |
| 46 | 二甲醚 | 3% |

(续表)

| 序号 | 税目 | 增值税征收率 |
| --- | --- | --- |
| 47 | 国务院规定的其他货物 | 3% |
| 48 | 加工、修理修配劳务 | 3% |
| 49 | 一般纳税人提供建筑服务选择适用简易计税办法 | 3% |
| 50 | 小规模纳税人转让其取得的不动产 | 5% |
| 51 | 个人转让其购买的住房 | 5% |
| 52 | 房地产开发企业中的一般纳税人，销售自行开发的房地产项目，选择适用简易计税方法的 | 5% |
| 53 | 房地产开发企业中的小规模纳税人，销售自行开发的房地产项目 | 5% |
| 54 | 一般纳税人出租其 2016 年 4 月 30 日前取得的不动产，选择适用简易计税方法的 | 5% |
| 55 | 单位和个体工商户出租不动产(个体工商户出租住房减按 1.5%计算应纳税额) | 5% |
| 56 | 其他个人出租不动产(出租住房减按 1.5%计算应纳税额) | 5% |
| 57 | 一般纳税人转让其 2016 年 4 月 30 日前取得的不动产，选择适用简易计税方法计税的 | 5% |

在实际工作中，我们还需要根据具体的实施细则进行税务处理。一般纳税人取得进项发票。我们在日常业务活动中取得的进项发票有以下两类。

第一类：购进或进口货物(除下列 10%货物外)，支付加工、修理、修配劳务，租赁有形动产服务等，取得 16%增值税专用发票；支付交通运输、邮政、基础电信、建筑、租赁不动产服务，购买不动产、土地使用权，购买粮食、植物油、自来水、暖气、冷气、热水、煤气、石油液化气、天然气、沼气、居民用煤炭制品，购买图书、报纸、杂志，购买饲料、化肥、农药、农机、农膜、农业产品，购买国务院规定的其他货物，取得 10%增值税专用发票；除此之外，支付其他应税行为，取得 6%增值税专用发票，按规定可以取得 5%或 3%的增值税专用发票。

第二类：购进农产品(除购进用于生产销售或委托加工 16%税率货物的农产品)，按 10%的扣除率计算进项税额；购进用于生产销售或委托加工 16%税率货物的农产品，按 12%的扣除率计算进项税额。

此外，新增值税固定资产抵扣规定：购进的机器设备类固定资产或用于机器设备类固定资产在建工程的购进货物或者劳务允许抵扣，但购进的属于不动产的固定资产或用于不动产在建工程的购进货物或者劳务不允许抵扣。固定资产进项税抵扣是针对一般纳税人企业的，小规模纳税人不能抵扣。

同时，条例规定纳税人自用消费品的进项税额不得抵扣。自用消费品，指纳税人自用的应征消费税的游艇、汽车、摩托车等。

### (三) 税收优惠

(1) 营改增过渡期免征。

根据《营业税改征增值税试点过渡政策的规定》，下列项目免征增值税：①托儿所、幼儿园提供的保育和教育服务。②养老机构提供的养老服务。③残疾人福利机构提供的育养服务。④婚姻介绍服务。⑤殡葬服务。⑥残疾人员本人为社会提供的服务。⑦医疗机构提供的医疗服务。⑧从事学历教育的学校提供的教育服务。⑨学生勤工俭学提供的服务。⑩农业机耕、排灌、病虫害防治、植物保护、农牧保险以及相关技术培训业务，家禽、牲畜、水生动物的配种和疾病防治。⑪纪念馆、博物馆、文化馆、文物保护单位管理机构、美术馆、展览馆、书画院、图书馆在自己的场所提供文化体育服务取得的第一道门票收入。⑫寺院、宫观、清真寺和教堂举办文化、宗教活动的门票收入。⑬行政单位之外的其他单位收取的符合《营业税改征增值税试点实施办法》第 10 条规定条件的政府性基金和行政事业性收费。⑭个人转让著作。⑮个人销售自建自用住房。⑯2018 年 12 月 31 日前，公共租赁住房经营管理单位出租公共租赁住房。⑰台湾航运公司、航空公司从事海峡两岸海上直航、空中直航业务在大陆取得的运输收入。⑱纳税人提供的直接或者间接国际货物运输代理服务。⑲特定情况下的利息收入。⑳被撤销金融机构以货物、不动产、无形资产、有价证券、票据等财产清偿债务。㉑保险公司开办的一年期以上人身保险产品取得的保费收入。㉒特定情形的金融商品转让收入。㉓金融同业往来利息收入。㉔符合特定条件的担保机构从事中小企业信用担保或者再担保业务取得的收入(不含信用评级、咨询、培训等收入)3 年内免征增值税。㉕国家商品储备管理单位及其直属企业承担商品储备任务，从中央或地方财政取得的利息补贴收入和价差补贴收入。㉖纳税人提供技术转让、技术开发和与之相关的技术咨询、技术服务。㉗符合特定条件的合同能源管理服务。㉘2017 年 12 月 31 日前，科普单位的门票收入，以及县级及以上党政部门和科协开展科普活动的门票收入。㉙政府举办的从事学历教育的高等、中等和初等学校(不含下属单位)，举办进修班、培训班取得的全部归该学校所有的收入。㉚政府举办的职业学校设立的主要为在校学生提供实习场所，并由学校出资自办由学校负责经营管理、经营收入归学校所有的企业，从事《销售服务、无形资产或者不动产注释》中“现代服务”(不含融资租赁服务、广告服务和其他现代服务)、“生活服务”(不含文化体育服务、其他生活服务和桑拿、氧吧)业务活动取得的收入。㉛家政服务企业由员工制家政服务员提供家政服务取得的收入。㉜福利彩票、体育彩票的发行收入。㉝军队空余房产租赁收入。㉞为了配合国家住房制度改革，企业、行政事业单位按房改成本价、标准价出售住房取得的收入。㉟将土地使用权转让给农业生产者用于农业生产。㊱涉及家庭财产分割的个人无偿转让不动产、土地使用权；㊲土地所有者出让土地使用权和土地使用者将土地使用权归还给土地所有者。㊳县级以上地方人民政府或自然资源行政主管部门出让、转让或收回自然资源使用权(不含土地使用权)。㊴随军家属就业。㊵军队转业干部就业。

下列项目增值税即征即退：

① 一般纳税人提供管道运输服务，对其增值税实际税负超过 3%的部分实行增值税即征即退政策。

② 经人民银行、银监会或者商务部批准从事融资租赁业务的试点纳税人中的一般纳税人，提供有形动产融资租赁服务和有形动产融资性售后回租服务，对其增值税实际税负超过 3%的部分实行增值税即征即退政策。商务部授权的省级商务主管部门和国家经济技术开发区批准的从事融资租赁业务和融资性售后回租业务的试点纳税人中的一般纳税人，2016 年 5 月 1 日后实收资本达到 1.7 亿元的，从达到标准的当月起按照上述规定执行；2016 年 5 月 1 日后实收资本未达到 1.7 亿元但注册资本达到 17 亿元的，在 2016 年 7 月 31 日前仍可按照上述规定执行，2016 年 8 月 1 日后开展的有形动产融资租赁业务和有形动产融资性售后回收业务不得按照上述规定执行。

③ 本规定所称增值税实际税负，是指纳税人当期提供应税服务实际缴纳的增值税额占纳税人当期提供应税服务取得的全部价款和价外费用的比例。

此外，根据《营业税改征增值税试点过渡政策的规定》，对于退役士兵创业就业、重点群体创业就业的应税行为，采取扣减增值税的优惠措施。金融企业发放贷款后，自结息日起 90 天内发生的应收未收利息按现行规定缴纳增值税，自结息日起 90 天后发生的应收未收利息暂不缴纳增值税，待实际收到利息时按规定缴纳增值税。上述所称金融企业，是指银行(包括国有、集体、股份制、合资、外资银行，以及其他所有制形式的银行)、城市信用社、农村信用社、信托投资公司、财务公司。

个人将购买不足 2 年的住房对外销售的，按照 5%的征收率全额缴纳增值税；个人将购买 2 年以上(含2 年)的住房对外销售的，免征增值税。上述政策适用于北京市、上海市、广州市和深圳市之外的地区。个人将购买不足 2 年的住房对外销售的，按照 5%的征收率全额缴纳增值税；个人将购买 2

年以上(含 2 年)非普通住房对外销售的，以销售收入减去购买住房价款后的差额按照 5%的征收率缴纳增值税；个人将购买 2 年以上(含 2 年)的普通住房对外销售的，免征增值税。上述政策仅适用于北京市、上海市、广州市和深圳市。

(2) 增值税免征。

根据《增值税暂行条例》及其实施细则的规定，下列项目免征增值税：①农业生产者销售的自产农产品。②避孕药品和用具。③古旧图书。④直接用于科学研究、科学试验和教学的进口仪器、设备。⑤外国政府、国际组织无偿援助的进口物资和设备。⑥由残疾人的组织直接进口供残疾人专用的物品。⑦销售自己使用过的物品。

除上述规定外，增值税的免税、减税项目由国务院规定。任何地区、部门均不得规定免税、减税项目。纳税人兼营免税、减税项目的，应当分别核算免税、减税项目的销售额；未分别核算销售额的，不得免税、减税。

**(四) 计税依据及方法**

(1) 一般纳税人。

计算公式为：应纳税额＝当期销项税额－当期进项税额

销项税额＝销售额×税率

销售额＝含税销售额÷(1＋税率)

销项税额是指纳税人提供应税服务按照销售额和增值税税率计算的增值税额。

进项税额是指纳税人购进货物或者接受加工修理修配劳务和应税服务，支付或者负担的增值税税额。

(2) 小规模纳税人。

应纳税额＝销售额×征收率

销售额＝含税销售额÷(1＋征收率)

**【案例分析 10-1】**

某机械生产厂本月销售车床 200 万元(不含税)，同时对外承揽安装设备业务收入 50 万元(不含税)，应如何征税？

**【案例分析 10-2】**

某装修公司承接 A 公司一项包工不包料的装修工程，收取装修费 10 万元，另外将装饰材料销售给 B 单位，取得收入 2 万元，应如何征税？

**【案例分析 10-3】**

某工业企业(一般纳税人)，本月发生：

(1) 从农场购进水果 20 万元，货已入库；

(2) 从玻璃厂购进玻璃 10 万元，取得增值税专用发票上注明税款 1.6 万元；

(3) 从设备厂购进生产机器 5 万元，取得增值税专用发票上注明税款 0.8 万元；

(4) 从印刷厂(小规模纳税人)购进商标 2 万元，无专用发票。

当月销售货物，一批不含税价 10 万元，一批含税价 21.75 万元。

问题：计算该企业当月应纳增值税。

【案例分析 10-4】

某商贸公司 2017 年 1 月购进商品 50 万元，取得增值税专用发票，销售商品取得收入 40 万元(不含税价)；2 月购进商品 60 万元，取得增值税专用发票，销售商品取得收入 100 万元(不含税价)。

问题：计算该公司 1 月和 2 月应缴纳的增值税。

## 三、消费税

消费税是对特定的消费品和消费行为征收的一种流转税。消费税的征收范围是有选择的，这种选择性能够更好地体现国家的产业政策、消费政策，对产业结构调整及引导消费能起到积极作用。消费税的特征是：①只对一部分消费品和消费行为征税；②只在消费品生产、流通或消费的某一环节征税；③根据不同消费品的种类、档次、结构、功能等情况，制定不同的税率；④税负最终要转嫁到消费者身上，由消费者负担。

### (一) 纳税主体

在中国境内生产、委托加工和进口应税消费品的单位和个人。

### (二) 税目、税率(税额)

税目是征税对象的具体化。我国的消费税共有 15 个目，分别是烟、酒及酒精、高档化妆品、贵重首饰及珠宝玉石、鞭炮和焰火、成品油(包括汽油、柴油、石脑油、溶剂油、航空煤油、燃料油)、摩托车、小汽车、高尔夫球及球具、高档手表、游艇木制一次性筷子、实木地板、电池和涂料。

消费税实行的税率有比例税率和定额税率两种，根据不同的税目或子目确定相应的税率或单位税额。例如：高档化妆品税率为 15%，摩托车税率为 3%；黄酒、啤酒、汽油、柴油等分别按单位重量或单位体积确定单位税额。具体消费税税目、税率(税额)见表 10-2。

表 10-2 消费税税目、税率(税额)

| 税目 | 税率 |
|---|---|
| 一、烟 | |
| 1. 卷烟 | |
| (1) 甲类卷烟 | 56%加 0.003 元/支(生产环节) |
| (2) 乙类卷烟 | 36%加 0.003 元/支(生产环节) |
| (3) 批发环节 | 11%+0.005 元/支 |
| 2. 雪茄烟 | 36% |
| 3. 烟丝 | 30% |
| 二、酒及酒精 | |
| 1. 白酒 | 20%加 0.5 元/500 克(或者 500 毫升) |
| 2. 黄酒 | 240 元/吨 |
| 3. 啤酒 | |
| (1) 甲类啤酒 | 250 元/吨 |
| (2) 乙类啤酒 | 220 元/吨 |
| 4. 其他酒 | 10% |
| 三、高档化妆品 | 15% |
| 四、贵重首饰及珠宝玉石 | |
| 1. 金银首饰、铂金首饰和钻石及钻石饰品 | 5% |
| 2. 其他贵重首饰和珠宝玉石 | 10% |

(续表)

| 税目 | 税率 |
|---|---|
| 五、鞭炮和焰火 | 15% |
| 六、成品油 | |
| 1. 汽油 | 1.52 元/升 |
| 2. 柴油 | 1.2 元/升 |
| 3. 航空煤油 | 1.20 元/升(暂缓征收) |
| 4. 石脑油 | 1.52 元/升 |
| 5. 溶剂油 | 1.52 元/升 |
| 6. 润滑油 | 1.52 元/升 |
| 7. 燃料油 | 1.2 元/升 |
| 七、摩托车 | |
| 1. 汽缸容量(排气量，下同)在 250 毫升(含 250 毫升)以下的 | 3% |
| 2. 汽缸容量在 250 毫升以上的 | 10% |
| 八、小汽车 | |
| 1. 乘用车 | |
| (1) 汽缸容量(排气量，下同)在 1.0 升(含 1.0 升)以下的 | 1% |
| (2) 汽缸容量在 1.0 升以上至 1.5 升(含 1.5 升)的 | 3% |
| (3) 汽缸容量在 1.5 升以上至 2.0 升(含 2.0 升)的 | 5% |
| (4) 汽缸容量在 2.0 升以上至 2.5 升(含 2.5 升)的 | 9% |
| (5) 汽缸容量在 2.5 升以上至 3.0 升(含 3.0 升)的 | 12% |
| (6) 汽缸容量在 3.0 升以上至 4.0 升(含 4.0 升)的 | 25% |
| (7) 汽缸容量在 4.0 升以上 | 40% |
| 2. 中轻型商用客车 | 5% |
| 3.超豪华小汽车(不含税价大等于 130 万元的乘用车、中轻型商用客车) | 10% |
| 九、高尔夫球及球具 | 10% |
| 十、高档手表 | 20% |
| 十一、游艇 | 10% |
| 十二、木制一次性筷子 | 5% |
| 十三、实木地板 | 5% |
| 十四、电池 | |
| 1. 无汞原电池、金属氢化物镍蓄电池(又称“氢镍蓄电池”或“镍氢蓄电池”)、锂原电池、锂离子蓄电池、太阳能电池、燃料电池、全钒液流电池 | 4%(免征消费税) |
| 2. 铅蓄电池 | 4% |
| 十五、涂料 | |
| 施工状态下挥发性有机物含量<=420 克/升的涂料 | 4%(免征消费税) |

### (三) 计税依据及方法

消费税应纳税额的计算主要分为从价计征、从量计征和从价从量复合计征三种。

实行从价定率计算的应纳税额＝销售额(不含增值税额)×税率

实行从量定额计算的应纳税额＝销售数量×单位税额

实行从价从量复合计算的应纳税额＝销售数量×单位税额＋销售额(或组成计税价格)税率

**【案例分析 10-5】**

一瓶一斤装五粮液白酒出厂价为 200 元，则应纳消费税是多少？

**【案例分析 10-6】**

某摩托车生产厂，赞助某运动会一辆摩托车，当月无同类货物价格。摩托车生产成本为 9000 元，成本利润率为 6%，计算该厂应纳的消费税和增值税。

**【案例分析 10-7】**

某进出口贸易公司从国外进口 100 辆摩托车，每辆完税价格为 2000 元，关税为 700 元，消费税税率为 10%，增值税税率为 17%，计算进口时应纳消费税、增值税。

## 四、关税

关税是指设在边境、沿海口岸或国家指定的其他水、陆、空国际交往通道的海关，按照国家的规定，对进出国境的货物和物品所征收的一种税。关税分为进口税和出口税。关税是一种特殊的税种，是国家主权完整的重要表现。它是维护国家主权和经济利益，执行国家对外经济政策的重要手段。它通过对出口货物大部分免税、小部分征税来鼓励出口，增强产品的国际竞争力，保护国内的某些资源。它利用高低不同的税率及关税的减免，鼓励国内必需品的进口，有利于引进技术和先进设备。它还能促使企业加强经济核算，增加国家财政收入。

### (一) 纳税主体

关税的纳税主体是进口货物的收货人、出口货物发货人、进出境物品的所有人(持有人)和进口邮件的收件人。

### (二) 税目、税率

自 2002 年 1 月 1 日起，我国进口税则设有最惠国税率、协定税率、特惠税率、普通税率、关税配额税率等税率。我国对进口商品基本上都实行从价税，即以进口货物的完税价格作为计税依据，以应征税额占货物完税价格的百分比为税率。从 1997 年 7 月 1 日起，我国对部分产品实行从量税、复合税和滑准税。

我国出口税则为一栏税率，即出口税率。我国仅对少数资源性产品及易于竞相杀价、盲目进口需要规范出口秩序的半制成品征收出口关税。现行税则对 36 种商品计征出口关税，主要是鳗鱼苗、部分有色金属矿砂及其精矿、生锑、磷、氟钽酸钾、苯、山羊板皮、部分铁合金、钢铁废碎料、铜和铝原料及其制品、镍锭、锌锭、锑锭。出口商品税则税率一直未调整。但对于上述范围内的 23 种商品实行 0～20%的暂定税率，其中 16 种商品为零关税，6 种商品税率为 1%及以下。与进口暂定税率一样，出口暂定税率优先适用于出口税则中规定的出口税率比，我国真正征收出口关税的商品只有 20 种，税率也较低。

特别关税包括报复性关税、反倾销税与反补贴税、保障性关税。征收特别关税的货物适用国别、税率、期限和征收办法，由国务院关税税则委员会决定，海关总署负责实施。

### (三) 计税依据及方法

关税的征税对象是海关依照关税条例审定的完税价格。

从价税应纳税额的计算：关税税额＝应税进出口货物数量×单位完税价格税率

从量税应纳税额的计算：关税税额＝应税进出口货物数量×单位货物税额

复合税应纳税额的计算：关税税额＝应税进出口货物数量×单位货物税额＋应税进出口货物数量×单位完税价格×税率

滑准税应纳税额的计算：关税税额＝应进出口货物数量×单位完税价格×滑准税

# 第三节　所得税法

所得税又称为收益税，是以纳税人的所得额为征税对象的税。所谓所得税，是指纳税人在一定时期内由于生产经营取得的可用货币计量的收入，扣除为取得这些收入所需各种耗费后的净额。所得税属于直接税，其纳税人和实际负担人是一致的，可以直接调节纳税人的收入，是现代税收制度中的主体税种。我国的所得税主要分为企业所得税和个人所得税两大类。

## 一、企业所得税

企业所得税是指对内资企业的生产经营所得及其他所得征收的一种税。2017 年 2 月 24 日第十二届全国人民代表大会常务委员会第二十六次会议《关于修改〈中华人民共和国企业所得税法〉的决定》修正规定，我国内资企业和外商投资企业、外国企业统一适用的《企业所得税法》的基本法律规定主要内容如下。

### (一) 纳税主体

根据《企业所得税法》的规定，企业所得税的纳税主体是指在中华人民共和国境内实行独立经济核算的企业和其他取得收入的组织，包括国有企业、集体企业、私营企业、联营企业、股份制企业、外商投资企业、外国企业，以及有生产、经营所得和其他所得的其他组织，但个人独资企业、合伙企业除外。企业分为居民企业和非居民企业。居民企业是指依法在中国境内成立或者依照外国(地区)法律成立但实际管理机构在中国境内的企业。非居民企业是指依照外国(地区)法律成立且实际管理机构不在中国境内，但在中国境内设有机构、场所的，或者在中国境内未设有机构、场所，但有来源于中国境内所得的企业。居民企业应当就其来源于中国境内、境外的所得缴纳企业所得税。

### (二) 征税对象

企业每一纳税年度的收入总额，减除不征税收入、免税收入、各项扣除以及允许弥补的以前年度亏损后的余额，为应纳税所得额。

### (三) 税率

企业所得税的基本税率为 25%，适用于居民企业和在中国境内设有机构、场所且所得与机构、场所有关联的非居民企业。低税率为 20%，适用于在中国境内未设有机构、场所的，或虽设立机构、场所，但所得与其所设机构、场所没有实际联系的非居民企业，实际征税时适用 0%的税率。

### (四) 企业所得税应纳税额的计算

企业所得税的计算公式为：

应纳税额＝应纳税所得额×适用税率－减免和抵免税额

应纳税所得额＝每一纳税年度收入总额－不征收入－免税收入－按税法规定的各项扣除－允许弥补的以前年度亏损

### (五) 税收优惠

国家对重点扶持和鼓励发展的产业和项目，予企业所得税优惠。

企业的下列收入为免税收入：

(1) 国债利息收入。

(2) 符合条件的居民企业之间的股息、红利等权益性投资收益。

(3) 在中国境内设立机构、场所的非居民企业从居民企业取得与该机构、场所有实际联系的股息、红利等权益性投资收益。

(4) 符合条件的非营利组织的收入。

企业的下列所得，可以免征、减征企业所得税：

(1) 从事农、林、牧、渔业项目的所得。

(2) 从事国家重点扶持的公共基础设施项目投资经营的所得。

(3) 从事符合条件的环境保护、节能节水项目的所得。

(4) 符合条件的技术转让所得。

企业的下列支出，可以在计算应纳税所得额时加以扣除：

(1) 开发新技术、新产品、新工艺发生的研究开发费用。

(2) 安置残疾人员及国家鼓励安置的其他就业人员所支付的工资。

符合条件的小型微利企业，减按20%的税率征收企业所得税。国家需要重点扶持的高新技术企业，减按15%的税率征收企业所得税。

## 二、个人所得税

个人所得税是对个人所得额征收的一种税。它不分纳税人的国籍，适用于在中国境内的中外国籍的个人。根据2018年8月31日第十三届全国人民代表大会常务委员会第五次会议修订后的《中华人民共和国个人所得税法》(以下简称《个人所得税法》)规定，个人所得税的内容主要如下。

### (一) 纳税主体

在中国境内有住所，或者无住所而一个纳税年度内在中国境内居住累计满183的个人，为居民个人。居民个人从中国境内和境外取得的所得，依法缴纳个人所得税。

在中国境内无住所又不居住，或者无住所而一个纳税年度内在中国境内居住累计不满183天的个人，为非居民个人。非居民个人从中国境内取得的所得，依法缴纳个人所得税。

### (二) 征税对象

个人所得税的征税对象为：①工资、薪金所得；②劳务报酬所得；③稿酬所得；④特许权使用费所得；⑤经营所得；⑥利息、股息、红利所得；⑦财产租赁所得；⑧财产转让所得；⑨偶然所得。

居民个人取得上述第①项至第④项所得(以下称综合所得)，按纳税年度合并计算个人所得税；非居民个人取得前款第①项至第④项所得，按月或者按次分项计算个人所得税。纳税人取得上述第⑤项至第⑨项所得，依法分别计算个人所得税。

## (三) 税率

个人所得税实行超额累进税率与比例税率相结合的税率体系，具体分为以下三种情况。

(1) 综合所得，适用超额累进税率，税率为3%～45%，见表10-3。

表10-3 个人所得税税率表一(综合所得适用)

| 级数 | 全年应纳税所得额 | 税率(%) |
|---|---|---|
| 1 | 不超过36 000元的 | 3 |
| 2 | 超过36 000元至144 000元的部分 | 10 |
| 3 | 超过144 000元至300 000元的部分 | 20 |
| 4 | 超过300 000元至420 000元的部分 | 25 |
| 5 | 超过420 000元至660 000元的部分 | 30 |
| 6 | 超过660 000元至960 000元的部分 | 35 |
| 7 | 超过960 000元的部分 | 45 |

注1: 本表所称全年应纳税所得额是指居民个人取得综合所得，以每一纳税年度收入额减除费用六万元以及专项扣除、专项附加扣除和依法确定的其他扣除后的余额。

注2: 非居民个人取得工资、薪金所得，劳务报酬所得，稿酬所得和特许权使用费所得，依照本表按月换算后计算应纳税额。

(2) 经营所得，适用5%~35%超额累进税率，见表10-4。

表10-4 个人所得税税率表二(经营所得适用)

| 级数 | 全年应纳税所得额 | 税率(%) |
|---|---|---|
| 1 | 不超过30 000元的 | 5 |
| 2 | 超过30 000元至90 000元的部分 | 10 |
| 3 | 超过90 000元至300 000元的部分 | 20 |
| 4 | 超过300 000元至500 000元的部分 | 30 |
| 5 | 超过500 000元的部分 | 35 |

注: 本表所称全年应纳税所得额是指以每一纳税年度的收入总额减除成本、费用以及损失后的余额。

(3) 利息、股息、红利所得，财产租赁所得，财产转让所得，偶然所得，适用比例税率，税率为20%。

## (四) 应纳税所得额的计算

(1) 居民个人的综合所得，以每一纳税年度的收入额减除费用60 000元以及专项扣除、专项附加扣除和依法确定的其他扣除后的余额，为应纳税所得额。

其中的专项扣除，包括居民个人按照国家规定的范围和标准缴纳的基本养老保险、基本医疗保险、失业保险等社会保险费和住房公积金等；专项附加扣除，包括子女教育、继续教育、大病医疗、住房贷款利息或者住房租金、赡养老人等支出，具体范围、标准和实施步骤由国务院确定，并报全国人民代表大会常务委员会备案。

公安、人民银行、金融监督管理等相关部门应当协助税务机关确认纳税人的身份、金融账户信息。教育、卫生、医疗保障、民政、人力资源社会保障、住房城乡建设、公安、人民银行、金融监督管理等相关部门应当向税务机关提供纳税人子女教育、继续教育、大病医疗、住房贷款利息、住房租金、赡养老人等专项附加扣除信息。

(2) 非居民个人的工资、薪金所得，以每月收入额减除费用5000元后的余额为应纳税所得额。

(3) 劳务报酬所得、稿酬所得、特许权使用费所得，以收入减除20%的费用后的余额为收入额，以每次收入额为应纳税所得额。稿酬所得的收入额减按70%计算。

(4) 经营所得，以每一纳税年度的收入总额减除成本、费用以及损失后的余额，为应纳税所得额。

(5) 财产租赁所得，每次收入不超过4000元的，减除费用800元；4000元以上的，减除20%的费用，其余额为应纳税所得额。

(6) 财产转让所得，以转让财产的收入额减除财产原值和合理费用后的余额，为应纳税所得额。

(7) 利息、股息、红利所得，偶然所得，以每次收入额为应纳税所得额。

个人将其所得对教育、扶贫、济困等公益慈善事业进行捐赠，捐赠额未超过纳税人申报的应纳税所得额30%的部分，可以从其应纳税所得额中扣除；国务院规定对公益慈善事业捐赠实行全额税前扣除的，从其规定。

**(五) 减免税**

(1) 减税项目。

有下列情形之一的，可以减征个人所得税，具体幅度和期限，由省、自治区、直辖市人民政府规定，并报同级人民代表大会常务委员会备案：

① 残疾、孤老人员和烈属的所得。

② 因自然灾害遭受重大损失的。

③ 其他经国务院财政部门批准减税的(国务院可以规定其他减税情形，报全国人民代表大会常务委员会备案)。

(2) 免税项目。

下列各项个人所得，免征个人所得税：

① 省级人民政府、国务院部委和中国人民解放军军以上单位，以及外国组织、国际组织颁发的科学、教育、技术、文化、卫生、体育、环境保护等方面的奖金。

② 国债和国家发行的金融债券利息。

③ 按照国家统一规定发给的补贴津贴。

④ 福利费、抚恤金、救济金。

⑤ 保险赔款。

⑥ 军人的转业费、复员费、退役金。

⑦ 按照国家统一规定发给干部、职工的安家费、退职费、基本养老金或者退休费、离休费、离休生活补助费。

⑧ 依照有关法律规定应予免税的各国驻使馆、领事馆的外交代表、领事官员和其他人员所得。

⑨ 中国政府参加的国际公约、签订的协议中规定免税的所得。

⑩ 经国务院规定的其他免税所得(由国务院报全国人民代表大会常务委员会备案)。

(3) 财政部、国家税务总局规定的减免税项目。

根据财政部、国家税务总局的相关规定，下列所得，暂免征收个人所得税：

① 外籍个人以非现金形式或实报实销形式取得的住房补贴、伙食补贴、搬迁费、洗衣费，外籍个人按合理标准取得的境内、境外出差补贴，外籍个人取得的探亲费、语言训练费和子女教育费补贴，外籍个人从外商投资企业取得的股息、红利所得。

② 凡符合下列条件之一的外籍专家取得的工资、薪金所得，可免征个人所得税：根据世界银行

专项贷款协议由世界银行直接派往我国工作的外国专家；联合国组织直接派往我国工作的专家；为联合国援助项目来华工作的专家援助国派往我国专为该国援助项目工作的专家；根据两国政府签订的文化交流项目来华工作 2 年以内的文教专家，其工资、薪金所得该国负担的；根据我国大专院校国际交流项目来华工作 2 年以内的文教专家，其工资、薪金所得由该国负担的；通过民间科研协定来华工作的专家，其工资、薪金所得由该国政府机构负担的。

③ 个人举报、协查各种违法、犯罪行为而获得的奖金。

④ 个人办理代扣代缴手续，按规定取得的扣缴手续费。

⑤ 个人转让自用达 5 年以上，并且是唯一的家庭生活用房取得的所得。

⑥ 对个人购买福利彩票、体育彩票，一次中奖收入在 1 万元以下的(含 1 万元)暂免征收个人所得税，超过 1 万元的按全额缴纳个人所得税。

⑦ 达到离休、退休年龄，但确因工作需要，适当延长离休、退休年龄的高级专家(指享受国家发放的政府特殊津贴的专家学者)，其在延长离休、退休期间的工资薪金所得，视同离休、退休工资免纳个人所得税。

⑧ 企业依照国家有关法律规定宣告破产，企业职工从该破产企业取得的一次性安置费收入，免纳个人所得税。

⑨ 个人因与用人单位解除劳动关系而取得的一次性补偿收入(包括用人单位发放的经济补偿金、生活补助费和其他补助费用)，其收入在当地上年职工平均工资 3 倍数额以内的部分，免纳个人所得税；超过该标准的须按财税〔2001〕157 号件的规定计缴个人所得税。

⑩ 企业和个人按照国家或地方政府规定的比例提取并向指定金融机构实际缴付的住房公积金、医疗保险金、基本养老保险金以及按照《失业保险条例》规定的比例实际缴付的失业保险费(金)，均不计入个人当期的工资、薪金收入，免予缴纳个人所得税。

⑪ 个人领取原提存的住房公积金、医疗保险金、基本养老保险金以及具备《失业保险条例》规定条件的失业人员领取的失业保险金，免纳个人所得税。

⑫ 个人取得的教育储蓄存款利息所得和按照国家或省级地方政府规定的比例缴付的住房公积金、医疗保险金、基本养老保险金、失业保险金存入银行个人账户所取得的利息所得，免予征收个人所得税。

⑬ 对被拆迁人按照国家有关城镇房屋拆迁管理办法规定的标准取得的拆迁补偿款，免征个人所得税。

⑭ 对乡、镇(含乡镇)以上人民政府或经县(含县)以上人民政府主管部门批准成立的有机构有章程的见义勇为基金或类似性质组织，奖励见义勇为者的奖金或奖品，经税务主管部门核准，免征个人所得税。

⑮ 生育妇女按照县级以上人民政府根据国家有关规定制定的生育保险办法取得的生育津贴、生育医疗费或者其他属于生育保险性质的津贴、补贴，免征个人所得税。

⑯ 股权分置改革中非流通股股东通过对价方式向流通股股东支付的股份、现金等收入，暂免征收流通股股东应缴纳的个人所得税。

⑰ 个人取得单张有奖发票奖金所得不超过 800 元(含 800 元)的，暂免征收个人所得税。

⑱ 自 2006 年 6 月 1 日起，对保险营销员佣金中的展业成本，不征收个人所得税。所谓“展业成本”即营销费。根据目前保险营销员展业的实际情况，佣金中的展业成本的比例暂定为 40%。

⑲ 科研机构、高等学校转化职务科技成果以股份或出资比例等股权形式予以个人奖励，经主管税务机关审核后，暂不征收个人所得税。

⑳ 证券经纪人佣金收入由展业成本和劳务报酬构成，对展业成本部分不征收个人所得税。

㉑ 根据《个人所得税法》第4条第1项关于国务院部委颁发的教育等方面的奖金免征个人所得税的规定，对学生个人参与“明天小小科学家”活动获得的奖金，免予征收个人所得税。

㉒ 对工伤职工及其近亲属按照《工伤保险条例》(国务院令第586号)规定取得的工伤保险待遇，免征个人所得税。

㉓ 企业和个人取得的2012年及以后年度发行的地方政府债券利息收入，免征企业所得税和个人所得税。

㉔ 自2016年1月1日起，对个人投资者从投保基金公司取得的行政和解金，暂免征收个人所得税，等等。

**【案例分析 10-8】**

中国公民李某为某大学的教授，每月工资为10000元，“三险一金”专项扣除为2000元，每月租金4000元，有一姐姐，有一子女上幼儿园，同时父母已经60多岁。

问题：2019年1—12月的个人所得税为多少？

**【案例分析 10-9】**

中国公民何某2019年4月份与朋友王某共同出版一本小说，共取得稿酬50 000元，何某与王某平分稿酬，各取得收入25 000元。同时，何某4月工资为10 000元，何某是独生子女，未婚，未育，每月“三险一金” 个人负担部分为1000元，首套住房贷款利息支出每月 5000元，尚在偿还贷款期间，其父母健在，皆已60岁以上。

问题：4月份何某应缴纳个人所得税为多少？

**【案例分析 10-10】**

中国公民陈某与一家培训机构签订了半年的劳务合同，合同规定，从6月起每周六为该培训机构授课一次，每次报酬700元，当月为培训机构授课4次，同时，陈某所在的单位该月工资为10 000元，其是独生子女，未婚，未育，每月“三险一金” 个人负担部分为2000元，父母双亡，第一套房款已经付清，第二套房款贷款利息支出每月5000元，尚在偿还贷款期间。

问题：陈某6月份应缴纳个人所得税为多少？

# 第四节　财产、行为和资源税法

## 一、财产税

财产税是以法人和自然人拥有和归其支配的财产为对象所征收的一类税，主要包括房产税、契税等税种。财产税的纳税人可以包括财产的所有人或占有人。财产税可以是根据估价确定的应税财产的价值来进行计算，也可以是对应税财产的收益计算征税。财产税是一种地方税，用以满足地方政府的财政支出。作为现代大税收体系的一个独立体系，它在为政府特别是在为地方政府筹集财政收入和调节社会财政等方面发挥着其他税种不可替代的作用。

### (一) 房产税

房产税是以房屋为征税对象，按照房屋的计税余值或租金收入，向产权所有人征收的一种财产税。

房产税的征税范围是在城市、县城、建制镇和工矿区，不涉及农村。房产税以征税范围内的房屋产权所有人为纳税人。其中，产权属国家所有的，由经营管理单位纳税；产权属集体和个人所有的，由集体单位和个人缴纳；产权出典的，由承典人纳税：产权所有人、承典人不在房产所在地的，由房产代管人或者使用人纳税；产权未确定及租典纠纷未解决的，由房产代管人或者使用人纳税；无租使用其他房产的，由使用人代为缴纳；自2009年1月1日起，外商投资企业、外国企业和组织及外籍个人，应依法缴纳房产税。

房产税的计税依据是房产的计税价值或房产的租金收入。我国现行房产税采用的是比例税率。房产税的计税依据分为从价计征和从租计征两种形式，一种是按房屋原值一次减除10%～30%后的余值计征的，税率为1.2%；另一种是按房产出租的租金收入计征的，税率为12%。从2001年1月1日起，对个人按市价格出租的居民住房，用于居住的，可暂减按4%的税率征收房产税。

房产税应纳税额的计算方法有两种：一种是从价计征，应纳税额＝房产原值×(1－扣除比例)×1.2%；第二种是从租计征，应纳税额＝租金收入×12%或4%。

**【案例分析 10-11】**

某企业有房产原值1200万元，2016年5月1日将其中的40%用于对外投资，不承担投资风险，投资期限为3年，当年取得固定利润分红24万元。已知当地政府规定的扣除比例为20%，企业采取简易计税方法。

问题：该企业2016年度应缴纳的房产税为多少？

### (二) 契税

契税是以在中华人民共和国境内转移土地、房屋权属为征税对象，向产权承受人征收的一种财产税。

契税的纳税义务人是境内转移土地、房屋权属承受的单位和个人。契税实行3%～5%的幅度税率，各省、自治区、直辖市人民政府按照本地区实际情况决定具体税率。

契税的计税依据为不动产的价格，由于土地、房屋权属转移方式不同，定价方法不同，因而具体计税依据视情况不同而定，主要包括：

① 国有土地使用权出让、土地使用权出售、房屋买卖，以成交价格为计税依据。

② 土地使用权赠与、房屋赠与，由征收机关参照土地使用权出售房屋买卖的市场价格核定。

③ 土地使用权交换、房屋交换，为所交换的土地使用权、房屋的价格差额。

④ 以划拨方式取得土地使用权，经批准转让房地产时，由房地产转让者补交契税，计税依据为补交的土地使用权出让费用或者土地收益。

契税采用比例税率，应纳税额的计算公式为：应纳税额＝计税依据×税率。

**【案例分析 10-12】**

居民乙因拖欠居民甲180万元款项无力偿还，2010年6月经当地有关部门调解，以房产抵偿该笔债务，居民甲因此取得该房产的产权并支付给居民乙差价款20万元。假定当地省政府规定的契税税率为5%。

问题：居民甲应缴纳契税为多少？

## 二、行为税

行为税是以纳税人的某些特定行为为课税对象的一类税。行为税的最大特点是征纳行为的发生具有偶然性或一次性，属于行为税的税种较多，主要有车船税、印花税、城镇土地使用税、城市维护建设税、车辆购置税、土地增值税等。由于行为税中很多税种是国家根据一定时期的客观需要征收的，大部分是为了限制某种特定的行为而开征的，因此，行为税各个税种的具体课征对象差异较大，征收制度各不相同。行为税税源零星，征收管理难度较大，又多为地方税，在税法体系中此类税收一般作为辅助税种存在。

### (一) 车船税

车船税是指对中国境内车船管理部门登记的车辆、船舶(以下简称车船)依法征收的一种税。车船税的纳税人为在中国境内拥有或者管理车辆的单位和个人。由于租赁关系，拥有人与使用人不一致时，如拥有人未缴车船税，使用人应代为缴纳车船税。车船税的征税范围包括：①载客汽车(包括电车)；②载货汽车(包括半挂牵引车、挂车)；③三轮汽车、低速货车；④摩托车；⑤船舶(包括拖船和非机动驳船)；⑥专项作业车、轮式专用机械车。

车船税的计税依据包括：①载客汽车、电车、摩托车，以每辆为计税依据；②载货汽车、三轮汽车、低速货车，按自重每吨为计税依据；③船舶，按净吨位每吨为计税依据。

车船税根据车船分别采用有幅度的定额税率，具体见表 10-5。

表 10-5　车船税税目税额表

| 税目 | 计税单位 | 每年税额(元) | 备注 |
|---|---|---|---|
| 载客汽车 | 每辆 | 60～660 | 包括电车 |
| 载货汽车专项作业车 | 按自重每吨 | 16～120 | 包括半挂牵引车、挂车 |
| 三轮汽车低速货车 | 按自重每吨 | 24～120 | |
| 摩托车 | 每辆 | 36～180 | 拖船和非机动驳船分别 |
| 船舶 | 按净吨位每吨 | 3～6 | 按船舶税额的 50%计算 |

### (二) 印花税

印花税是对经济活动和经济交往中书立、行使、领受应税凭证的单位和个人征收的一种税。印花税的纳税人是指在我国境内书立、领受应税凭证的单位和个人。

印花税的征税范围包括：①合同或者具有合同性质的凭证；②产权转移书据；③营业账簿；④权利、许可证照，包括商标注册证、专利证书、工商营业执照、房屋产权证、土地使用证；⑤经财政部确定征税的其他凭证。

印花税采用比例税率和定额税率两种形式。各类经济合同及合同性质的凭证、记载资金的账簿和产权转移书据等适用比例税率。其他营业账簿、权利、许可证照等，规定按件定额征税。

印花税的计税依据包括：

① 合同以凭证所载金额为计税依据。

② 营业账簿中记载资金的账簿，以“实收资本”和“资本公积”两项的合计金额为计税依据。

③ 不记载金额的账簿和辅助性账簿、权利许可证照(房屋产权证、营业执照、专利证)，以件数作为计税依据。

印花税应纳税额的计算：

① 实行比例税率的凭证，应纳税额＝应税凭证计税金额×比例税率。

② 实行的定额税率的凭证，应纳税额＝应税凭证计税件数×定额税率。

③ 营业账簿中记载资金的账簿，应纳税额＝(实收资本＋资本公积)×0.5%。

**【案例分析 10-13】**

某汽车运输公司 2016 年 11 月购置客车 3 辆并办理了相关手续，未签订合同；2016 年 12 月与甲企业签订货物运输合同，合同记载材料价款 100 万元，运输费 10 万元，装卸费 2 万元，保险费 3 万元。

问题：该运输公司 2016 年缴纳的车船税为多少？

**(三) 城镇土地使用税**

城镇土地使用税，是对在城市、县城、建制镇和工矿区使用土地的单位和个人，以其实际占用的土地面积为计税依据，实行从量定额征收的一种税。城镇土地使用税的纳税人是在城市、县城、建制镇和工矿区使用土地的单位和个人，包括外商投资企业、外国企业和外籍个人。凡是城市、县城、建制镇和工矿区范围内的土地，不论是国家所有还是集体所有，均属城镇土地使用税的征税范围。城镇土地使用税的计税依据是纳税人实际占用土地的面积。省级政府组织测定的，以测定的土地面积为准；尚未测定，有土地使用权证书的，以证书确定的土地面积为准；尚未核发土地使用权证书的，由纳税人据实申报土地面积，待核发土地使用权证书后再作调整。城镇土地使用税采用有幅度的定额税率。以每平方米年税额为单位，按大、中、小城市和县城、建制镇、工矿区分别确定税额。大、中、小城市以公安部门登记在册的非农业正式户口人数为依据，按照国务院颁布的《城市规划条例》规定的标准划分。人口在 50 万以上者为大城市；人口在 20 万～50 万之间者为中城市；人口在 20 万以下者为小城市。城镇土地使用税税率表见 10-6。

表 10-6　城镇土地使用税税率

| 级别 | 人口(人) | 每平方米税额(元) |
|---|---|---|
| 大城市 | 50 万以上 | 1.5～30 |
| 中等城市 | 20 万～50 万 | 1.2～24 |
| 小城市 | 20 万以下 | 0.9～18 |
| 县城、建制镇、工矿区 | | 0.6～12 |

各省、自治区、直辖市人民政府可根据市政建设情况和经济繁荣程度在规定税额幅度内确定所辖地区的适用税额幅度。

城镇土地使用税实行按年计算，分期缴纳，其应纳税额的计算为：应纳税额＝实际占用应税土地面积(平方米)×适用税额。

**【案例分析 10-14】**

某市乳制品加工企业 2016 年占地 60 000 平方米，其中办公占地 5000 平方米，奶牛养殖基地占地 28 000 平方米，肉制品加工车间占地 16 000 平方米，企业内部道路及绿化占地 11 000 平方米。企业所在地城镇土地使用税单位税额每平方米 0.8 元。

问题：该企业全年应缴纳城镇土地使用税多少元？

### (四) 城市维护建设税

城市维护建设税，是指以单位和个人实际缴纳增值税、消费税、营业税(以下简称“三税”)的税额为计税依据而征收的一种税。城市维护建设税属于附加税。城市维护建设税的纳税人，是从事工商经营，缴纳“三税”的单位和个人。外商投资企业、外国企业和进口货物者不征收城市维护建设税。城市维护建设税的计税依据是纳税人实缴的“三税”税额，不包括纳税人违反“三税”而加收的滞纳金和罚款。纳税人在被查补“三税”和被处以罚款时，应同时对其偷漏的城市维护建设税进行补税、征收滞纳金和罚款。纳税人免征、减征“三税”，也减免城市维护建设税。纳税人出口退还增值税与消费税，不退还城市维护建设税。城市维护建设税的适用税率，应当按纳税人所在地的规定税率执行。但是，由受托方代扣代缴“三税”的单位和个人，其代扣代缴、代收代缴法人的城市维护建设税按照受托方所在地的适用税率执行。

城建税按纳税人所在地的不同，设置了三档地区差别比例税率，即

(1) 纳税人所在地为市区的，税率为7%。

(2) 纳税人所在地为县城、镇的，税率为5%。

(3) 纳税人所在地不在市区、县城或者镇的，税率为1%。

城市维护建设税应纳税额的计算为：应纳税额＝(增值税＋消费税＋营业税)×适用税率。

**【案例分析 10-15】**

位于市区的甲企业2015年7月销售产品缴纳增值税和消费税共计50万元，被税务机关查补增值税15万元并处罚款5万元。

问题：甲企业7月应缴纳的城市维护建设税为多少？

### (五) 车辆购置税

车辆购置税，是国家对购置应税车辆的单位和个人，以其购置车辆的计税价格为计税依据，按照规定的税率计算并一次性征收的一种税。车辆购置税实行单环节征收，购置已征车辆购置税的车辆，不再征收车辆购置税。车辆购置税的纳税人是在我国境内购置车辆的单位和个人，包括以购买、进口、自产、受赠、获奖等方式取得并自用应税车辆的行为。车辆购置税的征税范围包括汽车、摩托车、电车、挂车、农用运输车。车辆购置税的计税依据包括：

① 纳税人购买自用的应税车辆的计税价格，为纳税人购买应税车辆而支付给销售者的全部价款和价外费用，不包括增值税税款。

② 纳税人进口自用的应税车辆计税价格的计算公式为：计税价格＝关税完税价格＋关税＋消费税。

③ 纳税人自产、受赠、获奖或者以其他方式取得并自用的应税车辆的计税价格，由主管税务机关参照最低计税价格核定。

车辆购置税实行10%的固定比例税率。车辆购置税应纳税额的计算为：应纳税额＝计税价格×10%。

**【案例分析 10-16】**

某汽车贸易公司2017年3月进口11辆小轿车，海关审定的关税完税价格为25万元/辆，当月销售8辆，取得含税销售收入240万元；2辆公司自用，1辆用于抵偿债务，合同约定的含税价格为30万元。

问题：该公司应纳车辆购置税为多少？(小轿车关税税率28%，消费税税率为9%)

### (六) 土地增值税

土地增值税，是对有偿转让国有土地使用权地上建筑物和其他附着物产权并取得增值收入的单

位和个人征收的一种税。土地增值的纳税人为转让国有土地使用权、地上的建筑物及其附着物(简称转让房地产)并取得收入的单位和个人。土地增值税的征税范围包括转让国有土地使用权、地上的建筑物及其附着物连同国有土地使用权一并转让。

在实际工作中，可以通过以下几条标准来判定：

① 转让的土地使用权必须是国家所有。

② 土地使用权、地上的建筑物及其附着物的产权必须发生转让。

③ 必须取得转让收入。

以继承、赠与方式无偿转让房地产的行为，以及房地产的出租、抵押等转让房产产权、土地使用权的行为不缴纳土地增值税。从 2008 年 11 月 1 日起，对个人销售住房暂免征收土地增值税。土地增值税实行四级超率累进税率：

(1) 增值额未超过扣除项目金额 50%的部分，税率为 30%。

(2) 增值额超过扣除项目金额 50%，未超过扣除项目金额 100%的部分，税率为 40%。

(3) 增值额超过扣除金额 100%，未超过扣除项目金额 200%的部分，税率为 50%。

(4) 增值额超过扣除项目金额 200%的部分，税率为 60%。

土地增值税的计税依据是纳税人转让房地产所取得的增值额。土地增值税应在转让房地产合同签订的 7 日内，到房地产所在地主管税务机关申报纳税。

**【案例分析 10-17】**

某生产企业 2015 年销售一栋 8 年前建造的办公楼，取得销售收入 1200 万元。该办公楼原值 700 万元，已计提折旧 400 万元。经房地产评估机构评估，该办公楼的重置成本为 1400 万元，成新度折扣率为五成，销售时缴纳各种税费共计 72 万元。

问题：该生产企业销售办公楼应缴纳土地增值税为多少？

## 三、资源税

资源税，是国家对我国境内从事资源税法规定的资源开发的单位和个人，因资源生产和开发条件的差异而形成的级差收入征收的一种税。在我国境内开采应税矿产品和生产盐的单位和个人，是资源税的纳税人。资源税的征税范围包括矿产品和盐。资源税采用定额税率，实行从量定额征收。

资源税税目、税额包括七大类，在 7 个税目下面又设有若干个子目。其税率见表 10-7。现行资源税的税目及子目主要是根据资源税应税产品和纳税人开采资源的行业特点设置的。

表 10-7 资源税税目及税率表

| 税目 | | 税率 |
|---|---|---|
| 一、原油 | | 销售额的 5%～10% |
| 二、天然气 | | 销售额的 5%～10% |
| 三、煤炭 | 焦煤 | 每吨 8～20 元 |
| | 其他煤炭 | 每吨 0.3～5 元 |
| 四、其他非金属矿原矿 | 普通非金属矿原矿 | 每吨或者每立方米 0.5～20 元 |
| | 贵重非金属矿原矿 | 每千克或者每克拉 0.5～20 元 |
| 五、黑色金属矿原矿 | | 每吨 2～30 元 |
| 六、有色金属矿原矿 | 稀土矿 | 每吨 0.4～60 元 |
| | 其他有色金属矿原矿 | 每吨 0.4～30 元 |

(续表)

| 税目 | | 税率 |
|---|---|---|
| 七、盐 | 固体盐 | 每吨 10～60 元 |
| | 液体盐 | 每吨 2～10 元 |

资源税的课税数量是计算资源税应纳税额的计税依据，包括：

① 纳税人开采或生产应税产品销售的，以“销售数量”为课税数量。

② 纳税人自用的，以“自用数量”为课税数量。

③ 扣缴义务人代扣代缴资源税的，以“收购数量”为课税数量。

④ 纳税人不能准确提供应税产品数量的，以应税产品的“产量”为课税数量。

⑤ 原油中的稠油、高凝油与稀油划分不清的，一律按原油的数量为课税数量。

资源税应纳税额的计算为：应纳税额＝课税数量×单位税额。

**【案例分析 10-18】**

某煤矿将外购原煤和自采原煤按照 2∶1 的比例混合在一起销售，7 月销售混合原煤 900 吨，取得不含增值税销售额 50 万元，经计算确认，外购原煤单价 500 元/吨(不含增值税)，该煤矿煤炭资源税税率为 8%。

问题：当期该煤矿应纳的资源税为多少？

# 第五节　税收征收管理法

《中华人民共和国税收征收管理法》是为了加强税收征收管理，规范税收征收和缴纳行为，保障国家税收收入，保护纳税人的合法权益，促进经济和社会发展而制定的法律。

《中华人民共和国税收征收管理法》(以下简称《税收征收管理法》)由第九届全国人民代表大会常务委员会第二十一次会议于 1992 年 9 月 4 日通过，自 1993 年 1 月 1 日起施行。现行版本为 2015 年 4 月 24 日第十二届全国人民代表大会常务委员会第十四次会议修正。

## 一、税收管理体制

税收管理体制是指在中央和地方政府之间划分税收管理权限的制度。我国税收管理体制的总原则是“统一领导、分级管理”。分级管理主要指由国务院、财政部和省、直辖市、自治区行使的税收管理权限。现行税收管理体制对税收管理权限的具体划分如下。

(1) 属于人大和国务院管理的权限：税法的制定，税收的开征、停征，以及以法律形式规定减税、免税、退税、补税，法律授权国务院规定的，国务院依法制定相应的行政法规。

(2) 属于财政部管理的权限：制定和执行国家税收方针、政策，组织制定税收条例或有关实施细则，制定税种的增减和税目税率的调整等规范性文件，具有对税法的解释权，审计临时性减免税，管理和监督全国各项财政收入，包括税收收入。

(3) 属于省、直辖市、自治区政府的权限：主要是对个别纳税单位因经济情况发生较大变化、纳税有困难的可定期减免税。对于地方税，在法律授权范围内，有减免税、变更税率、调整税额及停征、开征的管理权限。

## 二、税收征收管理

税收征收管理是税务机关对纳税人依法征收税款和进行税务监督管理的总称。税收征收管理机关是税务机关。税收征收管理机关的职权包括税务管理、税款征收、税务检查和税务处罚。

### (一) 税务管理

税务管理包括税务登记管理，账簿、凭证管理，发票管理和纳税申报四个部分的内容。

(1) 税务登记管理。税务登记又称纳税登记，是税务机关对纳税人的开业、变动、歇业及生产经营范围变化实行法定登记的一项制度，是确定纳税人履行纳税义务的法定手续，也是税务机关切实控制税源和对纳税人进行纳税监督的一种手段。税务登记包括开业登记，变更登记，停业、复业登记，注销登记，外出经营报验登记等。

从事生产、经营的纳税人，应当自领取营业执照之日起，或依法成为纳税人之日起 30 日内，向所在地税务机关申请办理开业税务登记；纳税人税务登记的内容发生变化的，应当自工商行政管理部门办理变更登记之日起 30 日内，到原税务登记机关申报办理变更税务登记。

(2) 账簿、凭证管理。从事生产经营的纳税人、扣缴义务人，按照国务院财政、税务主管部门的规定设置账簿，根据合法、有效凭证记账进行核算。纳税人、扣缴义务人应自领取营业执照之日起 15 日内设置账簿。扣缴义务人应当在法定扣缴义务发生之日起 10 日内，按照所代扣、代收的税种，分别设代扣代缴、代收代缴税款账簿。

(3) 发票管理。根据国家有关管理的法律规定，在全国范围内统一式样的发票，由国家税务总局确定；在省、自治区、直辖市范围内统一式样的发票，省级税务机关确定；增值税专用发票由国务院税务部门指定的企业印制；其他发票按照国务院税务主管部门的确定，分别由省、自治区、直辖市税务机关指定的企业印制。

(4) 纳税申报。纳税人、扣缴义务人必须按照法定的或税务机关确定的申报期限、申报内容如实办理纳税申报和代扣代缴、代收代缴税款的申报手续，报送纳税申报表、财务会计报表及税务机关要求纳税人报送的其他纳税资料。

### (二) 税款征收

税款征收是税务机关依照税收法律、法规规定，将纳税人依法应纳的税款以及扣缴义务人代扣代缴的税款通过不同的方式组织征收入库的活动。

(1) 税款征收方式。

我国税款征收主要有以下几种方式：

① 查账征收。适用于掌握税收法律法规账簿、凭证、财务会计制度比较健全，能够如实反映生产经营成果，正确计算应纳税额的纳税人。

② 查定征收。适用于生产规模较小、账册不健全、财务管理和会计核算水平较低、产品零星、税源分散的纳税人。

③ 查验征收。适用于某些零星、分散的高税率工业产品。

④ 定期定额征收。适用于生产经营规模小，又确无建账能力，经主管税务机关审核，县级以上(含县级)税务机关批准可以不设置账簿或暂缓建账的小型纳税人。

⑤ 其他征收方式。主要包括代扣代缴、代收缴、委托征收、邮寄申报纳税等。

(2) 税款征收措施。

税款征收措施是指为保证税款即时征收入库，税收征收管理机关所采取的特殊措施，主要有加收滞纳金、税收保全措施、税收强制执行措施、出境清税、税款追征等。

① 加收滞纳金。纳税人、扣缴义务人未按期缴纳或解缴税款的，税务机关除责令限期缴纳外，从滞纳税款之日起，按日加收滞纳税款 0.5%的滞纳金。纳税人确有特殊困难，不能按月缴纳税款的，经县以上税务局(分局)批准，可以延缓缴纳税款，但最长不得超过 3 个月。

② 税收保全措施。纳税人在纳税期限到来前，有逃避纳税义务行为，可能导致征税决定不能执行，并且不能提供担保的，税务机关可以按照法定的程序通知银行暂停支付，或者扣押查封其财产。

③ 税收强制执行措施。纳税期限已经届满，纳税人不仅未缴纳税款，而且在税务机关责令限期缴纳或扣押查封财产后仍未缴纳的，税务机关可以按照法定的程序通知银行扣缴税款或者扣押、查封、拍卖纳税人的财产抵缴税款。

④ 出境清税。欠税人应当在出境前结清税款或提供担保，否则税务机关可以阻止其出境。

⑤ 税款追征。因纳税人、扣缴义务人计算错误等失误，未缴或者少缴税款的，税务机关在 3 年内可以追征税款、滞纳金；有特殊情况的，追征期可以延长到 5 年。对于偷税、抗税、骗税的行为，实行无限期追征。因税务机关责任，致使纳税人、扣缴义务人未缴或者少缴税款的，税务机关在 3 年内可以要求他们补缴税款，但不得加收滞纳金。

### (三) 税务检查

税务检查是税务机关依法对纳税人、扣缴义务人履行纳税义务和扣缴义务的情况进行的审查监督活动。税务检查的形式主要有重点检查、分类计划检查、集中性检查、临时性检查、专项检查等。税务检查的方法主要有全查法、抽查法、顺查法、逆查法、现场检查法、调账检查法、比价分析法、控制计算法、审阅法、核对法、观察法、外调法、盘存法、交叉稽核法等。根据《税收征收管理法》的规定，税务机关有权进行以下税务检查：

(1) 检查纳税人的账簿、记账凭证、报表和有关资料，检查扣缴义务人代扣代缴、代收代缴税款账簿、记账凭证和有关资料。

(2) 到纳税人的生产、经营场所和货物存放地检查纳税人应纳税的商品、货物或者其他财产，检查扣缴义务人与代扣代缴、代收代缴税款有关的经营情况。

(3) 责成纳税人、扣缴义务人提供与纳税或者代扣代缴、代收代缴税款有关的文件、证明材料和有关资料。

(4) 询问纳税人、扣缴义务人与纳税或者代扣代缴、代收代缴税款有关的问题和情况。

(5) 到车站、码头、机场、邮政企业及其分支机构检查纳税人托运、邮寄应税商品、货物或者其他财产的有关单据、凭证和有关资料。

(6) 经县级以上税务局(分局)局长批准，凭全国统一格式的检查存款账户许可证明，查询从事生产、经营的纳税人、扣缴义务人在银行或者其他金融机构的存款账户。税务机关在调查税收违法案件时，经设区的市、自治州以上税务局(分局)局长批准，可以查封案件涉嫌人员的储蓄存款。

税务人员进行税务检查时，应当出示税务检查证和税务检查通知书，并有责任为被检查人员保守秘密。

纳税人、扣缴义务人必须接受税务机关依法进行的税务检查，要如实反映情况，提供有关资料，不得拒绝、隐瞒。

### (四) 税务处罚

税务处罚是税务行政处罚的简称，是税务机关对违反税收法律的当事人所给予的制裁。处罚对象是一般性违反税法而尚不够刑事处分的当事人。税务行政处罚是税务机关依照税收法律、法规有关规定，依法对纳税人、扣缴义务人、纳税担保人，以及其他与税务行政处罚有直接利害关系的当事人(以下简称当事人)违反税收法律、法规、规章的规定进行处罚的具体行政行为。

处罚的形式主要有：①罚款；②限期照章补缴税款并加收滞纳金；③正式书面通知纳税人开户银行扣缴入库；④吊销税务登记证，收回由税务机关发给的票证；⑤提请工商行政管理部门吊销营业执照，停止其营业；⑥提请法院强制执行。

# 思考练习

### (一) 单项选择题

1. 某县城一生产企业为增值税一般纳税人。本期进口原材料一批，向海关缴纳的进口环节增值税 20 万元；本期在国内销售甲产品缴纳的增值税 30 万元、消费税 50 万元，由于缴纳消费税时超过纳税期限 10 天、被罚滞纳金 1 万元；本期出口乙产品一批，按规定退回增值税 5 万元。该企业当月应缴纳的城市维护建设税及教育费附加合计为(　　)万元。

A. 7　　B. 4　　C. 6.4　　D. 7.5

2. 某公司地处市区，2009 年 6 月实际缴纳增值税、消费税、营业税合计为 500 万元，因违反有关税法规定被处以罚款 10 万元。因产品出口退还增值税、消费税 20 万元。该企业应缴纳的城建税和教育费附加合计为(　　)万元。

A. 5.1　　B. 5.3　　C. 5　　D. 3.5

3. 某城市税务分局对辖区内一家内资企业进行税务检查时，发现该企业故意少缴增值税 58 万元，遂按照相关执法程序对该企业作出补缴增值税、城建税和教育费附加并加收滞纳金(滞纳时间为 50 天)和罚款(与税款等额)的处罚决定。该企业于当日接受了税务机关的处罚，补缴的增值税、城建税及滞纳金、罚款合计(　　)元。

A. 1 215 100　　B. 1 216 115　　C. 1 241 200　　D. 12 56 715

4. 关于教育费附加的规定，下列表述正确的是(　　)。

A. 对出口产品退还增值税、消费税的，不退还已征的教育费附加

B. 对海关进口的产品征收增值税、消费税，同时征收教育费附加

C. 自 2004 年 1 月 1 日起，对当年安置城镇退役士兵达到职工总数 30%以上，并与其签订 1 年以上期限劳动合同的新办广告企业，经审核，3 年内免征教育费附加

D. 货物运输业按代开票纳税人管理的所有单位和个人，在代开发票时，按开票金额征收教育费附加

5. 根据城市维护建设税规定，下列说法正确的是(　　)。

A. 铁道部应纳城市维护建设税的税率按铁道部所在地确定

B. 对出口产品退还增值税、消费税的同时，退还已缴纳的城市维护建设税

C. 外商投资企业以增值税、消费税、营业税税额为城市维护建设税的计税依据

D. 货物运输业按代开发票纳税人管理的单位，凡按规定应征收营业税，在代开货物运输业

发票时一律按开票金额3%征收营业税，按营业税税款7%预征城市维护建设税

6. 下列税种，实行超率累进税率的是(　　)。

A. 城镇土地使用税　　B. 车辆购置税

C. 土地增值税　　D. 个人所得税

7. 下列关于营改增应税服务的表述，不正确的是(　　)。

A. 纳税人提供武装守护押运服务，按照“安全保护服务”缴纳增值税

B. 物业服务企业为业主提供的装修服务，按照“建筑服务”缴纳增值税

C. 纳税人在游览场所经营索道取得的收入，按照“交通运输服务”缴纳增值税

D. 提供餐饮服务的纳税人销售的外卖食品，按照“餐饮服务”缴纳增值税

8. 按照《车辆购置税暂行条例》的规定，下列车辆不属于车辆购置税征收范围的是(　　)。

A. 挂车　　B. 电车

C. 农用运输车　　D. 防汛部门专用车

9. 某超市为增值税小规模纳税人，2017年4月销售蔬菜取得零售收入25 000元，销售其他商品取得零售收入45 000元，代收水电煤等公共事业费共计50 000元，取得代收手续费收入1500元，该超市2017年4月应纳增值税(　　)元。

A. 2082.52　　B. 1354.37　　C. 1236.48　　D. 2664.05

10. A公司2008年10月接受捐赠小汽车10辆，经税务机关审核，国家税务总局规定的同类型应税车辆的最低计税价格为100 000元/辆，小汽车的成本为80 000元/辆，成本利润率为8%。则该公司应纳的车辆购置税额为 (　　)元。

A. 86 400　　B. 100 000　　C. 93 919.04　　D. 80 000

11. 某珠宝首饰店为增值税一般纳税人，2017年6月采取以旧换新方式销售银手镯6000克，每克新银手镯零售价9.36元，每克旧银手镯作价2.34元，共取得差价款42 120元。该珠宝首饰店本月应缴纳增值税(　　)元。

A. 6120　　B. 8160　　C. 7160.4　　D. 9547.2

12. 甲企业为增值税一般纳税人，2017年1月对外转让一处仓库，取得含税收入2200万元。该仓库为企业2015年购买的，购置原价为1200万元(含税)，相关费用为80万元，甲企业选择适用一般计税方法计税。甲企业转让仓库应预缴增值税(　　)万元。

A. 43.81　　B. 104.76　　C. 47.62　　D. 78.38

13. A劳务派遣公司(以下简称A公司)为增值税一般纳税人，与B公司签订劳务派遣协议，为B公司提供劳务派遣服务。A公司代B公司给劳务派遣员工支付工资，并缴纳社会保险和住房公积金。2016年8月，A公司共取得劳务派遣收入55万元(含税)，其中代B公司支付给劳务派遣员工工资23万元、为其办理社会保险18万元及缴纳住房公积金10万元。A公司选择按差额纳税。2016年8月A公司应缴纳增值税(　　)万元。

A. 0.12　　B. 0.19　　C. 1.60　　D. 2.62

14. 2017年1月国内某手表生产企业进口手表机芯20 000只，海关审定的关税完税价格为0.8万元/只，关税税率30%，企业完税后海关放行；当月生产销售手表15 000只，每只不含税售价为2.8万元。已知高档手表适用的消费税税率为20%。2017年1月该手表生产企业应缴纳消费税(　　)万元。

A. 0　　B. 8400　　C. 3200　　D. 13 600

15. 单位或者个人发生下列行为，在缴纳相关税金的同时，还应缴纳城市维护建设税的是(　　)。

A. 私营企业销售洗衣机　　B. 人民银行取得对金融机构的贷款利息

C. 企业购置应税车辆　　D. 个人取得有奖发票中奖所得

16. 某天然气开采企业 2017 年 2 月在境内开采天然气 200 万立方米，当月销售给甲企业 100 万立方米，不含税销售单价为 3.5 元/立方米。当月销售给乙企业 80 万立方米，不含税销售单价为 4.3 元/立方米。移送 10 万立方米用于职工食堂，剩余的 10 万立方米库存待售。天然气适用的资源税税率为 6%，则该企业当月应缴纳资源税(　　)万元。

A. 37.55　　B. 39.05　　C. 43.96　　D. 39.55

### (二) 多项选择题

1. 根据《车辆购置税暂行条例》的规定，下列人员中属于车辆购置税纳税义务人的有（　　）。

A. 应税车辆的馈赠人　　B. 应税车辆的购买者

C. 免税车辆的受赠者　　D. 应税车辆的进口使用者

2. 根据《车辆购置税暂行条例》规定，下列行为属于车辆购置税应税行为的有(　　)。

A. 应税车辆的购买使用行为　　B. 应税车辆的销售行为

C. 自产自用应税车辆的行为　　D. 以获奖方式取得并自用应税车辆的行为

3. 根据《车辆购置税暂行条例》的规定，下列车辆中可以减免车辆购置税的有(　　)。

A. 武警部队购买的列入武器装备订货计划的车辆

B. 长期来华定居专家进口 1 辆自用小汽车

C. 在外留学人员购买 1 辆自用进口小汽车

D. 农用运输车

4. 根据“营改增”的有关规定，下列属于视同提供应税服务的有(　　)。

A. 为本单位员工无偿提供搬家服务

B. 向客户无偿提供信息咨询服务

C. 个体工商户聘用的员工为雇主提供取得工资的服务

D. 为客户无偿提供广告设计服务

E. 向关联单位无偿提供贷款服务

5. 下列业务中，免征增值税的有(　　)。

A. 残疾人本人为社会提供的服务　　B. 个人转让著作权

C. 金融机构之间开展的转贴现业务　　D. 个人将购买不足 2 年的住房对外销售

E. 军队出租空余房产

6. 下列关于营改增应税行为销售额的表述中，正确的有(　　)。

A. 金融商品转让，以卖出时取得的全部收入为销售额

B. 纳税人提供人力资源外包服务，按照经纪代理服务缴纳增值税，其销售额不包括受客户单位委托代为向客户单位员工发放的工资和代理缴纳的社会保险、住房公积金

C. 一般纳税人提供劳务派遣服务，可以选择差额纳税，以取得的全部价款和价外费用，扣除代用工单位支付给劳务派遣员工的工资、福利和为其办理社会保险及住房公积金后的余额为销售额

D. 一般纳税人跨县(市)提供建筑服务，选择适用简易计税方法计税的，以取得的全部价款和价外费用为销售额

E. 提供物业管理服务的纳税人，向服务接受方收取的自来水水费，以扣除其对外支付的自来水水费后的余额为销售额

7. 按照现行资源税规定，下列资源中，属于资源税征税范围的有(　　)。

A. 人造石油　　B. 地表水　　C. 海盐

D. 以已税原煤加工的洗选煤　　E. 煤层(成)气

8. 下列税收、费用不计入出口货物的完税价格中的有(　　)。

A. 在货物价款中单独列明由卖方承担的佣金

B. 出口关税

C. 在货物价款中单独列明的货物运至我国境内输出地点装载后的运费及相关费用、保险费

D. 在货物价款中单独列明的货物运至我国境内输出地点装载前的运费及相关费用、保险费

E. 出口企业收取的货物的价款

**(三) 案例分析题**

陈东是一位医学专家，已婚已育，有一儿一女，父母健在，皆已65岁，每月“三险一金”个人负担部分为3000元，首套住房贷款利息支出每月5000元，尚在偿还贷款期间，当年发生的大病医疗支出100 000元，某纳税年度取得如下收入：

(1) 每月工资收入10 000元。

(2) 3月与王某合作出书取得稿酬24 000元，两人按6:4分成。

(3) 5月为一制药厂提供一项专有技术，取得特许权使用费50 000元。

(4) 7月为某医学院做学术报告，取得收入30 000元。

问题：根据上述资料，计算陈东全年应纳的个人所得税。

# 第十一章 会计法与审计法

【学习目的与要求】

会计法的立法宗旨是规范会计行为，保证会计资料真实、完整，加强经济案例和财务管理，提高经济效益，维护社会主义市场的经济秩序。审计法是审计工作的基本法律依据。本章主要掌握会计工作总的原则、会计核算、公司和企业核算的特别规定、会计监督、会计机构和会计人员及其法律责任，以及审计工作的地位、任务和作用，审计工作的基本准则等内容。

## 第一节 会计法律制度

会计、审计法律制度属于经济监督法的范畴，是现代国家经济管理的一个重要内容，是实现经济管理重要职能的法律。它对于加强宏观调控和改善微观经营、提高国民经济管理水平和企事业单位的经营素质、提高经济效益和社会效益、保证贯彻实施有关经济法律法规都是很重要的。

### 一、会计和会计法概述

#### (一) 会计的概念、职能

(1) 会计的概念。会计是以货币为主要计量单位，以凭证为依据，借助专门的技术方法，按照规定的程序对各企业、各单位的经济活动和财务收支情况进行连续、系统、全面的记录、计算、分析、检查和监督的一种管理活动。

(2) 会计的基本职能。会计的基本职能主要有两个：

① 会计核算，是指会计人员以货币为主要计量单位，通过确认、计量、记录、报告等环节，对特定主体的经济活动进行记账、算账和报账，为各有关方面提供会计信息。会计核算职能也称反映职能，是会计的最基本的职能，它贯穿于经济活动的全过程。

② 会计监督，是指会计人员在进行会计核算的同时，对特定主体的经济活动的合法性、合理性进行审查的职能。通过审查，达到一定的管理、控制目标。因此，会计监督职能又称控制职能。

会计核算与会计监督之间是相辅相成、辩证统一的。会计核算是会计监督的基础，没有会计核算提供的各种信息，会计监督就失去了依据；会计监督是会计核算的保障，没有会计监督就很难保证会计核算所提供的信息的真实性、准确性。

#### (二) 会计法概述

会计法是规范会计行为和调整会计关系的法律规范的总称。

所谓会计行为，是指以会计核算和会计监督为主要内容的一系列会计工作。会计行为必须统一规范，否则会造成经济管理工作的混乱；会计行为必须用法律形式固定下来。目前，越来越多的国家用法律形式来约束会计行为。因此，规范会计行为就成了会计立法的首要宗旨。会计法是规范会计行为的法律，它为各类经济行业的具体核算提供了法律指南。

所谓会计关系，是会计机构、会计人员在办理会计事务、企业对外报送、披露财务报告，以及国家在管理会计工作的过程中发生的社会关系。现代会计不仅要反映和控制单位内部的经济活动，而且要反映与社会的经济联系，以及与单位外部的千丝万缕的经济关系。会计法为参与会计关系的各个主体规定了相应的权利义务，以保障会计系统的有效运作，为社会提供真实可靠的财务信息。

对会计法的理解，有广义和狭义之分。从广义上讲，会计法除了《中华人民共和国会计法》(以下简称《会计法》)之外，还包括其他有关会计关系方面的法律、法规和行政规章。会计法律如1993年10月第八届全国人大常委会第四次会议通过的《中华人民共和国注册会计师法》。会计法规如1990年12月国务院颁布的《总会计师条例》；1992年11月经国务院批准，由财政部发布的《企业财务通则》《企业会计准则》：1996年10月经国务院批准，由财政部发布的《事业单位财务规则》；2000年6月由国务院发布的《企业财务报告条例》。会计行政法规，主要指财政部制定的国家统一的会计制度，即财政部根据《会计法》制定的关于会计核算、会计监督、会计机构和会计人员以及会计工作管理的制度，如《会计电算化管理办法》《会计电算化工作规范》《会计基础工作规范》《会计档案管理办法》《会计人员继续教育暂行规定》《会计从业资格管理办法》《财政部门实施会计监督办法》，以及专门针对企业的会计行政规章。在我国，人们更习惯称广义的会计法为会计法律制度。

### (三) 会计法的立法宗旨和基本原则

会计法的立法宗旨主要体现为：规范会计行为，保证会计资料真实、完整，加强经济管理和财务管理，提高经济效益，维护社会主义市场经济秩序。

为了保障会计立法宗旨的实现，充分发挥会计法的作用，会计法规定了以下基本原则。

(1) 真实性原则。确保会计资料真实，是对会计工作的基本要求，也是为单位经营管理、业务活动和国家宏观经济管理，以及为投资人、债权人提供准确、可靠的会计信息的重要保证。根据《会计法》规定，各单位必须依法设置会计账簿，并保证其真实、完整；单位负责人对本单位的会计工作和会计资料的真实性、完整性负责。任何单位和人不得以任何方式授意、指使、强令会计机构、会计人员伪造、变造会计凭证、会计账簿和其他会计资料，提供虚假财务会计报告。

(2) 完整性原则。各单位必须根据实际发生的经济业务事项进行会计核算，填制会计凭证，登记会计账簿，编制财务会计报告，会计资料不得残缺、丢失、隐匿和损毁，要确保其完整。

(3) 合法性原则。各项会计工作必须依法进行，各单位必须依法设置会计账簿，会计机构、会计人员要遵守法律法规，依照《会计法》规定办理会计事务，进行会计核算，实行会计监督。单位负责人应当保证会计机构、会计人员依法履行职责，不得授意、指使、强令会计机构、会计人员违法办理会计事项。

《会计法》的适用范围，包括国家机关、社会团体、企事业单位、个体工商户和其他组织。

## 二、会计工作管理体制

### (一) 会计工作的领导制度

根据《会计法》的有关规定，国务院财政部门主管全国的会计工作，县级以上地方各级人民政府财政部门管理本行政区域内的会计工作。

会计工作由财政部门管理，在管理体制上实行“统一领导，分级管理”，国家实行统一的会计制度。国家统一的会计制度由国务院财政部门制定。《会计法》规定：“国务院有关部门可以依照本法和国家统一的会计制度制定对会计核算和会计监督有特殊要求的行业实行国家统一的会计制度的具体办法或者补充规定，报国务院财政部门备案。中国人民解放军总后勤部可以依照本法和国家统一的会计制度制定军队实施国家统一的会计制度的具体办法，报国务院财政部门备案。”

**(二) 会计工作管理**

会计工作管理包括两个方面的管理：第一，对会计人员的管理，即对会计人员的业务管理和人事管理。根据《会计法》和有关法规规定，政府部门业务主管部门负责会计人员的业务管理，包括组织会计人员的业务培训，确认会计人员的专业技术资格，颁发会计人员的荣誉证书等。第二，单位内部的会计工作管理。根据《会计法》及有关规定，单位负责人为本单位会计行为责任主体的同时，也规定了会计机构、会计人员和其他人员的职责、法律责任，即会计人员和会计工作其他相关人员不仅要对单位负责人负责，也同样要对法律负责。

会计工作是一项综合性的经济管理工作，国家通过各有关部门了解会计主体的经营管理情况、财务状况，从而宏观上为国家进行经济管理和决策提供信息。因此，《会计法》规定了统一领导、分级管理的体制，也对会计工作的具体管理做了详细的规定。

## 三、会计核算

会计核算是会计最基本的职能之一，它通过会计形式，根据财政、财务制度，对生产经营活动实施全过程、全方位的预测、计算、比较、分析和考核。《会计法》所规范的会计核算，是指会计工作中事后记账、算账、报账。会计核算的基本内涵，是指以货币为计量单位，运用专门的会计方法，对各单位的生产经营活动或者预算执行的过程及其结果进行连续的、系统的记录、计算、分析，定期编制会计报表，形成一系列会计指标，据以考核目标或计划的完成情况，为制定经营决策和宏观经济管理提供可靠的信息和资料的一项管理活动。

**(一) 会计核算的基本要求**

(1) 对会计核算依据的基本要求。根据《会计法》规定，各单位必须根据实际发生的经济业务事项进行会计核算，填制会计凭证，登记会计账簿，编制财务会计报告。任何单位不得以虚假的经济业务事项或者资料进行会计核算，这是对会计核算依据的基本要求，包含两层含义：

① 会计核算必须以实际发生的经济业务事项为依据。

② 以虚假的经济业务事项或资料进行会计核算是一种严重的违法行为。

(2) 对会计资料的基本要求。根据《会计法》相关规定，对会计资料的基本要求如下：

① 会计资料必须符合国家统一的会计制度的规定。会计资料是在核算过程中形成的记录和反映实际发生的经济业务事项的资料，包括会计凭证、会计账簿、财务会计报告和其他会计资料。

② 生成和提供虚假会计资料是一种严重的违法行为。《会计法》明确规定，禁止任何单位和个人伪造、变造会计凭证、会计账簿和其他会计资料，不得提供虚假的财务报告。

所谓伪造是指以虚假的财务会计事项为前提编造不真实的会计凭证、会计账簿和其他会计资料。所谓变造是指用涂改、挖补等手段来改变会计凭证、会计账簿内容，歪曲事实真相的行为。所谓提供虚假财务会计报告，是指通过伪造虚假的会计凭证、会计账簿和其他会计资料或直接篡改财务会计报告，使财务会计报告不真实、不完整地反映企业财务状况和经营成果，借以误导、欺骗会计资料使用者的行为。

(3) 会计处理方法和会计记录文字。会计处理方法是指在会计核算中所采用的具体方法，通常包括收入确认方法、企业所得税的会计处理方法、存货计价方法、坏账损失的核算方法等。《会计法》和国家统一的会计制度规定，各单位采用的会计处理方法前后各期应保持一致，不得随意变更；确有必要变更的，应当按照国家统一的会计制度规定进行变更，并将变更的原因、情况和影响，在财务报告中予以说明，以便会计资料使用者了解。

会计记录文字是在会计核算时，为记载经济业务发展情况和辅助情况说明会计数字所体现的经济内涵而使用的文字。根据规定，会计记录的文字应当使用中文；民族自治地方的单位的会计文字可以同时使用当地通用的一种民族文字；在中国境内设立的外商投资企业、外国企业和其他外国组织的会计记录文字可以同时使用一种外国文字。

(4) 对会计电算化的基本要求。《会计法》规定："使用电子计算机进行会计核算的，其软件及其生成的会计凭证、会计账簿、财务会计报告和其他会计资料，也必须符合国家统一的会计制度的规定。"这是对会计电算化的单位有关会计软件及其会计资料的基本要求。

(5) 对会计期间与记账本位币的要求。会计核算应当划分会计期间，分期结算账目和编制财务会计报表。会计期间分为年度、半年度、季度和月份。《会计法》第 11 条规定，我国是以公历年度为会计年度，即以每年 1 月 1 日起至 12 月 31 日为一个会计年度，季度、月份的起止日期也采用公历日期。

记账本位币是指用于日常登记账簿和编制会计报表用以计量的货币。《会计法》第 12 条规定，会计核算以人民币作为记账本位币。业务收支以人民币以外的货币为主的单位，可以选定其中一种货币作为记账本位币，但是编制的财务会计报告应当折算成人民币。

### (二) 会计核算的内容

会计核算的内容，是指必须进行会计核算的经济业务事项。根据《会计法》规定，下列经济业务事项，应当办理会计手续，进行会计核算：①款项和有价证券的收付；②财务的收支、增减和使用；③债券债务的发生和结算；④资本、基金的增减；⑤收入、支出、费用、成本的计算；⑥财务成果的计算和处理；其他需要办理会计手续、进行会计核算的事项。

各单位必须根据实际发生的经济业务事项进行会计核算、填制会计凭证、登记会计账簿、编制财务会计报告。各单位必须按照国家统一的会计制度的规定，设置会计科目和会计账簿并应建立财产清查制度，保证账簿记录与实物、款项相符。

### (三) 会计核算中对会计凭证、会计账簿和财务报告的要求

(1) 对会计凭证的要求。会计凭证包括原始凭证和记账凭证。《会计法》规定，原始凭证记载的各项内容不得涂改。原始凭证有错误的，应当由出具单位重新开出或更正，更正处应当加盖出具单位印章。原始凭证金额有错误的，应当由出具单位重开，不得在原始凭证上更正。记账凭证应当根据经过审核的原始凭证及其有关资料编制。

(2) 对会计账簿的要求。会计账簿包括总账、明细账、日记账和其他辅助性账簿。会计账簿应当按照连续编号的页码顺序登记。会计账簿记录发生错误或者隔页、缺号、跳行的，应当按照国家统一的会计制度规定的方法更正，并由会计人员和会计机构负责人(会计主管人员)在更正处盖章。

(3) 对会计主体的要求。各单位发生的各项经济业务事项应当在依法设置的账簿上统一登记、核算，不得违反《会计法》和国家统一的会计制度的规定私设会计账簿登记、核算。

各单位应当定期将会计账簿记录与实物、款项及有关资料相互核对，保证会计账簿记录与会计

凭证的有关内容相符合、会计账簿之间对应的记录相符、会计账簿记录与会计报表的有关内容相符。

(4) 对财务会计报告的要求。财务会计报告由会计报表、会计报表附注和财务情况说明书组成，向不同的会计资料使用者提供的财务会计报告，其编制依据应当是一致的。财务会计报告应当根据经过审核的会计账簿记录和有关资料编制，并符合《会计法》和国家统一的会计制度。关于财务会计报告的编制要求、提供对象和提供期限的规定，其他法律、行政法规另有规定的，从其规定。财务会计报告应当由单位负责人和主管会计工作的负责人、会计机构负责人(会计主管人员)签名并盖章。设置总会计师的单位，还须由总会计师签名并盖章。单位负责人应当保证财务会计报告的真实完整。

**(四) 公司、企业会计核算的特别规定**

(1) 公司、企业会计核算必须遵循的基本行为准则。

公司、企业必须根据实际发生的经济业务事项，按照国家统一的会计制度的规定确认、计量和记录资产、负债、所有者权益、收入、费用、成本和利润。

(2) 公司、企业会计核算不得实施的行为。

公司、企业进行会计核算不得有下列行为：

① 随意改变资产、负债、所有者权益的确认标准或者计量方法，虚列、多列、不列或者少列资产、负债、所有者权益。

② 虚列或者隐瞒收入，推迟或者提前确认收入。

③ 随意改变费用、成本的确认标准或者计量方法，虚列、多列、不列或者少列费用、成本。

④ 随意调整利润的计算、分配方法，编造虚假利润或者隐瞒利润。

⑤ 违反国家统一的会计制度规定的其他行为。

## 四、会计监督

会计监督也称会计检查，是会计的基本职能之一，也是我国经济监督体系的重要组成部分。会计监督可以分为单位内部会计监督、以行政财政部门为主体的国家监督和以注册会计师为主体的社会监督，也可以分为内部监督和外部监督。

**(一) 内部监督**

内部监督是指各单位的会计机构、会计人员对本单位实行的会计监督。各单位应当建立健全本单位内部会计监督制度。根据《会计法》的规定，单位内部会计监督制度应当符合以下要求：

(1) 记账人员与经济业务事项和会计事项的审批人员、经办人员、财务保管人员的职责权限应当明确，并相互分离、相互制约。

(2) 重大对外投资、资产处置、资金调度和其他重要经济业务事项的决策和执行的相互监督、相互制约程序应当明确。

(3) 财产清查的范围、期限和组织程序应当明确。

(4) 对会计资料定期进行内部审计的办法和程序应当明确。

单位负责人应当保证会计机构、会计人员依法履行职责，不得授意、指使、强令会计机构、会计人员违法办理会计事项。

会计机构、会计人员对违反《会计法》和国家统一的会计制度规定的会计事项，有权拒绝办理或者按照职权予以纠正。会计机构、会计人员发现会计账簿记录与实物、款项及有关资料不相符的，按照国家统一的会计制度的规定有权自行处理的，应当及时处理；无权处理的，应当立即向单位负责人报告，请求查明原因，作出处理。

### (二) 外部监督

外部监督是指财政、审计、税务、人民银行、证券监管、保险监管等部门依据法律、行政法规的规定和部门的职责权限，对有关单位的会计行为、会计资料进行监督检查，以及社会中介机构如会计师事务所的注册会计师接受委托，依法对有关单位的经济活动进行审计，并据实作出客观评价的一项工作。

(1) 国家监督。

根据《会计法》及相关规定，财政部门对各单位会计工作实施监督主要包括：监督各单位是否依法设置会计账簿；会计凭证、会计账簿、财务会计报告及其他会计资料是否真实、完整；会计核算是否符合《会计法》和国家统一的会计制度的规定；是否依法管理会计档案；从事会计工作的人员是否具备从业资格。

(2) 社会监督。

《会计法》规定，审计、税务、人民银行、证券监管、保险监管等部门应当依照有关法律、行政法规规定的职责，对有关单位的会计资料实施监督检查。

有关法律、行政法规规定，须经注册会计师进行审计的单位，应当向受委托的会计师事务所如实提供会计凭证、会计账簿、财务会计报告和其他会计资料以及有关情况。任何单位和个人不得以任何方式要求或者示意注册会计师及其所在的会计师事务所出具不实或者不当的审计报告。财政部门有权对会计师事务所所出具的审计报告的程序和内容进行监督。

## 五、会计机构和会计人员及其法律责任

### (一) 会计机构和会计人员的设置

根据《会计法》的规定，各单位应当根据会计业务的需要，设置会计机构，或者在有关机构中设置会计人员并指定会计主管人员；不具备设置条件的，应当委托经批准设立从事会计代理记账业务的中介机构代理记账。

国有和国有资产占控股地位或者主导地位的大中型企业必须设置总会计师。总会计师的任职资格、任免程序、职责权限由国务院规定。

会计机构内部应当建立稽核制度。出纳人员不得兼任稽核、会计档案保管和收入、支出费用、债权债务项目的登记工作。

从事会计工作的人员，必须取得会计从业资格证书。担任单位会计机构负责人(会计主管人员)的，除取得会计从业资格证书外，还应当具备会计师以上专业技术职务资格或者从事会计工作 3 年以上经历。会计人员从业资格管理办法由国务院财政部门规定。

### (二) 会计机构和会计人员的职责

根据《会计法》的规定，会计机构和会计人员的主要职责是：会计核算；会计监督；拟定本单位办理会计事务的具体办法；参与拟订经济计划、业务计划考核、分析预算、财务计划的执行情况；办理其他会计事项。

会计人员应当遵守职业道德，提高业务素质。因有提供虚假财务会计报告，做假账、隐匿或者故意销毁会计凭证、会计账簿、财务会计报告，贪污、挪用公款，职务侵占等与会计职务有关的违法行为，被依法追究刑事责任的人员不得取得或者重新取得会计从业资格证书。除前述规定的人员

外，因违法违纪行为被吊销会计从业资格证书的人员，自被吊销会计从业资格证书之日起 5 年内，不得重新取得会计从业资格证书。

### (三) 会计人员的工作交接

会计人员调动工作或者离职，必须与接管人员办清交接手续。一般会计人员办理交接手续，由会计机构负责人(会计主管人员)监交；会计机构负责人办理交接手续的，由单位负责人监交，必要时主管单位可以派人会同监交。

### (四) 总会计师的职责和职权

总会计师是在单位负责人领导下，主管经济核算和财务会计工作的负责人。总会计师是单位行政领导成员，协助单位负责人工作，直接对单位负责人负责。总会计师作为单位财务会计的主要负责人，全面负责本单位的财务会计管理和经济核算，参与本单位的重大经营决策活动。

根据《总会计师条例》规定，总会计师的基本职责是：负责本单位的预算、财务收支计划、信贷计划，拟订资金筹措和使用方案，开辟财源，有效地使用资金；进行成本费用预测、计算、控制、核算、分析和考核，督促本单位有关部门降低消耗、节约费用，提供经济效益；建立健全经济核算制度，利用财务会计资料进行经济活动分析；承办单位领导人交办的其他工作。另外，总会计师还要负责对本单位的财务机构的设置和会计人员的配备、会计专业技术职务的设置和聘任提出方案；组织会计人员的业务培训和考核；支持会计人员依法行使职权，协助本单位主要行政领导者对企业生产经营、行政事业单位的业务发展，以及基本建设核算等问题作出决策；参与新产品开发、技术改造、科研、商品劳务价格和工资奖金方案的制订；参与重大经济合同和经济协议的研究和审查等。

总会计师的职权主要包括：

① 对违反国家财经法律、法规、方针、政策、制度和有可能在经济上造成损失、浪费的行为，有权制止或纠正制止和纠正无效时，提请单位主要领导人处理。

② 有权组织本单位各职能部门、直属基层组织的经济核算、财务会计和成本管理等方面的工作。

③ 主管审批财务收支工作。

④ 预算与财务收支计划、成本和费用计划、信贷计划、财务专题报告、会计决算报表，须经总会计师签署；涉及财务收支的重大业务计划、合同等，在单位内部须经总会计会签。

⑤ 会计人员的任用、晋升、调动、奖惩应事先征求总会计师的意见；财会机构负责人或会计主管人员的人选，应当由总会计师进行业务考核，依照有关规定审批。

### (五) 违反《会计法》的法律责任

违反《会计法》的法律责任，是指会计机构和会计人员违反会计核算和会计监督的法律规范而承担的责任，包括行政责任、民事责任和刑事责任。

(1) 违反国家统一会计制度行为的法律责任。根据《会计法》规定，有下列行为之一的，由县级以上人民政府财政部门责令限期改正，可以对单位并处 3000 元以上 5 万元以下的罚款；对其直接负责的主管人员和其他直接责任人员，处以 2000 元以上 2 万元以下的罚款；属于国家工作人员的，还应当由其所在单位或者有关单位依法给予行政处分：

① 不依法设置会计账簿的。

② 私设会计账簿的。

③ 未按照规定填制、取得原始凭证或者填制取得的原始凭证不符合规定的。

④ 以未经审核的会计凭证为依据登记会计账簿或者登记会计账簿不符合规定的。

⑤ 随意变更会计处理方法的。

⑥ 向不同的会计资料使用者提供的财务会计报告编制依据不一致的。

⑦ 未按照规定使用会计记录文字或者记账本位币的。

⑧ 未按照规定保管会计资料，致使会计资料毁损、灭失的。

⑨ 未按照规定建立并实施单位内部会计监督制度或者拒绝依法实施的监督或者不如实提供有关会计资料及有关情况的。

⑩ 任用会计人员不符合《会计法》规定的。

有上述所列行为之一，构成犯罪的，依法追究刑事责任。会计人员有上述所列行为之一，情节严重的，五年内不得从事会计工作；有关法律另有规定的依照有关法律的规定办理。

(2) 伪造、变造会计凭证、会计账簿，编制虚假财务会计报告或者隐匿、故意销毁依法应当保存的会计凭证、会计账簿、财务会计报告，构成犯罪的，依法追究刑事责任。尚不构成犯罪的，由县级以上人民政府财政部门予以通报，可对单位并处5000元以上10万元以下的罚款；对其直接负责的主管人员和其他直接责任人员，可以处3000元以上5万元以下的罚款；属于国家工作人员的，还应当由其所在单位或有关单位依法给予撤职直至开除的行政处分；对于其中的会计人员，五年内不得从事会计工作。

(3) 授意、指使、强令会计机构、会计人员及其他人员伪造、变造会计凭证、会计账簿，编制虚假的财务会计报告或者隐匿、故意销毁依法应当保存的会计凭证、会计账簿、财务会计报告，构成犯罪的，依法追究刑事责任；尚不构成犯罪的，可以处5000元以上5万元以下的罚款；属于国家工作人员的，还应当由其所在单位或者有关单位依法给予降级、撤职、开除的行政处分。

(4) 单位负责人对依法履行职责、抵制违反《会计法》规定行为的会计人员以降级、撤职、调离工作岗位、解聘或者开除等方式实行打击报复，构成犯罪的，依法追究刑事责任；尚不构成犯罪的，由其所在单位或者有关单位依法给予行政处分。对受打击报复的会计人员，应当恢复其名誉和原有职务、级别。

(5) 财政部门及有关行政部门的工作人员在实施监督管理中滥用职权、玩忽职守、徇私舞弊或者泄露国家秘密、商业秘密，构成犯罪的，依法追究刑事责任；尚不构成犯罪的，依法给予行政处分。

(6) 违反《会计法》有关规定，将检举人姓名、检举材料转给被检举单位和被检举个人的，由所在单位或者有关单位依法给予行政处分。

**【案例分析 11-1】**

2018年初A公司内部机构调整，会计李某调离会计工作岗位，到公司档案管理部门负责会计档案保管工作，离岗前与接替者王某在财务科长的监交下办妥了会计工作交接手续。李某负责会计档案工作后，公司档案管理部门会同财务科将已到期会计资料编造清册，报请公司负责人批准后，由李某自行销毁。年底，财政部门对该公司进行检查时，发现该公司原会计李某所记的账目中有会计造假行为，但接替者王某在会计交接时并未及时发现这一问题。财政部门在调查时，原会计李某说，已经办理会计交接手续，现任会计王某和财务科长均在移交清册上签了字，自己不再承担任何责任。

请根据上述资料，回答下列问题。

(1) 公司销毁档案的做法是否正确？(　　)

A. 正确　　　　　　　　　　B. 错误

(2)《会计法》规定，财务会计人员在交接工作过程中应注意(　　)。

A. 会计凭证、会计账簿、财务会计报告和其他会计资料必须完整无缺，不得遗漏

B. 交接工作完成后，移交人员所移交的会计凭证、会计账簿、财务会计报告和其他会计资料是在其经办会计工作期间内发生的，应对这些会计资料的真实性、完整性负责

C. 接替人员在交接时因疏忽没有发现交接会计资料的真实性、完整性等问题，事后发现仍由原移交人负责

D. 接替人员在交接时因疏忽没有发现交接会计资料的真实性、完整性等问题，事后发现仍由接替人员负责

(3) 原会计李某的说法是否正确？(　　)

A. 正确　　　　B. 错误

(4) 公司负责人不应当对会计造假行为承担责任的说法是否正确？(　　)

A. 正确　　　　B. 错误

(5) 单位负责人对会计造假行为应承担哪些责任？(　　)

A.《会计法》规定单位负责人对本单位的会计工作和会计资料的真实性、完整性负责

B. 单位负责人应保证会计机构、会计人员依法履行职责，不得授意、指使、强令会计机构、会计人员违法办理会计事项

C. 单位负责人对本单位的会计工作人员只负责监交会计工作交接的责任

D. 单位负责人对本单位的会计工作和会计资料的真实性、完整性不负责，应该由会计人员自己负责

**【案例分析 11-2】**

明光公司是一家股份有限公司，2018 年度发生以下事项：

(1) 2 月 14 日，公司从外地购买了一批货物，收到发票后，经办人员王某发现发票金额与实际支付金额不相符，便将发票退回给出具单位，要求对方重开。

(2) 3 月 22 日，公司从事收入、支出、费用账目登记工作的吴某休产假，公司决定由出纳员李某临时顶替其工作，并按规定办理了交接手续。

(3) 5 月 15 日，公司财务部门负责人张某根据工作需要，对部分会计工作岗位进行调整，原从事总账登记工作的陈某被调到稽核岗位协助另一位稽核员进行稽核工作，使该岗位一岗两人。

(4) 6 月 8 日，市财政部门要求到该公司进行检查，公司领导以“分管财务工作领导及财务部门负责人出差”为由，予以拒绝。

(5) 9 月 22 日，公司供销科钱某出差归来报销差旅费 1700 元，同时将多余现金 300 元退回给出纳员李某，李某随即退还给钱某 2000 元借款收据。

要求：根据以上资料及会计法律制度的有关规定，回答下列问题。

(1) 该公司经办人员王某退回金额错误的发票，要求出具单位重开的做法是否符合会计法律制度的规定？为什么？

(2) 该公司决定由出纳人员李某临时顶替吴某兼管收入、成本、费用账目的登记工作是否符合会计法律制度的规定？为什么？

(3) 该公司财务部门负责人调整部分会计工作岗位，使稽核岗位一岗两人的做法是否符合会计法律制度的规定？为什么？

(4) 该公司领导拒绝市财政部门检查的做法是否符合会计法律制度的规定？

(5) 该公司出纳员李某退回原借款收据的做法是否符合会计法律制度的规定？为什么？

# 第二节　审计法律制度

审计现已成为各国管理监督国民经济活动的重要手段。通过审计这种经济监督手段，能够确保经济活动的合法性和合理性，确保经济管理活动的正确性和有效性，确保经济资料的真实性和准确性；同时，也能够加强国家的审计监督，维护国家财政经济秩序，提高财政资金使用效益，促进廉政建设，保障国民经济和社会健康发展。

## 一、审计及审计法概述

### （一）审计的概念和特点

(1) 审计的概念。

审计是指独立于被审计的机构和人员，对被审计单位的财政收支、财务收支及其有关的经济活动的真实、合法和效益进行审查、评价的一种监督活动。

(2) 审计的特征。

审计作为一种经济监督手段，其特点主要表现在以下三个方面：

① 独立性。审计机关依照法律规定独立行使审计监督权，不受其他行政机关、社会团体和个人的干涉。

② 强制性。审计活动是具有强制性的国家监督活动，被审计单位的有关人员，必须积极配合，不得阻挠、拒绝，不得设置障碍，不得隐瞒真相和伪造证据。否则，要追究直接责任人员和有关人员的法律责任。

③ 客观性。审计机关和审计人员办理审计事项，应当客观公正、实事求是、廉洁奉公、保守秘密。

### （二）审计法的概念及其适用范围

(1) 审计法的概念。

审计法是调整审计关系的法律规范的总称。所谓审计关系，是指从事审计工作的专职机构和专业人员在审计过程中，以及国家在管理审计工作过程中产生的社会关系。审计法是审计工作的法律依据。它以法律的形式确定了审计工作的地位、任务和作用，规定了审计工作的基本准则。审计法属于经济体系的一个组成部分。

(2) 审计法的适用范围。

国务院各部门和地方各级人民政府及其各部门的财政收支、国有的金融机构和企事业单位的财务开支，以及其他依照该法规定应当接受审计的财政收支和财务收支，都应当接受审计监督。

1994 年 8 月 31 日第八届全国人民代表大会常务委员会第九次会议通过了《中华人民共和国审计法》(以下简称《审计法》)，该法于 1995 年 1 月 1 日起施行，这是中国第一部由最高立法机关制定的审计法律。2006 年 2 月 28 日，对审计法进行了修订，并于 2006 年 6 月 1 日起施行。1997 年 10 月，国务院发布施行《中华人民共和国审计法实施条例》。2010 年 2 月，国务院修订了《中华人民共和国审计法实施条例》，定于 2010 年 5 月 1 日起施行。

**(三) 审计法律关系(主体、客体和内容)**

(1) 主体：包括国家审计机关及其审计人员、被审计单位和第三方，第三方是指与审计事项有关的单位和个人。

(2) 客体：指主体的权利和义务所指向的对象，即被审计单位的财政收支、财务收支行为，具体反映在被审计单位的会计凭证、会计账簿、财务会计报告等会计资料中。

(3) 内容：指主体在审计法律关系中享有的权利和承担的义务，这些权利义务由审计法明确规定。

**(四) 审计法的宗旨、意义和作用**

(1) 宗旨。《审计法》第 1 条指出："为了加强国家的审计监督，维护国家财政经济秩序，提高财政资金使用效益，促进廉政建设，保障国民经济和社会健康发展，根据宪法，制定本法。"

(2) 意义和作用。《审计法》不仅具有经济上的意义，而且具有政治上的意义。从经济方面说，通过审计，查出一系列违反财经法纪的问题，为国家挽回了大量的损失，同时堵住了许多国有资产流失的漏洞，直接维护了国家财政经济秩序；从政治方面说，通过财务审计并且处理一批违法案件，对于打击违法犯罪，教育干部群众，改进国家机关作风，促进廉政建设，具有直接作用。

## 二、审计监督体系

审计监督制度是指审计机关人员依照法律规定的职权和程序，对被审计单位进行审计监督的一种制度。

按照审计主体的不同，我国的审计体系包括国家审计、内部审计和社会审计。其中，国家审计是主体，内部审计和社会审计是重要组成部分。

**(一) 审计机关的审计**

国家审计机关是代表国家行使审计监督职能的机关。根据《审计法》的规定，国家实行审计监督。国务院和县级以上地方人民政府设立审计机关。审计机关包括以下几类：

(1) 中央审计机关。国务院设立审计署，在国务院总理领导下，主管全国的审计工作。审计长是审计署的行政首长。

(2) 地方审计机关。省、自治区、直辖市，设区的市、自治州、县、自治县，不设区的市、市辖区的人民政府的审计机关，分别在省长、自治区主席、市长、州长、县长、区长和上一级审计机关的领导下，负责本行政区域内的审计工作。

地方各级审计机关对本级人民政府和上一级审计机关负责并报告工作，审计业务以上级审计机关领导为主。

(3) 审计派出机构。审计机关根据工作需要，经本级人民政府批准，可以在其审计管辖范围内设立派出机构。派出机构根据审计机关的授权，依法进行审计工作。

审计机关根据被审计单位的财政、财务隶属关系或者国有资产监督管理关系，确定审计管辖范围。审计机关之间对审计管辖范围有争议的，由其共同的上级审计机关确定。上级审计机关可以将其审计管辖范围内的审计事项，授权下级审计机关进行审计；上级审计机关对下级审计机关审计管辖范围内的重大审计事项，可以直接进行审计，但是应当防止不必要的重复审计。

### (二) 内部审计

内部审计是指由本部门内部设置的审计机构或者配备的专职审计人员，依法独立地对本部门本单位及下属单位的财务及有关经济活动的真实性、合法性和效益性进行的评价和监督的活动。

《审计法》规定：政府部门、国有企业事业单位实行内部审计制度，旨在加强内部的管理和监督，维护财经法纪，保障和促进改善经营管理，提高经济效益。依法属于审计机关审计监督对象的单位，应当按照国家有关规定建立健全内部审计制度，其内部审计工作应当接受审计机关的业务指导和监督。

审计机关未设立派出机构的政府部门，以及国有企业事业单位，应设立独立的内部审计机构。审计业务较少的单位，可以设置专职内部审计人员。内部审计机构在本单位主要负责人的直接领导下进行内部审计监督，独立行使内部审计职权，对本单位领导机构负责并报告工作。各部门、国有的金融机构和企业事业单位的内部审计，应当接受审计机关的业务指导和监督。

### (三) 社会审计

社会审计是指社会审计机构接受委托，对被审计单位的财政收支及其有关的经济活动所进行的审计。我国的社会审计机构主要有会计师事务所和审计师事务所，审计人员主要由会计师组成。社会审计机构接受国家机关和企事业单位委托承办业务，其业务质量的检验标准是要求其所提供的社会审计报告及其结论真实、合法。对依法独立进行社会审计的机构的指导、监督、管理，依照《注册会计师法》等有关法律和国务院的规定执行。审计机关对社会审计组织承担的资产评估、验资、会计、审计等业务所出具的证明文件是否真实、合法进行监督检查。

## 三、审计监督的范围

审计机关对本级各部门(含直属单位)和下级政府预算的执行情况和决算及其他财政收支情况，进行审计监督。审计监督范围如下：

(1) 本级各部门(含直属单位)和下级政府预算的执行情况和决算及其他财政收支情况。

(2) 国家的事业组织和使用财政资金的其他事业组织的财务收支。

(3) 国有企业的资产、负债、损益。

(4) 政府投资和以政府投资为主的建设项目的预算执行情况和决算。

(5) 政府部门管理的和其他单位受政府委托管理的社会保障基金、社会捐赠资金及其他有关基金、资金的财务收支。

(6) 国际组织和外国政府援助、贷款项目的财务收支。

审计机关按照国家有关规定，对国家机关和依法属于审计机关审计监督对象的其他单位的主要负责人，在任职期间对本地区、本部门或者本单位的财政收支、财务收支，以及有关经济活动应负经济责任的履行情况，进行审计监督。

审计机关有权对与国家财政收支有关的特定事项，向有关地方、部门、单位进行专项审计调查，并向本级人民政府和上一级审计机关报告审计调查结果。

## 四、审计机关的权限

根据《审计法》的有关规定，审计机关进行审计时，享有以下权利：

(1) 审计机关有权要求被审计单位按照审计机关的规定提供预算或者财务收支计划、预算执行情况、决算、财务会计报告，运用电子计算机储存、处理的财政收支、财务收支电子数据和必要的电子计算机技术文档，在金融机构开立账户的情况，社会审计机构出具的审计报告，以及其他与财政收支或者财务收支有关的资料，被审计单位不得拒绝、拖延、谎报。

(2) 审计机关进行审计时，有权就审计事项有关问题向有关单位和个人进行调查，并取得有关证明材料。有关单位和个人应当支持、帮助审计机关工作，如实向审计机关反映情况，提供有关证明材料。

(3) 审计机关进行审计时，有权检查被审计单位的会计凭证、会计账簿、财务会计报告和运用电子计算机管理财政收支、财务收支电子数据的系统，以及其他与财政收支或者财务收支有关的资料和资产，被审计单位不得拒绝。

(4) 审计机关经县级以上人民政府审计机关负责人批准，有权查询被审计单位在金融机构的账户。审计机关有证据证明被审计单位以个人名义存储公款的，经县级以上人民政府审计机关主要负责人批准，有权查询被审计单位以个人名义在金融机构的存款。

(5) 审计机关进行审计时，被审计单位不得转移、隐匿、篡改、毁弃会计凭证、会计账簿、财务会计报告以及其他与财政收支或者财务收支有关的资料，不得转移、隐匿所持有的违反国家规定取得的资产。审计机关对被审计单位违反上述规定的行为，有权予以制止；必要时经县级以上人民政府审计机关负责人批准，有权封存有关资料和违反国家规定取得的资产；对其中在金融机构的有关存款需要予以冻结的，应当向人民法院提出申请。

(6) 审计机关对被审计单位正在进行的违反国家规定的财政收支、财务收支行为，有权予以制止；制止无效的，经县级以上人民政府审计机关负责人批准，通知财政部门和有关主管部门暂停拨付与违反国家规定的财政收支、财务收支行为直接有关的款项，已经拨付的，暂停使用。审计机关采取上述规定的措施不得影响被审计单位合法的业务活动和生产经营活动。

(7) 审计机关认为被审计单位所执行的上级主管部门对有关财政收支、财务收支的规定和法律、行政法规相抵触的，应当建议有关主管部门纠正；有关主管部门不予纠正的，审计机关应当提请有权处理的机关依法处理。

(8) 审计机关可以向政府有关部门通报或者向社会公布审计结果。审计机关通报或者公布审计结果，应当依法保守国家秘密和被审计单位的商业秘密，遵守国务院的有关规定。

## 五、审计程序

审计程序是指审计机关和审计人员对审计事项实施审计的一系列工作过程。根据《审计法》的规定，审计工作程序一般经过五个阶段。

(1) 准备阶段。审计机关根据审计项目计划确定的审计事项组成审计组，并应当在实施审计 3 日前，向被审计单位送达审计通知书。被审计单位应当配合审计机关的工作，并提供必要的工作条件。

(2) 实施阶段。审计人员通过审查会计凭证、会计账簿、财务会计报告，查阅与审计事项有关的文件、资料，检查现金、实物、有价证券，向有关单位和个人调查等方式进行审计，并取得证明材料。审计人员向有关单位和个人进行调查时，应当出示审计人员的工作证件和审计通知书副本。

(3) 报告阶段。审计组对审计事项实施审计后，应当向审计机关提出审计组的审计报告。审计组的审计报告报送审计机关前，应当征求被审计单位的意见。被审计对象应当自接到审计组的审计报告之日起 10 日内，将其书面意见送交审计组。审计组应当将被审计对象的书面意见一并报送审计机关。

(4) 审定和决定阶段。审计机关按照审计署规定的程序对审计组的审计报告进行审议，并对被审计对象提出的意见一并研究后，提出审计机关的审计报告；对违反国家规定的财政收支、财务收支行为，依法应当给予处理、处罚的，在法定职权范围内作出审计决定或者向有关主管机关提出处理、处罚意见。

(5) 送达阶段。审计机关应当将审计机关的审计报告和审计决定送达被审计单位和有关主管机关、单位，审计决定自送达之日起生效。

## 六、违反审计法的法律责任

### (一) 被审计单位及有关人员的法律责任

(1) 被审计单位违反《审计法》的规定，拒绝或拖延提供与审计事项有关资料的，或者提供的资料不真实、不完整的，或者拒绝、阻碍检查的，由审计机关责令改正，可以通报批评，给予警告；拒不改正的，依法追究责任。

(2) 被审计单位违反《审计法》的规定，转移、篡改、隐匿、毁弃会计凭证、会计账簿、财务会计报告以及其他与财政收支、财务收支有关的资料，或者转移、隐匿所持有的违反国家规定取得的资产，审计机关对直接负责的主管人员和其他直接责任人员依法应当给予处分的，应当提出给予处分的建议，被审计单位或者其上级机关、监督机关应当依法及时作出决定，并将结果书面通知审计机关；构成犯罪的，依法追究刑事责任。

(3) 对本级各部门(含直属单位)和下级政府违反预算的行为或者其他违反国家规定的财政收支行为，审计机关、人民政府或者有关主管部门在法定职权范围内，依照法律、行政法规的规定，可以责令限期缴纳应当上缴的款项；限期退还被侵占的国有资产；限期退还违法所得，按照国家统一的会计制度的有关规定进行处理或采取其他处理措施。

(4) 对被审计单位违反国家规定的财务收支行为，审计机关、人民政府或者有关主管部门在法定职权范围内，依照法律、行政法规的规定区别情况采取前一项规定的处理措施，并可以依法给予处罚。

(5) 审计机关在法定职权范围内作出的审计决定，被审计单位应当执行。审计机关依法责令被审计单位上缴应当上缴的款项，被审计单位拒不执行的，审计机关应当通报有关主管部门，有关主管部门应当依照有关法律、行政法规的规定予以扣缴或者采取其他处理措施，并将结果书面通知审计机关。

(6) 被审计单位的财政收支、财务收支违反国家规定，审计机关认为对负直接责任的主管人员和其他直接责任人员依法应当给予处分的，应当提出给予处分的建议，被审计单位或者其上级机关、监察机关应当依法及时作出决定，并将结果书面通知审计机关。构成犯罪的，依法追究刑事责任。

(7) 报复陷害审计人员的，依法给予处分；构成犯罪的，依法追究刑事责任。

### (二) 审计人员的法律责任

审计人员滥用职权、徇私舞弊、玩忽职守或者泄露所知悉的国家秘密、商业秘密的，依法给予处分；构成犯罪的，依法追究刑事责任。

# 思考练习

**(一) 单项选择题**

1. 法律规范组成部分中的(　　)是指规定了人们在违反法律规范时要承担的法律后果。

A. 假定　　B. 处理　　C. 制裁　　D. 惩罚

2. 法律是由( )制定的规范性文件。

A. 全国人民代表大会及其常设机构 B. 国务院

C. 省、自治区、直辖市人民代表大会 D. 民族自治地方人民代表大会

3. 行政法规是由( )发布的规范性文件。

A. 国务院 B. 全国人民代表大会

C. 省人民代表大会 D. 全国人民代表大会常务委员会

4. 会计法律制度中层次最高的是( )。

A.《中华人民共和国会计法》 B.《总会计师条例》

C.《企业会计准则》 D.《企业会计制度》

5. 下列法律规范中，效力最低的是( )。

A. 宪法 B. 法律 C. 行政法规 D. 规章

6. 下列各项中，属于会计法律的是( )。

A. 《中华人民共和国会计法》 B. 《总会计师条例》

C. 《企业会计制度》 D. 《会计基础工作规范》

7. 下列各项中，属于会计规章的是( )。

A.《企业会计准则》 B.《会计档案管理办法》

C.《总会计师条例》 D.《中华人民共和国会计法》

8.《总会计师条例》是由( )发布的。

A. 国务院 B. 全国人民代表大会常务委员会

C. 省、自治区、直辖市人民代表大会 D. 财政部

9.《企业会计制度》是由( )发布的。

A. 财政部 B. 国务院

C. 全国人民代表大会常务委员会 D. 全国人民代表大会

10. 用电子计算机进行会计核算的单位，其使用的会计软件及其生成的会计资料应当符合政府有关部门的规定。该政府部门是指( )。

A. 财政部门 B. 国务院税务主管部门

C. 省级以上工商行政管理部门 D. 单位上级业务主管部门

11. 会计进行经济核算的经济业务是( )的经济业务事项。

A. 已发生，且引起资金运动 B. 将要发生，且引起资金运动

C. 所有已发生 D. 已发生，且不引起资金运动

12. 伪造、变造会计资料和提供虚假财务报告的主体为( )。

A. 只能是单位 B. 只能是个人

C. 任何单位和个人 D. 只能是单位和其内部工作人员

13. 会计凭证按( )不同，可分为原始凭证和记账凭证。

A. 取得途径 B. 填制程序和用途 C. 有无固定格式 D. 审核机构

14. 从外单位取得的原始凭证，必须( )才能证明其法律有效性。

A. 注明用途 B. 加盖填制单位公章 C. 注明填制的年度 D. 有填制人的签名

15. 按来源不同，原始凭证可分为( )。

A. 外来原始凭证和自制原始凭证

B. 一次性原始凭证、累计原始凭证和汇总原始凭证

C. 收付业务凭证和转账业务凭证

D. 专用凭证和通用凭证

16. 按填制方法的不同，记账凭证可分为(　　)。

A. 收款凭证、付款凭证和转账凭证　　B. 专用记账凭证和通用记账凭证

C. 复式记账凭证和单式记账凭证　　D. 原始凭证和记账凭证

17. 填制或取得的原始凭证必须及时送交会计机构，否则就是违法行为。对于及时的时间界限，应理解为(　　)。

A. 一个结算期　　B. 10 天　　C. 两个月　　D. 一个季度

18. 原始凭证应由(　　)审核。

A. 销售人员　　B. 会计机构、会计人员

C. 采购人员　　D. 经办人员

19. 某企业会计人员在审核一张购买的材料的原始凭证时，发现凭证上的单价和金额数字有涂改痕迹，且材料单价也明显高于市场价格。该凭证应当属于(　　)。

A. 不真实的原始凭证　　B. 不合法的原始凭证

C. 不准确的原始凭证　　D. 不完整的原始凭证

20. 根据《会计法》及国家统一的会计制度规定，下列有关记账凭证的表述中，不正确的有(　　)。

A. 所有记账凭证都必须附有原始凭证

B. 填制记账凭证时出现错误的，应当重新填制

C. 企业可以选择不同的记账凭证编号方法进行编号

D. 不得根据金额更正过的原始凭证编制记账凭证

21. 关于原始凭证错误更正说法正确的是(　　)。

A. 原始凭证金额错误，由开具单位更正

B. 原始凭证内容有错误，应由取得单位重开

C. 原始凭证金额错误，只能由原开具单位重新开具

D. 原始凭证所记载的除金额外的其他各项内容发生错误，可以涂改

22. 依法建账是会计核算中的最基本要求之一。这里所说的“依法建账”的“法”是指(　　)。

A.《会计法》　　B.《会计基础工作规范》

C.《公司法》　　D.《会计法》《会计基础工作规范》和其他一些法律、行政法规

23. 下列关于总账的说法，正确的是(　　)。

A. 总账是根据总账科目开设的账簿　　B. 总账一般使用活页账

C. 总账一般逐日逐笔序时登记　　D. 应收、应付款项的备查簿也属于总账

24. 能反映企业在某一特定日期财务状况的会计报表是(　　)。

A. 资产负债表　　B. 现金流量表　　C. 利润表　　D. 利润分配表

25. 单位对外提供财务会计报告的责任主体是(　　)。

A. 会计人员　　B. 会计机构负责人　　C. 主管会计　　D. 单位负责人

26. 《企业财务会计报告条例》规定的会计期间不包括(　　)。

A. 年度　　B. 半年度　　C. 月度　　D. 半个月

27. (　　)不必在会计报表附注中披露。

A. 不符合会计基本假设的说明　　B. 重要会计政策和会计估计变更

C. 或有事项和资产负债表日后事项　　D. 企业生产经营的基本情况

28. 会计档案由单位会计机构负责整理归档并保管(　　)后，移交单位的档案管理机构继续保管。

A. 1 年　　B. 6 个月　　C. 3 个月　　D. 3 年

29. 对于保管期满的会计档案，是否应销毁，应由(　　)鉴定。

A. 单位档案管理机构会同会计机构　　B. 单位档案管理机构

C. 会计机构　　D. 单位负责人

30. 对于保管期满但未结清的债权债务原始凭证，应(　　)。

A. 立即销毁　　B. 一个月后销毁

C. 一年后销毁　　D. 保管至未了事项完结时为止

31. 我国从事代理记账的机构，应至少有(　　)名持有会计证的专业人员。

A. 5　　B. 3　　C. 8　　D. 10

32. (　　)可以根据业务需要，自行决定是否应设置总会计师。

A. 国有大型企业　　B. 外资控股的大型企业

C. 国有资产占控股地位的大型企业　　D. 国有资产占主导地位的大型企业

33. 要担任总会计师，须在取得会计师专业技术资格后，主管一个单位或单位内部一个重要方面的财务会计工作不少于(　　)。

A. 1 年　　B. 5 年　　C. 3 年　　D. 8 年

**(二) 多项选择题**

1. 下列关于单位内部会计监督制度说法错误的是(　　)。

A. 会计事项的经办人员和审批人员可以由一人兼任

B. 记账人员和经济业务的审批人员可以由一人兼任

C. 记账人员和财物保管人员的职责权限应明确，并相互分离

D. 记账人员和经济业务的经办人员可以由一人兼任

2. 会计档案的定期保管期限包括(　　)。

A. 3 年　　B. 5 年　　C. 10 年　　D. 20 年

3. 应当在财务会计报告上签章的是(　　)。

A. 普通记账人员　　B. 单位负责人　　C. 会计机构负责人　　D. 总会计师

4. 关于会计文字记录说法正确的是(　　)。

A. 我国境内所有的公司、企业的会计记录文字都必须使用中文

B. 民族自治地区可以只以本民族的文字作为会计记录文字

C. 我国境内的外国经济组织的会计记录，在使用中文的前提下，可以同时使用一种外国文字

D. 使用中文是强制性的，使用其他通用文字是备选的

5. 根据《会计法》，关于会计核算中记账本位币的说法错误的是(　　)。

A. 不论什么企业，都必须以人民币为记账本位币

B. 企业可以随意选用会计核算中的记账本位币

C. 业务收支以人民币以外的货币为主的企业，可以该货币作为记账本位币

D. 记账本位币可以随意变动

6. 审计法规定了审计机关的权限，具体包括(　　)。

A. 要求提供资料权　　B. 检查权

C. 调查取证权　　D. 制止权　　E. 奖励权

7. 关于审计管辖，下列说法中正确的有(　　)。

A. 在地方的中央部门的下属单位，属于地方审计机关的审计管辖范围

B. 两个以上审计机关对审计管辖范围的划分发生争议时，由其共同的上级审计机关确定审计管辖的原则

C. 审计管辖权转移应当防止不必要的重复审计

D. 某单位的国有资产属中央部门监督管理的，由审计署审计管辖；属地方部门监督管理的，由地方审计机关审计管辖

E. 上级审计机关对下级审计机关审计管辖范围内的重大审计事项，不可以直接进行审计

8. 审计法律关系的主体有(　　)。

A. 审计机关　　B. 国有资产、财产

C. 审计人员　　D. 反映财政收支、财务收支行为的会计凭证

E. 被审计单位

9. 下列关于国家审计、内部审计、社会审计的表述中，正确的有(　　)。

A. 政府审计监督的范围不包括国有的金融机构和企业事业组织的财务收支

B. 国家审计具有法定性、强制性，其目的是对依法应当接受审计的财政收支、财务收支的真实、合法和效益进行审计监督，维护国家财政经济秩序，提高财政资金使用效益，促进廉政建设，保障国民经济和社会健康发展

C. 内部审计是指由各单位内部设立的审计机构或审计人员对本单位的资产资金的使用效率、经济活动或经营活动的效益等进行的审计监督

D. 对法定的政府审计监督对象来讲，其内部审计在相当程度上是国家审计的延伸，目的在于进行经济监督和经济评价，以纠错防弊，改善单位的管理

E. 社会审计是指由社会审计服务机构会计师事务所接受委托对反映被审计单位的经济活动和资产质量、经营绩效的财务会计报告的真实、客观和公允性实施的审计，审计机关无权对该社会审计机构出具的相关审计报告进行核查

10. 下列有关审计报告的说法中，正确的有(　　)。

A. 审计组向审计机关提出审计报告前，不必征求被审计单位的意见

B. 审计机关应当将审计机关的审计报告和审计决定送达被审计单位和有关主管机关、单位

C. 被审计单位应当按照审计机关规定的期限和要求执行审计决定

D. 上级审计机关认为下级审计机关作出的审计决定违反国家有关规定的，可以责成下级审计机关予以变更或者撤销，必要时也可以直接作出变更或者撤销的决定

E. 审计机关送达审计文书必须直接送达

11. 下列关于审计机关的职责的说法中，不正确的是(　　)。

A. 审计机关对本级各部门(含直属单位)和下级政府预算的执行情况和决算以及其他财政收支情况，进行审计监督

B. 审计署在国务院总理领导下，对中央预算执行情况和其他财政收支情况进行审计监督，向国务院总理提出审计结果报告

C. 审计署对中央银行的财务收支进行审计监督，审计机关对国有金融机构的资产、负债、损益进行审计监督

D. 会计师事务所对国际组织和外国政府援助、贷款项目的财务收支，进行审计监督

12. 下列措施中，不属于采取强制措施权的是(　　)。

A. 对在金融机构的有关存款需要予以冻结的，应当向人民法院提出申请

B. 责令期限退还违法所得

C. 认为对直接负责的主管人员和其他直接责任人员依法应当给予处分的，应当提出给予处分的建议

D. 检查被审计单位的会计凭证等资料，被审计单位不得拒绝

13. 被审计单位存在涉嫌严重违法违规的情况时，经有关机关批准，审计机关可以直接持审计通知书实施审计，该批准机关不可以是(　　)。

A. 人民检察院　　B. 本级人民政府

C. 审计机关的上级主管部门　　D. 本级人民代表大会常务委员会

14. 下列各项中，属于违反《审计法》规定的行为的是(　　)。

A. 被审计单位及时提供与审计事项有关的资料

B. 被审计单位提供的资料不真实、不完整

C. 转移、隐匿、毁弃会计凭证、会计账簿等资料

D. 报复陷害审计人员

**(三) 案例分析题**

1. 2017 年，某大型国有企业进行检查时，发生如下事项：

(1) 王某业务精湛，拟担任单位总会计师，王某取得助理会计师任职资格后，主管单位财务会计工作时间 4 年。

(2) 2008 年 3 月，会计机构负责人林某因提供虚假财务会计报告被吊销会计从业资格证书并被依法追究刑事责任，2013 年 5 月，林某向当地财政部门申请重新取得会计从业资格。

(3) 因人手紧张，出纳张某同时负责会计档案保管。

(4) 该企业 2017 年度亏损 20 万元，厂长授意会计人员李某采取伪造会计凭证等手段调整企业的财务会计报告，将本年利润调整为盈利 50 万元，李某拒绝执行。厂长将李某调离会计岗位。

要求：根据上述资料，分析回答下列问题。

(1) 针对事项(1)，下列说法正确的有(　　)。

A. 王某具备担任总会计师的资格，因为他取得了助理会计师任职资格

B. 王某不具备担任总会计师的资格，因为他没有取得会计师任职资格

C. 担任总会计师需要主管单位财务会计工作时间不少于 3 年

D. 大中型企业必须设置总会计师

(2) 针对事项(2)，下列说法正确的有(　　)。

A. 林某可以取得会计从业资格证书，因为林某被依法追究刑事责任已满 5 年

B. 林某不得重新取得会计从业资格证书

C. 林某考试合格后可以重新取得会计从业资格证书

D. 因会计违法行为被追究刑事责任的，5 年内不得重新取得会计从业资格

(3) 针对事项(3)，下列说法正确的有(　　)。

A. 张某不能同时负责会计档案保管

B. 张某可以负责会计档案保管

C. 张某可以兼固定资产明细账的登记工作

D. 张某同时负责会计档案保管，不能达到内部牵制制度的要求

(4) 针对事项(4)，下列说法正确的有(　　)。

A. 厂长有人事权，可以自由决定李某的工作岗位

B. 厂长的行为构成了对李某的打击报复

C. 对李某应当恢复其名誉和所有职位

D. 对李某应当恢复其名誉和所有级别

(5) 关于法律责任的说法中正确的有(　　)。

A. 行政处罚的对象仅限于行政管理相对人　　B. 行政处分的对象仅限于国家工作人员

C. 罚金属于行政责任　　D. 罚款属于刑事责任

2. 财政部门对某国有中型企业 2011 年的会计工作进行检查，发现以下情况：

(1) 3 月，该厂精简机构将财务科撤并到综合办公室，由厂办主任陈某兼综合办公室负责人，陈某一直从事行政管理工作。

(2) 由出纳兼会计档案保管工作并兼记固定资产明细账。

(3) 原工资核算岗位的李某调往设计科，其工作交给王某，由人事科科长监交，后来王某发现李某移交的资料有短缺的问题。

(4) 企业发放工资时，编制工资单、提取现金、分发工资、记账均由出纳一个人兼办。

要求：根据上述材料，回答下列问题。

(1) 下列关于单位设置会计机构的表述中正确的是(　　)。

A. 各单位应该设置会计机构

B. 各单位必须设置会计机构

C. 单位可以不设置会计机构，但应当在有关机构设置专职会计人员

D. 各单位应当根据会计业务需要设置会计机构

(2) 下列说法符合法律规定的是(　　)。

A. 出纳可以兼会计档案保管，也可以兼记固定资产明细账

B. 出纳既不得兼会计档案保管，也不能兼记固定资产明细账

C. 出纳可以兼会计档案保管，但不可以兼记固定资产明细账

D. 出纳不得兼会计档案保管，但可以兼记固定资产明细账

(3) 与王某的会计交接中，下列说法正确的是(　　)。

A. 人事科科长监交　　B. 监交人员应为单位负责人或者会计机构负责人

C. 会计资料短缺由接受人员王某负责　　D. 会计资料短缺应由移交人员李某负责

(4) 财政部门的监督属于(　　)。

A. 行政监督　　B. 社会监督　　C. 政府会计监督　　D. 内部会计监督

(5) 关于会计工作岗位设置的原则有(　　)。

A. 一人一岗　　B. 一人多岗　　C. 一岗多人　　D. 多人多岗

3. 2017 年 5 月，某小规模企业发生如下会计事项：

(1) 该企业不具备设置会计机构和会计人员的条件，委托某代理记账公司办理会计业务。

(2) 单位负责人张某认为，委托代理记账公司办理会计业务，自己不再承担会计责任。

(3) 李某属于单位档案部门工作人员，负责本单位会计档案保管，李某尚未取得会计从业资格证书。

(4) 该企业以解约为要挟，要求代理记账公司出具了虚假会计报告。

要求：根据上述资料，分析回答下列问题。

(1) 针对事项(3)，下列说法中正确的有(　　)。

A. 李某尚未取得会计从业资格证书，不能保管会计档案

B. 李某可以保管会计档案，不需要取得会计从业资格证书

C. 会计机构中对正式移交前的会计档案保管的工作属于会计岗位

D. 档案部门对正式移交后的会计档案保管的工作属于会计岗位

(2) 针对事项(1)，下列说法中正确的有(　　)。

A. 该企业不可以委托代理记账公司办理会计业务

B. 除代理记账公司外，该企业也可以委托会计师事务所办理会计业务

C. 除代理记账公司外，该企业也可以委托具有代理记账资格的其他社会咨询服务机构办理会计业务

D. 每个单位都必须单独设立会计机构

(3) 针对事项(2)，下列说法中正确的有(　　)。

A. 张某的说法是正确的

B. 张某的说法是错误的

C. 单位负责人对单位会计工作和会计资料的真实性和完整性负责

D. 单位负责人会计责任不因代理记账而免除

(4) 针对事项(4)，下列说法中正确的有(　　)。

A. 代理记账公司不承担任何法律责任

B. 代理记账公司要承担法律责任

C. 违反会计法要承担的责任主要是行政责任和民事责任

D. 违反会计法要承担的责任主要是行政责任和刑事责任

(5) 关于会计工作岗位的说法正确的有(　　)。

A. 单位内部审计属于会计岗位　　B. 社会审计不属于会计岗位

C. 政府审计属于会计岗位　　D. 稽核不属于会计岗位

4. 东方公司是一家大型国有控股企业，2017 年该公司发生以下情况：

(1) 3 月，公司董事长胡某主持召开董事会会议，研究进一步加强会计工作问题。根据公司经理的提名，会议决定增设 1 名副经理主管财会工作，现任总会计师配合其工作。

(2) 5 月，公司会计科负责收入、费用账目登记工作的会计张某提出休产假。因会计科长出差在外，主管财会工作的副经理指定出纳员兼管张某的工作，并让出纳员与张某自行办理会计工作交接手续。

(3) 12 月，公司产品滞销状况仍无根本改变，亏损已成定局。公司董事长胡某指使会计科在会计报表上做一些“技术处理”，确保“实现”年初定下的盈利 40 万元的目标，会计科遵照办理。

(4) 2018 年 2 月，公司财务会计报告经主管财会工作的副经理、总会计师、会计科长签名并盖章后报出，公司董事长胡某未在财务会计报告上签章。

要求：根据上述情况和会计、金融法律制度的有关规定，回答下列问题。

(1) 该公司增设主管财会工作的副经理的做法是否符合法律规定？简要说明理由。

(2) 该公司指定出纳员兼管会计张某的工作，并让出纳员与张某自行办理会计工作交接是否符合法律规定？分别简要说明理由。

(3) 该公司董事长胡某指使会计科在会计报表上做一些“技术处理”，致使公司由亏损变为盈利的行为属于何种违法行为？应承担哪些法律责任？

(4) 该公司董事长胡某是否应当在对外报出的财务会计报告上签名并盖章？简要说明理由。

# 第十二章

# 劳动法

**【学习目的与要求】**

《劳动法》是国家为了保护劳动者的合法权益，调整劳动关系，建立和维护适应社会主义市场经济的劳动制度，促进经济发展和社会进步，根据宪法而制定颁布的法律。《劳动法》作为维护人权、体现人本关怀的一项基本法律，在西方甚至被称为第二宪法。本章应重点掌握劳动者的主要权利和义务，劳动就业方针政策及录用职工的规定，劳动合同的订立、变更与解除程序的规定，集体合同的签订与执行办法，工作时间与休息时间制度，劳动报酬制度。

## 第一节　劳动法概述

19 世纪以来，随着工业革命的发展，劳动法在各国的法律体系中日益占有重要的地位。1802 年，英国议会通过了世界上第一部劳动法——《学徒健康与道德法》，禁止纺织厂使用 9 岁以下的学徒，并规定工作时间每日不得超过 12 小时，同时禁止做夜班。中华人民共和国成立后，中国先后制定了《中华人民共和国劳动保险合同》《企业职工奖惩条例》《国营企业辞退违纪职工暂行规定》等一系列劳动法规。

### 一、劳动法的概念

劳动法是指调整劳动关系以及与劳动关系密切相联系的其他社会关系的法律规范总称。“劳动”一般是指人们利用劳动资料改造劳动对象，使之符合人类需要的有意识的、有目的的活动。劳动法上的“劳动”除了具备一般劳动的基本含义外，其还有自己特定的内涵，即有偿性、职业性、合意性、隶属性等。因此，家务劳动、个体劳动、农民劳动、公益劳动等不属于劳动法上的“劳动”。

### 二、劳动法调整对象和调整范围

劳动法的主要调整对象是劳动关系，狭义上是指劳动者与用人单位之间在实现劳动过程中发生的社会关系，广义上的主体还应包括劳动者的团体组织。

#### (一) 调整对象

劳动法的调整对象包括劳动关系和与劳动关系密切相联系的其他社会关系。

劳动关系是指在实现社会劳动过程中，劳动与所在单位(用人单位)之间的社会劳动关系。与劳动关系有密切联系的某些其他关系也属于劳动法的调整对象，主要是指：

(1) 国家管理劳动力和保障公民劳动权实现方面的关系。

(2) 社会保险方面的关系。

(3) 处理劳动争议所发生的某些关系，这里主要是指劳动争议的处理方式和程序。

(4) 工会组织与单位行政之间的关系。

(5) 对执行劳动法进行监督检查而发生的关系等。

### (二) 调整范围

依据我国相关法律规定，下列行为由劳动法加以调整：

(1) 各类企业的劳动关系和个体经济组织中形成的劳动关系是劳动法规范调整的主要对象。

(2) 国家机关、事业组织、社会团体通过与劳动者签订劳动合同建立的劳动关系由劳动法调整。

(3) 劳动力派遣、非全日制用工形成的部分类型的非标准劳动关系由劳动法调整。

(4) 用人单位不合格的劳动关系、劳动者不合格的劳动关系已经被纳入《劳动合同法》的适用范围，进而被纳入劳动法的适用范围。

(5) 退休人员重新受聘的劳动关系有条件地纳入劳动法调整范围，即达到退休年龄的劳动者若不享受基本养老保险待遇，退休人员重新就业的劳动关系由劳动法调整，否则，作为民事雇佣关系由民法调整。

(6) 将个人承包经营中的劳动关系有条件地纳入劳动法的调整范围。

(7) 将依法成立的会计事务所、律师事务所等合伙组织和基金会与其劳动者的劳动关系纳入劳动法的调整范围。

下列社会关系则不属于劳动法的调整范围：①国家机关、事业单位、社会团体中的非合同劳动关系；②农村集体经济组织的劳动关系；③现役军人、家庭保姆、自然人用工等劳动关系。

**【案例分析 12-1】**

张某等 6 人系某县私立中学教师，自 2011 年起即在该中学任教，与学校未签订劳动合同。2013 年 2 月中学因为生源减少，将张某等 6 人辞退。

问题：张某等 6 人与某中学之间的关系是否属于《劳动法》的适用范围？

**【案例分析 12-2】**

2017 年 3 月某科学院为配合北京大学生运动会召开，决定对院内环境进行整顿，院内需拆除几处房屋建筑，研究院即与某劳动服务公司签订承包合同，由劳动服务公司负责组织人员拆除，研究院支付劳动服务公司劳务费用 10 万元。某劳动服务公司雇用了 5 名工人工作，并签订了劳动合同。在拆除房屋过程中工人孙某不慎从房顶坠落受伤，需住院治疗，医院要求支付住院押金 1 万元，研究院垫付。后孙某住院期间的医疗费及仍需继续治疗的费用，劳动服务公司与研究院都不同意支付。劳动服务公司对孙某说，你是为研究院拆房时受伤的，应由研究院为你支付医疗费。该名工人即以研究院为被告，向劳动争议仲裁委员会提出仲裁申请，要求认定为工伤，并享受工伤待遇。

问题：孙某与研究院是否存在劳动法律关系？

**【案例分析 12-3】**

2015 年 5 月，女职工李某入职 A 公司工作(工作地点挂牌名称是 A 公司， 公司发给李某一个有 A 公司名称但没有盖章的工作证，发给李某一本自己也在其中的 A 公司员工的通信录，李某工作过程中的工作单也是 A 公司的名称)，双方没有签订劳动合同，工资通过银行转账发放。2016 年 1 月，已怀孕 3 个多月的李某被 A 公司辞退，但 A 公司没有发给李某辞退通知书。因 A 公司没有给李某任何补偿，李某被迫向劳动信访部门投诉。信访过程中，A 公司否认与李某存在劳动关系，称李某是B公司的员工，社保是B公司缴纳，工资也是B公司支付。另称A公司拟收购B公司，但尚未办妥相关手续。

问题：究竟李某与哪个公司存在劳动关系？

**【案例分析 12-4】**

2016年3月，某建筑公司承建某购物中心。5月5日，该建筑公司将该购物中心的土方交与任某挖运，并约定在挖土和运输过程中所发生的一切费用包括道路的清扫等由任某自行负责，在施工中任某听从建筑公司施工员的指挥。任某又聘请王某等人清扫挖运土方洒落在街道上的泥土，报酬从任某处领取。5月15日，王某在公路中间扫土时，被一辆农用车撞伤，王某负事故的次要责任。王某向当地劳动保障部门申请工伤认定。劳动部门经过调查作出了王某因公受伤的决定，事故单位为该建筑公司。该建筑公司不服，向法院提起诉讼。

问题：王某与任某之间形成雇佣关系，还是王某与该建筑公司形成劳动关系？

# 第二节　劳动法律关系

劳动法律关系是劳动关系为劳动法规所调整而形成的权利与义务关系，是劳动法律规范在实际生活中的体现。不同社会制度下的劳动法律关系具有根本不同的性质，社会主义劳动法律关系，就是劳动关系为社会主义劳动法规调整所形成的权利与义务的关系。生产资料所有制的形式不同，决定了劳动法律关系的种类不同，同时，劳动法律关系的种类，也可以从劳动法律关系当事人的法律地位的不同来划分。

## 一、劳动法律关系的概念

劳动法律关系是指劳动者和用人单位之间由劳动法调整而形成的权利义务关系。其特征为：劳动法律关系主体双方具有平等性和隶属性。劳动法律关系内容体现了国家与当事人的双重意志。劳动法律关系的客体为特定的劳动行为。

构成劳动法律关系的要素有：劳动法律关系的主体，就是依劳动法享有权利与承担义务的劳动法律关系的参与者，包括自然人和法人；公民和法人的劳动权利能力和劳动行为能力；劳动法律关系的内容，即依劳动法规定，劳动法律关系主体双方享有的权利和承担的义务。能够引起劳动法律关系产生、变更和消灭的，必须是劳动法规定的法律事实，包括失业事件和行为两类。

## 二、劳动法律关系主体

劳动法律关系主体是指参与劳动法律关系，享受劳动权利、承担劳动义务的劳动者和用人单位。

### (一) 劳动者

(1) 劳动者的概念。劳动法中的劳动者是指达到法定年龄、具有能力，以从事某种社会劳动获得收入作为主要生活来源的自然人，这里不包括法人和其他经济组织。劳动者作为劳动法律关系主体必须具备一定的条件，即必须具备有劳动权利能力和劳动行为能力。

(2) 劳动权利能力。劳动权利能力是指劳动者能够依法享有劳动权利和承担劳动义务的资格或能力。劳动权利能力具有平等性，任何一个自然人自出生就具备劳动权利能力，至自然人死亡时消灭。这里特别需要注意的是，退休人和未成年人同样有劳动权利能力。

(3) 劳动行为能力。劳动行为能力是指劳动者能够以自己的行为依法行使劳动权利和履行劳动义务的能力。一般情况下不具备劳动行为能力的自然人不能实际参与劳动法律关系，除非由法律另行规定且一般由其法定代理人进行代理。根据我国相关法律规定，劳动者具备劳动行为能力应符合下列条件：

① 达到法定年龄。我国劳动法规定就业年龄为 16 周岁，禁止招用未满 16 周岁的未成年人；某些特殊职业，如文艺、体育和特种工单位，确需招用未满 16 周岁的人，须报县级以上劳动行政部门批准。

② 具有劳动能力。劳动能力属于劳动者的生理因素，一般表现为三种：有完全劳动能力、有部分劳动能力和无劳动能力。无劳动能力是指因生理状况不能劳动的人；有部分劳动能力是指因生理状况不能进行正常劳动，但又没有完全丧失劳动能力的人。一般情况下，劳动法和相关法律对于有部分劳动行为能力的人往往给予一些特殊帮助，如收税优惠、贷款支持等。

**(二) 用人单位**

用人单位是劳动法律关系中与劳动者相对应的另一方，包括企业、事业、国家机关、社会团体等单位及个体经济组织。

用人单位作为劳动法律关系的主体，必须具备用人的权利能力和行为能力。用人权利能力一般受到职工编制定员、社会保险、最低工资标准、社会责任等因素影响。

## 三、劳动法律关系内容

劳动法律关系内容，是指劳动者与用人单位之间的相互权利和义务。

**(一) 劳动者基本权利和义务**

(1) 劳动者基本权利。我国《劳动法》第 3 条第1 款规定，我国劳动者的基本权利有平等就业和选择职业的权利、劳动报酬权、休息休假权、劳动安全卫生保护权、职业技能培训权、社会福利权和社会保险权、提请劳动争议处理权以及法律规定的其他劳动权利。

(2) 劳动者的义务。我国《劳动法》第 3 条第 2 款规定，我国劳动者的基本义务如下：

① 劳动者应当完成劳动任务。劳动者在建立劳动法律关系后，应参加用人单位安排的工作，并按时和按质完成劳动任务。

② 提高职业技能。劳动者应参加相关劳动培训，在业余时间也应进行各类学习，以丰富科学知识和提高专业理论水平。

③ 执行劳动安全卫生规程，遵守劳动纪律和职业道德等。

**(二) 用人单位基本权利和义务**

就用人单位的基本权利，相对应劳动者的基本义务，主要有招收录用职工权、合理组织调配权、劳动报酬分配权、劳动奖惩权和合理辞退职工权。

用人单位的基本义务有应当保障职工的劳动者工作条件、告知劳动者相关劳动内容和要求、防治劳动者的职业危害、及时支付劳动者劳动报酬、提供必要的职业培训机会、保障劳动者的休息休假、依法缴纳社会保险费用等。

**【案例分析 12-5】**

张某是私营企业招用的工人，合同约定2年，从2012年2月1日到2014年2月1日。保底工资450元每月，待企业正式生产后按件计酬。由于各种原因企业不能按照约定生产，在入职前两个月，企业仅安排一些零活，没有给张某发工资。3月19日，张某组织工人索要工资，企业提出延缓发放工资，因为未正式生产资金困难。协商后，企业答应“一旦生产，即发所欠工资”。4月1日，张某再次索要工资，企业以同样的理由拒绝。张某等人就向有关部门反映。4月5日，企业以张某经常迟到早退为由，与张某单方解除劳动合同，并拒绝发工资。张某不服，6月3日向当地劳动争议仲裁委员会提出申请，要求企业支付拖欠的工资，要求享受经济补偿金。

问题:

(1) 企业是否构成无故拖欠工资？为什么？

(2) 企业不计发张某的工资是否合法？为什么？

(3) 劳动争议仲裁委员会应如何裁决？

# 第三节　劳动条件和劳动保护

所谓的“劳动保护”就是依据《中华人民共和国劳动法》规定的劳动安全保护和劳动卫生保护等两个基本内容。而“劳动条件”是指劳动者在劳动过程中所必需的物质设备条件，如有一定空间和阳光的厂房、通风和除尘装置、安全和调温设备及卫生设施等。

## 一、劳动条件

劳动条件，是指用人单位使用劳动者进行劳动，必须为劳动者提供必要的劳动条件，从而达到劳动者的正常生活需求、身心健康，实现社会化再生产。劳动条件主要包括劳动报酬、工资制度、休息休假等。

**(一) 工资及其构成**

(1) 劳动报酬的概念。劳动报酬，即工资，是指劳动者基于劳动关系取得的各种劳动收入，包括计时工资、计件工资、奖金、津贴和补贴、延长工作时间的工资报酬及特殊情况下支付的工资等。

(2) 工资的基本职能。工资的基本职能包括分配职能、保障职能、激励职能。

(3) 工资立法的基本原则。我国《劳动法》在立法时主要贯彻了以下几项基本原则：按劳分配原则；同工同酬原则；在经济发展的基础上，逐步提高工资水平原则；宏观调控原则。

(4) 工资形式。

① 计时工资，是指按照单位时间工资率和工作时间支付劳动者个人工资的一种形式。其又可以分为月工资制、日工资制和小时工资制。我国明确一般采取月工资制，其优点在于操作简易，适用面广；缺点为只以劳动时间作为计量工资的依据，不能很好地反映劳动的数量和质量，不能激励劳动者的劳动积极性和创造性。

② 计件工资，是指安装劳动者完成的合格品的数量和预先规定的计件单位计算工资的形式。其优点在于准确地反映劳动的数量，能够激励劳动者劳动的积极性和创造性，易于用人单位计算产品的直接人工成本；其缺点为易导致追求劳动产品数量而忽视质量，适用面较窄，易导致劳动者追求劳动的数量而过度紧张、劳累，影响健康。

③ 年薪制，是指以年度为时限计算和支付劳动者薪金的工资制度。我国目前主要在企业对工程技术人员和管理人员以及出资人对企业经理实行年薪制。

(5) 工资构成。最常见的工资构成包含以下几个要素：

① 基本工资，是指劳动者与用人单位在劳动合同中约定的与工资岗位相关的相对固定的工资单位。其是工资构成的基础和主干，具有固定性、主要性和等级性三个特征，一般表现为岗位工资、技能工资的部分。

② 奖金，是指用人单位支付给劳动者超额劳动量或与劳动质量等因素相关的考量的劳动报酬，其为辅助工资之一，对于调动劳动者的积极性和创造性具有重要意义。资金一般有超产奖、质量奖、节约奖、安全生产奖、考勤奖等形式。

③ 津贴，是指对于特殊劳动条件下超常劳动消耗的劳动报酬补偿。其具有补偿性、激励性和调节性的特点。

④ 补贴，是指针对特定条件下因物价变动影响到劳动者收入水平而给予的临时性工资补助，其是工资构成中相对稳定的部分。

### (二) 工资制度

(1) 工资支付形式。工资应当以货币形式支付，不能以实物或其他非货币形式支付。

(2) 工资支付时间。按照我国相关法律规定，工资应当按月支付。不管何种工资形式，即使是年薪制，用人单位都应当按月及时向劳动者支付工资。

(3) 禁止克扣工资。劳动者进行了正常的劳动，用人单位不得随意克扣劳动者应获得的劳动保障，否则就构成了对劳动者合法权益的侵害，劳动者可以通过相关的程序来实现自己的权益，对用人单位应当按照法律的规定给予相应的法律制裁。但是，下列情况扣除劳动者部分工资的，不属于克扣工资：

① 由于劳动者本人的过失造成事故，使用人单位或其他人遭受损失的，用人单位可以要求劳动者赔偿损失。

② 劳动者违反劳动纪律或请事假超过一定期限，按照用人单位的相关管理制度扣除一部分工资。

③ 劳动者应偿还用人单位债务。

④ 法律规定应当由劳动者负担的社会保险费用。

⑤ 法律要求用人单位代扣代缴的其他费用。

**【案例分析 12-6】**

2017年1月，某公司聘请王某担任推销员，双方签订合同，约定王某完成工作标准，每月基本工资1000元，超额部分按40%提成。若完不成任务，可由公司扣减工资。合同签订后，王某总是超额完成承包任务。但2018年1月，由于王某怀孕，身体健康状况欠佳，未能完成任务，为此，公司按合同约定扣发工资，扣完后每月280元，低于最低工资标准。其后，王某又有两个月未完成任务。因此，公司作出决定，解除与王某的劳动合同，王某不服，向劳动仲裁委员会提出申诉，要求公司补发所扣工资，并继续履行劳动合同。

问题：该公司扣发工资是否正确？理由是什么？

**【案例分析 12-7】**

2018年8月1日，某化工公司职工李某乘坐单位班车上班时，与驾驶员范某发生口角，一气之下，李某将驾驶员范某眼部打伤，共花去医疗费用8000元。范某要求李某支付医疗费用6000元及相关赔偿1万元，李某仅支付了5000元费用后，拒绝再支付费用。该化工公司为了防止事态的进一步扩大，在李某10—12月工资中直接代扣了李某应支付的剩余3000元医疗费用，划给了范某。

问题：化工公司的做法是否合法？

**【案例分析12-8】**

李某在某企业工作，2017年3月一天，李某因一件民事案件被法院传唤到法庭作证。李某向单位请假，单位虽然批准了其请假申请，但以影响单位生产为由，扣发了李某请假当天的工资。

问题：单位的做法合理吗？

**【案例分析12-9】**

某月饼生产公司，在节前生产大量月饼，销售量也较高，但节日即将过去，公司经过测算，认为销售过后依然剩余，为解决这个问题，9月份，公司给员工每人发了10盒月饼折抵600元工资。

问题：公司的做法是否合法？

(4) 最低工资。最低工资，是指劳动者在法定工作时间或依法签订的劳动合同约定的工作时间内提供了正常劳动的前提下，用人单位依法应支付的最低劳动报酬。根据国家有关规定，其不包括：延长工作时间工资；中班、夜班、高温、低温、井下、有毒有害等特殊工作环境、条件下的津贴：法律法规和国家规定的劳动者福利待遇等。

其中，法定工作时间，是指国家规定的工作时间；正常劳动是指劳动者按照劳动合同约定或法律规定，在法定工作时间内提供的劳动。对于劳动者在法定休假期间，也视为提供了正常劳动。

(5) 最低工资制的适用范围。根据国家有关规定，最低工资制适用于我国境内的企业、民办非企业单位、有雇工的个体工商户和与之形成劳动关系的劳动者；国家机关、事业单位、社会团体和与之建立劳动合同关系的劳动者。在我国最低工资适用于境内的各种经济类型的企业，但是乡镇企业是否适用，由省、自治区、直辖市人民政府决定。

下列情况不适用于最低工资制：

① 公务员和比照实行公务员的国家工作人员。

② 租赁经营企业或承包经营企业的租赁人或承包人。

③ 学徒、利用假期勤工俭学的学生、退休人员、现役军人、家庭保姆、残疾人等。

(6) 违反最低工资保障制度的法律责任。用人单位支付劳动者的工资低于当地最低工资标准的，由劳动保障行政部门责令限期支付劳动者工资低于当地最低工资标准的差额；逾期不支付的，责令用人单位按照应付金额50%以上1倍以下的标准计算，向劳动者加付赔偿金。

**【案例分析12-10】**

职工张某7月份从某企业获得劳动报酬870元，当地企业最低工资标准为600元。张某的工资清单上由以下几项组成：基本工资200元，岗位津贴200元，平均奖金120元，夜班津贴150元，加班工资200元。

问题：该企业向张某发放的工资是否符合当地最低工资标准？为什么？

**【案例分析12-11】**

李某被某一民营企业录用，双方签订了一个为期3年的劳动合同，合同中约定试用期为2个月，试用期间工资为300元，试用期满转为800元。2个月后李某听说当地的月最低工资为560元，就到企业人力资源部门去问究竟，对方向他解释说：“本地最低工资确实是560元，但这是对正式员工的规定，你是外地员工，又处于试用期，因此不适用这一规定。”同时还拿出一份文件上面写着学徒工、熟练工在试用期及转正后的工资由用人单位自主确定。企业人力资源部门员工说：“过了试用期你的工资标准为 800 元，就超过了最低工资标准。”

问题：试用期工资能否低于当地最低工资标准？

(三) 工作时间和工作日

(1) 工作时间。工作时间是指劳动者根据法律的规定在用人单位为完成本职工作所用的时间。其是衡量劳动者劳动贡献和给付劳动报酬最基本的计算单位，工作时间一般是以小时为计算单位，包括每日工作小时数和每周工作的天数和小时数。

工作时间由法律进行规定，并进行限制，用人单位一般情况下不得超过。对于超过工作时间，法律则规定延长工作时间限制和加班加点工资制度进行限制。

(2) 工作日。工作时间主要表现形式，是指法律规定的劳动者在一昼夜内的工作时间长度，其包括日工作时间和周工作时间。根据我国《劳动法》规定，工作日分为定时工作日、不定时工作日和计件工作日。

(3) 定时工作日。根据我国现行的法律规定，定时工作日又可分为标准工作日、缩短工作日和延长工作日。

标准工作日，是指由法律规定的国家机关、社会团体、企业、事业单位普遍实现的工作日。按照我国相关法律规定，劳动者每天工作时间不超过 8 小时，每周工作时间不超过 40 小时，每周至少休息 1 天，即用人单位必须保障劳动者每周至少有一次 24 小时不间断的休息。

缩短工作日，是指由法律直接规定对特殊岗位上的劳动者实行短于标准工作日的工时制度。以下适用缩短工作日：

① 从事矿山、井下(四班 6 小时工作日)，高山、低温、有毒有害(三工一休制，即工作 3 日休息 1 天，每天工作时间为 6～7 小时，并轮流定期脱离接触 1 个半月至 2 个月)、特别繁重或过度紧张等作业的劳动者。

② 从事夜班工作的劳动者，实行缩短工作日：一般比日班工作时间少 1 小时。

③ 在哺乳期内的女职工，实行缩短工作日：正在哺乳不满 1 周岁婴儿的女职工，在每日工作时间内有 2 次哺乳时间，每次 30 分钟；生育多胞胎的，每多哺乳 1 个婴儿，每次哺乳时间增加 30 分钟。女职工每班劳动时间内的 2 次哺乳时间，可以合并使用。哺乳时间和在本单位内哺乳、哺乳往返途中的时间，算作劳动时间。

④ 未成年工和怀孕妇女。未成年工实行少于 8 小时的工作时间，怀孕 7 个月以上的女职工，在劳动时间内应安排一定的休息时间。

⑤ 其他依法可以缩短工作时间的职工。

延长工作日，一般又称为加班加点，指在法定的特殊情况下，用人单位无须与工会和劳动者协商，就可以安排延长工作时间，并加班加点的时间也不受每日不超过 1 小时或 3 小时的，每个月合计不超过 36 小时的限制。其主要适用于生产受自然条件或技术条件限制的具有突击性、季节性特点的行业，如农场、制糖业等。

延长工作后，应当补休，无法补休的，应补发工资。具体为：

① 用人单位依法安排劳动者在日法定标准工作时间以外延长工作时间的，按照不低于劳动合同的劳动者本人小时工资标准的 150%支付劳动者工资。

② 用人单位依法安排劳动者在休息日工作，而又不能安排补休的，按照不低于劳动合同规定的

劳动者本日或小时工资标准的200%支付劳动者工资。

③ 用人单位依法安排劳动者在法定休假日工作的，按照不低于劳动合同规定的劳动者本人日或小时工资标准的300%支付劳动者工资。

④ 实行计件工资的劳动者，在完成计件定额任务后，由用人单位安排延长工作时间的，应根据上述规定的原则，分别按照不低于其本人法定工作时间计件单价的150%、200%、300%支付其工资。

⑤ 经劳动行政部门批准的实行综合计算工作制的，其综合计算工作时间超过标准工资部分的，应视为延长工作时间，并按照本规定支付劳动者延长工作时间的工资。

但是下列情况例外：

① 发生自然灾害、事故或其他原因，使人民的安全健康和国家资财受到严重威胁，需要紧急处理的。

② 生产设备、交通运输线路、公共设施等临时发生故障，影响生产和公共利益，必须及时抢修的。

③ 必须利用法定节假日或公休的停产期间进行设备检修、保养的。

④ 国家机关、事业单位未完成国家紧急任务或完成上级安排的其他紧急任务，以及商业供销企业在旺季完成收购、运输、加工农副产品紧急任务的。

⑤ 为完成国防紧急任务，或者完成上级在国家计划外安排的其他紧急生产任务的。

⑥ 法律、行政法规规定的其他特殊情况。

(4) 不定时工作日。不定时工作日，是针对因生产特点、工作特殊需要或职责范围的关系，需要机动作业无法执行标准工作日的职工所采取的一种工作时间制度。

其主要适用于：①企业中的高级管理人员、外勤人员、推销人员、部分值班人员和其他工作无法按标准工作时间衡量的职工；②企业中的长途运输人员、出租汽车司机和铁路、港口、仓库的部分装卸人员及因工作性质特殊，需要机动作业的职工；③其他因生产特点、工作特殊需要或职责范围的关系适合实行不定时工作制的职工，如技术工作人员等。

对于上述情形的不定时工作日并非没有工作时间限制，而是基本上按照标准工作日执行，但是当一日工作时间超过8小时的标准工作日超过部分不算加班加点，只是给予补假休息。其工资由企业按照本单位的工资制度，根据劳动者的实际工作时间和完成劳动定额的情况计发。

(5) 计件工作日。计件工作日，是指劳动者以完成一定劳动定额为计酬标准的工作时间制度。

**【案例分析12-12】**

某单位是一个生产月饼的单位，由于时效性强，在农历七月底到八月初期间，该单位通知所有职工实行加班加点，每位职工每天工作10～11小时，且连续三周只有1天的休息时间。但该单位保证，所有加班加点时间均按照平时每小时工资的150%支付，于是，所有职工均同意了该单位的这些做法。

问题：

(1) 该单位有哪些行为违反了我国劳动法及相关法律的规定？

(2) 所有职工的同意是否能成为该单位的抗辩理由？为什么？

### (四) 休息与休假

(1) 休息概念。休息是指劳动者按照法律规定，在用人单位任职期间内，不必从事生产和工作而自行支配的时间。其包括休息时间和休假，是劳动者休息权的体现。

(2) 休息时间制度。一个工作日内的间歇休息时间，是指劳动者用餐和工间休息时间。

一般情况下劳动者应当在工作4小时后有一次间歇休息时间，一般间歇时间为1～2小时，最短不得少于半小时时间。

工作日之间的休息时间，是指劳动者在一个工作日结束到下一个工作日开始之间的时间段，两个工作日时间的休息时间为 11～16 小时。实行轮班的，其班次必须平均轮换且不得使劳动者连续工作 2 个工作日。

工作周之间的休息时间，又称为公休假，是指劳动者连续工作一周后应当享有的休息时间。我国《劳动法》第 38 条规定：用人单位应当保证劳动者每周至少休息 1 日。国家机关和事业单位实行统一的工作时间，星期六和星期日为周休息日。其他的则可以灵活安排周休息日，但是每周不得少于 1 天休息时间。

(3) 休假制度。法定节假日，即由国家法律法规规定的全体公民或部分公民的休息日。按照相关法律规定全体公民放假的节日有：新年(1月1 日放假一天)、春节(农历除夕、正月初一、正月初二放假三天)、清明节(农历清明当日放假一天)、劳动节(5 月 1 日放假一天)、端午节(农历五月初五放假一天)、中秋节(农历八月十五放假一天)、国庆节(10 月 1、2、3 日放假三天)；部分公民放假的节日及纪念日有：妇女节(3 月 8 日，妇女放假半天)、青年节(5 月 4 日，14 周岁以上的青年放假半天)、儿童节(6 月 1 日，不满 14 周岁的少年儿童放假一天)、中国人民解放军建军纪念日(8 月 1 日，现役军人放假半天)。

少数民族习惯的节日，由各少数民族聚居区的地方人民政府，按照各民族习惯，规定放假日。

全体公民放假的假日，若适逢星期六、星期日，应当在工作日补假；部分公民放假的节日若适逢星期六、星期日，则不补假。

(4) 带薪年休假制度，是指依照法律规定当劳动者连续工作满1 年以上，每年可以享受带薪连续休假时间。2008 年 1 月 1 日正式实施的《职工带薪年休假条例》对此作了具体规定：职工累计工作已满 1 年不满 10 年的，年休假 5 天；已满 10 年不满 20 年的，年休假 10 天；已满 20 年的，年休假 15 天。国家法定休假日、休息日不计入年休假的假期。

职工有下列情形之一的，不享受当年的年休假：职工依法享受寒暑假，其休假天数多于年休假天数的；职工请事假累计 20 天以上且单位按照规定不扣工资的；累计工作满 1 年不满 10 年的职工，请病假累计 2 个月以上的；累计工作满 10 年不满 20 年的职工，请病假累计 3 个月以上的；累计工作满 20 年以上的职工，请病假累计 4 个月以上的。

单位根据生产、工作的具体情况，并考虑职工本人意愿，统筹安排职工年休假。年休假在 1 个年度内可以集中安排，也可以分段安排，一般不跨年度安排。单位因生产、工作特点确有必要跨年度安排职工年休假的，可以跨 1 个年度安排。单位确因工作需要不能安排职工休年休假的，经职工本人同意，可以不安排职工休年休假。对职工应休未休的年休假天数，单位应当按照该职工日工资收入的 300%支付年休假工资报酬。

(5) 探亲假，是指与父母或配偶分居两地的劳动者，在一定期限内所享受的一定期限的带薪休假制度。

我国相关法律法规规定，凡国家机关、人民团体、全民所有制企业、事业单位，工作满一年的固定职工，与配偶不住在一起，又不能在公休假团聚的，每年给予一方探亲假，假期为 30 天；未婚职工探望父母，责任上每年给假一次，假期为 20 天；已婚职工探望父母，每 4 年给假一次，假期为 20 天。

(6) 其他休假，主要有婚假、丧假、产假等。

**【案例分析 12-13】**

李某系某单位职工，2014 年 5 月份，李某结婚，向单位请假 1 周，单位不同意，后因李某坚持，单位表示同意，但表示不再支付该一周的工资。结婚后不久，李某又经当地法院传唤出任证人，单位又表示正处于生产旺季，不能准予李某请假，否则将不再支付工资。结果李某仍旧在法院出庭作证 3 天。等到领取 5 月份工资的时候，李某发现少了 10 天的工资，单位表示该 10 天李某没有上班，不应支付工资。

问题：该单位是否应支付李某这 10 天的工资？为什么？

## 二、劳动保护

劳动保护，是指用人单位在使用劳动者进行劳动过程中，必须为劳动者提供人身安全和身心健康的保护措施。劳动保护除了涉及安全卫生保护标准、保护设施和制度等内容外，还针对女职工和未成年职工进行特殊保护。

### (一) 劳动安全卫生

劳动安全卫生包括劳动安全技术规程、劳动安全卫生规程、企业安全卫生管理制度等。

(1) 劳动安全规程，是指国家为防止和消除劳动者在生产和工作过程中的伤亡事故，保障劳动者安全和防止生产设备、工作环境遭到破坏而制定的各种法律规范。其主要内容为建筑物和通道的安全、机器设备的安全、电气设备的安全、动力锅炉和气瓶的安全、建筑工程的安全、矿山的安全等。

(2) 劳动卫生规程，是指国家为改善劳动条件，保障劳动者在生产过程中的健康，防止、消除职业病和各种职业危害而规定的各种法律规范。我国劳动卫生规程的主要内容有防止粉尘危害、防止有毒有害物质的危害、防止噪声和强光的危害、防暑降温和防寒、通风和照明、防护用品、职工健康管理等。

(3) 劳动安全卫生管理制度，是指为了保障劳动者在劳动过程中的安全和健康，在组织劳动和科学管理方面的各项规章制度。其基本制度有安全生产责任制度、安全生产卫生教育、考核制度、安全卫生设施“三同时”制度等。

(4) 安全卫生标准制度，是指国家有关行政部门依照法定程序制度和公布的执行劳动安全卫生标准法规时参照或依据的各项指标或规程，其劳动安全卫生的一项基础性制度。目前，我国主要有劳动安全及劳动卫生工程技术标准、特种设备安全技术标准以及附件安全技术标准等七类。

(5) 安全卫生检查与监督制度等。

### (二) 女职工特殊法律保护

女职工，一般是指全体女性工作者。女职工特殊法律保护是世界上大多数国家劳动法的一个重要组成部分，根据女职工身体结构、生理机能的特点及抚育子女的特殊需要，在劳动方面对女职工特殊权益给予的法律保护。

女职工特殊劳动保护的主要内容包括以下几个方面：

(1) 对女职工在劳动过程中的特殊保护。禁止安排女职工从事矿山井下、国家规定的第四级体力劳动强度的劳动和其他禁忌从事的劳动。

(2) 对女职工生理机能变化过程中的特殊保护。不得安排女职工在经期从事高处、低温冷水作业和国家规定的第三级体力劳动强度的劳动；不得安排女职工在怀孕期间从事国家规定的第三级体力劳动强度的劳动和孕期禁忌从事的活动；对怀孕 7 个月以上的女职工，不得安排其延长工作时间和夜班劳动；女职工生育享受不少于 90 天的产假。不得安排女职工在哺乳未满 1 周岁的婴儿期间从事国家规定的第三级体力劳动强度的劳动和哺乳期禁忌从事的其他劳动，不得安排其延长工作时间和夜班劳动。

### (三) 未成年工特殊法律保护

未成年工是指年满16周岁而未满18周岁的劳动者。未成年工特殊保护，是指国家为保证未成年工的健康成长，在劳动方面对未成年工特殊权益给予的法律保护。

未成年工特殊劳动保护的主要内容包括以下几个方面：

(1) 最低就业年龄的规定。用人单位不得招用16周岁以下的童工。某些特殊职业，如文艺、体育和特种工艺单位，确需招用未满16周岁的人，须报县级以上劳动行政部门批准。

(2) 未成年工禁忌从事的劳动。不得安排未成年工从事矿山井下、有毒有害、国家规定的第四级体力劳动强度的劳动和其他禁忌从事的劳动。

(3) 定期健康检查制度。用人单位应当对未成年工定期进行健康检查。

(4) 对未成年工的使用和特殊保护实行登记制度。

# 第四节 劳动合同

建立劳动关系应当订立劳动合同。劳动合同是实现劳动者劳动权益的重要法律形式，是维护劳动者和用人单位合法权益的重要手段，有利于防止和减少当事人双方之间的矛盾和纠纷。

## 一、劳动合同概述

订立和变更劳动合同，应当遵循平等自愿、协商一致的原则，不得违反法律、行政法规的规定。劳动合同依法订立即具有法律约束力，当事人必须履行劳动合同规定的义务。

### (一) 劳动合同的概念

我国《劳动法》第16条规定：劳动合同是劳动者与用人单位确立劳动关系、明确双方权利和义务的协议。根据这个协议，劳动者加入企业、个体经济组织、事业组织、国家机关、社会团体等用人单位，成为该单位的一员，承担一定的工种、岗位或职务工作，并遵守所在单位的内部劳动规则和其他规章制度；用人单位应及时安排被录用的劳动者工作，按照劳动者提供劳动的数量和质量支付劳动报酬，并且根据劳动法律、法规规定和劳动合同的约定提供必要的劳动条件，保证劳动者享有劳动保护及社会保险、福利等权利和待遇。

### (二) 劳动合同的分类

对劳动合同分类，理论上按照不同标准有很多分类，其中具有法律意义的分类如下：

(1) 按就业方式的不同，可分为全日制劳动合同、非全日制劳动合同、劳务派遣合同。

(2) 按期限的不同，可分为有固定期限的劳动合同、无固定期限的劳动合同、以完成一定的工作为期限的劳动合同。

(3) 按劳动者一方的人数不同，可分为个人劳动合同、集体劳动合同。

(4) 按劳动合同存在形式不同，可分为书面劳动合同、口头劳动合同等。

## 二、劳动合同订立

劳动合同订立，是指劳动者和用人单位经过平等、自愿的协商，就合同条款达成协议，确立双方权利义务关系的法律行为。

### (一) 订立劳动合同的原则和程序

(1) 订立劳动合同的原则。

订立劳动合同，应当遵循以下原则：平等自愿、协商一致的原则、合法原则和诚实信用原则。

(2) 订立劳动合同的程序。

我国目前还没有对劳动合同的订立程序进行规定，在国家没有制定专门的订立劳动合同程序的规范以前，应按订立合同的一般程序进行，即分为要约和承诺两个基本阶段。要约，是指一方向另一方发出的订立劳动合同的意思表示，要约人可以是用人单位，也可以是劳动者，要约应包括订立合同的愿望、合同的主要条款。要约是一种法律行为，一旦作出，要约人在要约的有效期限内不得随意撤销，也不得拒绝受约人作出有效的承诺。承诺，是指受要约人在要约的有效期限内所作出的接受要约的意思表示，一般情况下，承诺一旦达成要约人合同即成立。

具体要求：建立劳动关系必须订立书面劳动合同、用人单位必须在一个月内签订劳动合同。劳动关系的建立始自实际用工之日、协商一致，经双方签字或盖章生效，各执一份。

### (二) 未依法订立劳动合同的法律责任

在实践中，存在不依法订立劳动合同的情况，尤其是用人单位拒绝与劳动者订立劳动合同。为了确实保护劳动者权益，我国法律对用人单位和劳动者的法律责任作了如下规定：

(1) 用人单位自用工之日起超过一个月不满一年未与劳动者订立书面劳动合同的，应当向劳动者每月支付 2 倍的工资，并补订劳动合同。

(2) 用人单位自用工之日起满一年不与劳动者订立书面劳动合同的，视为用人单位与劳动者已订立无固定期限劳动合同。

(3) 用人单位违反《劳动法》规定不与劳动者订立无固定期限劳动合同的，自应当订立无固定期限劳动合同之日起向劳动者每月支付 2 倍的工资。

(4) 自用工之日起一个月内，经用人单位书面通知后，劳动者不与用人单位订立书面劳动合同的，用人单位应当书面通知劳动者终止劳动关系，无须向劳动者支付经济补偿，但是应当依法向劳动者支付其实际工作时间的劳动报酬。

(5) 自用工之日起超过一个月不满一年，劳动者不与用人单位订立书面劳动合同的，用人单位应当书面通知劳动者终止劳动关系，并依照《劳动合同法》第 47 条的规定支付经济补偿。

### (三) 劳动合同的生效

劳动合同的生效是指依法成立的劳动合同对当事人双方产生法律约束力，即成立的劳动合同要符合劳动合同有效要件：

① 主体合格，即劳动者应当具备劳动行为能力(年满16 周岁)、用人单位具有用人的权利能力和行为能力。

② 合同内容和形式合法，不得违反法律禁止性或强制性规定。

③ 当事人意思表示真实，不得通过欺诈、胁迫等方式在违背一方当事人真实意思表示而订立合同。

在一般情况下，劳动合同生效时间为双方当事人签字之日。劳动合同订立后，需要鉴证或公证的，其生效时间始于鉴证或公证之日。劳动合同一旦生效后，就产生了法律效力。

### (四) 劳动合同的变更

劳动合同的变更，是指在合同履行期间，由于同合同有关的一些因素发生了变化，合同双方当事人协商一致后，变更劳动合同的内容的行为。

(1) 合同变更的条件。

① 订立劳动合同时所依据的法律、法规已经修改或废止。

② 企业经有关部门批准转产、调整生产任务，或者由于上级主管机关决定改变单位的工作任务。

③ 企业严重亏损或发生自然灾害，确实无法履行劳动合同规定的义务。

④ 当事人双方协商同意。

⑤ 法律允许的其他情况。

(2) 劳动合同变更的程序。

一般分为以下三个步骤：当事人一方及时提出变更劳动合同的要求；另一方按期作出答复，双方达成书面协议。

如果双方当事人根据特定的需要，在劳动合同中对生效的期限或者条件作出特别约定的，那么当事人约定的时间或条件一旦成立，劳动合同即生效。

### (五) 劳动合同的终止

劳动合同的终止，是指终止劳动合同的法律效力。当事人不得随意终止劳动合同，只有法律规定或当事人约定的劳动合同终止条件出现，当事人才能终止劳动合同。《劳动法》第 23 条规定：“劳动合同期满或者当事人约定的劳动合同终止条件出现，劳动合同即行终止。”根据此条规定，我国关于劳动合同的终止有两种：法定终止和约定终止。

(1) 约定终止。约定终止是指劳动合同因为当事人约定的终止事由出现而终止合同。约定的事由可以是在劳动合同订立时约定合同终止条款，也可以在劳动合同履行过程通过协商而达成终止劳动合同的协议。

(2) 法定终止。法定终止是指劳动合同终止的法律事由出现而终止合同。根据我国《劳动合同法》第 44 条规定，有下列情形之一的，劳动合同终止：

① 劳动合同期满的。

② 劳动者开始依法享受基本养老保险待遇的。

③ 劳动者死亡，或者被人民法院宣告死亡或者宣告失踪的。

④ 用人单位被依法宣告破产的。

⑤ 用人单位被吊销营业执照、责令关闭、撤销或者用人单位决定提前解散的。

⑥ 法律、行政法规规定的其他情形。

劳动合同终止应给予劳动者相应的经济补偿金。经济补偿按劳动者在本单位工作的年限每满 1 年支付 1 个月工资的标准向劳动者支付。6 个月以上不满 1 年的，按一年计算；不满 6 个月的，向劳动者支付半个月工资的经济补偿。劳动者月工资高于用人单位所在直辖市、设区的市级人民政府公布的本地区上年度职工月平均工资 3 倍的，向其支付经济补偿的标准按职工月平均工资 3 倍的数额支付，向其支付经济补偿的年限最高不超过 12 年。

### (六) 劳动合同的无效

无效劳动合同，是指因违反法律、行政法规的规定，或不是当事人的真实意思表示，而不具有法律效力的劳动合同。劳动合同无效，是自始无效。

(1) 劳动合同无效的法律事由。

① 违反法律、行政法规禁止性或强制性规定的劳动合同。这里强制性规定主要有劳动保护、工作时间制度、对妇女和未成年人的特殊法律保护等。

② 采取欺诈、威胁等手段订立的劳动合同。当事人一方通过作假、胁迫等使另外一方当事人在违背真实意思情况下订立劳动合同，不是当事人真实意思。

③ 用人单位免除自己的法定责任，排除劳动者权利或加重劳动义务的劳动合同。劳动权利和义务具有法定性，不得由用人单位随意加以改变，否则劳动合同无效。

(2) 劳动合同无效的认定。

劳动合同的无效由劳动争议仲裁机构或者人民法院确认。对劳动合同法定必要条款的无效，而导致整个合同目的不能实现，整个劳动合同无效；而对于非必要条款或法定必要条款不影响劳动合同目的的实现的条款的无效，该条款无效，不影响整个合同的效力。合同被认为无效后，应当由有过错方承担缔约过失责任。

**【案例分析 12-14】**

某服装公司在劳动力市场上招聘工人时，在招聘广告上写了“工资高、待遇好、工作条件好”等字眼，小张、小刘等农村女孩一下子就被吸引了。于是就和招聘人员谈起来，她们最关心的问题是一个月能挣多少钱，而对其他则忽略了。招聘人员也没有把工作相关的其他具体情况告诉她们。而到她们实际工作时才发现，工作条件很差，并不像之前所说，而且公司很偏僻，交通非常不方便。为此，双方发生争议。这时她们应该怎么办？

**【案例分析 12-15】**

小张是一名计算机大专毕业生，为通过某公司的招聘，谎称自己是计算机本科学历，并提供伪造的证书。在工作中，小张表现非常突出，公司为留住小张，决定为其办理居住，但在办理时发现小张的学历书系伪造，这时公司可以怎么办？

## 三、劳动合同的内容、形式和期限

### (一) 劳动合同的内容

劳动合同的内容，是指劳动合同的双方当事人有关权利和义务的具体约定。根据相关的内容是否可以由当事人自由约定，可以将劳动合同的内容分为法定条款和约定条款。

(1) 法定条款。具体包括劳动合同期限、工作内容、劳动保护和劳动条件、劳动报酬、劳动纪律、劳动合同终止的条件、违反劳动合同的责任。

(2) 约定条款。当事人还可就用人单位出资招收录用、出资培训、劳动者保守用人单位商业秘密、试用期等事项，约定双方的权利和义务。

(3) 试用期和保密条款。

① 试用期。劳动合同期限 3 个月以上不满 1 年的，试用期不得超过 1 个月；劳动合同期限 1 年以上不满 3 年的，试用期不得超过 2 个月；3 年以上固定期限和无固定期限的劳动合同，试用期不得超过 6 个月。试用期包含在劳动合同期限内。劳动合同仅约定试用期的，试用期不成立，该期限为劳动合同期限。同一用人单位与同一劳动者只能约定一次试用期。以完成一定工作任务为期限的劳动合同或者劳动合同期限不满 3 个月的，不得约定试用期。

试用期工资不得低于本单位相同岗位最低档工资或者劳动合同约定工资的 80%，并不得低于用人单位所在地的最低工资标准。

满足有合法、民主程序制定且告知劳动者的录用条件或劳动者不符合录用条件的，用人单位在试用期内可单方解除劳动合同。

② 保密条款。用人单位与劳动者可以在劳动合中约定保守用人单位的商业秘密和与知识产权相关的保密事项。对负有保密义务的劳动者，用人单位可以在劳动合同或者保密协议中与劳动者约定竞业限制条款，并约定在解除或终止劳动合同后，在竞业限制期限内按月给予劳动者经济补偿。劳动者违反竞业限制约定的，应当按照约定向用人单位支付违约金。

### (二) 劳动合同形式

劳动合同应当以书面形式订立。书面形式是指直接使用书面文字来记载双方当事人通过协商一致而达成的权利和义务形式。

《劳动法》规定，建立劳动关系，应当订立书面劳动合同。已建立劳动关系，未同时订立书面劳动合同的，应当自用工之日起一个月内订立书面劳动合同。用人单位与劳动者在用工前订立劳动合同的，劳动关系自用工之日起建立。用人单位未在用工的同时订立书面劳动合同与劳动者约定的劳动报酬不明确的，新招用劳动者的劳动报酬按照集体合同规定的标准执行；没有集体合同或者集体合同未规定的，实行同工同酬。

### (三) 劳动合同期限

劳动合同期限，是指劳动法律关系双方当事人行使权利和承担义务的时间，我国《劳动法合同》第 12 条规定：劳动合同分为固定期限劳动合同、无固定期限劳动合同和以完成一定工作任务为期限的劳动合同。

(1) 固定期限劳动合同。固定期限劳动合同，是指用人单位与劳动者规定合同终止时间的劳动合同。用人单位与劳动者协商一致，可以订立固定期限劳动合同。

(2) 无固定期限劳动合同。无固定期限劳动合同，是指用人单位与劳动者约定无确定终止时间的劳动合同。用人单位与劳动者协商一致，可以订立无固定期限劳动合同。有下列情形之一，劳动者提出或者同意续订、订立劳动合同的，除劳动者提出订立固定期限劳动合同外，应当订立无固定期限劳动合同：

① 劳动者在该用人单位连续工作满 10 年的。

② 用人单位初次实行劳动合同制度或者国有企业改制重新订立劳动合同时，劳动者在该用人单位连续工作满 10 年且距法定退休年龄不足 10 年的。

③ 连续订立两次固定期限劳动合同，续订劳动合同的用人单位自用工之日起满 1 年不与劳动者订立书面劳动合同的，视为用人单位与劳动者已订立无固定期限劳动合同。

(3) 以完成一定工作任务为期限的劳动合同。以完成一定工作任务为期限的劳动合同，是指用人单位与劳动者约定以某项工作的完成为合同期限的劳动合同。用人单位与劳动者协商一致，可以订立以完成一定工作任务为期限的劳动合同。

**【案例分析 12-16】**

孙师傅是某国有企业职工，已经有 30 年工龄了。由于市场发展和行业调整，孙师傅所在的企业逐渐亏损，后因各种原因而资不抵债，经法院审理清算，不得不宣告破产。孙师傅由此失去了工作。但他认为当时与企业签订的是无固定期限的劳动合同，现在企业虽然破产了，但不能就此“抛弃”他，而应当由破产企业的上级主管部门负责另行安排工作。于是，孙师傅向企业上级主管部门提出另行安排工作的要求，上级主管部门对孙师傅的要求未予同意，双方由此发生争议。孙师傅认为：

自己在企业里辛辛苦苦工作了30年，而且当初签订的是无固定期限劳动合同，也就是“终身合同”，企业应当对他负责到底。现在企业破产了，企业的上级主管部门应当负责另行安排工作。企业主管部门则认为：孙师傅是与一家企业签订了劳动合同，尽管合同是无固定期限的(并非终身合同)，但现在该企业破产了，合同已经无法履行，依法应当终止。而企业的上级主管部门与孙师傅没有劳动关系，没有义务负责安排孙师傅的工作。

问题：

(1)《劳动合同法》关于劳动合同终止有哪些规定？

(2) 孙师傅的要求是否合理，为什么？

(3) 如何理解无固定期限劳动合同？

## 四、劳动合同解除

劳动合同解除，是指劳动合同订立后，尚未全部履行以前，由于某种原因导致劳动合同一方或双方当事人提前消灭劳动关系的法律行为。劳动合同解除有协商解除和法定解除两种。

### (一) 协商解除

我国《劳动法》第24条规定，经劳动合同当事人协商一致，劳动合同可以解除。劳动合同的协商解除是劳动合同双方的法律行为，应按要约、承诺的程序达成解除劳动合同的书面协议，劳动合同才能解除。

### (二) 法定解除

法定解除，是指劳动合同一方当事人在履行合同过程中，由于出现了法律、行政法规规定的解除事由，可以单方面解除合同的行为。

(1) 用人单位解除劳动合同。

单方面随时解除，即用人单位可以不必依法提前通知而立即单方面解除劳动合同的行为，依据我国《劳动合同法》具体情形有：

① 在试用期间被证明不符合录用条件的。

② 严重违反用人单位的规章制度的。

③ 严重失职，营私舞弊，给用人单位造成重大损害的。

④ 劳动者同时与其他用人单位建立劳动关系，对完成本单位的工作任务造成严重影响，或者经用人单位提出，拒不改正的。

⑤ 以欺诈、胁迫的手段或者乘人之危，使对方在违背真实意思的情况下订立或者变更劳动合同致使劳动合同无效的。

⑥ 被依法追究刑事责任的。

提前通知解除，即用人单位应当提前30日以书面形式通知劳动者或额外支付一个月工资后，可以解除劳动合同，依据我国《劳动合同法》具体情形有：

① 劳动者患病或者非因工负伤，在规定的医疗期满后不能从事原工作，也不能从事由用人单位另行安排的工作的。

② 劳动者不能胜任工作，经过培训或调整工作岗位，仍不能胜任工作。

③ 劳动合同订立时所依据的客观情况发生重大变化，致使劳动合同无法履行，经用人单位与劳动者协商，未能就变更劳动合同内容达成协议的。

经济性裁员。有下列情形之一，需要裁减人员 20 人以上或者裁减不足 20 人但占企业职工总数 10%以上的，用人单位提前 30 日向工会或者全体职工说明情况，听取工会或者职工的意见后，裁减人员方案经向劳动行政部门报告，可以裁减人员：

① 依照企业破产法规定进行重整的。

② 生产经营发生严重困难。

③ 企业转产、重大技术革新或者经营方式调整，经变更劳动合同后，仍需裁减人员的。

④ 其他因劳动合同订立时所依据的客观经济情况发生重大变化，致使劳动合同无法履行的。

裁减人员时，应当优先留用下列人员：

① 与本单位订立较长期限的固定期限劳动合同的。

② 与本单位订立无固定期限劳动合同的。

③ 家庭无其他就业人员，有需要扶养的老人或者未成年人的。

用人单位依照规定裁减人员，在 6 个月内重新招人员的，应当通知被裁减的人员，并在同等条件下优先招用被裁减的人员。

**【案例分析 12-17】**

2015 年 5 月，孙某与企业签订了为期 5 年的劳动合同。2017 年的某一天，孙某被公司派至某大学教学楼工地施工，发生意外，孙某被电焊火花伤了脸，被认定为工伤，劳动能力鉴定的评定为 8 级伤残。事后，公司为其安排了一个轻体力工作。但刚工作了两个月，孙某就患上了肾炎住院，经过 4 个月的治疗和病休，孙某痊愈，但公司给他发出解除劳动合同通知书。孙某不服，双方发生争议。

问题：公司能否解除孙某的劳动合同？

(2) 劳动者解除劳动合同。

单方面解除。我国《劳动合同法》规定：劳动者提前 30 日以书面形式通知用人单位，可以解除劳动合同。劳动者在试用期内提前 3 日通知用人单位，可以解除劳动合同。

用人单位有下列情形之一的，劳动者可以解除劳动合同：

① 未按照劳动合同约定提供劳动保护或者劳动条件的。

② 未及时足额支付劳动报酬的。

③ 未依法为劳动者缴纳社会保险费的。

④ 用人单位的规章制度违反法律、法规的规定，损害劳动者权益的。

⑤ 以欺诈、胁迫的手段或者乘人之危，使对方在违背真实意思的情况下订立或者变更劳动合同致使劳动合同无效的。

⑥ 法律、行政法规规定劳动者可以解除劳动合同的其他情形。

(3) 立即解除。用人单位以暴力、威胁或者非法限制人身自由的手段强迫劳动者劳动的，或者用人单位违章指挥、强令冒险作业危及劳动者人身安全的，劳动者可以立即解除劳动合同，不需事先告知用人单位。

为防止劳动者滥用解除劳动合同的权利，《劳动法》第 102 规定：“劳动者违反本法规定的条件解除劳动合同或者劳动合同中约定的保密事项，对用人单位造成经济损失的，应当依法承担赔偿责任。”

**【案例分析 12-18】**

王某与某有限责任公司签订了为期 3 年的劳动合同，自 2016 年 2 月 1 日起至 2018 年 2 月 1 日止，双方约定试用期为 6 个月。2016 年 6 月 18 日，王某向公司提出解除劳动合同，并向公司索要经济补偿金。公司认为王某没有提出解除合同的正当理由，且解除合同未征求公司意见，未经双方协商，因而不同意解除合同，并提出如果王某一定要解除合同，责任自负，公司不但不给予王某经济补偿金，还要求王某赔偿用人单位的损失，即在试用期内培训王某的费用。

问题：

(1) 王某提出解除劳动合同时是否需要说明理由？

(2) 王某是否可以单方面解除劳动合同？为什么？

(3) 用人单位应否给予王某经济补偿金？

(4) 王某应否赔偿用人单位的培训费用？

### (三) 用人单位解除劳动合同的限制

在实践中，用人单位往往存在随意解除劳动合同的情况，损害了劳动者的应得利益。为了保护劳动者合法权益，防止用人单位随意解除劳动合同，法律对此作出了限制性规定。

(1) 用人单位解除劳动合同的禁止性规定。

劳动者有下列情形之一的，用人单位不得依《劳动合同法》第 40 条、第 41 条的规定解除劳动合同：

① 从事接触职业病危害作业的劳动者未进行离岗前职业健康检查，或者疑似职业病病人在诊断或者医学观察期间的。

② 在本单位患职业病或者因工负伤并被确认丧失或部分丧失劳动能力的。

③ 患病或者非因工负伤，在规定的医疗期内的。

④ 女职工在孕期、产期、哺乳期的。

⑤ 在本单位连续工作满 15 年，且距法定退休年龄不足 5 年的。

⑥ 法律、行政法规规定的其他情形。

(2) 工会监督。

用人单位单方解除劳动合同，应当事先将理由通知工会。用人单位违反法律、行政法规规定或者劳动合同约定的，工会有权要求用人单位纠正。用人单位应当研究工会的意见，并将处理结果书面通知工会。

**【案例分析 12-19】**

李某与某宾馆签订了为期 5 年的劳动合同，其中有一条款规定："鉴于宾馆服务行业本身的特殊要求，凡在本宾馆工作的女性服务员，合同期内不得结婚，否则企业有权解除劳动合同。"李某还依照宾馆内部规定，向宾馆交纳了 2000 元抵押金。合同履行约 1 年后，李某的男友单位筹建家属楼，为能分到住房，李某与男友结婚，不久怀了孕。宾馆得知后，以李某违反合同条款为由作出与李某解除劳动合同的决定，并没收了李某交纳的抵押金。

问题：

(1) 宾馆能否单方面解除劳动合同？为什么？

(2) 宾馆违反了我国劳动法的哪些规定？

## 五、违反劳动合同的责任

(1) 用人单位的责任。用人单位违反《劳动法》规定的条件解除劳动合同或故意拖延不订立劳动合同的，由劳动行政部门责令改正，如对劳动者造成损害的，应承担赔偿责任。

用人单位招用尚未解除劳动合同的劳动者，对原用人单位造成损失的，除该劳动者应承担直接责任外，该用人单位应当依法承担连带赔偿责任。

(2) 劳动者的责任。劳动者违反《劳动法》规定解除劳动合同，给用人单位造成损失，劳动者应承担相应的赔偿责任。劳动者违反劳动合同中约定的保密义务，给用人单位造成经济损失的，应依法承担赔偿责任。

## 六、集体劳动合同

(1) 集体合同的概念。集体合同，又称团体协议、集体协议，指用人单位与本单位职工根据法律、法规、规章的规定，就劳动报酬、工作时间、休息休假、劳动安全卫生等事项，通过集体协商签订的书面协议。

(2) 集体劳动合同内容和形式。集体劳动合同一般应包括以下内容：劳动报酬；工作时间休息休假；劳动安全与卫生；补充保险和福利；女职工和未成年工特殊保护；职业技能培训；劳动合同管理；奖惩；裁员；集体合同期限；变更解除集体合同的程序；履行集体合同发生争议时的协商处理办法；违反集体合同的责任；双方认为应当协商的其他内容。集体合同必须以书面形式订立。

# 第五节　劳动争议处理

根据《劳动法》第 77 条的规定：用人单位与劳动者发生劳动争议，当事人可以依法申请调解、仲裁、提起诉讼，也可以协商解决。调解原则适用于仲裁和诉讼程序。这就是我国法律关于劳动争议发生后可供选择的 4 种典型解决方式。

《劳动法》第 79 条还规定：劳动争议发生后，当事人可以向本单位劳动争议调解委员会申请调解；调解不成，当事人一方要求仲裁的，可以向劳动争议仲裁委员会申请仲裁。当事人一方也可以直接向劳动争议仲裁委员会申请仲裁。对仲裁裁决不服的可以向人民法院提起诉讼。这条规定明确了劳动争议处理的顺序与过程。

## 一、劳动争议处理概述

### (一) 劳动争议的概念

劳动争议又称劳动纠纷、劳资纠纷或劳资争议。从广义上指以劳动关系为中心发生的一切争议。狭义上是指劳动法律关系当事人关于劳动权利、义务的争议。在这里是指的是狭义的概念。

劳动争议的实质是基于劳动关系发生的，是发生在劳动法律关系当事人之间的争议，一方是用人单位，一方是劳动者。劳动争议的内容具有特定性，即劳动权利和劳动义务。

### (二) 处理劳动争议的原则

争议处理原则，是指劳动争议处理过程中应当遵守的基本准则。在我国主要有如下原则：着重调解，及时处理原则；依法处理原则；公正处理原则；三方原则。

### (三) 劳动争议处理的范围

劳动争议处理的范围，是指可以由劳动争议处理机构受理并处理的争议范围。依据我国相关法律，下列争议属于劳动争议处理的范围：

(1) 因企业开除、除名、辞退职工和职工辞职、自动离职发生的争议。

(2) 因执行国家有关工资、保险、福利、培训、劳动保护的规定发生的争议。

(3) 因劳动报酬、工伤医疗费、经济补偿或赔偿金等发生的争议。

(4) 因确认劳动关系发生的争议。

(5) 因订立、履行、变更、解除和终止劳动合同而发生的争议。

(6) 法律、法规规定应当依照《企业劳动争议处理条例》处理的其他争议。

此外，国家机关、事业单位、社会团体与本单位工人之间以及个体工商户与帮工、学徒之间发生的争议，可参照《企业劳动争议处理条例》执行。

## 二、我国劳动争议的处理机构

### (一) 劳动争议调解委员会

劳动争议调解委员会包括企业劳动争议调解委员会，依法设立的基层人民调解组织，以及在乡镇、街道设立的具有劳动争议调解职能的组织。其中，企业劳动争议调解委员会由职工代表、用人单位代表和工会代表组成，其主任工会代表由双方共同推选的人员担任。

### (二) 劳动争议仲裁委员会

劳动争议仲裁委员会由省、自治区人民政府决定在市、县设立劳动争议仲裁委员会；直辖市人民政府可以决定在区、县设立劳动争议仲裁委员会。直辖市、设区的市也可设立一个或若干个劳动争议仲裁委员会。

劳动争议仲裁委员会由劳动行政部门代表、同级工会代表、用人单位方面的代表组成，人数为单数，其主任由劳动行政部门代表担任。

### (三) 人民法院

劳动诉讼不是劳动争议处理的必经程序，其受案范围是不服仲裁裁决在法定期限内起诉到法院的劳动争议案件。我国《劳动法》规定，劳动争议发生后，当事人可以向本单位劳动争议调解委员会申请调解；调解不成，当事人一方要求仲裁的，可以向劳动争议仲裁委员会申请仲裁。当事人一方也可以直接向劳动争议仲裁委员会申请仲裁。对仲裁裁决不服的，可以向人民法院提起诉讼。劳动争议当事人对仲裁裁决不服的，可以自收到仲裁裁决书之日起 15 日内向人民法院提起诉讼。

注意，下列不属于劳动诉讼的受案范围：

① 劳动者请求社会保险经办机构发放社会保险金的纠纷。

② 劳动者与用人单位因住房制度改革产生的公有住房转让纠纷。

③ 劳动者对劳动能力鉴定委员会的伤残等级鉴定结论或对职业病诊断鉴定委员会的职业病鉴定结论的异议纠纷。

④ 家庭或个人与家政服务人员之间的纠纷。

⑤ 个体工匠与学徒、帮工之间的纠纷。

⑥ 农村承包经营户与受雇人之间的纠纷。

## 三、劳动争议处理程序

### (一) 调解程序

调解是劳动争议处理的非必经程序，当事人不愿调解的，可以直接申请劳动仲裁。劳动争议调解委员会受理调解申请后，应按下列程序处理：对争议事项进行全面调查；主持召开调解会议，在查清事实、分清是非的基础上依法进行调解；经调解达成协议的，制作调解协议书，达不成协议的，填写调解意见书。

调解协议书不具有强制执行力。

### (二) 劳动仲裁概述及程序

劳动仲裁是处理劳动争议案件的必经程序，是劳动诉讼的前置程序，即没有经过劳动仲裁而直接起诉的，人民法院不予受理。

(1) 仲裁的原则。

① 强制仲裁原则。劳动争议发生后，不允许劳动者或用人单位通过劳动合同或协议等方式选择排除劳动仲裁的适用，且根据我国《劳动法》的规定，劳动仲裁是当事人进行劳动权益救济的必经程序。

② 先行调解原则。我国《劳动争议调解仲裁法》第 42 条规定，仲裁庭在作出裁决前，应当先行调解。调解达成协议的，仲裁庭应当制作调解书。调解是仲裁必要组织部分，为必经程序。

③ 一裁原则。我国《劳动争议调解仲裁法》第 47 条规定："下列劳动争议，除本法另有规定的外，仲裁裁决为终局裁决，裁决书自作出之日起发生法律效力：追索劳动报酬、工伤医疗费、经济补偿金或赔偿金，不超过当地月最低工资标准 12 个月金额的争议；因执行国家的劳动标准在工作时间、休息休假、社会保险等方面发生的争议。"

《劳动争议调解仲裁法》第 48、49 条规定了例外情况：劳动者对本法第 47 条规定的仲裁裁决不服的，可以自收到仲裁裁决书之日起 15 日内向人民法院起诉。即说明第 47 条中的终局是针对"用人单位"而言的。用人单位有证据证明本法第 47 条规定的仲裁裁决有下列情况之一的，可以自收到仲裁裁决书之日起 30 日内向劳动争议仲裁委员会所在地的中级人民法院申请撤销裁决：适用法律、法规有错误的；劳动争议仲裁委员会无管辖权的；违反法定程序的；裁决所根据的证据是伪造的；对方当事人隐瞒了足以影响公正裁决的证据的；仲裁员在仲裁该案时有索贿受贿、徇私舞弊、枉法裁决行为的。

(2) 仲裁的程序。

① 申请。我国《劳动争议调解仲裁法》规定，劳动争议申请仲裁的时效期间为 1 年。仲裁时效期间从当事人知道或者应当知道其权利被侵害之日起计算。仲裁时效，因当事人一方向对方当事人主张权利，或者向有关部门请求权利救济，或者对方当事人同意履行义务而中断。从中断时起，仲裁时效期间重新计算。

申请人申请仲裁应当提交书面仲裁申请，并按照被申请人人数提交副本。

② 受理。劳动争议仲裁委员会收到仲裁申请之日起 5 日内，认为符合受理条件的，应当受理，并通知申请人；认为不符合受理条件的，应当书面通知申请人不予受理，并说明理由。对劳动争议仲裁委员会不予受理或者逾期未作出决定的，申请人可以就该劳动争议事项向人民法院提起诉讼。劳动争议仲裁委员会受理仲裁申请后，应当在 5 日内将仲裁申请书副本送达被申请人。

被申请人收到仲裁申请书副本后，应当在 10 日内向劳动争议仲裁委员会提交答辩书。劳动争议仲裁委员会收到答辩书后，应当在 5 日内将答辩书副本送达申请人，被申请人未提交答辩书的，不影响仲裁程序的进行。

③ 开庭和裁决。劳动争议仲裁委员会裁决劳动争议案件实行仲裁庭制。仲裁庭由 3 名仲裁员组成，设首席仲裁员。简单劳动争议案件可以由 1 名仲裁员独任仲裁。劳动争议仲裁委员会应当在受

理仲裁申请之日起5日内将仲裁庭的组成情况书面通知当事人。

仲裁员有下列情形之一，应当回避，当事人也有权以口头或者书面方式提出回避申请：本案当事人或者当事人、代理人的近亲属的；与本案有利害关系的；与本案当事人、代理人有其他关系，可能影响公正裁决的；私自会见当事人、代理人，或者接受当事人、代理人的请客送礼的。

仲裁庭应当在开庭5日前，将开庭日期、地点书面通知双方当事人。当事人有正当理由的，可以在开庭3日前请求延期开庭；是否延期，由劳动争议仲裁委员会决定。申请人收到书面通知，无正当理由拒不到庭或者未经仲裁庭同意中途退庭的，可以视为撤回仲裁申请先行调解，调解不成或者调解书送达前，一方当事人反悔的，仲裁庭应当及时作出裁决，裁决应当按照多数仲裁员的意见作出，少数仲裁员的不同意见应当记入笔录。仲裁庭不能形成多数意见时，裁决应当按照首席仲裁员的意见作出。

(3) 仲裁的效力。

下列劳动争议，除法律另有规定的外，仲裁裁决为终局裁决，裁决书自作出之日起发生法律效力：①追索劳动报酬、工伤医疗费、经济补偿或者赔偿金，不超过当地月最低工资标准12个月金额的争议；②因执行国家的劳动标准在工作时间、休息休假、社会保险等方面发生的争议。

劳动者仲裁裁决不服的，可以自收到仲裁裁决书之日起15日内向人民法院提起诉讼，期满不起诉的，裁决书发生法律效力。

(4) 仲裁的执行。

当事人对发生法律效力的调解书、裁决书，应依照规定的期限履行。一方当事人逾期不履行的，另一方当事人可以依照民事诉讼法的有关规定向人民法院申请执行。受理申请的人民法院应当依法执行。

仲裁庭对追索劳动报酬、工伤医疗费、经济补偿或者赔偿金的案件，根据当事人的申请，可以裁决先予执行，移送人民法院执行。仲裁庭裁决先予执行的，应当符合下列条件：①当事人之间权利义务关系明确；②不先予执行将严重影响申请人的生活。劳动者申请先予执行的可以不提供担保。

**【案例分析 12-20】**

孙某被某私营快餐店招聘为厨房勤杂工，双方未签订劳动合同。一日孙某正在厨房埋头洗碗，被正在与顾客争吵的本店一名服务员韩某用菜刀误伤，经公安机关认定为轻伤。孙某住院治疗20天，花费医疗费7000余元。孙某要求快餐店支付医药费，快餐店拒绝支付。理由是与孙某没有签订劳动合同，又是韩某所为，应由韩某支付医疗费。孙某遂向劳动争议伸裁委员会申请仲裁，要求认定工伤，由快餐店支付医疗费用。

问题：

(1) 劳动争议仲裁委员会是否应受理此案？

(2) 劳动争议仲裁委员会能否支持孙某的请求？

### (三) 诉讼程序

当事人不服劳动仲裁裁决的，可在法定时效内向人民法院起诉，由人民法院依照民事诉讼程序进行审理，实行两审终审制。

**【案例分析 12-21】**

严某等是某市一家外资企业的员工，该企业经营效益一直不错，员工的工资及奖金均是按月发放的。2015年由于该企业生产的产品出口数量剧减，企业的资金周转出现困难，员工的工资无法按月结清。于是，经过企业领导与员工协商，该企业财务部以企业的名义向严某等员工出具欠条。严某的欠条上写着："欠严某2015年4月份工资及奖金人民币2000元，于明年1月还清。"从4月至

12 月，严某共收到这样的欠条 9 张。2016 年 1 月，严某等拿着欠条向企业财务部领取现金，可财务部只付给员工两个月的工资和奖金。严某等人不服，拿着“工资欠条”诉诸法院。

问题：法院是否应以受理？

**【案例分析 12-22】**

某科研所为了将其生产的科研产品推向市场，登报以广告形式寻找推销产品的合作者。待业人员李某与该所签订了推销协议。其中规定：李某帮助推销该产品，按销售价格的 20%提成；除推销产品及其费用外，双方不发生其他关系。其后该所不按协议支付李某该得的提成。因此，李某向法院起诉，要求该所按约支付 20%的提成。但法院不予受理，认为此案属于劳动报酬纠纷，应按劳动争议处理程序办理。先向劳动争议仲裁委员会提起仲裁，对仲裁不服时，才可向法院提起诉讼。

问题：

(1) 李某与该科研所之间的法律关系是劳动法律关系还是劳务关系？

(2) 法院对本案的处理程序是否正确，为什么？

**【案例分析 12-23】**

40 多名农民工在一家建筑公司做工 2 年，一直没拿到工资，尽管单位开具了“欠条”，却一直不履行。

问题：农民工是否可以以工资“欠条”向法院申请强制执行？

## 四、处理劳动争议的有关制度

劳动争议处理制度，是通过劳动立法的形式将劳动争议处理的机构、原则、程序、受理范围等确定下来，用以处理劳动争议的一项法律制度。劳动争议处理制度，在法学分类上称为程序法。就其内容看，它是解决在劳动争议处理方面的原则、程序等规定；就其任务和作用看，它为贯彻实体法提供法律保障。劳动争议处理制度具体包括以下方面。

### (一) 案件管辖制度

(1) 仲裁管辖。县、市、市辖区劳动争议仲裁委员会负责处理本行政区域内发生的劳动争议：设区的市仲裁委员会和市辖区仲裁委员会受理争议案件的范围由省级人民政府规定，争议双方当事人不在同一仲裁委员会管辖地区的，由职工当事人工资关系所在地的仲裁委员会受理。

(2) 诉讼管辖。劳动争议案件由用人单位所在地或者劳动合同履行地的基层人民法院管辖。劳动合同履行地不明确的，由用人单位所在地的基层人民法院管辖。

### (二) 时效制度

(1) 劳动争议申请仲裁的时效期间为 1 年。仲裁时效期间从当事人知道或者应当知道其权利被侵害之日起计算。

(2) 当事人不服仲裁裁决的，应于收到裁决书之日起 15 日内向人民法院起诉。一方当事人在法定期限内不起诉又不履行仲裁裁决的，另一方当事人可以申请人民法院强制执行。

# 思考练习

## (一) 单项选择题

1. 下列社会关系中，属于劳动法调整的是(　　)。
   A. 国家机关与公务员之间的关系　　B. 公司中劳动者之间的关系
   C. 个体经济组织与其雇佣的帮工之间的关系　　D. 律师协会与律师之间的关系
2. 下列关于劳动法地位的表述正确的是(　　)。
   A. 劳动法是民法的特别法　　B. 劳动法是民商法的组成部分
   C. 劳动法是行政法的组成部分　　D. 劳动法是独立的法律部门
3. 下列选项中，属于劳动基本权的核心权利是(　　)。
   A. 劳动就业权　　B. 劳动报酬权
   C. 劳动安全保护权　　D. 休息权
4. 下列有关代表性劳动立法的表述，正确的是(　　)。
   A. 社会保险成为劳动法的内容始于法国的劳动保护法
   B. 现代意义劳动法起源于 19 世纪初期的“劳工法规”
   C. 新西兰 1894 年的最低工资立法是世界上最低工资立法的开端
   D. 第一个开始对劳动纠纷实行强制仲裁的国家是英国
5. 赵某在甲单位连续工作满 10 年，下列关于赵某与甲单位订立无固定期限劳动合同的说法，正确的是(　　)。
   A. 应当订立无固定期限劳动合同
   B. 是否订立无固定期限劳动合同，由用人单位决定
   C. 劳动者提出订立无固定期限劳动合同的，应当订立无固定期限劳动合同
   D. 是否订立无固定期限的劳动合同，由劳动部门决定或仲裁机构裁决
6. 最低工资标准的制定主体是(　　)。
   A. 国务院　　B. 省、自治区、直辖市人民政府
   C. 人力资源和社会保障部　　D. 财政部
7. 下列关于劳动就业特征的说法，错误的是(　　)。
   A. 年满 16 周岁的公民才具有劳动就业的资格
   B. 劳动就业必须使劳动者能够获得一定的劳动报酬或经营收入
   C. 劳动就业必须是出自公民的自愿
   D. 劳动就业中的劳动不以合法为前提
8. 我国公民劳动权利能力和劳动行为能力开始的时间是(　　)。
   A. 14 周岁　　B. 15 周岁　　C. 16 周岁　　D. 18 周岁
9. 对劳动争议仲裁中的调解规则，下列表述错误的是(　　)。
   A. 劳动争议仲裁坚持调解优先
   B. 仲裁庭开庭前，应当委托调解组织进行调解
   C. 未经调解组织调解的劳动争议，仲裁委员会可以向当事人发出调解建议书，引导其到调解组织进行调解

D. 经调解组织调解达成调解协议的，双方当事人可以共同向有管辖权的仲裁委员会提出仲裁审查申请

10. 关于经济补偿，下列说法正确的是(　　)。

A. 无固定期限劳动合同终止的，用人单位负有支付经济补偿的义务

B. 劳动者自愿提出解除无固定期限劳动合同的，用人单位不需要支付经济补偿

C. 无固定期限劳动合同解除的，用人单位负有支付经济补偿的义务

D. 经济补偿是企业依照合同约定产生的一种社会责任

11. 下列选项中，属于工会基本职责的是(　　)。

A. 维护职工的合法权益　　B. 教育职工遵守劳动法律法规

C. 组织职工开展劳动竞赛　　D. 对困难职工进行帮扶

12. 下列有关工资集体协商代表的说法，错误的是(　　)。

A. 集体协商双方的代表人数对等，每方至少 3 人

B. 职工一方由工会代表

C. 企业代表由法定代表人或其指定的其他人员担任

D. 本单位以外的专业人员可以接受委托作为首席协商代表

13. 下列有关劳务派遣关系的说法，正确的是(　　)。

A. 劳务派遣关系只能发生在特定行业的劳动用工领域

B. 劳务派遣中存在两个用人单位

C. 劳务派遣单位不得以非全日制用工形式招用被派遣劳动者

D. 跨地区派遣的劳动者待遇标准按照派出地标准执行

14. 秦某因颈椎病向公司请假获准后，于次日搭乘国际航班飞往巴西观看足球比赛。公司人力主管咨询律师能否依法解除与秦某的劳动合同。律师的下列说法中错误的是(　　)。

A. 病假诊断是真实的且履行了公司规定的请假程序，不能解除与秦某的劳动合同

B. 若病假诊断虚假，公司可以与秦某解除劳动合同

C. 若病假诊断真实，公司未限定诊疗地点，不能解除秦某的劳动合同

D. 即使病假诊断真实，但秦某出国行为与治疗目的相矛盾，可认定其虚假治疗，公司可以与其解除劳动合同

15. 陆某自行提供健康检查报告入职 H 煤矿。工作 3 个月后离开时被诊断为职业病。煤矿主张陆某以欺骗手段入职，双方劳动关系无效。针对本案，下列说法错误的是(　　)。

A. 对从事接触职业病危害作业的劳动者进行上岗前的职业健康检查，是用人单位的法定义务

B. 用人单位可以对从事接触职业病危害作业的劳动者进行上岗前的职业健康检查

C. 陆某患职业病是事实，H 煤矿应承担工伤保险责任

D. 陆某以欺骗手段入职，劳动合同无效

16. 下列关于养老保险的表述，正确的是(　　)。

A. 养老保险是劳动者年老退出劳动后的社会保障

B. 养老保险待遇的取得以缴纳养老保险费满 15 年为前提

C. 养老保险待遇与劳动者在职期间的工资待遇水平无关

D. 养老保险待遇标准在全国是统一的

17. 下列选项中，在公休日不会产生加班费用的是(　　)。

A. 计件工作时间　　B. 综合计算工作时间

C. 不定时工作时间　　　　D. 延长工作时间

18. 下列做法中，不符合劳动法对女职工孕期保护规定的是(　　)。

A. 对怀孕7个月以上的女职工，一般不得安排其从事夜班劳动

B. 对怀孕的女职工，在劳动时间内不安排休息时间

C. 怀孕的女职工，在劳动时间内进行产前检查的，应当算作劳动工时

D. 对不能胜任原工作的怀孕女职工，根据医务部门证明，应当予以减轻劳动量或者安排其他劳动

19. 根据《职工带薪年休假条例》的规定，下列选项错误的是(　　)。

A. 职工累计工作已满1年不满10年的，年休假5天

B. 已满10年不满20年的，年休假10天

C. 已满20年的，年休假15天

D. 对职工应休未休的年休假天数，用人单位应当按照该职工日工资收入的200%支付年休假工资报酬

20.下列劳动者与用人单位签订劳动合同的做法中，不符合法律规定的是(　　)。

A. 用人单位自用工之日起即与劳动者签订书面劳动合同

B. 必须在用工之前签订书面劳动合同

C. 自用工之日起一个月内签订书面劳动合同

D. 非全日制用工的可以不签订书面劳动合同

(二) 多项选择题

1. 依据《就业促进法》的有关规定，我国实行统筹就业政策的主要内容是(　　)。

A. 实行城乡统筹的就业政策　　　　B. 实行区域统筹的就业政策

C. 实行群体统筹的就业政策　　　　D. 实行不同就业形式统筹的就业政策

2. 下列关于试用期的说法，正确的是(　　)。

A. 劳动者与用人单位协商可以约定试用期

B. 无固定期限劳动合同不得约定试用期

C. 非全日制用工不得约定试用期

D. 派遣用工可以约定试用期

3. 陈某与H公司的劳动合同被违法解除，陈某提起劳动争议仲裁，主张恢复劳动关系，继续履行劳动合同。下列有关本案的解释，正确的是(　　)。

A. 违法解除期间不包括仲裁、诉讼期间

B. 继续履行劳动合同与支付赔偿金的请求不能并存

C. 若陈某未提出继续履行请求，不得作出继续履行的仲裁裁决

D. 继续履行劳动合同的请求成立的，可以要求公司支付违法解除期间的工资和社保损失

4. 赵某在6个月内因为擅自离岗被所在公司书面警告两次，根据用人单位的规章制度被解除劳动合同。赵某不服申请劳动仲裁。针对本案，下列说法正确的是(　　)。

A. 规章制度中有两次书面警告予以解除劳动合同的明确规定，是仲裁机构不支持赵某请求的基本依据

B. 赵某若主张并能够证明其不知前述规章制度的存在，是仲裁机构支持赵某请求的基本依据

C. 若赵某主张被迫签署书面警告后果告知书，对该事实的证明应当达到排除合理怀疑的标准

D. 若赵某对该争议的仲裁结果不服，在收到仲裁裁决 15 日内，可以申请法院撤销仲裁裁决

5. 下列有关高温补贴的说法正确的是( )。

A. 关于高温补贴目前没有全国统一的制度规定

B. 高温补贴发放标准属于地方性规定

C. 高温补贴发放时间范围各地不同

D. 高温补贴免缴个人所得税

6. 王某与用人单位的合同到期，个人原因离职并办理了相关手续。时隔 10 日，王某体检发现自己怀孕了，遂以怀孕事实发生在劳动合同期间，离职协议违背真实意思表示而主张恢复劳动关系。对此，下列说法正确的是( )。

A. 用人单位无违法解除或终止劳动合同情形的，劳动者无权要求恢复劳动关系

B. 王某离职时对怀孕不知情不能等同于离职意思表示不真实

C. 孕期女职工依法不受解雇，是劳动法对用人单位的义务规定，不是对女职工离职权利的限制

D. 王某离职时不知晓怀孕的事实，也不属于重大误解

7. 下列有关劳动争议解决机制的说法，正确的是( )。

A. 劳动争议仲裁是劳动争议解决的必经程序

B. 劳动争议调解组织只能是设在工会内部的调解委员会

C. 劳动争议诉讼实行举证责任倒置

D. 劳动争议仲裁时效适用中止、中断规则

8. 劳动者违反竞业限制协议应承担的法律责任是( )。

A. 继续履行竞业限制协议　　B. 支付违约金

C. 支付补偿金　　D. 承担赔偿责任

9. 以生产经营发生严重困难为由进行规模性裁员，需要满足的基本条件是( )。

A. 达到地方政府规定的困难企业标准　　B. 达到国家人社部规定的困难企业标准

C. 裁员人数在 25 人以上　　D. 职工代表大会同意进行规模性裁员

10. 刘某与 M 公司签订了无固定期限劳动合同，在自行离职后以不知情为由，主张应视为固定期限劳动合同，要求用人单位支付经济补偿。对此，下列观点正确的是( )。

A. 用人单位支付经济补偿必须具备法定条件

B. 无固定期限劳动合同对劳动者的劳动权利保障更有利

C. 刘某对签订无固定期限劳动合同不知情不符合常理

D. 一用人单位对主动离职的劳动者支付经济补偿，与经济补偿金制度属性相矛盾

**(三) 案例题**

1. 李某 2006 年 3 月 15 日与北京某公司签订了为期 10 年的劳动合同，有效期至 2016 年 3 月 15 日。2016 年 2 月 15 日，李某收到公司的《续订(终止)劳动合同意向通知书》，公司表示拟与李某续订劳动合同，并要求李某将回执填好，于 2 月 28 日前将意见返回公司人事部。李某同意续签劳动合同，并按期将意见返回公司。2016 年 5 月 15 日公司发出《终止(解除)劳动合同证明书》，拟与李某于 6 月 15 日终止劳动合同。

问题：

(1) 该公司的做法是否符合劳动法律规定？

(2) 李某应如何维护自己的合法权益？

2. 某制药厂与王某于 2001 年 10 月 15 日签订了为期 10 年的劳动合同。同时，该厂选派王某去国外学习一项制药工艺技术，共花费人民币 10 万多元。某合营企业以高薪聘用王某，王某于是跳槽到该合营企业。制药厂将王某和合营企业告到法院，提出王某与制药厂曾签订的劳动合同约定，在合同期内，王某不得调离本企业，如违约给企业造成经济损失时，应负全部赔偿责任。

问题：

(1) 该制药厂的要求是否合理？为什么？

(2) 本案应如何处理？

# 第十三章

# 知识产权法

【学习目的与要求】

我国的知识产权法是由《著作权法》《商标法》和《专利法》三部法律来构成的。知识产权法在保护智力创造者合法权益、促进科学技术和文化事业发展方面发挥着重要作用。本章重点掌握知识产权的概念和特征，著作权的条件、专利权的条件及商标的构成条件，著作权、专利权和商标权的主体、客体及内容，著作权、专利权和商标权的保护。

## 第一节　知识产权法概述

2005 年，我国成立了国家知识产权战略制定工作领导小组，正式启动了国家知识产权战略制定工作，同时我国政府也不断地加大了知识产权保护的力度。我国知识产权立法起步较晚，但发展迅速，现已建立起符合国际先进标准的法律体系。知识产权法律制度主要由著作权法、专利法、商标法、反不正当竞争法等若干法律行政法规或规章、司法解释、相关国际条约等共同构成。

### 一、知识产权的概念和特征

据斯坦福大学法学院的马克·莱姆利(Mark Lemley)教授，广泛使用该术语“知识产权”是在 1967 年世界知识产权组织成立后出现的。知识产权是关于人类在社会实践中创造的智力劳动成果的专有权利，一般只在有限时间内有效。各种智力创造比如发明、外观设计、文学和艺术作品，以及在商业中使用的标志、名称、图像，都可被认为是某一个人或组织所拥有的知识产权。

#### (一) 知识产权的概念

知识产权，是指对应用于商品生产和流通中的发明创造和显著标记等智力成果享有的专有权利，主要包括发明、实用新型、外观设计、商标、商号、货源标记、原产地名称，以及制止不正当竞争的权利。广义的知识产权包括著作权及其邻接权(相关权)、商标权、商号权(企业名称权)、商业秘密权(未公开信息权)、产地标记权(地理标志权)、专利权、集成电路布图设计权等各种权利。狭义的知识产权，即传统意义上的知识产权，包括著作权(含邻接权)、专利权、商标权三个主要组成部分。我国所称的知识产权，主要是指著作权、专利权和商标权。

#### (二) 知识产权的特征

知识产权属于财产权的范畴，是一种无形财产权，具有以下法律特征。

(1) 专有性。专有性包括独占性和排他性。独占性，即知识产权为权利人所独占，权利人垄断这种专有权利并受到严格保护，没有法律规定或未经权利人许可，任何人不得使用权利人的知识产品。排他性，即对同一项知识产品，不允许有两个或两个以上同一属性的知识产权并存。

(2) 地域性。指知识产权的法律保护具有域内效力，即一国授予的专利权和商标权通常只在该国领域内有效，在其他国家没有效力。

(3) 时间性。指法律对知识产权的保护具有一定的期限，即权利人在法定期限内享有专有权，有效期限届满后，知识产权的财产权利即自行终止。法律保护专利权人和商标专用权人在有效期限内的独占权，不允许永久独占，超过有效期限则丧失其专利权和商标专用权，成为社会公共财富，为全人类所共同使用，任何人都可以自由地使用。

须注意的是，知识产权的时间性是针对大多数知识产权而言的，少数知识产权并不受时间限制。从理论上讲，这些知识产权长期受法律保护。例如：商业秘密权，企业名称权，地理名称权，知名商品特有名称、包装、装潢权。美国“可口可乐”饮料配方通过商业秘密法保护已有 100 多年的历史，至今外人无法知晓其内容。如果通过专利法保护，最多只能保护 20 年。

## 二、知识产权法的概念

知识产权法，是指调整因申请、取得、保护、行使和转让知识产权而发生的各种社会关系的法律规范的总称。

知识产权法主要包括专利法、商标法以及与此相关的条例、细则等。我国调整知识产权的法律、法规主要有《中华人民共和国专利法》《中华人民共和国专利法实施细则》《中华人民共和国商标法》《中华人民共和国商标法实施条例》等。此外，《中华人民共和国民法通则》在“民事权利”一章中专设“知识产权”一节，对著作权、专利权、商标权及其他科技成果权作了原则性的规定。

# 第二节　著作权

## 一、著作权的定义和特征

著作权，是指文学、艺术和科学作品的作者及其相关主体依法对作品所享有的人身权利和财产权利的总称。著作权的特征可以概括为以下几点。

(1) 权利主体广泛。原则上，各类民事主体(公民、法人等)都可以成为知识产权的权利主体，但著作权权利主体的实际范围较之其他各类类型的知识产权更为广泛。如未成年人，一般难以成为专利权和商标权的权利主体，但却不妨成为著作权的主体。又如外国人，如要取得专利权或商标权，均须履行法定申请与审批手续，因种种条件限制，其申请未必得到批准，而其作品只要是在国内首次发表，即依法享有著作权，这就使其权利主体范围广于专利权和商标权。究其原因，一方面是因为文学、艺术和科学作品的创作活动较之发明创造、商标创制活动更具有普遍性；另一方面也因为著作权的取得所遵循的是不同于授予专利权、商标专用权的立法原则。

(2) 权利客体广泛。作为著作权的客体，作品同样是一种智力成果，但其表现形式繁多，范围极其广泛。无论从其思想内容(含文学、艺术、自然科学、社会科学等各方面)，还是外观表现(口头、书面、摄影、绘画、雕刻、音像等)，只要能被人感知，均能成为客体，从而广于专利权、商标权等工业产权的客体范围(专利权的客体只限于“技术发明创造”，商标权的客体也只表现为一定的“文字、图形或其组合”)。

(3) 权利内容丰富。著作权内容和其他知识产权一样，包括人身权和财产权两方面权利。从立法上看，无论是人身权还是财产权，在著作权中都体现得更加充分，内容更加丰富。就人身权而言，工业产权中专利权、商标权基本上不涉及人身权，而著作权中的人身权则包括发表权、署名权、修改权和保护作品完整权。著作权的财产权也极为丰富，包括播放权、摄影权、演绎权、发行权等内容。

(4) 权利产生独特。知识产权中的专利权、商标权，均以“依法确认”为特征，即权利的取得需经国家主管机关依法确认。如专利权的产生需要经过申请，报专利机关审查批准；商标权的产生，需依照法定程序申请注册。从历史上看，著作权的取得也曾经过“注册保护主义”的立法阶段，但时至今日，世界绝大多数国家(包括我国)的著作权法均采取“创作保护主义”的立法原则，即规定作品一经产生，不论是否发表，均依法享有著作权，从而使著作权的产生有别于其他知识产权。

(5) 权利可以分割。如职务作品可以由作者和所在单位分别享有著作权的有关具体权利，电影作品的著作权的归属也有此特点。

(6) 权利限制较多。从法理上说，任何权利都不是绝对的，权利滥用更为法律所禁止。这一点，在著作权中体现得尤为突出。由于作为著作权客体的作品既是个人(单位)财产，又是一种社会财富，为了国家、公众和社会利益，法律对著作权人对其作品的专有权利作了直接规定加以限制，如我国《著作权法》第22条所规定的“合理使用”情形，第32条第2款所作的“法定许可”规定，都是对著作权人专有权利的限制。

(7) 权利时间较长。作者终身加死后50年。

## 二、著作权主体的概念和分类

著作权主体，又称为著作权人，是指依照法律规定对特定作品享有著作权并承担相应义务的单位和个人。按不同的标准，著作权的主体有不同的分类。

### (一) 按主体形态分

(1) 公民。没有无民事行为能力的限制。未成年人即使属于民法理论中的完全无民事行为能力人，也可以因为创作这一事实行为而依法享有著作权。如幼儿园儿童的绘画、书法、唱歌、跳舞等活动均可产生著作权。

(2) 法人。法人必须符合《民法通则》第37条的规定：依法成立；有必要的财产或者经费；有自己的名称、组织结构和场所；能够独立承担民事责任。

(3) 非法人单位。《著作权法》第9条规定：“著作权人包括：作者和其他依照本法享有著作权的公民、法人或者其他组织。”其中的“其他组织”包括两种：一是依法进行登记的单位或团体如合伙企业、研究会等，这在合同法和诉讼法中也能成为主体；二是组成法人的相对独立的分支机构，如大学的系、学院、教研室，法院的审判庭等。

### (二) 按是否直接创作分

(1) 作者。著作权法所称的作者，应当具备一定的条件：

① 作者必须是直接具有思维能力的自然人。

② 作者必须具有创作能力。创作是一种事实行为，故判断一个人能否成为作者的标准，应当是客观上的创作能力，而非法律上的行为能力。这一要求并不苛刻，没有行为能力的公民只要事实上

创作出了作品，就从法律上反推他具有创作能力。创作能力在不同的领域会因人而异，有口头表达能力的，不一定有文字表达能力；有文字表达能力的，不一定有绘画表达能力；有绘画表达能力的，不一定有音乐表达能力，各种创作能力都会得到法律的认可。

③ 作者必须实际从事了创作活动。所谓创作，《著作权法实施条例》第 3 条第 1 款作了立法解释，是指“直接产生文学、艺术和科学作品的智力活动”。该条第 2 款还明确规定：“为他人创作进行组织工作，提供咨询意见、物质条件，或者进行其他辅助活动，均不为创作。”大量的版权纠纷都与作者认定时如何理解该条的规定有关。例如，刘国础诉叶毓山歌乐山烈士群雕案，刘德彬诉罗广斌、杨益言《红岩》版权案，李淑贤诉李文达《我的前半生》版权案等。

④ 作者的创作活动必须产生了作品。仅有创作活动而无创作成果也不能成为作者。

作者的认定实行推定原则，即“如无相反证明，在作品上署名的公民、法人或者非法人单位为作者”。这一原则一方面减轻了作者在有关纠纷中的举证责任，另一方面也为法官的判定提供了依据。

(2) 其他著作权人。其他著作权人是指作者和被视为作者以外，依照法律或合同的规定享有全部或者部分著作权的公民、法人或非法人单位。

其他著作权人是著作权主体中的一类重要主体，范围较广，既有单位，又有个人；既有原始主体，又有继受主体。

其他著作权人有以下几种类型 ：

① 职务作品中作者所在的单位。一般职务作品，作者所在单位享有优先使用权。特殊职务作品，作者所在单位享有署名权以外的其他著作权。

② 影视作品的制片人。电影、电视、录像作品的导演、编剧等作者享有署名权，其他著作权由制片人享有。

③ 委托作品的委托人。

④ 作者的被继承人。

⑤ 其他根据法律或合同取得著作权的人。如通过强制执行程序取得著作财产权的人。

### (三) 按权利产生方式分

(1) 原始著作权人。依照法律规定直接享有著作权。

(2) 继受著作权人。依照合同或继承方式间接享有著作权。

### (四) 按国籍分

(1) 本国人。

(2) 外国人。

## 三、著作权客体

著作权客体是指著作权法保护的对象，即作品。《著作权法实施条例》第 2 条解释，作品是“指文学、艺术和科学领域内具有独创性并能以某种有形形式复制的智力创作成果”。

### (一) 作品的要件

(1) 属于文学、艺术和科学领域。体育中的技巧、动作、阵势排列等，不属于作品范畴。

(2) 表现一定的思想或情感。或传授知识，或阐述理论，或反映现实，或抒发情感。如路标只具有指示作用，没有思想，不能成为作品。

(3) 有一定的表达形式。作品的表达形式是指表达作者思想并能被人感知的外在形式。有时，作品的类型也被视为表达形式，如小说、诗歌、绘画、舞蹈、雕塑、电影等都会被视为作品的表达形式。不同的作品，其具体表达形式各不相同。如对文字作品而言，表现为文字符号的组合、字词句的排列；对美术作品而言，表现为富有情感的线条、色彩、描绘手法等；对音乐作品而言，则以旋律、节奏、合声等为表现形式；舞蹈作品，则是通过文字和图形表现的连续动作、姿势、表情等。

作品表达形式与物质载体的关系，英美法系和大陆法系有不同的规定。英美法系强调作品必须以物质载体固定，因而不保护口述作品；大陆法系的国家和《伯尔尼公约》则相反，承认口述作品的版权，如即席演说、课堂讲授、法庭辩论等也受著作权法的保护。

作品表达形式与作品的载体不能混淆。我国《大清著作权律》将版权客体表述为“著作物”。这是直接将日文汉字引进的结果。这种表述容易混淆作品和作品的物质载体。曾有人反对以版权法保护大批量制作的美术品，原因之一是：如果根据一个雕塑设计制作出 100 个雕塑产品，那么仿制中的哪一个才构成侵犯版权呢？这实际上是混淆了作品的表达形式与载体的关系。通过互联网阅读作品就容易分辨表达与载体的区别。我们很容易了解网上小说受版权保护的是那些表达一定构思的文字组合，而不是其载体屏幕本身。

(4) 具有独创性，也称原创性。独创性应与创造性相区别，是指作品由自己通过智力劳动创作完成，非抄袭之作。只要是自己完成的，作品可以与他人的雷同。对独创性的理解，大陆法系国家掌握较严，火车时刻表、电话号码簿、法律文件汇编等创作程度较低的成果一般不受著作权法保护；英美法系国家的标准则相对宽松，认为只要付出了劳动，即使创作程度较低，也应受到保护。

(5) 具有相对完整性，即作品应当完成。作品的初稿也受版权法保护，只要表达了一定的思想内容，即使作品未全部完成，也开始受著作权法保护。

### (二) 作品的种类

(1) 文字作品，是指小说、诗词、散文、论文等以文字形式表现的作品。

(2) 口述作品，是指即兴的演说、授课、法庭辩论等以口头语言形式表现的作品。

(3) 音乐作品，是指歌曲、交响乐等能够演唱或者演奏的带词或者不带词的作品。

(4) 戏剧作品，是指话剧、歌剧、地方戏等供舞台演出的作品。

(5) 曲艺作品，是指相声、快书、大鼓、评书等以说唱为主要形式表演的作品。

(6) 舞蹈作品，是指通过连续的动作、姿势、表情等表现思想情感的作品。

(7) 杂技艺术作品，是指杂技、魔术、马戏等通过形体动作和技巧表现的作品。

(8) 美术作品，是指绘画、书法、雕塑等以线条、色彩或者其他方式构成的有审美意义的平面或者立体的造型艺术作品。

(9) 建筑作品，是指以建筑物或者构筑物形式表现的有审美意义的作品。

(10) 摄影作品，是指借助器械在感光材料或者其他介质上记录客观物体形象的艺术作品。

(11) 电影作品和以类似摄制电影的方法创作的作品，是指摄制在一定介质上，由一系列有伴音或者无伴音的画面组成，并且借助适当装置放映或者以其他方式传播的作品。

(12) 图形作品，是指为施工、生产绘制的工程设计图、产品设计图，以及反映地理现象、说明事物原理或者结构的地图、示意图等作品。

(13) 模型作品，是指为展示、试验或者观测等用途，根据物体的形状和结构，按照一定比例制成的立体作品。

### (三) 不受著作权法保护的项目

(1) 禁止传播的作品。《著作权法》第 4 条第 1 款规定："依法禁止出版、传播的作品，不受本法保护。"

(2) 需要及时传播的作品，如官方文件及译文时事新闻，法院倾向于将其作为类似于时事新闻未通过版权法保护。英国有对电视节目时间表给予版权保护的案例。

(3) 表现形式单一不宜垄断使用的成果，如历法、数表、通用表格和公式。

(4) 应由专利法、合同法调整的成果(《著作权法》第 7 条)。例如，产品设计如果是职务发明创造，单位申请专利的权利就会和发明人版权中的发表权冲突，发表会破坏新颖性。再如，技术秘密如属于职务技术成果，技术秘密权也会和发明人的发表权冲突。

## 四、著作权的内容

著作权内容是指由著作权法所确认和保护的、由作者或其他著作权人所享有的权利。

### (一) 著作人身权

(1) 发表权。发表权是依法决定作品是否公之于众，以及如何公之于众的权利。发表权是一项容易被人忽视、容易被人侵犯的人身权。

(2) 署名权。署名权，即表明作者身份，在作品上署名的权利。

(3) 修改权。修改权即修改或者授权他人修改作品的权利。作品是作者思想观点的反映，而随着时间的推移，作者的思想观点会发生一定的变化。赋予作者修改权，体现了对作者创作自由的尊重。

(4) 保护作品完整权。保护作品完整性的权利，即保护作品不受歪曲、篡改的权利。作品的完整性不仅包括其表现形式的完整性，也包括其内容、情节和主题思想的完整性。故如果未经许可而援用原作的故事创作后续作品，也可能触犯著作权人保护其作品完整性的权利。完整性也包括作品的标题和作品之间的联系，以及作品中的一部分和另一部分的联系。故如果未经作者认可，他人擅自改换作品具有独特含义的标题或者利用原曲另填新词也是对完整权的侵害。此外，该权利还及于作品的外包装，例如，出版社违背作者意愿给作品配上半裸女人像封面，也会破坏作品的完整性。该权利甚至还及于作品的使用环境，例如，将严肃的作品用于低俗的环境中可能构成对此一权利的侵害。它也可以反映在一种再现方式上，如用一种取笑的、调侃的腔调来演唱严肃歌曲，在放电影的过程中任意插播广告等。

### (二) 著作财产权

著作财产权(经济权利)是可以为作者带来经济利益的权利。著作财产权从总体上讲包括以下权利。

(1) 复制权，是以印刷、复印、拓印、录音录像翻录、翻拍等方式将作品制作一份或者多份的权利。复制有广义、狭义之分。狭义之复制，乃指以印刷、照相、复写、影印、录音、录像或其他行为做成与原作品同一形态的复制，如将文书加以手抄、印刷、照相，将绘画、雕刻加以摹拓，将录音带、录像带加以翻版录制，等等。广义之复制，还包括对著作加以若干改变，即不是再制与原著作之形态完全相同之物，仅其旨趣具有同一性，如将草图、图样做成美术品与建筑物，音乐著作之录音，将小说改编成剧本、拍成电影，编辑数篇论文，本国文翻译成外国文，雕刻制成绘画，绘画制成照片或风景明信片，模型制成美术工艺品，等等。最广义之复制，还包括无形复制在内，如将剧本、乐谱予以上演、演奏或播送，讲稿的演说或讲义文稿之朗读。

复制可分为 5 种形式：①从平面到平面的复制，如文字作品的印刷、复印。②从无载体变为有体的复制，如口述作品的录音。③从平面到立体的复制，如米老鼠动画变成玩具，按设计图制作产品，④从立体到平面的复制，如对立体雕塑的临摹、照相。⑤从立体到立体的复制，如对雕塑的缩小、放大等。

我国《著作权法》修订前规定的复制是狭义的，仅仅指前两种的复制。而新修订的《著作权法》，使复制的概念变为广义，包括了上述的五种复制形式，包括平面到平面、平面到立体、立体到立体。

(2) 表演权。表演权指著作权人自己表演或授权他人表演作品的权利。表演，指演奏乐曲、上演剧本、朗诵诗词等直接或者借助技术设备，以声音、表情、动作公开再现作品。表演是直接传播作品的方式。表演者上演剧本、曲艺，或者演奏音乐，这些现场表演活动是表演，另外通过电视台、电台将表演活动直接或传播给公众也属于表演。

(3) 播放权。著作权人有权许可或禁止通过电台、电视台传播其作品的权利。播放即通过无线电波、有线电视系统传播作品。在我国，著作权人主要通过允许电台、电视台播放其作品而实现其播放权。播放权适用于文字作品、戏剧、曲艺作品、音乐作品、电影、电视作品。在播放权关系中，播放权是著作权人的权利，作品播放与否，必须征得作者同意。所有的广播组织都是义务主体。电台、电视台使用他人未发表的作品制作广播电视节目，应征得著作权人的许可并支付报酬。

(4) 展览权。著作权人或美术作品原件合法所有人享有公开陈列其作品的原件或复制品的权利。展览是指公开陈列美术作品、摄影作品的原件或复制件。展览权主要适用于美术作品、摄影作品。特别提到的是个人肖像问题。公民享有肖像权，未经本人同意，不得以营利为目的使用公民肖像。这是《民法通则》规定的公民的人身权之一。

(5) 发行权。发行权是通过出售、出租等方式向公众提供作品复制件的权利。一般认为，作品复制出来后，如果不向社会发行，既限制了向社会传播作品，无法满足公众的合理需要，也无法实现作品复制所追求的经济利益。因此，发行权是一项重要的财产权利，它往往与复制权结合在一起。

发行必须具有两个条件：发行者必须是著作权人或经著作权人授权委托的人；发行必须是将作品的复制品散发。因此，文学、艺术作品的表演，工艺美术品的展示，建筑设计图的实施，不是发行。只有将作品复制并公开散布(向公众散发销售)，才叫发行。向公众散发，是指散发给亲朋以外的人，向亲朋赠送，不是发行，因校对、审阅而向他人寄送作品的复制品，也不能算是发行。

(6) 摄制电影、电视、录像权。著作权人授权他人将自己的作品拍摄成电影、电视、录像的权利。将作品摄制为影视片、录像片，是一般作家难以行使的，因而作者所行使的大多是许可权。那种将表演和景物机械地录制下来，不属于摄制电影、电视、录像作品。摄制电影权，包括摄制电视与摄制录像作品，其实是一种典型的“改编”形态，我国著作权法将它独立出来，作为一种单项权利加以规定。

(7) 演绎权。演绎权指著作权人自己或许可他人将其作品进行改编、翻译、注释、整理、编辑等二次使用作品的权利。行使演绎权产生的作品统称为演绎作品。演绎者对演绎作品享有著作权，因为改编、翻译等演绎活动是再创作，付出了智力劳动。但由于演绎作品是在原作基础上产生的，因此演绎活动应当征得原作者的许可，并且不得损害原作品的著作权。

演绎的方式有以下几种：

① 改编，即在原有作品的基础上，通过改变作品的表现形式或者用途，创作出具有独创性的新作品。

② 翻译，指把作品从一种语言文字转换成另一种语言文字，包括把本国文字译成外国文字或少数民族文字，以及将外国或少数民族文字译成本国文字。

③ 注释，即文字作品的字、词、句进行解释。注释应当忠实于原著。注释仍在保护期内的作品，

注释者应征得原作者同意并支付报酬。

④ 编辑，指根据特定要求选择若干作品或者作品的片段汇集编排成为一部新作品。出版社工作人员对来稿进行文字性加工或修改，也是一种“编辑”活动，但不属于这里所指产生新作品的“编辑权”。

⑤ 整理，指对内容零散、层次不清的已有文字作品或材料进行条理化、系统化的加工，如古籍的校点、补遗等。

上述方式，可以由著作权人自己行使，也可以经其授权由其他人行使。

(8) 获取报酬权。获取报酬权是指作者或其他著作权人因他人使用作品而获得报酬的权利。作品是作者智力劳动成果，它和有形商品物品一样，也具有一定的价值和使用价值。作品的价值在其被使用中体现出来。著作权使用是一种平等主体之间的合同行为。著作权人许可他人使用其作品，作为对价便是取得报酬。

(9) 许可使用权。许可使用权是指著作权人依法享有的许可他人使用作品并获得报酬的权利。使用他人作品应当同著作人订立许可使用合同，但属于法定使用许可情形的除外。使用许可合同未明确许可的权利，未经著作人同意，另一方当事人不得行使。

(10) 转让权。转让权是指著作权人依法享有的转让使用权中一项或多项权利并获得报酬的权利。转让的标的不能是著作人身权，只能是著作财产权中的使用权。转让作品使用权的，应当订立书面合同。转让合同中未明确约定转让的权利，未经著作权人同意，另一方当事人不得行使。

**【案例分析 13-1】**

殷某出身于中医世家，多年来一直从事中医学研究。2017 年 3 月，殷某写了一篇中医学论文，投稿某大学《中医论坛》杂志并被该刊选用，刊登于 2017 年 8 月第 3 期。文章刊登后，殷某发现该杂志社未经其同意，擅自将其论文中的 3 处内容进行实质性删改。为了保护论文的完整性，殷某多次找杂志社交涉，但杂志社答复：杂志社对来稿有权修改或摘要发表，作者的稿件中未声明不许删改的，应视为作者同意对其文章进行修改。

问题：

(1) 杂志社可否对作者的文章进行删改？为什么？

(2) 本案中杂志社的行为是否合法？为什么？

## 五、著作权的归属

作品类型不同，其权利的归属也不尽相同。

### (一) 一般原则

我国《著作权法》第 11 条规定，著作权属于作者，另有规定的除外。

### (二) 演绎作品著作权的归属

演绎作品是基于已有作品进行改编、翻译、注释、整理等创作活动而产生的作品。

《著作权法》第 12 条规定，改编、翻译、整理已有作品而产生的作品，其著作权由改编、翻译、注释、整理人享有，但行使著作权时不得侵犯原作品的著作权。作者既可对其作品自行改编、翻译、注释等，也可以许可他人以上述方式使用作品，使被许可人成为演绎者。因此，对他人已有作品进行演绎创作，应当事先征得原作品作者的许可。当然，许多演绎作品所基于的原作品是不受著作权保护的，过了保护期的作品。例如，历代名作、古文。对于这类作品任何人都不享有专有权。因此，任何人都可以对其进行改编、翻译加以利用。他人不管以何种方式演绎已有作品，都必须忠实于原作品的主题、内容。未经作者同意，不得修改作品的内容和作者的观点。因此，应当在演绎作品中指明原作者姓名，向原作品著作权支付报酬。

### (三) 合作作品的著作权归属

两人以上合作创作的作品，称为合作作品。合作作品的作者应为数人，可以是两人以上的公民，也可以是两个以上的法人、非法人单位。

《著作权法》第 13 条规定，两人以上合作创作的作品，著作权由合作作者共同享有。共同享有，针对整部作品而言，即每一个合作者都是该作品的共同所有人。有关著作权行使，例如，发表、署名、稿酬等问题，应由全体合作者协商一致。但是，合作作品不可以分割使用的，合作作者对著作权的行使如果不能协商一致，任何一方无正当理由不得阻止他方行使。

可以分割使用的合作作品，每一个合作者对其所创作的部分享有著作权。例如，教材中的编、章、歌曲中的词和曲，都是可以单独使用的。但是，合作作者在单独行使著作权时不得侵犯合作作品整体的著作权。

### (四) 编辑作品的著作权归属

将若干单独的作品汇编在一起而形成的新作品，为编辑作品。百科全书、辞典、文集、期刊、年鉴等都属于编辑作品。

(1) 编辑作品由编辑人享有著作权。编辑作品是在谁指导下，并以其名义编辑、出版的，谁就是编辑人。编辑人可以是自然人或法人，也可以是非法人单位，如资料室、编委，实际中，法人和法人单位为编辑人的较为常见。根据《著作权法》第 14 条规定，汇编若干作品、作品的片段或者不构成作品的数据或者其他材料，对其内容的选择或者编排体现独创性的作品，为汇编作品，其著作权由汇编人享有，但行使著作权时，不得侵犯原作品的著作权。

(2) 编辑人行使著作权时，不得侵犯原作品的著作权。编辑作品是将已有作品选择、编排、合成，因此，编辑时必须经原著作权人同意，并支付报酬。汇编在编辑作品中的单独作品，有许多是已发表的作品。编辑者将其收入、汇编，是对作品的再次使用。在这种情况下，经过原作品著作人同意，往往是从相反方面证实的。即著作权人在作品首次刊登时未附带声明不得转摘编的，编辑者就可以认为著作权人同意使用其作品。

(3) 编辑作品中可以单独使用的作品的作者有权单独行使其著作权。编辑作品是各个作品可分地集合在一起。作为一个整体，一部新作品，其著作权归编辑人享有；其中可以独立存在，单独使用的原作品，其著作权由该作品的作者享有。这在著作权理论上称为“双重版权”。原作者对作品所享有的著作权，不仅表现为作者有权决定作品的其他使用方式或途径，还表现为，编辑者在编辑活动中除对原作进行有限的文字性修改或删减外，一般无权对原作作实质性修改。

### (五) 电影、电视、录像作品的著作权归属

电影、电视、录像作品统称为影视作品。它是指摄制在一定物质上，由一系列有伴音或者无伴意的画面组成，并且借助适当装置放映、播放的作品。影视作品不是电影剧本或脚本，而是指拍摄完成的影片。一部电影中，至少可能有导演、演员及剪辑师的成果不可分地融进作品中，故影视作品是一种兼有合作作品及合成作品特点的特殊作品。

我国著作权在影响作品著作权归属问题上采取的做法是，电影、电视、录像作品的导演、编剧、作词、作曲、摄影等作者享有署名权，著作权的其他权利由制作电影、电视、录像作品的制片者享

有。电影、电视、录像作品中剧本、音乐等可以单独使用的作品的作者有权单独行使其著作权。这就是说，影视作品的著作权，其中的署名权由导演、编辑、作曲人、作词者、舞美、演员、摄影者等作者享有，除署名权外的发表权、修改权、保护作品完整权等项著作人身权和使用权、获得报酬权等项财产权利，由制片人享有。影视作品的整体著作权由制片者享有，是著作权不属于作者的特殊规定之一。制作人的权利主要包括以下几项：

(1) 复制权，即制作拷贝的权利，包括转换录像带用于电视播放。

(2) 上映权，将影视作品公开上映的权利。

(3) 播放权，通过电台、电视台将影视作品的影像、声音或者声像同时播放的权利。

(4) 发行权，即将影视作品的复制品以出售或出租方式推进流通领域的权利。

(5) 改编权，包括戏剧化、小说化、美术化。

(6) 翻译权。

### (六) 职务作品的著作权归属

职务作品是指机关、团体、企业、事业单位的工作人员，为了完成本职工作或单位交给的临时工作任务所创作完成的作品。例如，记者为其所在的报纸杂志社、电台、电视台撰写的文章、摄影照片；文艺团体的专业创作人员创作的电影、电视剧本、曲艺脚本、舞蹈或其他作品；教育部门组织教师编写的教材；科研部门的科研人员完成的各种科学作品、撰写的科技论文，等等。职务作品是公民创作的，作者是自然人。

(1) 与职务有关的一般职务作品的著作权归作者享有，并且通常有人身权利和财产权利两方面的全部权利。但是单位有权在其业务范围内优先使用该作品。同时，作品完成两年内，未经单位同意，作者不得许可第三人以与单位使用的相同方式使用该作品。可见，一般职务作品由作者享有著作权，同时单位享有优先使用权和两年的专有使用权。单位所享有的权利，亦即作者著作权所受到的限制。为保证一般职务作品的正常使用，《著作权法实施条例》进一步规定了，作品完成两年内，如单位在其业务范围内不使用，作者可以要求单位同意第三人以与单位使用的相同方式使用，单位没有正当理由不得拒绝；在作品完成两年内，经单位同意，作者许可第三人使用作品所获得报酬，由作者与单位按约定的比例分配；作品完成两年后，单位可以在其业务范围内继续使用。

(2) 特殊职务作品的著作权由法人或者非法人单位享有。

特殊职务作品包括以下两种：

① 科学技术作品，即主要是利用法人或者非法人单位的物质技术条件创作，并由法人或者非法人单位承担责任的工程设计、产品设计图纸及其说明、计算机软件、地图等职务作品。这些职务作品的创作必须借助于单位的资金、设备、技术资料，并且作品一旦发生错误造成经济损失，也只有单位才能承担得起。故而，这种职务作品，作者只享有署名权，其他权利由单位享有。单位可以给作者以奖励。这与专利法、技术合同法的有关规定是一致的。

② 法律、行政法规规定或合同约定著作权法由法人或法人单位享有，这是著作权法规定著作权不属于作者的又一个特殊情形。

### (七) 委托作品著作权归属与行使

委托作品，是根据他人委托而创作完成的作品。委托作品的创作，是作者接受委托人的委托，按照规定而履行义务。作品的内容和形式都依据委托合同的要求。

《著作权法》第 17 条规定，受委托创作的作品，著作权的归属由委托人和受托人通过合同约定。合同未明确约定或没有订立合同的，著作权属于受托人。

【案例分析 13-2】

王兴华、张江丽夫妇有一子王钢，2014 年，夫妇俩带王钢在红星照相馆拍周岁照。摄影师刘某为王钢照了两张底片，一张连同照片交给王某夫妇，另一张经修饰后洗印放大成 20 寸照片，陈列在照相馆橱窗中。2015 年，刘某将王钢的底片提供给某出版社用以制作儿童挂历，获 1000 元稿酬。后来，出版社又将王钢的底片提供给本市的某香皂厂，用于一种婴儿香皂的包装。2016 年，王某夫妇在市场上发现了挂历，又发现了香皂，于是追寻到红星照相馆，方得知照相馆扣下了一张底片，才发生后面的一系列事件。王某夫妇以王钢法定监护人和代理人身份起诉红星照相馆侵犯著作权。

照相馆辩称，自己与王某夫妇之间是委托拍摄关系，自己按约定履行了义务，而摄影作品的著作权如未约定归属则应当归照相馆所有。照相馆将底片提供给出版社，是行使著作权的行为，自己并不构成侵权。至于出版社将底片提供给香皂厂则与自己无关。

问题：

(1) 王钢的照片的著作权应当属于谁？为什么？

(2) 照相馆侵犯了王钢什么权利？为什么？

(3) 出版社、香皂厂的行为是否构成侵权？为什么？

### (八) 原件所有权转移的作品的著作权归属及行使

《著作权法》第 18 条规定，美术等作品原件所有权的转移，不视为作品著作权的转移，但美术作品原件的展览权由原件所有人享有。

### (九) 作者身份不明作品的著作权归属

作者身份不明的作品，即不知作者为自然人、法人或者非法人单位，不知其真实姓名，是生者还是死者。但作品手稿、美术等作品原件被特定人持有。这时，著作权中除了署名权以外，都可以由原件持有人享有。一旦作者身份确定后，由作者或者其继承人行使著作权。

【案例分析 13-3】

某商贸集团公司(以下简称商贸公司)在广播电视报上刊登“广告语有奖征集活动”启事，向社会公开征集企业广告语。高某按照启事上的要求，以一句简洁、流畅、易记、上口的广告语应征并被评为二等奖。同年 11 月，商贸公司在《某某日报》上刊登评选结果，宣布高某创作的广告语为企业广告用语之一，同时在该公告中刊有“获奖作品版权归公司所有”字样。第二年 3 月，高某接到商贸公司的电话，方知自己获奖。在颁奖典型上，高某谈了自己的创作构思，并接受了商贸公司颁发的获奖荣誉证书及 500 元奖金。

事后，高某发现商贸公司已在广播、电视、报刊、出租汽车、商品包装袋等处使用其创作的广告用语，便立即向商贸公司提出异议，但协商未果。高某遂向人民法院提起诉讼，要求确认其创作的广告用语的著作权归属；商贸公司立即停止使用该广告语的行为并公开赔礼道歉；同时根据商贸公司在使用该广告语期间营业收入逾 3 亿元这一事实，要求商贸公司赔偿经济损失 3 万元。

问题：

(1) 此案中广告语是否属于应受著作权保护的文字作品？为什么？

(2) 高某与商贸公司之间存在哪些民事法律关系？

(3) 如何处理此案？为什么？

## 六、著作权的限制

著作权限制，是指法律规定著作权人对某部作品享有充分权利的同时，在作品的利用方面对社会必须履行一些义务，包括著作权的合理使用、著作权的法定许可使用、著作权的强制许可使用。

### (一) 合理使用

所谓合理使用，是指他人依照法律的规定，不经著作权人的同意而无偿使用其作品的行为。

(1) 合理使用的构成要件。

① 必须基于法律的明确规定。

② 通常只能使用已经发表的作品。

③ 不得损害作者的人身权利。具体要求是：指明作者的姓名、作品的名称和出处。但是，当事人另有约定或者由于作品使用方式的特性无法指明的除外；不得歪曲、篡改原作品或者对原作品断章取义。

④ 不得与原作品的正常使用相冲突，从而严重影响原著作权人的经济利益。

(2) 合理使用的情形。

《著作权法》第 22 条规定了 12 种合理使用的情形：①为个人学习、研究或者欣赏，使用他人已经发表的作品；②为介绍、评论某一作品或者说明某一问题，在作品中适当引用已经发表的作品；③为报道时事新闻，在报纸、期刊、广播电台、电视台等媒体中不可避免地再现或者引用已经发表的作品；④报纸、期刊、广播电台、电视台等媒体刊登或者播放其他报纸、期刊、广播电台、电视台等媒体已经发表的关于政治、经济、宗教问题的时事性文章，但作者声明不许刊登、播放的除外；⑤报纸、期刊、广播电台、电视台等媒体刊登或者播放在公众集会上发表的讲话，但作者声明不许刊登、播放的除外；⑥为学校课堂教学或者科学研究，翻译或者少量复制已经发表的作品，供教学或者科研人员使用，但不得出版发行；⑦国家机关为执行公务在合理范围内使用已经发表的作品；⑧图书馆、档案馆、纪念馆、博物馆、美术馆等为陈列或者保存版本的需要，复制本馆收藏的作品；⑨免费表演已经发表的作品，该表演未向观众收取费用，也未向表演者支付报酬；⑩对设置或者陈列在室外公共场所的艺术作品进行临摹、绘画、摄影、录像。⑪将中国公民、法人或者其他组织已经发表的以汉语言文字创作的作品翻译成少数民族语言文字作品在国内出版发行；⑫将已经发表的作品改成盲文出版。前述合理使用的情形，同样适用于对邻接权的限制。

### (二) 法定许可使用

法定许可使用是指依据著作权法的直接规定，以一定方式使用他人已经发表的作品或邻接权客体，可以不经著作权人或邻接权人的同意，但应按规定支付报酬并尊重著作权人或邻接权人其他权利的一项法律制度。法定许可使用制度的实质在于将著作权中的某些权利由一种绝对权利降格为一种获得使用费的权利。 在法定许可使用的情况下，著作权人只享有获得报酬权，不享有禁止他人使用已发表作品的权利，但著作权人声明不得使用的除外。

(1) 法定许可使用的构成要件。法定许可使用必须同时符合下列条件：

① 基于法律的明确规定。我国著作权法中明确规定的法定许可使用条款有《著作权法》第 23 条、第 33 条第 2 款、第 39 条第 3 款、第 42 条第 2 款、第 43 条。

② 只能针对已经发表的作品，但著作权人或有关邻接权人声明不许使用的除外。

③ 必须向有关著作权人或邻接权人按规定支付报酬。我国国家版权局 1993 年 8 月 1 日发布了《报刊转载、摘编法定许可付酬标准暂行规定》和《录音法定许可付酬标准暂行规定》，使用人应按

这些规定标准向权利人支付报酬。

④ 不得侵害著作权人或邻接权人的精神权利或其他财产权利。如在法定许可使用中，不得侵犯作者的署名权和保护作品完整权等。

(2) 法定许可使用情形。包括如下情形：

① 为实施九年制义务教育和国家教育规划而编写出版教科书，除作者事先声明不许使用外，可以不经著作权人许可，在教科书中汇编已经发表的作品片段或者短小的文字作品、音乐作品或者单幅的美术作品、摄影作品。

② 作品被报社、期刊社刊登后，除著作权人声明不得转载、摘编的外，其他报刊可以转载或者作为文摘、资料刊登。

③ 已在报刊上刊登或者网络上传播的作品，除著作权人声明或者上载该作品的网络服务提供者受著作权人的委托声明不得转载、摘编的以外，网站可以转载、摘编。

④ 录音制作者使用他人已经合法录制为录音制品的音乐作品制作录音制品，著作权人声明不许使用的除外。

⑤ 广播电台、电视台播放他人已经发表的作品。

⑥ 广播电台、电视台播放已经出版的录音制品。

## 七、著作权的保护

《著作权法》将有关的著作权的侵权行为分列两条，即第47、48条。其中，第47条所规定的主要是创作者之间的侵权行为，行为人应当承担民事责任。而第48条规定的主要是那些作品传播者侵犯著作权及邻接权的行为，这些行为人共同的动机是牟取暴利。这些行为不仅侵害了著作权人的个人权利，也直接危害了公共利益，扰乱了国家对文化事业的管理，故行为人不仅要承担民事侵权责任，还可能受到行政机关的处罚。

### (一) 第47条规定的侵权行为

《著作权法》第47条规定，有下列侵权行为的，应当根据情况，承担停止侵害、消除影响、赔礼道歉、赔偿损失等民事责任：

(1) 未经著作权人许可，发表其作品的。

(2) 未经合作作者许可，将与他人合作创作的作品当作自己单独创作的作品发表的。

(3) 没有参加创作，为谋取个人名利，在他人作品上署名的。

(4) 歪曲、篡改他人作品的。

(5) 剽窃他人作品的。

(6) 未经著作权人许可，以展览、摄制电影和以类似摄制电影的方法使用作品，或者以改编、翻译、注释等方式使用作品的，本法另有规定的除外。

(7) 使用他人作品，应当支付报酬而未支付的。

(8) 未经电影作品和以类似摄制电影的方法创作的作品、计算机软件、录音录像制品的著作权人或者与著作权有关的权利人许可，出租其作品或者录音录像制品的，本法另有规定的除外。

(9) 未经出版者许可，使用其出版的图书、期刊的版式设计的。

(10) 未经表演者许可，从现场直播或者公开传送其现场表演，或者录制其表演的。

(11) 其他侵犯著作权以及与著作权有关的权益的行为。

### (二) 第 48 条规定的侵权行为

《著作权法》第 48 条规定，有下列侵权行为的，应当根据情况，承担停止侵害、消除影响、赔礼道歉、赔偿损失等民事责任；同时损害公共利益的，可以由著作权行政管理部门责令停止侵权行为，没收违法所得，没收、销毁侵权复制品，并可处以罚款；情节严重的，著作权行政管理部门还可以没收主要用于制作侵权复制品的材料、工具、设备等；构成犯罪的，依法追究刑事责任：

(1) 未经著作权人许可，复制、发行、表演、放映、广播、汇编、通过信息网络向公众传播其作品的，本法另有规定的除外。

(2) 出版他人享有专有出版权的图书的。

(3) 未经表演者许可，复制、发行录有其表演的录音录像制品，或者通过信息网络向公众传播其表演的，本法另有规定的除外。

(4) 未经录音录像制作者许可，复制、发行、通过信息网络向公众传播其制作的录音录像制品的，本法另有规定的除外。

(5) 未经许可，播放或者复制广播、电视的，本法另有规定的除外。

(6) 未经著作权人或者与著作权有关的权利人许可，故意避开或者破坏权利人为其作品、录音录像制品等采取的保护著作权或者与著作权有关的权利的技术措施的，法律、行政法规另有规定的除外。

(7) 未经著作权人或者与著作权有关的权利人许可，故意删除或者改变作品、录音录像制品等的权利管理电子信息的，法律、行政法规另有规定的除外。

(8) 制作、出售假冒他人署名的作品的。

**【案例分析 13-4】**

《休闲》为国内一份文摘杂志，请一学生 L 翻译了美国 5 年前在 X 报纸上发表的一篇署名为 S 的散文，登载在该文摘杂志上，署名作者 S。另一家国内文摘报《饭后茶余》转载了《休闲》杂志上的这篇译文，注明转载自《休闲》。S 发现后，认为《饭后茶余》报及《休闲》杂志未经其同意，翻译并使用了其作品，也未向 S 支付报酬，遂起诉至中国法院。《饭后茶余》报辩称，《饭后茶余》所转载《休闲》杂志上的译文属于法定许可范围，只要向供稿人支付报酬即可，无须向 S 付酬。《休闲》杂志社辩称，S 散文首先发表于国外，不受我国著作权法保护，且《休闲》杂志在译文上已署名 S，尊重了作者人身权，杂志社只需向译者 L 付款即可。

问题：

(1)《饭后茶余》的抗辩能否成立？为什么？

(2)《休闲》的抗辩能否成立？为什么？

## 第三节　专利法

国家颁发专利证书授予专利权的专利权人，在法律规定的期限内，对制造、使用、销售(有些国家还包括进口该项专利发明或设计)享有专有权(又称垄断权或独占权)。其他人必须经过专利权人同意才能进行上述行为，否则即为侵权。专利期限届满后，专利权即行消灭，任何人皆可无偿地使用该项发明或设计。

一般认为，国家颁布和实施专利法的目的，是促进市场资源向有利于发明创造不断产生的方向进行积极投入，推动经济产业的兴旺发展，为此，国家以法律程序赋予发明人一定期限内的垄断权利，同时要求其将发明的内容向全社会公开，以此在提高市场个体进行发明创造的意愿的同时，促进社会整体技术水平的快速积累和发展。关于这一点，我国《专利法》对立法目的的描述为："为了保护专利权人的合法权益，鼓励发明创造，推动发明创造的应用，提高创新能力，促进科学技术进步和经济社会发展，制定本法。"

## 一、专利和专利法的概念

### (一) 专利的概念

专利是专利权的简称，是指国家依法授予发明人、设计人或其所属单位对其发明创造在法律规定的期限内享有的独占权，也指取得了专利权的发明创造。还可以指记载发明创造内容的专利文献。概括地说，专利就是具有独占性的、通过文献公开的技术。

### (二) 专利法的概念

专利法，是指确认、保护发明创造的专有权，调整在利用专有的发明创造过程中所形成的各种社会关系的法律规范的总称。

《中华人民共和国专利法》(以下简称《专利法》)于1984年3月12日经第六届全国人民代表大会常务委员会第四次会议通过，自1985年4月10日起实施；并分别在1992年9月4日、2008年8月25日和2008年12月27日进行了三次修正。第三次修改的《专利法》自2009年10月1日起施行。

## 二、专利权的主体

专利权的主体，是指有权提出申请并取得专利权的单位和个人。申请被批准后，申请专利的单位或者个人为专利权人。

### (一) 发明人、申请人与专利权人

(1) 发明人。发明人是直接完成发明创造的人。专利法上的发明人必须满足的条件是：①发明人必须是直接参加发明创造活动的人。在发明创造过程中，只负责组织管理工作或者仅仅提供物质条件的人都不是发明人。②发明人必须是对发明创造的实质性特点有创造性贡献的人。仅提出所要解决的技术问题却不能为解决问题提供具体方案的人，或者仅在发明创造过程中从事辅助工作的人都不能称为发明人。③发明人必须是自然人，单位不能成为发明人。

(2) 申请人。申请人是指就一项发明创造向国家专利行政主管机关提出专利申请的人。很多情况下发明人与申请人是同一人，但现实中也存在发明人与申请人不一致的情况。造成发明人与申请人背离的原因主要有三个方面：一是发明人通过专利申请权转让合同将申请专利的权利转让给他人；二是发明人的继承人通过继承取得发明创造的专利申请权；三是法律直接将专利申请权赋予发明人以外的其他人，如职务发明专利申请权就属于单位，而非发明人。

(3) 专利权人。专利权人即享有专利权的人。专利权人与专利申请人也是两个不同的概念。一项技术成果申请专利后未必能够获得专利权，专利申请人就未必能称为专利权人。反之，由于专利权可以通过转让或者继承的方式获得，因此，专利权人也不一定是专利申请人。

### (二) 专利权的归属

(1) 职务发明。职务发明创造，是指执行本单位的任务或者主要是利用本单位的物质技术条件所完成的发明创造。执行本单位的任务所完成的职务发明创造包括：在本职工作中作出的发明创造；履行本单位交付的本职工作之外的任务所作出的发明创造；退职、退休或者调动工作后一年内作出的，与其在原单位承担的本职工作或者原单位分配的任务有关的发明创造。本单位的物质技术条件，是指本单位的资金、设备、零部件、材料或者不对外公开的技术资料等。

职务发明创造申请专利的权利属于该单位，申请被批准后，该单位为专利权人。利用本单位的物质技术条件所完成的发明创造，单位与发明人或者设计人订立合同，对申请专利的权利和专利权的归属作出约定的，从其约定。

(2) 非职务发明。非职务发明创造，是指不是为执行本单位的任务或者没有利用本单位的物质技术条件所完成的发明创造。非职务发明创造，申请专利的权利属于发明人。申请被批准后，该发明人为专利权人。

(3) 共同发明和委托发明。当一项发明创造为两个以上单位或者个人共同完成时，该发明创造就是共同发明。一个单位或者个人接受其他单位或者个人委托所完成的发明创造，是委托发明。对于共同发明和委托发明的权利归属，有约定的依照其约定；没有约定或者约定不明的，申请专利的权利属于完成或者共同完成发明创造的单位或者个人。

**【案例分析 13-5】**

某锅炉厂委托某研究所为其开发“锅炉自动控制器”。锅炉厂向研究所提供了全部开发资金和设施。研究所所长张某将“锅炉自动控制器”的研制任务下达给研究所人员李某、陈某、沈某，由他们组成攻关小组，负责产品的具体开发工作，并拨付了经费。同时，张某又派了两名工作人员负责协助科研小组的基本实验、分析化验和数据处理工作。经过大家的共同努力，产品研制成功。

问题:

(1) 谁是这一产品的发明人？为什么？

(2) 该项发明创造的专利申请权归谁？为什么？

## 三、专利权的客体

专利权的客体，是指专利法保护的对象，即依法可以取得专利权的发明创造。我国《专利法》所称的发明创造，是指发明、实用新型和外观设计。

(1) 发明。发明，是指对产品、方法或者其改进所提出的新的技术方案。发明分为产品发明和方法发明。产品发明是发明人通过智力劳动创造的并能以有形形式表现的各种制成品，如新的医药产品或新的建筑材料等；方法发明是指发明人通过智力劳动创造的获取某种物质或实现某种效果的方法或手段，如培育植物新品种的方法等。

(2) 实用新型。实用新型，是指对产品的形状、构造或者其结合所提出的适于实用的新的技术方案。实用新型必须具有实用价值。例如，带有花纹的轮胎，既有立体形状，又有防滑功能，就是可以申请实用新型专利的主题。实用新型还强调“型”，即必须是一种具有形状或者构造的产品。粉末颗粒状的物质或者材料就不属于实用新型。实用新型的创造性比发明小，实用性的要求比发明低，申请和审批的手续比较简单，因此又称为“小发明”。

【案例分析 13-6】

北京市某高科技开发中心完成了一项“一种滑动轴承的制造方法”的发明创造。这种方法的使用不仅可以提高轴承的使用质量，而且还可以降低成本，提高产量。

问题：这项研究成果可否申请实用新型专利？为什么？

(3) 外观设计。外观设计，是指对产品的形状、图案或者其结合，以及色彩与形状、图案的结合所作出的富有美感并适于工业应用的新设计。外观设计依托于产品的外观，气态、液态、粉末或颗粒状的物质不能成为外观设计的载体。形状、图案和色彩是外观设计的构成要素，单纯的色彩不能成为外观设计。外观设计只涉及美化产品的外表和形状，不涉及产品的制造和设计技术。

## 四、授予专利权的条件

授予专利权的条件是指一项发明创造获得专利权应当具备的实质性条件。一项发明或者实用新型获得专利权的实质条件为新颖性、创造性和实用性。

### (一) 授予发明和实用新型专利权的条件

我国《专利法》规定，授予专利权的发明和实用新型，应当具备新颖性、创造性和实用性。

(1) 新颖性。新颖性，是指该发明或者实用新型不属于现有技术，也没有任何单位或者个人就同样的发明或者实用新型在申请日以前向国务院专利行政部门提出过申请，并记载在申请日以后公布的专利申请文件或者公告的专利文件中。新颖性是确定一项发明创造是否可以授予专利权的第一衡量标准，而该项发明是否公开是判断是否丧失新颖性的标准。

但是，在申请日前已经公开的技术并不必然导致新颖性的丧失。根据《专利法》第 24 条的规定，申请专利的发明创造在申请日以前 6 个月内，有下列情形之一的，不丧失新颖性：

① 在中国政府主办或者承认的国际展览会上首次展出的。

② 在规定的学术会议或者技术会议上首次发表的。

③ 他人未经申请人同意而泄露其内容的。

(2) 创造性。创造性是指与现有技术相比，该发明具有突出的实质性特点和显著的进步，该实用新型具有实质性特点和进步。现有技术，是申请日以前在国内外为公众所知的技术。

(3) 实用性。实用性，是指该发明或者实用新型能够制造或使用，并且能够产生积极效果。

### (二) 授予外观设计专利权的条件

根据《专利法》第 23 条的规定，授予专利权的外观设计，应当不属于现有设计；也没有任何单位或者个人就同样的外观设计在申请日以前向国务院专利行政部门提出过申请，并记载在申请日以后公告的专利文件中。授予专利权的外观设计与现有设计或者现有设计特征的组合相比，应当具有明显区别。授予专利权的外观设计不得与他人在申请日以前已经取得的合法权利相冲突。这里的“现有设计”，是指申请以前在国内外为公众所知的设计。

### (三) 不授予专利权的项目

(1) 对违反法律、社会公德或者妨害公共利益发明创造，不授予专利权。例如，能逃过检查夹藏毒品的背心。

(2) 对违反法律、行政法规的规定获取或者利用遗传资源，并依赖该遗传资源完成的发明创造，不授予专利权，如人类基因图谱。

(3) 对下列各项，不授予专利权：①科学发现；②智力活动的规则和方法；③疾病的诊断和治疗方法；④动物和植物品种；⑤用原子核变换方法获得的物质；⑥对平面印刷品的图案、色彩或者二者的结合作出的主要起标识作用的设计。

但是，动物和植物品种的生产方法，可以依法授予专利权。

【案例分析 13-7】

王某经营一家私营百货店，该店处于繁华地段，顾客很多。通过多年观察，他发现各种商品摆放位置的不同，会导致销售额的变化。经过进一步的研究，王某发明了一种能最大限度增加营业额的商品摆放方法。就此方法，王某向中国专利局申请专利。

问题：该申请能否得到国家知识产权局批准？

## 五、专利的申请

专利申请是获得专利权的必须程序。由发明人、设计人或者其他有申请权的主体向专利局提出就某一发明或设计取得专利权的请求。依中国专利法规定，专利申请应向专利局提交申请书、说明书、权利要求、摘要、附图、优先权请求。其中，附图、优先权请求这两个文件就每个申请而言，并非均必不可少，但这有利于专利申请。专利申请案中，申请书应以书面形式，主要载明如下内容：授予专利的请求、发明或设计名称、申请人姓名及身份、代理人姓名及身份、签名。

### （一）专利申请的原则

(1) 先申请原则。两个以上的申请人分别就同样的发明创造申请专利的，专利权授予最先申请的人。两个以上的申请人在同一日分别就同样的发明创造申请专利的，应当在收到国务院专利行政部门的通知后自行协商确定申请人。各申请人通过协商，确定各自的共有份额将发明创作作为共同发明申请专利，或者其中一方在获得相应补偿之后放弃申请权，由另一方单独申请。

(2) 单一性原则。单一性原则是指一件专利申请的内容中只能包含一项发明创造，不能将两项或两项以上的发明创造作为一件申请提出。我国《专利法》规定，一件发明或者实用新型专利申请应当限于一项发明或者实用新型；一件外观设计专利申请应当限于一项外观设计。但是，属于一个总的发明构思的两项以上的发明或者实用新型可以作为一件申请提出；同一产品两项以上的相似外观设计，或者用于同一类别并且成套出售或者使用的产品的两项以上的外观设计，可以作为一件申请提出。例如，成套茶具中的茶壶、茶杯等，就可以作为一件外观设计专利提出申请。

(3) 优先权原则。优先权原则是指申请人有权要求在一定条件，以第一次申请日期作为后一次专利申请的申请日。

### （二）专利申请日和优先权

国务院专利行政部门收到专利申请文件之日为申请日。如果申请文件是邮寄的，以寄出的邮戳日为申请日。

专利申请的优先权是指专利申请人就其发明创造第一次提出专利申请后，在专利法规定的期限内，又就同一主题的发明创造提出专利申请，申请人有权要求将第一次申请日视为后一次申请的申请日。

专利申请的优先权可分为外国优先权和本国优先权。

(1) 外国优先权。申请人自发明或者实用新型在外国第一次提出专利申请之日起 12 个月内，或者自外观设计在外国第一次提出专利申请之日起 6 个月，又在中国就相同主题提出专利申请的，依照该外国同中国签订的协议或者共同参加的国际条约，或者依照相互承认优先权的原则，可以享有优先权。

(2) 本国优先权。申请人自发明或者实用新型在中国第一次提出专利申请之日起 12 个月内，又向国务院专利行政部门就相同主题提出专利申请的，可以享有优先权。

申请人要求优先权的，应当在申请的时候提出书面声明，并且在 3 个月内提交第一次提出的专利申请文件的副本；未提出书面声明或者逾期未提交专利申请文件副本的，视为未要求优先权。

## 六、专利权的期限、终止和无效

### (一) 专利权的期限

专利权的期限是指专利权受法律保护的时间。专利权只在法定的期限内有效，并受法律保护。超出法律规定的有效期限，专利权就自行终止。

我国《专利法》第 42 条规定，发明专利权的期限为 20 年，实用新型专利权和外观设计专利权的期限为 10 年，均自申请日起计算。

### (二) 专利权的终止

专利权的终止有以下两种情况：

(1) 专利权期限届满专利权终止。

(2) 有下列情形之一的，专利权在期限届满前终止：没有按照规定缴纳年费的；专利权人以书面声明放弃其专利权的。

专利权在期限届满前终止的，由国务院专利行政部门登记和公告。

### (三) 专利权的无效

(1) 宣告专利权无效的程序。

自国务院专利行政部门公告授予专利权之日起，任何单位或者个人认为该专利权的授予单位或者个人认为该专利权的授予不符合专利法有关规定的，可以请求专利复审委员会宣告该专利权无效。专利复审委员会对宣告专利权无效的请求应当及时审查和作出决定，并通知请求人和专利权人。宣告专利权无效的决定，国务院专利行政部门登记和公告。

对专利复审委员会宣告专利权无效或者维持专利权的决定不服的，可以自收到通知之日起 3 个月内向人民法院起诉。人民法院应当通知无效宣告请求程序的对方当事人作为第三人参加诉讼。

(2) 宣告专利权无效后的法律效力。

宣告无效的专利权视为自始即不存在。宣告专利权无效的决定，对在宣告专利权无效前人民法院作出并已执行的专利侵权的判决、调解书，已经履行或者强制执行的专利侵权纠纷处理决定，以及已经履行的专利实施许可合同和专利权转让合同，不具有追溯力。但是因专利权人的恶意给他人造成的损失，应当给予赔偿。如果不返还专利侵权赔偿金、专利使用费、专利权转让费，明显违反公平原则的，应当全部或者部分返还。

## 七、专利权人的权利和义务

专利权人是享有专利权的主体。专利权人包括专利权所有人和持有人，前者可以是公民、集体所有制单位、外贸企业、中外合资企业；后者是全民所有制单位。专利权人又包括原始取得专利权的原始主体和继受取得专利权的继受主体。专利权人享有法律所赋予的权利和承担法律所规定的义务。

### (一) 专利权人的权利

(1) 独占权。独占权体现在对自己专利实施的自由和对他人实施其专利的禁止两方面。专利权人有权自由实施其专利。专利权人对其专利产品依法享有进行制造、使用、销售、许诺销售的专有权利，对其专利方法依法享有专有使用权，对依照其专利方法直接获得的产品享有专有使用权和销售权。

专利权人有权禁止他人实施其专利。除《专利法》另有规定的以外，发明和实用新型专利权被授予后，任何单位或者个人未经专利权人许可，都不得实施其专利，即不得为生产经营目的制造、使用、许诺销售、销售、进口其专利产品，或者使用其专利方法以及使用、许诺销售、销售、进口依照该专利方法直接获得的产品。外观设计专利权被授予后，任何单位或者个人未经专利权人许可，都不得实施其专利，即不得为生产经营目的制造、许诺销售、销售、进口其外观设计专利产品。

(2) 转让权。转让权是指专利权人将其获得的专利权转让给他人的权利，包括专利申请权和专利权的转让。中国单位或者个人向外国人、外国企业或者外国其他组织转让专利申请权或者专利权的，应当依照有关法律、行政法规的规定办理手续。转让专利申请权或者专利权的，当事人应当订立书面合同，并向国务院专利行政部门登记，由国务院专利行政部门予以公告。专利申请权或者专利权的转让自登记之日起生效。

许可实施权是指专利权人通过实施许可合同的方式许可他人实施其专利并收取专利使用费的权利。

(3) 许可权。任何单位或者个人实施他人专利的，应当与专利权人订立实施许可合同，向专利权人支付专利使用费，并且被许可人无权允许合同规定以外的任何单位或者个人实施该专利专利申请权，或者专利权的共有人对权利的行使有约定的，从其约定。没有约定的，共有人可以单独实施或者以普通许可方式许可他人实施该专利。许可他人实施该专利的，收取的使用费应当在共有人之间分配。专利权人与他人订立的专利实施许可合同，应当自合同生效之日起 3 个月内向国务院专利行政部门备案。

(4) 标记权。专利权人的标记权是指专利权人有权在其专利产品或者该产品包装上标明专利标识。《专利法》第 17 条规定，发明人或者设计人有权在专利文件上写明自己是发明人或者设计人。

我国专利标注方法有两种：第一是采用中文标注专利权的类别，如中国发明专利、中国实用新型专利、中国外观设计专利；第二是使用国家知识产权局授予专利权的专利号，其中 ZL 表示“专利”，前四位数字表示提交专利申请的年份，第五位数字表示专利类别，第六位以后的五位数为申请顺序号，小数点后面一位数是计算机校验码。除上述内容之外，标注者可以附加其他文字、图形标记，但附加的文字、图形标记及其标注方式不得误导公众。在专利类别上，数字 1 代表发明专利申请；数字 2 代表实用新型专利申请；数字 3 代表外观设计专利申请。例如，“休闲椅”的专利号为 ZL200830024754.2，即表示是 2008 年申请的第 24754 件外观设计专利。

(5) 请求保护权。请求保护权是指专利权人认为其专利权受到侵害时，有权向人民法院起诉或请求专利管理部门处理以保护其专利权的权利。

(6) 放弃权。专利权人有权以书面的形式放弃其专利权。

### (二) 专利权人的义务

(1) 充分实施专利。专利权人及其被许可人实施其专利的方式或者规模能够满足国内对专利产品或者专利方去的需求。

(2) 缴纳专利年费。年费是专利权人付给专利行政部门的管理费用。专利权人应从授予专利权的当年开始缴纳专利年费，不按规定缴纳年费的，专利权应予终止。

(3) 被授予专利权的单位对发明人或者设计人应予以奖励。职务发明创造取得专利，被授予专利权的单位当对职务发明创造的发明人或者设计人给予奖励；发明创造专利实施后，根据其推广应用的范围和取得的经济效益，对发明人或者设计人给予合理的报酬。

## 八、专利权的限制

专利权限制，是指专利法允许第三方在法定情况下，可以不经专利权人的许可而实施其专利，且其实施行为并不构成侵权的一种法律制度。专利法保护专利权人的独占权，但是，为了平衡专利权人与国家和社会之间的利益，各国专利法都在不同程度上对专利权人的权利作了限制性的规定。我国对专利权的限制主要表现为不视为侵犯专利权的行为和专利实施的强制许可。

### (一) 不视为侵权的情形

(1) 专利产品或者依照专利方法直接获得的产品，由专利权人或者经其许可的单位、个人售出后，使用、许诺销售、销售、进口该产品的；

(2) 在专利申请日前已经制造相同产品、使用相同方法或者已经作好制造、使用的必要准备，并且仅在原有范围内继续制造、使用的；

(3) 临时通过中国领陆、领水、领空的外国运输工具，依照其所属国同中国签订的协议或者共同参加的国际条约，或者依照互惠原则，为运输工具自身需要而在其装置和设备中使用有关专利的；

(4) 专为科学研究和实验而使用有关专利的；

(5) 为提供行政审批所需要的信息，制造、使用、进口专利药品或者专利医疗器械的，以及专门为其制造、进口专利药品或者专利医疗器械的。

### (二) 专利实施的强制许可

专利实施的强制许可，是指国务院专利行政部门依照法定条件和程序颁发的使用专利的许可。申请人获得强制许可后，不必经专利权人同意，就可以实施专利。强制许可的意义在于防止和限制专利权人滥用专利权，维护社会整体利益，促进专利的实施。专利实施的强制许可适用于以下几种情况：

(1) 有下列情形之一的，国务院专利行政部门根据具备实施条件的单位或者个人的申请可以给予实施发明专利或者实用新型专利的强制许可：

① 专利权人自专利权被授予之日起满 3 年，且自提出专利申请之日起满 4 年，无正当理由未实施或者未充分实施其专利的。

② 专利权人行使专利权的行为被依法认定为垄断行为，为消除或者减少该行为对竞争产生的不利影响的。

(2) 在国家出现紧急状态或者非常情况时，或为了公共利益的目的，国务院专利行政部门可以给予实施发明专利或者实用新型专利的强制许可。

(3) 为了公共健康目的，对取得专利权的药品，国务院专利行政部门可以给予制造并将其出口到符合中华人民共和国参加的有关国条约规定的国家或者地区的强制许可。

(4) 一项取得专利权的发明或者实用新型比之前已经取得专利权的发明或者实用新型具有显著经济意义的重大技术进步，其实施又有赖于前一发明或者实用新型的实施的，国务院专利行政部门根据后一专利权人的申请，可以给予实施前一发明或者实用新型的强制许可。在依照以上规定给予实施强制许可的情形下，国务院专利行政部门根据前一专利权人的申请，也可以给予实施后一发明或者实用新型的强制许可。

(5) 强制许可涉及的发明创造为半导体技术的，其实施限于公共利益和反垄断的目的，国务院专利行政部门作出的给予实施强制许可的决定，应当及时通知专利权人，并予以登记和公告。给予实施强制许可的决定，应当根据强制许可的理由规定实施的范围和时间。强制许可的理由消除并不再发生时，国务院专利行政部门应当根据专利权人的请求，经审查后作出终止实施强制许可的决定。

取得实施强制许可的单位或者个人不享有独占的实施权，并且无权允许他人实施。取得实施强制许可的单位或者个人应当付给专利权人合理的使用费，或者依照中华人民共和国参加的有关国际条约的规定处理使用费问题。

专利权人对国务院专利行政部门关于实施强制许可的决定不服的，专利权人和取得实施强制许可的单位或者个人对国务院专利行政部门关于实施强制许可的使用费的裁决不服的，可以自收到通知之日起 3 个月内向人民法院起诉。

**【案例分析 13-8】**

W 公司未经许可擅自使用 H 公司专利技术生产并销售了变频家用空调 5000 台。G 家电销售公司在明知 W 公司侵犯 H 公司专利的情况下，从 W 公司进货 2000 台，并已实际售出 1600 台。M 宾馆在不知 W 公司侵犯 H 公司专利权的情况下，也从 W 公司购入 200 台并已安装使用。H 公司发现 W 公司、G 公司和 M 宾馆的上述生产、销售和使用行为后，向法院起诉，状告 W 公司、G 公司和 M 宾馆侵犯其专利权。

问题:

(1) W 公司的生产、销售行为是否侵权？是否应承担相应的赔偿责任？分别说明理由。

(2) G 公司的销售行为是否侵权？是否应承担相应的赔偿责任？是否可以继续销售库存的 400 台空调器？分别说明理由。

(3) M 宾馆的使用行为是否侵权？是否应承担相应的赔偿责任？是否可以继续使用这 200 台空调器？

## 第四节　商标法

中国使用商标的历史可以追溯到先秦，但真正系统的商标立法还是发生在清末民初，中华人民共和国成立后一直有专门的商标立法，1982 年的《商标法》是改革开放初期制定的第一部民商事法律，在不到 30 年的时间内已经经历了 1993 年、2001 年、2013 年三次修改。与此同时，中国还先后加入了 6 个与商标有关的主要国际公约，基本完成了与国际商标立法接轨的进程。

### 一、商标概述

商标具有区别经营者、指示质量、广告宣传等功能，例如，“康师傅”“统一”“华龙”是不同生产者使用在它们所生产的方便面这一商品上的标志，用以区别不同的方便面生产厂家，便于消费者认识和购买。

**(一) 商标的概念**

我国《商标法》规定：任何能够将自然人、法人或者其他组织的商品或服务与他人的商品或服务区别开来的可视性标志，包括文字、图形、字母、数字、三维标志和颜色组合，以及上述要素的组合，均可以作为商标申请注册。简单地说，商标就是区分商品或服务来源的标志。这种标记一般由文字、图形、字母、数字、三维标志、颜色组合和声音等这些要素的组合构成，并置于商品表面或商品包装上、服务场所及服务说明书上。

### （二）商标的分类

(1) 注册商标和未注册商标。按照商标是否被主管部门核准注册，可以分为注册商标和未注册商标。注册商标是指由当事人申请，经国家主管机关审查核准，予以注册的商标。未注册商标是指其使用人未申请注册或者注册申请未被核准、未给予注册的商标。在我国，只有注册商标能够取得商标专用权，未注册商标的使用人不享有商标专用权，也不能禁止他人就同样的商标提起注册申请。

(2) 商品商标和服务商标。根据商标使用对象的不同，商标可分为商品商标和服务商标。商品商标是生产经营者在生产、制造、加工、拣选或经销的有形商品上使用的标记，如“农夫山泉”。服务商标是服务业经营者在其提供的服务项目上使用的标记，如“讯”“如家”就是服务商标。

(3) 平面商标和立体商标。平面商标指以文字、图形或者文字、图形组合而成的标志。平面商标包括文字商标、图形商标和文字图形组合而成的商标等。平面商标是最为常见的商标类型。立体商标指以商品形状或者其容器、包装的形状构成的三维标志。例如，可口可乐的饮料瓶和麦当劳的金黄色“M”，就是立体商标。

(4) 集体商标和证明商标。集体商标是指以团体、协会或者其他组织名义注册，供该组织成员在商事活动中使用，以表明使用者在该组织中的成员资格的标志，如“龙口粉丝”“南京盐水鸭”。证明商标，是指由对某种商品或者服务具有监督能力的组织所控制，而由该组织以外的单位或者个人使用于其商品或者服务，用以证明该商品或者服务的原产地、原料、制造方法、质量或者其他特定品质的标志，如“绿色食品标志”“赣南脐橙”。

关于集体商标目前我国还很少见，但证明商标我们却很熟悉，如绿色食品标志、真皮标志、纯羊毛标志。

在我国，对于地理标志的保护可以通过注册集体商标和证明商标来实施。所谓地理标志，通俗地说就是各地的土特产，例如新疆库尔勒香梨、福建漳州水仙花等，就是说，这种产品的特定品质是由当地的自然因素和人文因素所决定的。利用集体商标、证明商标保护地理标志，有利于促进土特产生产的规范化和市场化，发挥产品优势，取得经济效益。

(5) 防御商标和联合商标。防御商标是将同一商标注册于不同的商品或服务上，构成一个防御体系，以防止他人在不同的商品或服务上使用该商标可能给消费者造成的混淆。联合商标是指将与已注册商标相近似的商标在相同或类似商品或服务上加以注册。

(6) 驰名商标和著名商标。驰名商标，是由国家工商行政管理局商标局认定的，在市场上享有较高声誉并为相关公众所熟悉的商标。著名商标，是由省级工商行政管理部门认可的，在该行政区划范围内具有较高声誉和市场知名度的商标。

驰名商标保护的最初出现是为了解决商标未注册而被抢注所带来的问题。商标保护的一个重要原则就是地域性。就是说，要想在一个国家取得保护就要到这个国家去使用或者注册。但是，随着国际交往的日益频繁，尤其是现代通信技术的发展，如何在国外安全快捷地保护自己的商标成为商标注册人关注的重要问题。

从 1911 年开始，《保护工业产权巴黎公约》对驰名商标保护问题作出规定，并逐步加以完善。该公约对这个问题的思路是：尽管有些商标没有在要求保护的国家注册，但如果事实上已经广为人知，经过该国主管机关的认定，该驰名商标的所有人，对在它之前申请或注册的其他相同或近似的商标，可以要求拒绝或撤销。自商标注册之日起 5 年内，驰名商标所有人可以提出撤销这种商标的请求，对于恶意取得注册的商标，不受时间限制。

**(三) 商标法的概念**

商标法是调整在商标注册、使用、管理和保护商标专用权过程中所发生的各种社会关系的法律规范的总称。

1982 年 8 月 23 日，第五届全国人大常委会通过了《中华人民共和国商标法》(以下简称《商标法》)，1983 年 3 月国务院颁布了《商标法实施细则》。1993 年 2 月 22 日第七届全国人大常委会对《商标法》进行了第一次修正；1993 年 7 月 15 日国务院批准了第二次修订的《商标法实施细则》。2001 年 10 月 27 日第九届全国人大常委会对《商标法》进行了第二次修正；2013 年 8 月 30 日第十二届全国人大常委会对《商标法》进行了第三次修正，自 2014 年 5 月 1 日起施行； 2002 年 8 月 3 日国务院令第 358 号公布《商标法实施条例》，2014 年 4 月 29 日国务院令第 651 号修订，该条例自 2014 年 5 月 1 日起施行。《商标法》和《商标法实施条例》是我国商标法律制度中的最重要的法律文件。

## 二、商标的构成条件

**(一) 具有显著特征，便于识别**

商标的显著性可以通过两种方式获得：①商标本身具有显著性，即商标所使用的文字、图形、字母、数字、三维标志、颜色组合和声音等新颖、醒目，富有个性，与指定使用的商品没有直接联系，可以起到区别商品和服务的作用。②通过长期的使用获得商标的显著性。这种商标本身不具有显著性，但经过长时间使用，使得消费者事实上已经将该标记同特定的商品联系在一起，则该商标就被认为起到了区别商品和服务源的作用，从而获得了显著性，也可以作为商标注册。

**(二) 不得与他人在先取得的合法权利相冲突**

作为商标的标志可能涉及他人的著作权、肖像权等权利，法律对这些权利同样给予保护，因此要求作为商标的标志不得与他人在先取得的合法权利相冲突。在先取得的合法权利，是指在商标注册申请人提出商标注册申请以前，人已经依法取得或者依法享有并受法律保护的权利，通常包括著作权、专利权、姓名权、肖像权、商号权、地理标志权、域名权等权利。

**(三) 必须是可视性标志**

商标可以是平面的，也可以是立体的，但必须是可视性标志，故声音、气味不得作为商标注册。

**【案例分析 13-9】**

甲公司是一家专门生产功能型饮料的企业。2016 年该公司推出了一种新型饮料，该饮料以其口感清爽、容器奇特而深受广大消费者喜爱。甲公司为了防止其产品被他人随意仿冒，2017 年 1 月以该饮料容器的立体造型作为饮料的商标，向国家工商行政管理局商标局提出商标注册申请。

问题：甲公司的饮料瓶是否属于商标法所规定的“可视性标志”？

**(四) 不得违反法律的禁止性规定**

商标法对于商标标志的禁止性规定有两种：一种是不得作为商标使用的标志，另一种是不得作为商标注册的标志。对于第二种标志而言，虽然不得作为商标注册的标志，却可以作为商标使用，倘若通过使用取得了显著特征，并且便于识别，则可以作为商标注册。

根据《商标法》第 10 条的规定，下列标志不得作为商标使用：

(1) 同中华人民共和国的国家名称、国旗、国徽、国歌、军旗、军徽、军歌、勋章相同或者近似的，以及同中央国家机关的名称、标志、所在地特定地点的名称或者标志性建筑物的名称、图形相同的。

(2) 同外国的国家名称、国旗、国徽、军旗相同或者近似的，但该国政府同意的除外。

(3) 同政府间国际组织的名称、旗帜、徽记相同或者近似的，但经该组织同意或者不易误导公众的除外。

(4) 与表明实施控制、予以保证的官方标志、检验印记相同或者近似的，但经授权的除外。

(5) 同“红十字”“红新月”的名称、标志相同或者近似的。

(6) 带有民族歧视性的。

(7) 带有欺骗性，容易使公众对商品的质量等特点或者产地产生误认的。

(8) 有害于社会主义道德风尚或者有其他不良影响的。

县级以上行政区划的地名或者公众知晓的外地名，不得作为商标。但是，地名具有其他含义或者作为集体商标、证明商标组成部分的除外；已经注册的使用地名的商标继续有效。

根据《商标法》第 11 条、第 12 条的规定，下列标志不得作为商标注册：

(1) 仅有本商品的通用名称、图形、型号的；

(2) 仅直接表示商品的质量、主要原料、功能、用途、重量、数量及其他特点的；

(3) 其他缺乏显著特征的；

(4) 以三维标志申请注册商标的，仅由商品自身的性质产生的形状、为获得技术效果而需要的商品形状或者使商品具有实质性价值的形状。

其中，前两类标志经过使用取得显著特征，并便于识别的，可以作为商标注册。

**【案例分析 13-10】**

2012 年 8 月，某制药厂研制出两种兽用消炎药，分别以“万能”和“百清”为商标，制药厂对后者进行了商标注册。2014 年 4 月制药厂与某药品公司签订了“万能”和“百清”两份商标转让合同。2014 年 5 月，药品公司依照两份商标转让合同的约定，付清了商标转让费，并开始使用“万能”和“百清”商标。

问题:

(1) “万能”和“百清”能否作为消炎商标名称？为什么？

(2) 关于“百清”商标的转让合同是否有效？为什么？

## 三、商标注册的申请

关于商标权的取得世界上有两种方式：注册原则和使用原则。大多数国家都实行注册原则。我国实行商标注册原则，即商标权的取得要通过注册产生。至于通过转让取得则与主管机关授权无关。

### (一) 商标注册的原则

(1) 诚实信用原则。申请注册和使用商标，应当遵循诚实信用原则。商标使用人应当对其使用商标的商品质量负责。

(2) 自愿注册与强制注册相结合的原则。对大部分商标采取自愿注册原则，当事人是否申请商标注册，由商标使用人自己决定。法律、行政法规规定必须使用注册商标的商品，例如，人用药品和烟草制品必须申请商标注册未经核准注册的，不得在市场上销售。

(3) 申请在先原则。两个以上的申请人先后就同一种类的商品，以相同或类似的商标申请注册，商标局对申请在先者予以审核和注册，并驳回其他人的申请。申请先后的确定以申请日为准，申请日的确定以商标局收到的申请文件为准。如果申请人同一天提出申请的，则以使用在先原则作为补充。如果同一天使用或者均未使用的，则双方协商解决，并将书面协议报送商标局；不愿协商或者协商不成的，商标局通知各申请人以抽签的方式确定一个申请人，驳回其他人的注册申请。

(4) 优先权原则。商标注册申请人自其商标在外国第一次提出商标注册申请之日起 6 个月内，又在中国就相同商品以同一商标提出商标注册申请的，按照该外国同中国签订的协议或者共同参加的国际条约，或者按照相互承认优先权的原则，可以享有优先权。

依照上述要求优先权的，应当在提出商标注册申请的时候提出书面声明，并且在 3 个月内提交第一次提出的商标注册申请文件的副本；未提出书面声明或者逾期未提交商标注册申请文件副本的，视为未要求优先权。

除了申请优先权，我国商标法还规定了展览优先权。商标在中国政府主办的或者承认的国际展览会展出的商品上首次使用的，自该商品展出之日起 6 个月内，该商标的注册申请人可以享有优先权。

依照上述要求优先权的，应当在提出商标注册申请的时候提出书面声明，并且在 3 个月内提交展出其商品的展览会名称、在展出商品上使用该商标的证据、展出日期等证明文件；未提出书面声明或者逾期未提交证明文件的，视为未要求优先权。

**(二) 商标注册申请人**

商标注册申请人可以是自然人、法人或者其他组织；两个以上的自然人、法人或者其他组织可以共同向商标局申请注册同一商标，共同享有和行使该商标专用权。

外国人或者外国企业在中国申请商标注册的，应当按其所属国和中华人民共和国签订的协议或者共同参加的国际条约办理，或者按对等原则办理。外国人或者外国企业在中国申请商标注册和办理其他商标事宜的，应当委托依法设立的商标代理机构办理。

## 四、商标权的内容

商标权的内容主要指商标权人依法对其注册商标所享有的权利和承担的义务。

**(一) 商标权人的权利**

(1) 使用权。使用权，是指将商标用于商品、商品包装或者容器及商品交易文书上，或者将商标用于广告宣传、展览及其他商业活动中，用于识别商品来源的行为。使用权的行使必须符合法律规定，即必须在核准注册的商标和核定使用的商品上使用。

(2) 许可权。许可权，是指商标权人可以通过签订使用许可合同，许可他人使用注册商标。经许可使用他人注册商标的，必须在使用该注册商标的商品上标明被许可人的名称和商品产地。许可人应当监督被许可人使用其注册商标的商品品质。被许可人应当保证使用该注册商标的商品质量。

许可他人使用其注册商标的，许可人应当将其商标使用许可报商标局备案，由商标局公告，但备案不是许可合同的生效条件。商标使用许可未经备案不得对抗善意第三人。

(3) 禁止权。禁止权，是指商标所有人禁止任何第三人未经其许可在相同或类似商品上使用与其注册商标相同或近似的商标的权利。禁止权的效力范围大于使用权的效力范围，它不仅包括与核准注册的商标、核定使用的商品相同的商标或商品，而且可以扩大到近似商标和类似商品上。

(4) 转让权。转让权，是指商标权人有权将其所有的注册商标转让给他人。转让注册商标应当签订转让协议，并由转让人与受让人共同向商标局提出申请。转让注册商标申请手续由受让人办理注册商标，转让经商标局核准并公告，受让人自公告之日起享有商标专用权。为了防止混淆、误认或其他不良影响，类似商品使用同一商标的，应当同时转让。对容易导致混淆或者有其他不良影响的转让，商标局不予核准，书面通知申请人并说明理由。注册商标转让不影响转让前已经生效的商标使用许可合同的效力，但商标使用许可合同另有约定的除外。

**(二) 商标权人的义务——使用及缴费**

商标只有经过使用才会产生价值，注册商标而不使用是对公共资源的一种浪费。许多国家的商标法规定，只有已经实际使用的商标才能注册，或者商标在核准注册后一定期限内必须使用，否则将丧失商标权。我国《商标法》也有类似的规定。如《商标法》第 49 条规定："注册商标成为其核定使用的商品的通用名称或没有正当理由连续三年不使用的，任何单位或者个人可以向商标局申请撤销该注册商标。"商标的使用方法很广，包括将商标用于商品、商品包装或者容器及商品交易文书上，或者将商标用于广告宣传、展览及其他商业活动中。申请商标注册或者办理其他商标事宜，应当缴纳费用。缴纳费用的项目和标准，由国务院工商行政管理部门会同国务院价格主管部门规定并公布。

## 五、注册商标的期限、续展和终止

**(一) 注册商标的期限和续展**

注册商标的有效期为 10 年，自核准注册之日起计算。注册商标有效期满，需要继续使用的，应当在期满前 12 个月内申请续展注册；在此期间未能提出申请的，可以给予 6 个月的宽展期。每次续展注册的有效期为 10 年，自上一届有效期满的次日起计算，续展次数不受限制。续展注册经核准后，予以公告。

**(二) 注册商标的终止及无效宣告**

(1) 注册商标的终止。注册商标的终止，是指由于法定事由的发生，注册商标所有人丧失其商标权，法律不再对该注册商标给予保护。注销是指注册商标所有人自动放弃注册商标或商标局依法取消注册商标的程序。商标权可以自动放弃，放弃权利时须办理注销手续。商标注册人死亡或者终止，自死亡或者终止之日起满 1 年，该注册商标没有办理移转手续的，任何人可以向商标局申请注销该注册商标。

(2) 注册商标的无效宣告。已经注册的商标，违反《商标法》第 10 条、第 11 条、第 12 条规定的，或者是以欺骗手段或者其他不正当手段取得注册的，由商标局宣告该注册商标无效；其他单位或者个人可以请求商标评审委员会宣告该注册商标无效。

已经注册的商标，违反《商标法》第 13 条第 2 款和第 3 款、第 15 条、第 16 条第 1 款、第 30 条、第 31 条、第 32 条规定的，自商标注册之日起 5 年内，在先权利人或者利害关系人可以请求商标评审委员会宣告该注册商标无效。对恶意注册的，驰名商标所有人不受 5 年的时间限制。

宣告无效的注册商标，由商标局予以公告，该注册商标专用权视为自始即不存在。

## 六、商标权的保护

商标获得注册后，商标所有人就拥有了对该商标的专用权，这种权利受法律保护。商标法明确规定，未经商标注册人的许可，在同一种商品或者类似商品上使用相同或者近似的商标的行为属于侵权行为。

除了上述商标侵权形式外，近年来还出现了多种不同形式的商标侵权形式，例如：将他人注册商标作为企业字号使用，将他人注册商标作为域名使用，将他人商标作为商品名称或商品包装使用，等等，侵权花样不断翻新。

我国对商标专用权的保护实行双轨制，这是中国特色的商标保护制度。对于商标侵权，被侵权人可以选择行政投诉，也可以选择司法诉讼。同时行政执法接受司法监督。

### （一）商标权的保护范围

《商标法》第 56 条规定：注册商标的专用权，以核准注册的商标和核定使用的商品为限。这一规定表明商标法对注册商标专用权的保护有很强的确定性，以登记注册的事项为准超出核定范围的商品或者改变核准注册的商标形态的使用行为，法律不予保护。

### （二）侵犯商标专用权的行为

(1) 未经注册商标人的许可，在同一种商品上使用与其注册商标相同的商标的。

(2) 未经商标注册人的许可，在同一种商品上使用与其注册商标近似的商标，或者在类似商品上使用与其注册商标相同或者近似的商标，容易导致混淆的。

(3) 销售侵犯注册商标专用权的商品。销售不知道是侵犯注册商标专用权的商品的，能证明该商品是自己合法取得的并说明提供者的，不承担赔偿责任。

(4) 伪造、擅自制造他人注册商标标识或者销售伪造、擅自制造的注册商标标识的。

(5) 未经商标注册人同意，更换其注册商标并将该更换商标的商品又投入市场的。

(6) 故意为侵犯他人商标专用权行为提供便利条件，帮助他人实施侵犯商标专用权行为的。

(7) 给他人的注册商标专用权造成其他损害的，主要有：

① 在同一或类似商品上将与他人注册商标相同或近似的文字、图形作为商品名称或商品装潢使用，误导公众的；

② 故意为侵犯他人注册商标专用权行为提供仓储、运输、邮寄、隐匿等便利条件的；

③ 将与他人注册商标相同或者近似的文字作为企业的字号在相同或者类似的商品上突出使用，容易使相关公众产生误认的；

④ 复制、模仿、翻译他人注册的驰名商标或者其主要部分在不相同或者不相类似的商品上作为商标使用，误导公众，致使该驰名商标注册人的利益可能受到损害的；

⑤ 将与他人注册商标相同或者近似的文字注册为域名，并且通过该域名进行相关商品交易的电子商务，容易使相关公众产生误认的。

**【案例分析 13-11】**

北京 A 服装厂向中国商标局申请了“名媛”牌服装注册商标，并于 2014 年 5 月 1 日获得核准注册。武汉 B 服装厂想通过使用北京 A 服装厂的“名媛”牌商标，销售自己生产的服装。2015 年 5 月 1 日，北京 A 服装厂与武汉 B 服装厂签订了“名媛”注册商标使用的许可合同。

问题：

(1) 双方的注册商标使用许可合同期限最长不能超过多少年？为什么？

(2) 双方签订合同后，北京 A 服装厂应承担哪些法定责任？武汉 B 服装厂应承担哪些法定责任？

### (三) 侵犯商标专用权的法律责任

侵犯商标权应承担的法律责任分为民事责任、行政责任和刑事责任。

(1) 民事责任。商标专用权遭受侵害的，有权要求停止侵害、消除影响、赔偿损失等。

侵犯商标专用权的赔偿数额，按照权利人因被侵权所受到的实际损失确定；实际损失难以确定的，可以按照侵权人因侵权所获得的利益确定；权利人的损失或者侵权人获得的利益难以确定的，参照该商标许可使用费的倍数合理确定对恶意侵犯商标专用权，情节严重的，可以在按照上述方法确定数额的 1 倍以上 3 倍以下确定赔偿数额。赔偿数额应当包括权利人为制止侵权行为所支付的合理开支。人民法院为确定赔偿数额，在权利人已经尽力举证，而与侵权行为相关的账簿、资料主要由侵权人掌握的情况下，可以责令侵权人提供与侵权行为相关的账簿、资料；侵权人不提供或者提供虚假的账簿、资料的，人民法院可以参考权利人的主张和提供的证据判定赔偿数额；权利人因被侵权所受到的实际损失、侵权人因侵权所获得的利益、注册商标许可使用费难以确定的，由人民法院根据侵权行为的情节判决给予三百万元以下的赔偿。

(2) 行政责任。因侵犯商标专用权行为引起纠纷的，由当事人协商解决。不愿协商或协商不成的，商标注册人或利害关系人可以向人民法院起诉，也可向侵权人所在地或侵权行为地县级以上工商行政管理机关控告或检举。工商行政管理机关依照《商标法》及其他相关规定查处侵犯商标专用权的行为。

工商行政管理部门认定侵权行为成立的，可责令立即停止侵权行为，没收、销毁侵权商品和专门用于制造侵权商品、伪造注册商标标识的工具，并可处以罚款，以制止侵犯商标权的行为。

(3) 刑事责任。根据《商标法》第 67 条和《刑法》第 213 条、第 214 条、第 215 条的规定，侵犯注册商标专用权构成犯罪的有：假冒注册商标罪；非法制造他人注册商标标识或销售非法制造注册商标标识罪；销售假冒注册商标商品罪。

从事商标注册、管理和复审工作的国家机关工作人员玩忽职守、滥用职权、徇私舞弊，违法办理商标注册、管理和复审事项，收受当事人财物，牟取不正当利益，构成犯罪的，依法追究刑事责任。

## 思考练习

### (一) 单项选择题

1. 国画大师李某欲将自己的传奇人生记录下来，遂请作家王某执笔，其助手张某整理素材。王某以李某的人生经历为素材完成了自传体小说《我的艺术人生》。李某向王某支付了 5 万元，但未约定著作权的归属。该小说的著作权应当归(　　)所有。

A. 王某　　B. 李某

C. 王某和张某共同　　D. 王某、张某和李某三人共同

2. 红旗中学为了迎接建校 50 周年庆典，特委托某工艺美术院设计校徽，双方约定校徽著作权归红旗中学所有，工艺美术院在接受委托后组织实施中，因自己的设计人员设计稿不尽如人意，遂又委托在某广告公司工作的李某设计校徽，但对著作权的归属未约定。后工艺美术院将李某的作品交给红旗中学，红旗中学十分满意，将其确定为校徽。但是各方对著作权的归属发生了争议。本案中著作权应归属于(　　)。

A. 红旗中学　　B. 工艺美术院　　C. 李某　　D. 三方共有

3. 甲、乙、丙、丁四人合作创作一部小说，甲欲将该小说许可给某电影制片厂改编后拍成电影，乙则想把它许可给某网站在网络上传播，丙对这两种做法均表示反对，丁则不置可否。对此，下列选项正确的是(　　)。

A. 如果丙坚持反对，甲、乙均不能将作品许可他人使用

B. 甲、乙有权不顾丙的反对，将作品许可他人使用

C. 如果丁同意，则甲、乙可以不顾丙的反对将作品许可他人使用

D. 如果丁也表示反对，则甲、乙不能将作品许可他人使用

4. 李某于 2006 年 8 月 4 日创作完成小说《别来烦我》，2007 年 3 月 5 日发表于某文学刊物后被张某改编成剧本，甲公司根据该剧本拍成同名电视剧，乙电视台将该电视剧进行播放。对此，下列选项错误的是(　　)。

A. 李某从 2007 年 3 月 5 日起对小说享有著作权

B. 张某对剧本享有著作权

C. 甲公司将该剧本拍成电视剧应当取得李某和张某的许可并支付报酬

D. 乙电视台播放该电视剧应当取得甲公司许可并支付报酬

5. 甲从书画市场上购得乙的摄影作品《鸟巢》，与其他摄影作品一起用于营利性展览。丙偷偷将《鸟巢》翻拍后以自己的名义刊登在某杂志上，丁经丙同意将刊登在该杂志上的《鸟巢》又制作成挂历销售。对此，下列选项正确的是(　　)。

A. 甲无权将《鸟巢》进行营利性展览

B. 丙的行为构成剽窃

C. 丙的行为侵犯了乙的发表权

D. 丁应停止销售，但因无过错免于承担赔偿责任

6. 甲设计并雕刻了一尊造型别致的雄狮，置于当街店门口招揽顾客。下列选项正确的是(　　)。

A. 甲将雄狮置于公共场所，视为放弃著作权

B. 乙以该雄狮为背景拍照纪念不构成侵权

C. 丙可以该雄狮为范本制作和销售纪念品

D. 丁可以该雄狮为立体造型申请注册商标

7. 甲电视台获得 2006 年德国世界杯足球赛 A 队与 B 队比赛的现场直播权。乙电视台未经许可将甲电视台播放的比赛实况予以转播，丙电视台未经许可将乙电视台转播的实况比赛录制在音像载体上以备将来播放，丁某未经许可将丙电视台录制的该节目复制一份供其儿子观看。下列说法正确的是(　　)。

A. 乙电视台侵犯了 A 队和 B 队的表演者权

B. 甲电视台有权禁止乙电视台的转播行为

C. 丙电视台的录制行为没有侵犯甲电视台的权利

D. 丁的行为侵犯了甲电视台的复制权

8. 甲网站与乙唱片公司签订录音制品的信息网络传播权许可使用合同，按约定支付报酬后，即开展了网上原版音乐下载业务。对甲网站的行为定性描述正确的是(　　)。

A. 是合法使用行为

B. 构成侵权行为，因为该行为应取得著作权人的许可，而不是取得录音制作者的许可

C. 构成侵权行为，因为该行为还须取得著作权人、表演者的许可并支付报酬

D. 构成侵权行为，因为该行为虽然无须取得著作权人的许可，但必须取得表演者的许可

9. 某歌厅购买了若干正版卡拉 OK 光盘后，未经任何人的许可，直接将该光盘用于其经营活动。对该歌厅的行为定性正确的是( )。

A. 合法使用　　B. 合理使用　　C. 法定许可使用　　D. 侵权行为

10. 某电视演员因一儿童电视剧而出名，某公司未经该演员许可将印有其表演形象的宣传海报大量用于玩具、书包、文具等儿童产品的包装和装潢上。对该公司的行为定性为( )。

A. 侵犯了制片者的发表权　　B. 侵犯了该演员的表演者权
C. 侵犯了该演员的肖像权　　D. 侵犯了该演员的复制权

11. 甲为摄影家乙充当模特，双方未对照片的发表和使用作出约定。后乙将甲的裸体照片以人体艺术照的形式出版发行，致使甲受到亲朋好友的指责。对此，下列说法正确的是( )。

A. 乙发表照片侵犯了甲的隐私权
B. 乙发表照片已取得甲的默示同意，不构成侵权
C. 甲是照片的合作作者，乙发表照片应向其支付报酬
D. 乙是照片的著作权人，出版发行该照片是合法行使著作权的行为

12. 甲乙是夫妻，甲在婚前发表小说《昨天》，婚后获得稿费。乙在婚姻存续期间发表了小说《今天》，离婚后第二天获得稿费。甲在婚姻存续期间创作小说《明天》，离婚后发表并获得稿费。下列选项正确的是( )。

A.《昨天》的稿费属于甲婚前个人财产
B.《今天》的稿费属于夫妻共同财产
C.《明天》的稿费属于夫妻共同财产
D.《昨天》《今天》和《明天》的稿费都属于夫妻共同财产

13. 我国专利法规定，用于同一类别并且成套出售或者使用的产品的两项以上的( )，可以作为一件申请提出。

A. 发明　　B. 专利　　C. 实用新型　　D. 外观设计

14. 1904 年，清政府颁布了我国历史上第一部商标法规，即( )。

A.《商标法》　　B.《商标注册暂行条例》
C.《商标注册试办章程》　　D.《商标管理条例》

15. 根据新修改的《商标法》的规定，( )可以作为商标使用。

A. 本商品的通用名称　　B. 公众知晓的外国地名
C. 县级以上行政区划的地名　　D. 具有其他含义的地名

16. 在我国，在商标注册时实行( )确定商标专用权的归属。

A. 先申请原则　　B. 先申请原则，附以先使用原则
C. 先使用原则　　D. 先使用原则，附以先申请原则

**(二) 多项选择题**

1. 甲提供资金，乙组织丙和丁以乡村教师戊为原型创作小说《小河弯弯》。在创作中丙写提纲，丁写初稿，丙修改，戊提供了生活素材，乙提供了一些咨询意见。下列选项错误的是( )。

A. 甲提供资金是完成创作的保障，应为作者
B. 乙作为组织者并提供咨询意见，应为作者
C. 戊提供了生活素材，应为作者
D. 丁有权不经甲、乙、丙的同意发表该小说

2. 甲创作并演唱了《都是玫瑰惹的祸》，乙公司擅自将该歌曲制成彩铃在网络上供免费下载。乙公司侵犯了甲的(　　)权利。

A. 信息网络传播权　　B. 广播权　C. 表演者权　　D. 发行权

3. 甲公司委托乙公司设计并制作产品包装盒，未签订书面合同。丙在市场上发现该产品包装盒上未经其许可使用了其画《翠竹》作为背景图案。如果该产品包装盒的整体设计也构成美术图案，下列选项正确的是(　　)。

A. 产品包装盒的版权属于甲公司

B. 乙公司侵害了丙的复制权

C. 甲公司对乙公司的侵权行为不知情，但仍构成侵权

D. 甲公司不能对产品包装盒获得外观设计专利

4. 2009 年 7 月，甲发现乙公司非法复制其作品，但未予制止。2014 年 5 月 8 日，甲发现乙一直未停止复制行为，遂向法院起诉，要求乙停止侵权并赔偿损失。对此，下列说法正确的是(　　)。

A. 法院应当受理甲的起诉

B. 甲的诉讼请求已过诉讼时效，应驳回其诉讼请求

C. 法院应当判决乙停止侵权行为

D. 甲应获得的赔偿数额应从 2014 年 5 月 8 日起向前推算 2 年计算

5. 某影视中心在一电视连续剧中为烘托剧情，使用播放了某正版唱片中的部分音乐作品作为背景音乐。中国音乐著作权协会(音乐作品著作权人授权的集体管理组织)以该使用行为未经许可为由要求制片人支付报酬。该协会的要求被拒绝后，遂向法院起诉。下列说法错误的是(　　)。

A. 播放行为是合理使用行为

B. 播放行为侵犯了音乐作品著作权人的表演权

C. 播放行为侵犯了录音制品制作者的播放权

D. 中国音乐著作权协会不是正当原告

6. 某刊物不愿让别的刊物随意转载其刊物上发表的文章，下列做法可行的是(　　)。

A. 在刊物上发表不得转载的声明

B. 在每一篇文章都刊载作者不许转载的声明

C. 在刊物的声明中载明所有作者均已授予本刊专有使用权

D. 不须作任何声明

7. 某大学中文系英籍留学生马克用汉语创作了一篇小说，发表在《文学新星》杂志上，发表时未作任何声明。以下属于侵犯马克著作权行为的是(　　)。

A. 甲未经马克同意将该小说翻译成英文在中国发表

B. 乙未经马克同意也未向其支付报酬将该小说翻译成藏语在中国出版发行

C. 丙未经马克同意也未向其支付报酬将该小说改变成盲文出版

D. 丁未经马克同意也未向其支付报酬将该小说收录进某网站供人点击阅读

8. 下列不属于侵犯著作权行为的是(　　)。

A. 某电视台为了报道油画展览的盛况，在电视新闻中播放了展览的油画

B. 某教授在世纪论坛上的演讲词被电台全文报道

C. 法院为了查证将张某发表的文章复制了 3 篇

D. 出版社将蒙文发表的作品翻译成汉文在国内出版发行

9. 陈某为撰写学术论文须引用资料，为避免引发纠纷，陈某就有关问题向赵律师咨询。赵律师

的下列意见中可以采纳的是(　　)。

A. 既可引用发表的作品，也可引用未发表的作品

B. 只能限于介绍、评论或为了说明某问题而引用作品

C. 只要不构成自己作品的主要部分，可将资料全文引用

D. 应当向原作者支付合理的报酬

10. 某影楼与甲约定：“影楼为甲免费拍写真集，甲允许影楼使用其中一张照片作为影楼的橱窗广告。”后甲发现自己的照片被用在一种性药广告上。经查，制药公司是从该影楼花500元买到该照片的。下列说法正确的是(　　)。

A. 某影楼侵害了甲的肖像权

B. 某影楼享有甲写真照片的版权

C. 某影楼的行为构成违约

D. 制药公司的行为侵害了甲的隐私权

11. 张某旅游时抱着当地一小女孩拍摄了一张照片，并将照片放在自己的博客中，后来发现该照片被用在某杂志的封面，并配以“母女情深”的文字说明。张某并未结婚，朋友看到杂志后纷纷询问张某，熟人对此也议论纷纷，张某深受困扰。下列说法正确的是(　　)。

A. 杂志社侵害了张某的肖像权　　B. 杂志社侵害了张某的名誉权

C. 杂志社侵害了张某的隐私权　　D. 张某有权向杂志社要求精神损害赔偿

12. 甲电视台获得了某歌星演唱会的现场直播权，乙电视台未经许可对甲电视台直播的演唱会实况进行转播，丙广播电台经过许可将现场演唱制作成CD，丁音像店从正规渠道购买到CD用于出租，戊未经许可将丙广播电台播放的演唱会录音录下后上传到网站上传播。下列选项正确的是(　　)。

A. 甲电视台有权禁止乙电视台的转播

B. 乙电视台侵犯了该歌星的表演者权

C. 丁音像店应取得该歌星或丙广播电台的许可并向其支付报酬

D. 戊的行为应取得丙广播电台的许可并应向其支付报酬

13. 王某注册了一个商品商标，他在使用注册商标时，应当(　　)。

A. 标明注册号　　B. 标明“注册商标”字样

C. 标明注册标记 R　　D. 标明注册标记 Z

14. 专利法规定不授予专利权的项目包括(　　)。

A. 植物新品种　　B. 教学方法　　C. 药品制造方法　　D. 疾病治疗方法

15. 北京大方公司申请取得了一个产品外观设计专利权，该公司有权(　　)。

A. 禁止他人未经许可制造其外观设计专利产品

B. 禁止他人未经许可销售其外观设计产品

C. 禁止他人未经许可进口其外观设计专利产品

D. 禁止他人未经许可使用其外观设计专利产品

16. 商标注册人连续3年停止使用注册商标的，商标局可以(　　)。

A. 责令其限期改正　　B. 强制许可使用　　C. 不予续展　　D. 撤销其注册商标

17. 商标法规定商标禁止使用的标志有(　　)。

A. 与“红新月”相同文字　　B. 同外国军旗近似的图形

C. 本商品的通用名称　　D. 夸张的图形

18. 我国已经参加了很多保护知识产权的国际公约，其中最重要的包括(　　)。

A. 《保护工业产权巴黎公约》　　B. 《世界贸易组织的知识产权协议》
C. 《建立世界知识产权组织公约》　　D. 《保护文学和艺术作品伯尔尼公约》

19. 专利法规定不授予专利权的项目包括( )。
A. 违反国家法律的发明创造　　B. 科学发现
C. 动物新品种　　D. 食品制作方法

20. 产品专利侵权行为的表现形态有( )。
A. 制造专利产品　B. 销售专利产品　C. 为科学研究而使用专利　D. 进口专利产品

**(三) 案例分析题**

1. 甲食品厂以生产土豆片、锅巴等小食品为主，为了宣传自己的商品，甲厂决定提出“香脆”商标注册申请，使用商品为土豆、锅巴。

问题：

(1) 该商标注册申请能否被核准？为什么？

(2) 如果甲厂想让该商标获得注册，应该怎么办？

(3) 如果商标局驳回注册申请，甲厂不服，应在何时向谁提出复审请求？

(4) 如果复审被驳回，甲厂能否向法院提起诉讼？为什么

2. 甲公司指派员工唐某从事新型灯具的研制开发，唐某于2013年3月完成了一种新型灯具的开发。甲公司对该灯具的技术采取了保密措施，并于2013年5月19日申请发明专利。2013年12月1日，国家专利局公布该发明专利申请，并于2014年8月9日授予甲公司专利权。此前，甲公司与乙公司于2004年7月签订专利实施许可合同，约定乙公司使用该灯具专利技术4年，每年许可使用费10万元。

2014年10月，甲公司欲以80万元将该专利技术转让给丙公司。唐某、乙公司也想以同等条件购买该专利技术。最终甲公司将该专利出让给了唐某。唐某购得专利后。拟以该灯具专利作价 80万元作为出资，设立一家注册资本为300万元的有限责任公司。

2014年12月，有人向专利复审委员会申请宣告该专利无效，理由是丁公司已于2013年12月20日开始生产相同的灯具并在市场上销售，该发明不具有新颖性。经查，丁公司在获悉甲公司开发出新型灯具后，以不正当手段获取了甲公司的有关技术资料并一直在生产、销售该新型灯具。

问题：

(1) 唐某作为发明人，依法应享有哪些权利？

(2) 甲公司在未获得专利前，与乙公司签订的专利实施许可合同是否有效？如甲乙双方因此合同发生纠纷，应如何适用有关法律？

(3) 甲公司为何将专利技术出让给唐某？该专利技术转让合同成立后，对甲公司和乙公司之间的专利实施许可合同的效力有何影响？

(4) 唐某拟以该专利作价 80 万元设立注册资本为 300 万元的有限责任公司，是否符合法律规定？为什么？

(5) 该专利是否应当因为不具有新颖性而被宣告无效？为什么？

(6) 对丁公司的违法行为应如何定性？为什么？

# 附　　录

附录一　金融法

附录二　国家投资法

附录三　破产法

附录四　票据法

# 后　记

近年来，随着时代的进步，科学水平的提升和互联网技术的推广，中国社会经济得到了大幅的发展，人民群众的物质生活水平也得到了大幅提高，随之而来，经济生活领域的法律问题也日益增多，经济法律从种类到法条内容都发生了巨大的变化。各大高校纷纷编写经济法教材，对纷繁复杂的经济法律法规进行解释，以适应急剧增加、日益复杂的经济法律环境。经济法教材的品种也是与日俱增，大到洋洋百万言，深到学术论著般，全到无所不包。面对琳琅满目的经济法教材，我们有着这样的疑问：教材到底要给教学者和学习者什么？理论性与实践性应如何把握？编写教材是越长越好还是越短越好？是多阐释国外的成熟经验还是多论述中国目前的法律现象？

本书是针对上述问题作出的回应：

(1) 本书的目标精准定位于非法学专业的教学用书，为经管类专业开设经济法课程而专门编写的教材，适用于经济学等经管类专业本科生、专科生及法律硕士研究生，同时也可供参加司法考试和会计类职称考试及注册会计师资格考试的经济法的人员参考阅读。

(2) 本书充分考虑了目前经济法在非法学本科教育中的地位、课时及学生的基础知识情况，在内容上高度重视将经济法基本制度与经济法社会现象相结合，重点强调对现行中国的经济法制度的理解与适用，以及现今社会普遍存在经济法律问题的具体解决方案，进一步提出了经济法理论与制度发展的趋势。

(3) 在编写上注重结构、内容的简练，表达的清晰明了，语言通俗易懂，大量运用了最新的案例和法条内容，力求在法条上新颖，案例种类上全面。

但愿我们编写教材这份努力能够得到课堂的积极回应，但愿这举起的灯盏能够点亮学子们的智慧之光。

翁　怡

2018 年 10 月 20 日于福州

# 参考文献

[1] 陈园，翁怡. 新编经济法[M]. 南京：南京大学出版社，2014.
[2] 夏露. 经济法概论[M]. 2 版. 北京：高等教育出版社，2016.
[3] 曲振涛. 经济法教程[M]. 3 版. 北京：高等教育出版社，2015.
[4] 杨紫烜. 经济法[M]. 5 版. 北京：高等教育出版社，2014.
[5] 朱大旗 . 金融法[M]. 3 版. 北京：中国人民大学出版社，2015.
[6] 刘泽海. 新编经济法教程[M]. 3 版. 北京：清华大学出版社，2014.
[7] 杜鹏程，陆明. 经济法[M]. 3 版. 合肥：安徽大学出版社，2015.
[8] 徐嫌，侯宽纪，赵琼，等. 实用经济法习题案例集[M]. 上海：上海交通大学出版社，2010.
[9] 王红艳. 经济法[M]. 长沙：湖南人民出版社，2016.
[10] 覃有土，樊启荣. 保险法学[M]. 北京：高等教育出版社，2012.
[11] 教学辅导中心组. 经济法配套测试[M]. 6 版. 北京：中国法制出版社，2013.
[12] 徐运全. 消费者权益保护法实用案例[M]. 呼和浩特：内蒙古人民出版社，2016.
[13] 朱锦清. 证券法学[M]. 3 版. 北京：北京大学出版社. 2011.
[14] 赵威. 经济法[M]. 5 版. 北京：中国人民大学出版社，2017.
[15] 王兴运. 产品质量安全法[M]. 武汉：武汉大学出版社，2012.
[16] 李志明. 社会保险法[M]. 北京：法律出版社，2017.
[17] 李玫. 银行法[M]. 2 版. 北京：对外经济贸易大学出版社，2014.
[18] 黄萍，孟钊兰. 中央银行学[M]. 西安：西安交通大学出版社，2016.
[19] 漆多俊. 国有企业股份公司改组法律题研究[M]. 北京：中国方正出版社，2003.
[20] 刘天善，张力. 经济法教程[M]. 2 版. 北京：清华大学出版社、北京交通大学出版社，2015.
[21] 蓝寿荣，陈奇伟. 经济法概论[M]. 武汉：武汉大学出版社，2014.
[22] 朱伟一. 证券法[M]. 北京：中国政法大学出版社，2017.
[23] 中国注册会计师协会. 2018 注册会计师全国统一考试教材：经济法[M]. 北京：中国财政经济出版社，2018.
[24] 财政部会计资格评价中心. 2018 年中级会计职考试教材：经济法[M]. 北京：中国财政经济出版社，2018.
[25] 吴天宝. 国有企业改革法律比较研究[M]. 北京：人民法院出版社，2002.
[26] 屈茂辉. 中国国有资产法研究[M]. 北京：人民法院出版社，2002.
[27] 林毅夫，张军，王勇，寇宗来. 产业政策——总结、反思与展望[M]. 北京：北京大学出版社，2018.
[28] 王先林. 中国反垄断法实施热点问题研究[M]. 北京：法律出版社，2011.
[29] 万江. 中国反垄断法：理论、实践与国际比较[M]. 2 版. 北京：中国法制出版社，2017.
[30] 种明钊. 竞争法[M]. 3 版. 北京：法律出版社，2016.

# 参考文献